类案争点与法律适用丛书

# 建设工程施工合同纠纷争点整理与法律适用

李玉生/主编

人民法院出版社

图书在版编目（CIP）数据

建设工程施工合同纠纷争点整理与法律适用 / 李玉生主编. -- 北京：人民法院出版社，2025.6. --（类案争点与法律适用丛书）. -- ISBN 978-7-5109-4464-2

Ⅰ. D923.65

中国国家版本馆CIP数据核字第2025VD1061号

建设工程施工合同纠纷争点整理与法律适用

李玉生　主编

| | |
|---|---|
| 策划编辑 | 韦钦平 |
| 责任编辑 | 张　艺　张　怡 |
| 封面设计 | 尹苗苗 |
| 出版发行 | 人民法院出版社 |
| 地　　址 | 北京市东城区东交民巷27号（100745） |
| 电　　话 | （010）67550667（执行编辑）　67550558（发行部查询）<br>　　　　　65223677（读者服务部） |
| 客服QQ | 2092078039 |
| 网　　址 | http://www.courtbook.com.cn |
| E - mail | courtpress@sohu.com |
| 印　　刷 | 三河市国英印务有限公司 |
| 经　　销 | 新华书店 |
| 开　　本 | 787毫米×1092毫米　1/16 |
| 字　　数 | 536千字 |
| 印　　张 | 30.75 |
| 版　　次 | 2025年6月第1版　2025年6月第1次印刷 |
| 书　　号 | ISBN 978-7-5109-4464-2 |
| 定　　价 | 108.00元 |

版权所有　　侵权必究

# 类案争点与法律适用丛书编辑委员会

主　任：杨临萍

成　员（按姓氏笔画）：

王　丹　王　灯　尹　波　李玉生

李晓云　李赛敏　杨昌顺　杨　诚

杨晓蓉　肖国耀　张　艳　陈现杰

胡志超　郭修江　唐学兵　谢　勇

# 编辑部

主　任：韦钦平

副主任：李安尼

成　员（按姓氏笔画）：

王会君　王　怡　石肖然　巩　雪　刘晓宁

祁若冰　阮梦凡　杜玉兰　吴行政　何海燕

沈洁雯　张　艺　张　怡　张雪男　陈丹瑶

周利航　赵芳慧　赵　锋　梅亚琴　梁　帅

蔡　鹏

# 建设工程施工合同纠纷争点整理与法律适用编辑委员会

主　编：李玉生

副主编：陈飞翔

成　员（按姓氏笔画）：

丁晓苏　王　坤　石肖然　朱　艳　刘悦梅

杜三军　李飞鸽　杨　磊　吴　艳　张金星

张峥嵘　陈丹瑶　范纪强　罗有才　周　成

郑娟娟　赵　俊　胡元静　施建红　姚　彧

姚盛中　徐文轩　殷源源　韩　浩　韩　祥

潘全民

# 编写说明

习近平总书记强调，全面依法治国是国家治理的一场深刻革命，关系党执政兴国，关系人民幸福安康，关系党和国家长治久安。① 在以习近平同志为核心的党中央坚强领导下，新时代中国特色社会主义法治建设发生历史性变革、取得历史性成就。党的二十届三中全会审议通过《中共中央关于进一步全面深化改革 推进中国式现代化的决定》，对完善中国特色社会主义法治体系作出重大部署，要求健全公正执法司法体制机制，深化和规范司法公开，落实和完善司法责任制，改进法治宣传教育，完善以实践为导

---

① 《高举中国特色社会主义伟大旗帜 为全面建设社会主义现代化国家而团结奋斗——在中国共产党第二十次全国代表大会上的报告（2022年10月16日）》，载《人民日报》2022年10月26日，第1版。

向的法学院校教育培养机制。

人民法院始终坚持以习近平新时代中国特色社会主义思想为指导，深入践行习近平法治思想，全面贯彻落实党的二十大和二十届三中全会精神，深刻领悟"两个确立"的决定性意义，增强"四个意识"、坚定"四个自信"、做到"两个维护"，做深做实为大局服务、为人民司法，推动司法审判工作高质量发展，为中国式现代化提供有力司法服务和保障。人民法院出版社紧紧围绕贯彻落实习近平法治思想，落实最高人民法院工作要求，从服务审判执行工作、服务法治中国建设的实践需求出发，立足新闻出版宣传工作职责，策划组织编写了《类案争点与法律适用丛书》(以下简称《丛书》)，旨在为办理类似案件提供系统方法论和法律适用指引，促进公正司法、定分止争。《丛书》具有以下几个特点：

一是深入践行习近平法治思想，积极回应人民关切。人民法院是党领导下的国家审判机关，始终把维护人民群众合法权益作为司法审判工作的根本出发点和落脚点，着力解决好"为了谁、依靠谁、我是谁"这一根本问题。《丛书》围绕婚姻家庭、劳动争议、房屋买卖、道路交通等民生关注热点重点，梳理归纳司法实践中的难点堵点问题，将习近平法治思想贯穿具体个案释法说理全过程各环节，充分展现司法审判公正、高效化解各类矛盾风险、切实维护人民群众合法权益的生动实践。

二是聚焦类案法律适用，推动法律统一正确实施。公正司法是维护社会公平正义的最后一道防线。通过公正司法维护社会公平正义，是新时代党领导人民推进全面依法治国、建设社会主义法治国家的必然要求，这对全国法院法官司法能力和水平提出新的要求。《丛书》依托法答网、人民法院案例库、多元解纷案例库、"法信"等司法资源，数智法律知识服务平台汇集的大量典型案例、法律适用问题答问，聚焦类案审判实践中的常见争点、疑难复杂问题、新型问题等，以最高人民法院裁判观点为基础标准，系统化梳理类案争点，深入剖析类案法律适用产生分歧的原因，切实为类案法律适用提供统一的裁判尺度和指导参考，以期正确适用法律，规范法官自由裁量权，确保司法裁判的公正性。

三是指导提升审判能力水平，有效服务定分止争工作。定分是依法办案，止争是化解矛盾；定分是解决案件，止争是解决问题；"定分"重在"止争"。人民法院要做实善于从政治上看、精于从法治上办，就需要在案件审理时充分听取当事人诉求，明确争议焦点，明晰请求权基础规范；在此基础上，运用科学有效的审判方法，进一步分析基础规范的构成要件及要件事实，最后准确适用法律。《丛书》梳理归纳了相关案由下各类情形的请求权及其请求权基础规范，为类案裁判提供了相对明晰的法律适用规范指引以及审理重点与方法步骤，为司法审判提质增效提供了方法论支撑。

《丛书》的付梓出版，得益于最高人民法院各有关审判业务庭的精心指导，得益于一线资深法官的默默付出，凝聚着全体编撰人员的心血和智慧。作为类案争点与法律适用方面的创新之作，一方面囿于认识水平、时空条件等因素，另一方面新类型案件层出不穷，《丛书》有关内容或还有不足之处。借此机会，衷心希望《丛书》的编辑出版能够助力提升全国法官的审判能力和水平，积极服务公正司法定分止争、促进矛盾纠纷源头预防实质化解等人民法院中心工作，为做实为大局服务、为人民司法，建设更高水平的社会主义法治国家、推进中国式现代化贡献智慧和力量。

《类案争点与法律适用丛书》编委会

2025 年 1 月

# 前 言

建筑业作为国民经济支柱产业，对经济社会发展起到了重要支撑和带动作用。服务和保障建筑业健康发展，是人民法院围绕中心大局，依法护航高质量发展的重要职责。当前，建筑业正处于转变发展方式、优化产业结构、转换增长动力的关键阶段，新情况、新问题不断涌现，而违法招投标、"三包一挂"、无证开工等违法违规现象并未根治，建设工程安全质量、建筑工人权益保障、建筑企业账款支付等问题依旧严峻。反映于司法实践，则是建设工程施工合同案件的复杂性和多样性日益凸显。此类案件普遍具有专业性强、涉及面广、利益关系交错、法律关系复杂等特点，一线法官面临事实认定、法律适用、矛盾化解等方面的突出问题，建设工程施工合同案件"难审结而易发改"已是普遍现象。依法公正高效审理好建设工程施工合同案件，不仅关系当事人切身利益，更关乎建筑市场的健康发展和社会经济秩序的稳定。

在人民法院出版社的支持下，江苏省高级人民法院集中组织建设工程领域专业审判力量，编写了这本实务著作。建设工程施工合同案件既涉及个体权利，又涉及公共利益；既受民法等私法的规范，又受行政管理性规定的约束；既有合同法领域共性问题，也有合同法规则之外的特殊和专业问题。基于上述特点，本书编写过程中主要体现以下编写思路：一是突出审判理念和裁判方法。以请求权基础规范分析方法为主线，重点阐释审理理念和裁判思维，理顺处理思路。二是坚持问题导向和效果导向。从审判实践中长期存在的共性、疑难法律问题着手，共梳理了125个常见争点和50个疑难问题，力求在总结既有裁判经验、研判疑难法律问题和尊重行业现实的基础上，破解疑难问题、统一法律适用。三是注重理论与实务相结合。运用大量实际案例,深入探析裁判背后的理论问题,提出兼具针对性和实用性的类案规则。四是兼顾法治思维与行业实际。立足行业发展实际,充分考虑行业习惯,合理权衡司法干预边界,在涉及公共利益的部分,注重以裁判规范树立行为规则和价值导向,为建筑行业发展营造良好的司法环境。五是引入国际视野和比较研究。注重借鉴国外建工行业及司法实践的先进经验,提出符合我国国情且具有普遍适用价值的裁判思路。

此外,本书的撰写意在实现以下目标:一是统一裁判尺度,提高审判质效。通过对主要争点和裁判规则的梳理总结,提出解决问题的方法路径,加强审判业务指导的针对性和实效性,切实提高建设工程施工合同案件审判质效。二是促进理论研究,推动实践创新。通过对最新的立法进展、审判实践和理论研究成果的归纳探讨,希望实现抛砖引玉的效果,为建设工程领域法律理论和实践创新提供支撑。三是加强行业交流,提升专业水平。本书编写是一次不同层级法院间、法律职业共同体间、司法审判与建筑行业间的对话,期望加强建筑行业与法律界的交流合作,共同推动司法裁判工作的规范化、专业化、精细化发展。

为确保本书质量,我们进行了充分的资料准备,广泛收集法律法规、案例资料、学术文献等,力求全面、准确地反映建设工程施工合同案件裁判的现状和发展趋势。在为期一年的写作中,组建了一支主要由中高级法院资深法官组成的团队,他们丰富的审判经验和深厚的理论功底,为本书撰写提供了有力的保障。注重发挥团队成员的专长和优势,实行分工协作、集思广益的工作方式。在一次次交流碰撞、一轮轮反复打磨中,统一写作思路,及时解决写作中的问题和困难,确保本书撰写水准。

本书由江苏省高级人民法院副院长李玉生主编,民事审判第六庭庭长陈飞翔副主编。全书的写作分工如下:第一章,石肖然;第二章,朱艳、张峥嵘、范纪强;第三章,吴艳;第四章,潘全民、胡文静、徐文轩;第五章,周成、杜三军;第六章,姚盛中;第七章,李飞鸽、殷源源;第八章,张金星、郑娟娟;第九章,施建红、姚彧;第十章,丁晓苏、杨磊;第十一章,王坤;第十二章,罗有才。刘悦梅、韩祥、杜三军、赵俊、石肖然、陈丹瑶、韩浩参与全书统稿。

在本书即将付梓之际,特别感谢最高人民法院民事审判第一庭谢勇法官对本书认真细致的审读,其在实务观点、规范表述等方面提出了诸多修改意见,使书稿内容更加完善、准确。此外,本书汇聚了诸多领导和法官的经验和智慧，在此，我们一并表示感谢。

九层之台，起于累土；千里之行，始于足下。本书是对建设工程施工合同案件裁判实践进行系统总结和理论探索的一次尝试，以飨读者的同时，希望为建设工程施工合同案件审判工作进步发展贡献智慧和力量。同时，也期待以本书出版为契机，与广大读者进一步深入探讨和交流建设工程施工合同案件裁判的相关问题，共同推动建筑行业的规范健康发展。

编　者

2025年3月

# 凡 例

一、本书中法律文件名称一般用简称,例如《中华人民共和国民法典》简称《民法典》。

二、本书中下列司法解释、部门规章、标准规范等一般也使用简称:

| 文件全称 | 简称 | 相关信息 |
|---|---|---|
| 《最高人民法院关于审理建设工程施工合同纠纷案件适用法律问题的解释(一)》 | 《施工合同解释(一)》 | 发文字号:法释〔2020〕25号<br>公布日期:2020年12月29日<br>施行日期:2021年1月1日 |
| 《最高人民法院关于审理建设工程施工合同纠纷案件适用法律问题的解释》 | 原《施工合同解释》 | 发文字号:法释〔2004〕14号<br>公布日期:2004年10月25日<br>施行日期:2005年1月1日<br>失效日期:2021年1月1日 |
| 《最高人民法院关于审理建设工程施工合同纠纷案件适用法律问题的解释(二)》 | 原《施工合同解释(二)》 | 发文字号:法释〔2018〕20号<br>公布日期:2018年12月29日<br>施行日期:2019年2月1日<br>失效日期:2021年1月1日 |
| 《最高人民法院关于建设工程价款优先受偿权问题的批复》 | 原《工程款优先权批复》 | 发文字号:法释〔2002〕16号<br>公布日期:2002年6月20日<br>施行日期:2002年6月27日<br>失效日期:2021年1月1日 |

续表

| 文件全称 | 简称 | 相关信息 |
| --- | --- | --- |
| 《最高人民法院关于商品房消费者权利保护问题的批复》 | 《商品房消费者权利保护批复》 | 发文字号：法释〔2023〕1号<br>公布日期：2023年4月20日<br>施行日期：2023年4月20日 |
| 《最高人民法院关于适用〈中华人民共和国民事诉讼法〉的解释》 | 《民事诉讼法解释》 | 发文字号：法释〔2015〕5号<br>公布日期：2015年1月30日<br>第一次修正施行日期：2021年1月1日<br>第二次修正施行日期：2022年4月10日 |
| 《最高人民法院关于民事诉讼证据的若干规定》 | 《民事诉讼证据规定》 | 发文字号：法释〔2001〕33号<br>公布日期：2001年12月21日<br>修正施行日期：2020年5月1日 |
| 《最高人民法院关于适用〈中华人民共和国民法典〉合同编通则若干问题的解释》 | 《合同编通则解释》 | 发文字号：法释〔2023〕13号<br>公布日期：2023年12月4日<br>施行日期：2023年12月5日 |
| 《最高人民法院关于适用〈中华人民共和国合同法〉若干问题的解释（一）》 | 原《合同法解释（一）》 | 发文字号：法释〔1999〕19号<br>公布日期：1999年12月19日<br>施行日期：1999年12月29日<br>失效日期：2021年1月1日 |
| 《最高人民法院关于适用〈中华人民共和国合同法〉若干问题的解释（二）》 | 原《合同法解释（二）》 | 发文字号：法释〔2009〕5号<br>公布日期：2009年4月24日<br>施行日期：2009年5月13日<br>失效日期：2021年1月1日 |
| 《第八次全国法院民事商事审判工作会议（民事部分）纪要》 | 《八民纪要》 | 发文字号：法〔2016〕399号<br>公布日期：2016年11月21日<br>施行日期：2016年11月21日 |
| 《全国法院民商事审判工作会议纪要》 | 《九民纪要》 | 发文字号：法〔2019〕254号<br>公布日期：2019年11月8日<br>施行日期：2019年11月8日 |
| 《建设工程质量保证金管理办法》 | 《质量保证金管理办法》 | 发文字号：建质〔2017〕138号<br>公布日期：2017年6月20日<br>施行日期：2017年7月1日 |

续表

| 文件全称 | 简称 | 相关信息 |
| --- | --- | --- |
| 《建筑工程施工发包与承包违法行为认定查处管理办法》 | 《违法发承包认定查处办法》 | 发文字号：建市规〔2019〕1号<br>公布日期：2019年1月3日<br>施行日期：2019年1月1日 |
| 《房屋建筑和市政基础设施项目工程总承包管理办法》 | 《房建市政工程总承包管理办法》 | 发文字号：建市规〔2019〕12号<br>公布日期：2019年12月23日<br>施行日期：2020年3月1日 |
| 《房屋建筑和市政基础设施工程竣工验收规定》 | 《房建市政工程竣工验收规定》 | 发文字号：建质〔2013〕171号<br>公布日期：2013年12月2日<br>施行日期：2013年12月2日 |
| 《建设工程工程量清单计价规范》（GB 50500—2013） | 原《2013版清单计价规范》 | 发文字号：建标造函〔2013〕38号<br>公布日期：2013年4月8日<br>施行日期：2013年4月8日<br>失效日期：2025年9月1日 |
| 《建设工程工程量清单计价标准》（GB/T 50500—2024） | 《2024版清单计价标准》 | 发文字号：住房和城乡建设部公告2024年第212号<br>公布日期：2024年11月26日<br>施行日期：2025年9月1日 |
| 《建设工程施工合同（示范文本）》（GF—2017—0201） | 《2017版施工合同范本》 | 发文字号：建市〔2017〕214号<br>公布日期：2017年9月22日<br>施行日期：2017年10月1日 |
| 《建设项目工程总承包合同（示范文本）》（GF—2020—0216） | 《2020版工程总承包合同范本》 | 发文字号：建市〔2020〕96号<br>公布日期：2020年11月25日<br>施行日期：2021年1月1日 |
| 《建筑工程施工质量验收统一标准》（GB 50300—2013） | 《2013版质量验收统一标准》 | 发文字号：住房和城乡建设部公告第193号<br>公布日期：2013年11月1日<br>修正施行日期：2023年3月1日 |
| 《建设工程监理规范》（GB/T 50319—2013） | 《2013版建设工程监理规范》 | 发文字号：住房和城乡建设部公告第35号<br>公布日期：2013年5月13日<br>施行日期：2014年3月1日 |

续表

| 文件全称 | 简称 | 相关信息 |
|---|---|---|
| 《建设工程造价鉴定规范》（GB/T 51262—2017） | 《2017版造价鉴定规范》 | 发文字号：中华人民共和国住房和城乡建设部公告第1667号<br>公布日期：2017年8月31日<br>施行日期：2018年3月1日 |
| 《建筑与市政工程施工质量控制通用规范》（GB 55032—2022） | 《2022版施工质量控制通用规范》 | 发文字号：住房和城乡建设部公告2022年第117号<br>公布日期：2022年7月15日<br>施行日期：2023年3月1日 |

# 目 录

## 第一章 建设工程施工合同案件审理概述 / 001

### 第一节 建设工程与建设工程施工合同 / 001
一、建设工程的内涵和外延 / 001
二、建设工程的特点及界定 / 004
三、建设工程施工合同 / 007

### 第二节 建设工程施工合同案件审理原则与理念 / 012
一、建设工程施工合同案件基本情况 / 012
二、建设工程施工合同案件审判原则和理念 / 015

### 第三节 建设工程施工合同案件审查要点 / 019
一、基于原告诉请的审查要点 / 020
二、基于被告抗辩的审查要点 / 032
三、法院主动审查部分的审查要点 / 034

## 第二章 建设工程施工合同案件审理程序常见争点与法律适用 / 037

### 第一节 建设工程施工合同案件审理程序概述 / 037
一、立案阶段 / 037
二、审理阶段 / 038
三、判决阶段 / 039

## 第二节 建设工程施工合同案件审理程序问题常见争点 / 040

一、主管 / 040

争点 1：施工班组起诉主张欠款是否属于劳动争议，应否首先进行劳动仲裁 / 040

争点 2：无效合同是否影响仲裁条款的效力 / 041

二、管辖 / 042

争点 3：如何确定劳务分包合同纠纷的管辖 / 042

争点 4：家庭居室装饰装修引发的争议，是否适用不动产专属管辖 / 045

争点 5：房屋拆除引发的纠纷是否适用不动产专属管辖 / 045

争点 6：线路、管道和设备安装工程引发的纠纷是否适用不动产专属管辖 / 047

争点 7：建设工程价款债权转让后的债权纠纷是否适用不动产专属管辖 / 048

争点 8：基于建设工程施工合同纠纷提起的代位权诉讼是否适用不动产专属管辖 / 050

争点 9：尚未动工建设工程的纠纷是否适用不动产专属管辖 / 052

争点 10：建设工程施工合同的双方当事人均为中国境内企业，但工程位于境外，如果合同没有就管辖法院作出特别约定，也没有约定仲裁条款的，国内法院是否具有管辖权 / 053

争点 11：借用资质人与被借用资质人之间的结算纠纷是否适用不动产专属管辖 / 055

争点 12：当事人就多份建设工程施工合同合并提起诉讼，应如何确定管辖法院 / 057

## 第三节 建设工程施工合同案件审理程序中的疑难问题 / 059

一、诉讼标的额的确定与级别管辖 / 059

问题 1：诉讼标的额的确定 / 059

问题 2：诉讼标的额变动与级别管辖恒定 / 062

二、"一事不再理"原则在建设工程施工合同纠纷中的适用 / 063

问题 3：建设工程施工合同案件重复诉讼的认定 / 063

三、不动产专属管辖与破产管辖间的协调 / 067

问题 4：破产企业作为无独立请求权第三人的建设工程施工合同案件是否适用破产集中管辖 / 067

问题 5：破产重整计划执行期间有关债务人的诉讼管辖问题 / 069

## 第三章　建设工程施工合同案件合同效力纠纷常见争点与法律适用 / 072

### 第一节　建设工程施工合同效力概述 / 072

一、建设工程施工合同效力问题的基本特点 / 072

二、建设工程施工合同效力纠纷的处理原则 / 073

### 第二节　建设工程施工合同效力纠纷常见争点 / 074

一、建设工程施工合同的成立与生效 / 074

争点 1：当事人未订立书面的建设工程施工合同，其施工合同法律关系是否成立 / 075

二、建筑企业资质对施工合同效力的影响 / 077

争点 2：工程总承包模式下，承包人的资质对合同效力有何影响 / 080

争点 3：承包人超越资质等级在司法实务中如何认定 / 080

争点 4：承包人的劳务作业资质管理规定对合同效力认定的影响 / 082

争点 5：装饰装修合同中对承包人的资质要求问题 / 083

争点 6：农村建房合同对施工主体有何种资质要求 / 085

争点 7：承包人超越资质等级订立的建设工程施工合同，合同效力能否补正 / 086

争点 8：承包人不具备施工资质，合同效力能否补正 / 087

三、未取得建设工程规划许可证等行政审批手续的审查认定 / 088

争点 9：未取得建设工程规划许可证等规划审批手续具体是指哪些手续，司法实务中如何进行审查 / 089

争点 10：建设工程施工合同约定的施工范围超越建设工程规划许可审批规模的，施工合同效力如何认定 / 091

争点 11：工程未取得建设工程规划许可证等规划审批手续所订立的施工合同，合同效力能否补正 / 091

争点 12：工程未取得施工许可证是否影响施工合同效力 / 092

争点 13：工程具备办理建设工程规划许可证的条件，发包人没有办理并主张合同无效，其主张能否得到支持 / 093

四、支解发包、转包、分包和借用资质 / 094

争点 14：实践中如何认定转包行为订立的施工合同效力 / 096

争点 15：工程承包人的转包行为是否影响其与发包人之间的建设工程施工合同的法律效力 / 096

争点 16：母公司与子公司、总公司与分公司之间订立的施工合同是否因构成工程转包而无效 / 097

争点 17：哪些分包行为属于合法分包的情况 / 097

争点 18：实践中，劳务分包合同无效的具体情形有哪些 / 097

争点 19：借用资质订立的施工合同的法律效力应当如何认定 / 099

争点 20：建设工程中内部承包合同的效力如何认定 / 100

五、施工合同被确认无效后的处理规则 / 102

争点 21：建设工程施工合同无效，承包人对工程的投入是否属于承包人的损失，是否应当按照承发包双方对合同无效的过错进行分担 / 104

争点 22：施工合同无效，根据《民法典》第 793 条第 1 款的规定，是否也可以按照合同约定以外的方式确定折价补偿工程价款 / 105

争点 23：施工合同无效的，相关损失的举证责任以及当事人的过错责任如何认定 / 106

争点 24：施工合同无效，承包人可以向发包人主张赔偿的损失范围如何认定 / 107

争点 25：施工合同无效，发包人可以向承包人主张赔偿的损失范围如何认定 / 108

## 第三节　建设工程施工合同效力纠纷疑难问题 / 110

问题 1：工程具备办理建设工程规划许可证的条件而未予办理，在举证责任上应当如何分配，人民法院能否直接认定合同有效，如果发包人主张合同无效的应如何处理 / 110

问题 2：涉违法建筑（全部或部分规划建设手续欠缺）的施工合同应当如何结算 / 111

问题 3：不具备施工资质的实际施工人借用有资质的建筑施工企业名义订立的施工合同，施工合同的效力是否应当区分情形而定 / 113

问题 4：发包人与承包人之间的施工合同无效，是否影响其他有关合同的法律效力 / 114

问题 5：在施工合同无效的情况下，结算折价补偿款时哪些合同条款仍可参照适用 / 116

问题 6：一、二审法院对施工合同效力认定不一致时，二审中应当如何处理 / 117

## 第四章　建设工程施工合同案件招投标纠纷常见争点与法律适用 / 118

### 第一节　建设工程招投标纠纷概述 / 118
一、建设工程招投标制度概况 / 118
二、招投标的主要特点 / 119
三、招投标领域常见法律问题 / 120
四、建设工程招投标案件审理的基本原则 / 122

### 第二节　建设工程招投标案件常见争点 / 123
一、必须进行招标的工程项目范围 / 123

争点 1：依法应当招标而未招标的工程，当事人签订建设工程施工合同的法律效力如何认定 / 124

二、与招投标活动有关的建设工程施工合同的成立和效力认定 / 127

争点 2：中标通知书的法律性质及合同成立时间如何认定 / 128

争点 3：投标人以他人名义投标或者以其他方式弄虚作假骗取中标的，中标效力及施工合同效力如何认定 / 131

争点 4：经过招投标的建设工程施工合同，中标人作出的让利承诺书如何认定 / 133

争点 5：当事人签订的建设工程施工合同与招标文件、投标文件、中标通知书载明的工程范围、建设工期等不一致时，招标文件、投标文件以及中标通知书等能否作为结算工程价款的依据 / 134

争点 6：对于当事人就同一工程签订的与中标合同内容实质不一致的合同，是否构成"黑白合同" / 136

争点 7：对中标合同内容的普通变更与实质性变更如何区分和认定 / 139

### 第三节　建设工程招投标案件疑难问题 / 142
问题 1：应当通过公开招标却通过邀请招标的方式签订的建设工程施工合同，如何认定其法律效力 / 142

问题 2：中标通知书发出后，招投标的一方当事人"毁标""弃标"的，如何认定相关法律责任 / 144

问题 3：在投标人未中标的情况下，投标人要求返还投标保证金的纠纷是否适用不动产专属管辖 / 147

问题 4：在政府投资项目的招标过程中，招标文件要求中标人垫资施工，据此条件签订的施工合同的法律效力如何认定 / 148

## 第五章　建设工程施工合同案件主体纠纷常见争点与法律适用 / 151

### 第一节　建设工程施工合同主体纠纷概述 / 151

一、基本情况 / 151

二、常见概念 / 152

### 第二节　建设工程施工合同主体纠纷常见争点 / 158

一、易混淆概念的区分认定 / 158

争点 1：借用资质（挂靠）与转包在实务中如何区分 / 158

争点 2：借用资质（挂靠）与内部承包在实务中如何区分 / 159

二、一般规则——合同相对性原则 / 162

争点 3：发包人与承包人之间的合同约定能否约束实际施工人 / 163

三、突破合同相对性原则的例外情形 / 164

争点 4：多层转包、违法分包关系中的当事人能否突破合同相对性主张工程价款 / 165

争点 5：合作开发房地产合同中的合作各方对于承包人主张的工程价款给付责任应当如何承担 / 167

### 第三节　建设工程施工合同主体纠纷疑难问题 / 169

问题 1：接受转包、违法分包行为的自然人或单位（实际施工人）行使代位权主张工程款的审查认定 / 169

问题 2：挂靠（借用资质）关系中，挂靠人（借用资质的实际施工人）能否向发包人主张支付工程价款 / 178

问题 3：转包、违法分包关系中的承包人破产，实际施工人能否向发包人主张支付工程款 / 182

## 第六章 建设工程施工合同案件工期纠纷常见争点与法律适用 / 186

### 第一节 建设工程施工合同工期纠纷概述 / 186
一、建设工程施工合同工期纠纷审判现状 / 186
二、与建设工程施工合同工期相关的常见概念 / 188

### 第二节 建设工程施工合同工期纠纷常见争点 / 189
一、合同工期的审查认定 / 190
争点 1：约定工期如何认定 / 190
二、开工、竣工日期的审查认定 / 190
争点 2：实际开工日期如何认定 / 190
争点 3：实际竣工日期如何认定 / 192
三、工期延误责任的审查认定 / 195
争点 4：工期延误的原因如何认定 / 195
争点 5：工期顺延的提出应如何认定 / 197
争点 6：工期顺延的事由应如何认定 / 200
争点 7：工期顺延的天数应如何认定 / 204
争点 8：逾期竣工损失如何认定 / 205
争点 9：停工、窝工损失索赔的条件如何认定 / 209
争点 10：停工、窝工损失的类型应如何认定 / 210
争点 11：承包人的止损义务如何认定 / 212
四、任意压缩合理工期的审查认定 / 214
争点 12：任意压缩合理工期的标准及压缩定额工期的费用如何认定 / 214

### 第三节 建设工程施工合同工期纠纷疑难问题 / 217
问题 1：同期延误情形下的责任认定 / 217
问题 2：合同无效情形下的工期索赔 / 218
问题 3：甩项验收与拟制验收对承包人期间利益的影响 / 221
问题 4：工期鉴定的启动条件 / 222

## 第七章　建设工程施工合同案件质量纠纷和保修责任常见争点与法律适用 / 224

### 第一节　建设工程质量纠纷概述 / 224
一、概述 / 224
二、常见诉请、抗辩及其处理原则 / 235

### 第二节　建设工程质量纠纷与保修责任常见争点 / 238
一、工程质量问题的举证 / 238
争点 1：就未完工或已完工未验收工程的质量问题，发包人、承包人应当就哪些事实承担举证责任 / 239
争点 2：竣工验收合格工程中，发包人、承包人应当就哪些事实承担举证责任 / 239
争点 3：哪些证据可以证明"半拉子"工程存在质量问题 / 240
争点 4：哪些证据可以证明基本完工或已完工未验收工程存在质量问题 / 241
争点 5：发包人可否以存在质量问题为由对抗未竣工工程款支付义务 / 242
争点 6：竣工验收合格是否可以证明工程不存在质量问题 / 242
争点 7：哪些证据可以证明竣工验收合格工程存在质量问题 / 243
二、因工程质量问题启动鉴定 / 244
争点 8：质量鉴定基本适用范围 / 245
争点 9：因质量问题启动鉴定的基本审查要点 / 246
三、质量保证金返还问题 / 249
争点 10：质量保证金的返还期限如何确定 / 249

### 第三节　建设工程质量纠纷与保修责任疑难问题 / 252
问题 1：建设工程质量纠纷涉及多个主体时如何认定各方责任 / 252
问题 2：发包人主张减少工程价款和/或修复费用，应如何处理 / 256
问题 3：发包人未经竣工验收擅自使用工程，承包人是否需要就工程质量问题承担责任 / 257
问题 4：如何认定建筑装饰装修工程质量问题 / 260

# 第八章 建设工程施工合同案件合同解除纠纷常见争点与法律适用 / 263

## 第一节 建设工程施工合同解除概述 / 263
一、协商解除 / 263
二、行使解除权解除 / 264
三、建设工程施工合同解除案件审理理念 / 272

## 第二节 建设工程施工合同解除纠纷常见争点 / 273
一、发包人合同解除权的行使 / 273
争点1：承包人在约定工期内未完工，发包人要求解除合同，承包人能否以约定工期不合理抗辩 / 273
争点2：质量符合国家标准，但未达到合同约定的特殊标准，发包人是否可以要求解除合同 / 275
争点3：承包人违法分包时，发包人能否要求解除合同 / 276
二、承包人合同解除权的行使 / 277
争点4：发包人不履行协助义务，导致承包人无法开工的，承包人能否要求解除合同 / 278
争点5：发包人提供的少量主要建筑材料不符合国家标准，承包人能否要求解除合同 / 279

## 第三节 建设工程施工合同解除纠纷疑难问题 / 280
问题1：合同解除时间点的确定 / 280
问题2：合同解除后的下浮比例问题 / 282
问题3：合同解除后工程款应付时间点的确定 / 283
问题4：合同解除后，承包人对已完工工程是否负有配合竣工验收的义务 / 284
问题5：建设工程施工合同纠纷案件适用先行判决问题 / 286

# 第九章　建设工程施工合同案件工程价款纠纷常见争点与法律适用 / 288

## 第一节　建设工程价款纠纷概述 / 288

一、工程价款 / 288

二、工程造价 / 289

三、工程计价 / 292

四、合同价款调整 / 295

五、工程价款结算 / 299

六、工程价款的价格方式（合同示范文本）/ 300

## 第二节　建设工程价款纠纷常见争点 / 302

一、工程竣工结算相关争议 / 302

争点1：多份合同无效，如何认定实际履行合同 / 303

争点2：竣工验收对工程结算的影响 / 306

二、合同价款的调整 / 307

争点3：按固定价结算的合同，材料价格大幅上涨，施工企业能否调整材料价格 / 307

争点4：当事人约定以固定价结算，合同履行中发生设计变更，合同价款如何调整 / 310

争点5：招标清单工程量与实际施工图纸工程量的差距较大时，如何处理 / 313

争点6：现场签证的审查和认定问题 / 316

三、工程价款利息的结算 / 317

争点7：欠付工程款利息的性质以及人民法院是否能够依当事人申请予以调整 / 318

争点8：发包人支付工程款数额不足以覆盖工程价款，同时当事人约定工程进度款支付条件及欠付利息的，如何认定已付工程款抵扣顺序 / 321

## 第三节　建设工程价款纠纷疑难问题 / 323

问题1："背靠背"条款问题 / 323

问题2：默示条款问题 / 328

问题3：结算协议签订后，能否主张索赔事项 / 332

问题4：约定以行政审计为工程款结算依据的问题 / 336

问题5：发包人与承包人在工程款已届清偿期时约定以房屋折抵工程价款问题的处理 / 342

问题6：管理费问题 / 342

## 第十章 建设工程施工合同案件工程价款优先受偿权纠纷常见争点与法律适用 / 347

### 第一节 建设工程价款优先受偿权纠纷概述 / 347

一、建设工程价款优先受偿权制度的立法沿革 / 347

二、建设工程价款优先受偿权的制度价值及法律性质 / 350

### 第二节 建设工程价款优先受偿权纠纷常见争点 / 352

一、优先受偿权的行使主体 / 352

争点1：合同效力对于承包人作为建设工程价款优先受偿权的权利主体有无影响 / 353

争点2：实际施工人是否享有建设工程价款优先受偿权 / 354

争点3：分包人是否享有建设工程价款优先受偿权 / 355

争点4：同一工程存在多个承包人是否均可主张建设工程价款优先受偿权 / 356

二、优先受偿的工程价款范围 / 358

争点5：工程价款中的垫资款是否属于建设工程价款优先受偿权的范围 / 358

争点6：赶工措施费是否属于建设工程价款优先受偿权的范围 / 360

争点7：工程价款的利息、违约金、损害赔偿金是否属于优先受偿范围 / 361

争点8：发包人从建设工程价款中预扣的质量保证金是否属于优先受偿权范围 / 362

争点9：承包方单独另行交纳的保证金能否优先受偿 / 362

三、优先受偿权的行使期限 / 363

争点10：建设工程价款优先受偿权行使期限的起算点应如何认定 / 363

争点 11：在付款期限没有约定或者约定不明的情况下，发包人应付工程价款之日如何确定 / 364

争点 12：同一合同项下约定分期付款、分期结算的，优先受偿权行使期限的起算点如何确定 / 367

四、建设工程价款优先受偿权的行使 / 368

争点 13：承包人可否就未完工程行使优先受偿权 / 368

争点 14：可否通过调解确认建设工程价款优先受偿权 / 370

争点 15：可否在执行分配中主张行使建设工程价款优先受偿权 / 371

争点 16：可否以以物抵债的方式行使建设工程价款优先受偿权 / 372

### 第三节　建设工程价款优先受偿权纠纷疑难问题 / 374

问题 1：借用资质与发包人签订合同的实际施工人能否主张建设工程价款优先受偿权 / 374

问题 2：如何认定不宜折价、拍卖的工程 / 376

问题 3：建设工程价款优先受偿权与商品房消费者优先权之间的关系 / 380

## 第十一章　建设工程施工合同案件违约责任纠纷常见争点与法律适用 / 382

### 第一节　建设工程施工合同违约责任纠纷概述 / 382

一、建设工程施工合同违约责任的特点 / 382

二、建设工程施工合同违约责任纠纷的审理原则 / 383

### 第二节　建设工程施工合同违约责任纠纷常见争点 / 384

一、违约情形 / 384

争点 1：发包方能否以承包方未开具发票作为拒绝支付工程款的先履行抗辩事由 / 385

二、违约责任的承担方式 / 388

争点 2：违约金的金额如何调整 / 388

争点 3：发包人逾期支付工程款，承包人能否同时主张工程款利息和违约金 / 390

争点 4：发包人欠付工程款，承包人是否有权拒绝交付建设工程 / 392

三、违约责任条款的认定和效力审查 / 394
争点 5：无效合同情形下违约金责任条款能否直接适用 / 394
争点 6：对承包人违约行为处以"罚款"条款的性质及效力认定 / 396

### 第三节 建设工程施工合同违约责任纠纷疑难问题 / 399
问题 1：承包人逾期竣工，发包人能否要求承包人承担赔付购房者的逾期交房违约金 / 399
问题 2：建工合同中承包人的可得利益损失如何认定 / 402
问题 3：发包人以承包人不配合竣工验收、备案为由主张违约责任的处理 / 406

## 第十二章 建设工程施工合同案件司法鉴定问题常见争点与法律适用 / 410

### 第一节 建设工程施工合同案件司法鉴定概述 / 410
一、建设工程施工合同案件鉴定比例高的原因 / 410
二、建设工程施工合同案件主要鉴定类型 / 411
三、司法鉴定的基本原则 / 413

### 第二节 建设工程施工合同案件司法鉴定常见争点 / 414
一、鉴定启动阶段常见争点的处理 / 415
争点 1：不予鉴定的情形 / 415
争点 2：不合理工期鉴定申请如何处理 / 417
争点 3：经释明拒不申请鉴定，或者申请后未缴纳鉴定费、鉴定资料不能提供的处理 / 419
争点 4：一审中不申请鉴定，在二审和申请再审中申请鉴定的处理 / 420
二、鉴定实施阶段常见争点的处理 / 421
争点 5：工程鉴定不属于"四类鉴定"，鉴定人及鉴定机构无须经司法行政部门登记从事司法鉴定业务 / 421
争点 6：造价鉴定机构的资质要求 / 423
争点 7：质量鉴定机构的资质要求 / 424
争点 8：修复方案鉴定是否只能由原设计单位出具 / 424
争点 9：鉴定事项、范围、依据属于审判权范畴 / 425

争点 10：如何确定鉴定范围 / 426

争点 11：如何确定鉴定依据 / 426

争点 12：存在多份无效合同时鉴定依据的确定 / 427

争点 13：鉴定资料的提交时限和次数是否应当有限制 / 428

争点 14：鉴定资料为对方当事人持有时，其拒不提供如何处理 / 429

三、鉴定意见审查和采信阶段常见争点的处理 / 429

争点 15：鉴定意见异议是否应当有次数限制 / 429

争点 16：鉴定意见的审查要点 / 430

争点 17：不予采信鉴定意见的具体条件 / 431

争点 18：鉴定意见瑕疵的处理 / 431

争点 19：补充鉴定和重新鉴定的选择 / 433

**第三节　建设工程施工合同案件司法鉴定疑难问题 / 434**

问题 1：当事人就专门性问题自行委托相关机构或人员出具咨询意见的效力问题 / 434

问题 2：未完工程鉴定方法选择问题 / 436

问题 3：竣工验收合格后质量鉴定申请的处理 / 437

问题 4：修复方案和修复费用的合理性判断 / 439

问题 5：工期鉴定是否可以由造价鉴定机构和人员进行 / 440

问题 6：鉴定人在一审中已经出庭，二审和申请再审中是否还需要出庭 / 441

问题 7：以鉴代审及其防范 / 442

**附 1　建设工程施工合同纠纷请求权基础备考表 / 444**

**附 2　建设工程施工合同纠纷常见抗辩类型及规范依据备考表 / 446**

**附 3　建设工程领域相关规范索引 / 450**

# 第一章　建设工程施工合同案件审理概述

## 第一节　建设工程与建设工程施工合同

### 一、建设工程的内涵和外延

在我国目前的法律法规及相关文件中，经常出现"建设工程""建筑工程"或"土木工程"等名词，厘清这些名词之间的关系，并界定其内涵和外延，是研究建设工程施工合同法律关系的基础。

（一）关于建筑工程

《建筑法》使用的是"建筑工程"这一概念，《建筑法》第1条规定："为了加强对建筑活动的监督管理，维护建筑市场秩序，保证建筑工程的质量和安全，促进建筑业健康发展，制定本法。"第2条第2款规定："本法所称建筑活动，是指各类房屋建筑及其附属设施的建造和与其配套的线路、管道、设备的安装活动。"立法机关对此解释是：《建筑法》的适用范围应当规定为适用于包括民用住宅、工业用房和作为公共活动场所的房屋建筑在内的各类房屋建筑及其附属设施的建造和与其配套的线路、管道、设备的安装活动。至于铁路、公路、机场、港口、矿井、水库、通信线路等各项专业建筑工程的建筑活动，可以依照《建筑法》规定的有关原则，根据各专业建筑活动的特点，由国务院另行制定具体适用办法。[①]因此，《建筑法》调整的"建筑工

---

[①] 参见全国人大常委会法制工作委员会：《中华人民共和国建筑法释义》，载中国人大网2000年11月28日，http://www.npc.gov.cn/c12434/c1793/c1852/c2173/201905/t20190522_5827.html。

程"是指房屋及其附属设施的建造和与其配套的线路、管道、设备的安装活动,不包括铁路、公路、机场、港口、矿井、水库、通信线路等专业工程。对于装修装饰工程,立法机关则认为需要进行区分,如果是建筑过程中的装修,属于建造活动的组成部分,适用《建筑法》的规定。对已建成的建筑进行装修,如果涉及建筑物的主体或承重结构变动的,则应按照《建筑法》第49条的规定执行;不涉及主体或承重结构变动的装修,不属于《建筑法》调整范围。此外,对不包括建筑装修内容的建筑装饰活动,因其不涉及建筑物的安全性和基本使用功能,不需要以法律强制规范,因此不属于《建筑法》调整范围。[①]

国务院依据《建筑法》授权制定了《建设工程质量管理条例》,其中将"建筑工程"作为"建设工程"的子概念进行列举,并在相关释义中将"建筑工程"限定为房屋建筑工程。[②]《违法发承包认定查处办法》第2条规定:"本办法所称建筑工程,是指房屋建筑和市政基础设施工程及其附属设施和与其配套的线路、管道、设备安装工程。"《建筑工程施工发包与承包计价管理办法》第2条第2款规定:"本办法所称建筑工程是指房屋建筑和市政基础设施工程。"上述管理办法与《建筑法》及《建设工程质量管理条例》相比,在"建筑工程"内涵范围上增加了"市政基础设施工程"。《建筑工程施工许可管理办法》对需要申请领取施工许可证的"建筑工程"的范围界定为"在中华人民共和国境内从事各类房屋建筑及其附属设施的建造、装修装饰和与其配套的线路、管道、设备的安装,以及城镇市政基础设施工程"。与《违法发承包认定查处办法》第2条相比,增加了房屋建筑及其附属设施的装修装饰。

可见,在上述以"建筑工程"作为规范对象的法律法规及政府规章文件中,该词语范围主要包括房屋建筑和市政基础设施工程及其附属设施、配套工程。

(二)关于建设工程

相较于"建筑工程","建设工程"的范围更广。《建设工程质量管理条例》第2条第2款规定:"本条例所称建设工程,是指土木工程、建筑工程、

---

[①] 参见全国人大常委会法制工作委员会:《中华人民共和国建筑法释义》,载中国人大网2000年11月28日,http://www.npc.gov.cn/c12434/c1793/c1852/c2173/201905/t20190522_5827.html。

[②] 参见国务院法制办等编著:《建设工程质量管理条例释义》,中国城市出版社2000年版,第23页。

线路管道和设备安装工程及装修工程。"根据相关释义，这里的土木工程包括矿山、铁路、公路、隧道、桥梁、堤坝、电站、码头、飞机场、运动场、营造林、海洋平台等工程；建筑工程是指房屋建筑工程，即有顶盖、梁柱、墙壁、基础以及能够形成内部空间，满足人们生产、生活、公共活动的工程实体，包括厂房、剧院、旅馆、商店、学校、医院和住宅等工程；线路、管道和设备安装工程包括电力、通信线路、石油、燃气、给水、排水、供热等管道系统和各类机械设备、装置的安装活动；装修工程包括对建筑物内、外进行以美化、舒适化、增加使用功能为目的的工程建设活动。①《建设工程安全生产管理条例》及《建筑施工企业安全生产许可证管理规定》条文中列举的"建设工程"范围与《建设工程质量管理条例》基本一致。

《建设工程分类标准》（GB/T 50841—2013）作为住房城乡建设部发布的国家标准，目的在于统一建设工程分类，规范建设工程分类方法和要求，对界定建设工程的内涵和外延具有重要实践参考意义。该标准将"建设工程"定义为"为人类生活、生产提供物质技术基础的各类建（构）筑物和工程设施"。按自然属性将"建设工程"分为建筑工程、土木工程和机电工程三大类。建筑工程是指供人们进行生产、生活或其他活动的房屋或场所，按照使用性质可分为民用建筑工程、工业建筑工程、构筑物工程及其他建筑工程等。土木工程是指建造在地上或地下、陆上或水中，直接或间接为人类生活、生产、科研等服务的各类工程，可分为道路工程、轨道交通工程、桥涵工程、隧道工程、水工工程、矿山工程、架线与管沟工程、其他土木工程。机电工程是指按照一定的工艺和方法，将不同规格、型号、性能、材质的设备、管路、线路等有机组合起来，满足使用功能要求的工程，可分为机械设备工程、静置设备与工艺金属结构工程、电气工程、自动化控制仪表工程、建筑智能化工程、管道工程、消防工程、净化工程、通风与空调工程、设备及管道防腐蚀与绝热工程、工业炉工程、电子与通信及广电工程等。

与《建设工程质量管理条例》相比，《建设工程分类标准》未将装修工程与土木工程、建筑工程等子概念并列，而是将建筑装饰装修工程列入建筑工程项下，《建设工程质量管理条例》中的"线路管道和设备安装工程"实质上也属于机电工程范畴。可见，虽然表述和归类上有所区别，但《建设工程

---

① 参见国务院法制办等编著：《建设工程质量管理条例释义》，中国城市出版社2000年版，第23页。

质量管理条例》界定的"建设工程"范围与《建设工程分类标准》基本一致。《建设工程质量管理条例》作为诸多建筑领域行政法规规章的制定依据，对"建设工程"范围的表述更具权威性，而《建设工程分类标准》对建设工程具体分类作了更为详尽的列举，对审判实践具有较大参考价值。

## 二、建设工程的特点及界定

合同性质的查明是审理建设工程施工合同案件的首要环节，而确定合同标的是否属于建设工程，直接关乎建设工程施工合同性质的界定。

### （一）建设工程的主要特点

1. 公共性。建设工程规模较大，一旦建设完成，将长期存在，并由其他社会公众长期使用，因此，作为供公众居住或使用的场所，建设工程具有显著的公共性，与其他产品相比，工程施工质量显得尤为重要，如工程发生质量问题，将可能造成重大人身伤亡和财产损失。

2. 外部性。外部性属于经济学上的概念，一般指的是经济主体的活动对他人和社会造成的非市场化的影响，即该经济主体从事经济活动时其成本与后果不完全由该行为人承担。工程建设活动的外部性主要体现于工程的最终使用人并非工程建造者，而是其他不特定社会主体，且工程的最终使用人未参与合同订立，也无法监督合同履行。由于建设工程使用周期较长，合同履行问题如工程质量短期内难以显现，容易引发建造者道德风险，从而造成契约机制失灵。因此，建设工程的外部性决定了该类经济活动需要外部进行干预，主要通过行政监管的方式进行。

3. 专业性。建筑活动是一种技术密集、专业性强、投资巨大，对社会有重大影响的活动，工程质量更是直接关系人身和财产安全，因此，从事建设工程的施工、勘察、设计和工程监理等活动的单位，不仅要遵守大量技术规范，也必须在资金、技术、装备、人员等方面具备相应的资质条件。《建筑法》第12条规定："从事建筑活动的建筑施工企业、勘察单位、设计单位和工程监理单位，应当具备下列条件：（一）有符合国家规定的注册资本；（二）有与其从事的建筑活动相适应的具有法定执业资格的专业技术人员；（三）有从事相关建筑活动所应有的技术装备；（四）法律、行政法规规定的其他条件。"第13条规定："从事建筑活动的建筑施工企业、勘察单位和工程监理单位，按照其拥有的注册资本、专业技术人员、技术装备和已完成的建筑工程业绩等资质条件，划分为不同的资质等级，经资质审查合格，取得相应等级的资质证书后，方可在其资质等级许可的范围内从事建筑活动。"

4. 行政监管性。较强的行政监管性是施工活动区别于其他经济活动的显著特点，建设工程从立项、招投标、合同订立，到施工管理、工程验收等均受到国家行政监管，法律法规为此设置了严格的市场准入制度和大量维护建筑市场秩序的强制性规范。例如，根据《建筑法》和《建设工程质量管理条例》规定，政府有关部门对工程质量监督管理的主要内容包括对建设单位发包行为进行监督，颁发施工许可证，对勘察、设计、施工、工程监理单位的承包（监理）行为的进行监督，对地基基础、结构主体质量进行检查，对竣工验收进行备案，对工程保修行为进行监督，受理单位和个人有关工程质量的检举、控告和投诉等。因此，对于一些弱监管性施工活动，如小型工程、家庭装饰装修等，实践中常将其排除出建设工程范畴。

5. 依附性。建设工程的依附性体现在两方面：一是施工内容的物化性。建设工程施工过程本质上是施工人将人工、材料及机械设备等生产要素物化的过程，这也是建设工程施工法律关系中施工人特殊权利的物质基础。如合同标的所对应的是纯粹的建筑工人劳动报酬，或材料费、设备租赁费，则双方形成的是其他合同法律关系。二是施工内容的不可分割性。对于一些非整体性施工活动、建设工程的分部分项施工或附属配套施工，是否属建设工程范畴，实践中常有争议。对于该部分施工活动，如施工内容属于工程建设中不可分割的一部分、所形成的施工成果无法独立于整体工程而存在、与建筑本身的整体结构和功能活动关系密切，则应属于建设工程范畴。

（二）建设工程的界定

从上述特点出发，确定合同标的是否属于建设工程，可从以下角度审慎考量：一是是否存在施工内容，以及所施工内容是否具有较高技术性、专业性，从而具有一定的资质准入要求；二是该施工内容是否具有一定规模，建设完成后较长时间内涉及公共安全；三是行政主管部门是否对其进行较强行政监管；四是施工人是否将人、材、机等生产要素物化至不动产并对施工质量、成本等承担相应责任。司法实践中，以下施工事项能否被认定为建设工程存在较大争议。

1. 地暖、中央空调等大型设备安装。《建筑法》第 2 条规定："本法所称建筑活动，是指各类房屋建筑及其附属设施的建造和与其配套的线路、管道、设备的安装活动。"第62条规定："建筑工程的保修范围包括地基基础工程、主体结构工程、屋面防水工程和其他土建工程，以及电气管线、上下水管线的安装工程，供热、供冷系统工程等项目。"其中，"配套的线路、管道、设备的安装活动"，是指与建筑配套的电气、通信、煤气、给水、排水、空气调节、电梯、消防等线路、管道和设备的安装活动。"供热、供冷系统工程等项目"，包括暖气设备、中央空调设备等的安装工程等。对于大型中央空调和地暖安装工程来说，因工程量较大，不仅包括空调外机组支架和室内管线的安装，还涉及部分隐蔽工程，且大多涉及公共安全，应属于建设工程范畴。

2. 电视塔、大型广告牌等构筑物。《建设工程分类标准》（GB/T 50841—2013）将建筑工程按照使用性质分为民用建筑工程、工业建筑工程、构筑物工程及其他建筑工程等。其中，第3.4.3条规定，民用构筑物可分为电视塔（信号发射塔）、纪念塔（碑）、广告牌（塔）等。此类大型构筑物建造也需要行政主管部门审批监管，应属于建设工程范畴。

3. 门窗安装。因门窗安装合同大多既包含买卖内容，也包含安装内容，故对该类合同属于买卖合同、承揽合同抑或建设工程施工合同，实践中存在争议。我们倾向认为，应当根据争议事项及合同主要义务进行定性。家庭门窗安装多系买卖及承揽关系混合性质，而大型工业性、商业性门窗安装，一般属于建设工程的分部分项工程，如因安装工程引发的争议，属于建设工程施工合同范畴。

4. 光伏发电项目。司法实践中关于光伏发电项目的争议主要涉及两种类型，一种是EPC总承包合同，另一种是分布式光伏发电项目。（1）EPC总承包合同主要采取了Engineering（设计）、Procurement（采购）和Construction（施工）一体的模式，规模较大且包含一定基础设施的建设内容，除项目勘察、设计、施工外，核心设备的采购费用在合同价款中占比较大，对合同性质的界定常存在争议。有观点认为，此类合同虽包含了土建施工、设备安装施工等工程建设内容，但也包含大量采购、调试、服务等内容，且约定包工包料、包验收通过，该合同主要工作内容已超出建设工程施工合同范围，符合承揽合同所要求的承揽人按照定作人的要求完成工作，交付工作成果，定作人给付报酬的特征，应认定为承揽合同。也有观点认为，该类合同既包括土建部分，也包括安装部分，且两部分不可分离，合同的性质从整体来说更符合建设工程施工合同的特征。此外，亦有观点将此类合同认定为买卖合同或无名合同。我们倾向认为，就涉及光伏发电项目的 EPC 总承包合同而言，因其采取了设计、采购、施工一体的模式，一般规模较大且包含大量土建等基础设施建设，承包方式已经远远超出了一般的设备承揽，最终建设成果是向发包人移交包含地上建筑物、构筑物的项目成果，并实现光伏发电项目竣工并网发电，合同范围远超过一般的承揽合同。因此，将此类项目定性为建设工程更为恰当。《建设工程分类标准》（GB/T 50841—2013）亦将光伏设备安装工程列入机电工程项下的电子与通信及广电工程。（2）关于分布式光伏发电项目，由于该类项目通常单体体量小，建设周期短，施工难度低，多利用已有建筑屋顶等地形进行组件安装，且可分割拆除，合同主要内容侧重设备的采购及安装、调试。我们认为，对于具有一定规模的分布式光伏发电项目，虽其依托已有建筑进行建设安装，但经常进行改建或水电施工，且多数项目会并入电网，故具有建设工程的特殊性。对于项目本身规模较小，合同实际内容与建设工程施工合同内容关联性较小或基本不涉及安装施工的，可认定该类分布式光伏发电合同为承揽合同。

### 三、建设工程施工合同

**（一）建设工程施工合同的特征**

围绕建设工程项目从决策、实施到使用的全生命周期，各类参与主体可能建立承揽、委托、买卖、劳动、运输、租赁、保险等一系列合同关系，建设工程施工合同关系是其中较为特殊的一类，受《民法典》合同编下"建设工程合同"专章以及《建筑法》《招标投标法》等法律法规调整。对其概念和特征应从以下角度加以理解。

1. 建设工程施工合同是以发包人和承包人为主体的合同。建设工程的发包人，一般为建设工程的建设单位，即投资建设该项工程的单位，通常也称作"业主"，在一些特殊建设工程施工合同中，发包人不是建设单位，而是专门成立的项目法人。承包人是实施建设工程施工等业务的单位，一般应当是具备相应资质的施工承包单位。

2. 建设工程施工合同是以建设工程为标的的合同。以建设工程为标的是区分建设工程合同与其他合同的关键，本书已明确建设工程的范围，此处不予赘述。

3. 建设工程施工合同是以工程施工为权利义务内容的合同。承包人的主要义务是按期保质保量完成工程建设任务，发包人的主要义务是按约支付工程价款。根据《民法典》第795条的规定，施工合同的内容一般还应包括工程范围、建设工期、中间交工工程的开工和竣工时间、工程质量、工程造价、技术资料交付时间、材料和设备供应责任、拨款和结算、竣工验收、质量保修范围和质量保证期、相互协作等条款。实践中，很多建设工程施工合同并不全部具备这些条款，如能确定合同当事人、工程范围、建设工期、工程质量、工程造价等基本内容，可认定建设工程施工合同成立。

4.建设工程施工合同为要式合同，应采取书面形式。建设工程项目标的金额大、履行时间长，合同履行过程中易出现变数，《民法典》第789条规定其应采取书面形式。一些标的额不大、工程量较小以及部分转包、分包的工程中，当事人往往选择不签订书面合同，如一方已完成施工、另一方接受案涉工程，亦成立事实上的建设工程施工合同关系。[①]对于采取招投标形式签订的建设工程，在中标通知书到达中标人时，已具有合同成立的效力，即使后续未签订《建设工程施工合同》，双方亦成立建设工程施工合同关系，人民法院可依据招投标文件和中标通知书等确定合同内容。因建设工程涉及社会公共利益和人身财产安全，为维护公共利益，规范建筑市场秩序，相关部门发布建设工程合同示范文本，并在建筑行业广泛使用。现行《2017版施工合同范本》由合同协议书、通用合同条款、专用合同条款三部分组成，为非强制性使用文本。此外，主管部门还制定了《建设工程施工劳务分包合同（示范文本）》（GF—2003—0214）、《2020版工程总承包合同范本》等。建设工程施工合同除合同书及附件外，还包括当事人之间形成的其他合同性文件。《2017版施工合同范本》合同文件构成部分约定，本协议书与下列文件一起构成合同文件：（1）中标通知书（如果有）；（2）投标函及其附录（如果有）；（3）专用合同条款及其附件；（4）通用合同条款；（5）技术标准和要求；（6）图纸；（7）已标价工程量清单或预算书；（8）其他合同文件。在合同订立及履行过程中形成的与合同有关的文件均构成合同文件组成部分。对于建设工程施工合同履行过程中形成的签证、会议纪要、往来函件等文件，如经审查认定上述文件可代表当事人真实意思表示且不违反法律法规规定及合同约定，则对合同当事人具有约束力，属于建设工程施工合同的组成部分。

---

[①] 参见最高人民法院民法典贯彻实施工作领导小组主编：《中华人民共和国民法典合同编理解与适用（三）》，人民法院出版社2020年版，第1910页。

5. 建设工程施工合同解释顺序需遵守一定规则。如前所述，建设工程施工合同组成文件较多，一般情况下在合同订立及履行过程中形成的与合同有关的文件均构成合同文件组成部分，合同各文件组成部分应互相解释，互为说明。但一旦上述文件存在约定不一致的情况，较易引发纠纷争议。当事人签订数份合同如何履行，需综合当事人真实意思表示、合同效力以及建设工程管理的特殊性等因素进行考量。因此，建设工程施工合同解释顺序一般按照下列原则确定。

（1）真实意思表示优先原则。合同是双方当事人真实意思一致的体现，当建设工程施工合同纠纷出现多份合同时，应根据合同签订及履行具体情况，确定最能体现当事人真实意思表示的合同作为裁判依据。主要有以下几种具体表现。

一是专用条款优先。专用合同条款是合同双方协商一致，对通用合同条款约定进行的补充、细化或修改。如当事人在建设工程施工合同专用条款中明确了合同解释顺序，应以专用条款明确的优先顺序作为合同解释顺序。如专用合同条款是对通用合同条款的修改，或二者之间存在约定冲突，则优先适用专用合同条款的约定。如专用条款是对通用条款的细化和补充，则应结合两部分条款的内容，综合认定合同双方的真实意思。

二是实际履行优先。当事人就同一建设工程订立数份建设工程施工合同的，在不能确定哪份合同系当事人真实意思表示的情况下，以最终实际履行的合同作为认定当事人真实意思表示的依据，双方系以实际履行行为确认了合同的优先顺序。《施工合同解释（一）》第24条规定，当事人就同一建设工程订立的数份建设工程施工合同均无效，但建设工程质量合格，一方当事人请求参照实际履行的合同关于工程价款的约定折价补偿承包人的，人民法院应予支持。该规定系上述原则的具体体现。

三是在后合同优先。由于建设工程施工合同履行周期较为漫长，合同当事人就实际履行合同可能出现反复，甚至出现实际履行合同难以确定或同时履行数份合同的情况。当实际履行合同难以确定时，鉴于在后签订的合同通常体现当事人最新的真实意思表示，或者属于履行施工合同过程中基于客观情况变化所签订的合同，原则上应以在后签订的合同为准。

（2）特殊管理规范优先原则。基于保障建设工程质量和维护建筑市场公平竞争秩序的管理要求，建设工程施工合同解释顺序有其特殊规则。

一是中标合同优先。无论建设工程是否属于依法必须进行招标的项目，当事人只要选择通过招投标程序缔结合同，就必须遵守招标投标法律规定和管理制度。在中标合同有效的情况下，当事人即使另行签订更符合其真实意思表示的其他合同，如该合同背离中标合同实质性内容的，也应以中标合同确定当事人权利义务。《施工合同解释（一）》第2条、第22条、第23条即体现了上述规则。需要注意的是，以上条款的适用以中标合同有效为前提，无效的中标合同并非当然具有比其他无效合同更优先适用的效力。

二是有效合同优先。《民法典》第793条规定，建设工程施工合同无效，建设工程经验收合格的，可以参照合同关于工程价款的约定折价补偿承包人。该规定与一般情形合同无效的处理原则不一致，属于法律为保障建设工程质量，平衡市场主体利益关系以及保护建筑工人合法权益作出的特殊安排。但这并不意味着建设工程施工合同案件中无效合同等同于有效合同处理，当多份合同并存且存在冲突时，仍需首先审查合同效力问题，一般情况下，有效合同在适用顺位上仍优先于无效合同。

（二）建设工程施工合同与其他类似合同的关系

1.承揽合同。《民法典》明确规定，建设工程合同章节没有规定的，适用承揽合同的有关规定。可见，建设工程施工合同是一种特殊的承揽合同。建设工程施工合同与承揽合同的区分主要体现在：（1）合同目的与内容方面。建设工程施工合同的目的是完成特定的不动产工程项目的施工，一般内容复杂、耗时较长，而承揽合同的目的是完成特定的工作成果，既有可能是动产也有可能是不动产，内容相对简单。（2）合同主体方面。建设工程施工合同的承包人一般有资质准入要求，承揽合同的承揽人虽然也需要具备完成工作的相应能力和技术，但不需要具备相应法定资质；无论承揽人是否经定作人同意将全部工作或部分工作交由第三人完成，都是由承揽人根据合同相对性原则向定作人承担责任。而建设工程因工程质量发生争议的，施工人与承包人共同向发包人承担责任。（3）行政介入方面。建设工程从项目立项、招投标、合同订立履行、竣工验收等全周期流程均受到较为严格的行政监管，相关法律法规设置了大量旨在维护建筑市场秩序和工程质量的强制性规范，行政主管部门对建设工程领域的行政监管范围和力度远超其他民事合同。反观承揽合同，更多体现民事合同中当事人意思自治原则。（4）合同权利义务方面。承揽合同的定作人未向承揽人支付报酬或者材料费等价款的，承揽人对完成的工作成果享有留置权，且定作人在承揽人完成工作前享有随时解除合同的权利，而鉴于建设工程的特殊性，建设工程施工合同承包人不享有留置权，但有权就工程折价或拍卖的价款享有优先受偿权，发包人也不享有合同随时解除权。

2. 建设工程勘察、设计合同。建设工程施工合同与建设工程勘察、设计合同均为建设工程领域中的主要合同类型，都是发包方和承包方之间的合同，均应采用书面形式。建设工程勘察合同关注对建设工程地理、地质状况的调查和研究，目标是完成建设工程勘察文件的编制，勘察合同通常是最先签订的，为后续的设计和施工提供基础数据。建设工程设计合同在勘察合同之后签订，基于勘察结果进行工程设计，目标是完成工程设计文件的编制。建设工程施工合同主要关注施工的内容、工期、质量等，目标是完成具体的施工任务。可见，建设工程勘察合同、设计合同纠纷所涉工作成果系智力成果的交付，且其主要工作并非在施工现场，与建设工程施工成果关联度不高，双方之间的争议也基本与建设工程本身的造价、质量、工期等没有直接关系，故按照一般管辖原则确定受诉法院，建设工程施工合同案件则按照不动产专属管辖确定受诉法院。

3. 委托代建合同。委托代建是指项目业主将建设项目委托给代建单位，由代建单位对项目进行相应管理，并组织实施建设的行为，最终由项目业主向受托代建人支付酬金的模式，主要分为政府投资模式的委托代建和非政府投资模式的委托代建。2004年，国务院下发《关于投资体制改革的决定》（国发〔2004〕20号），对非经营性政府投资项目加快推行代建制，即政府通过招标等方式，选择专业化的项目管理单位负责建设实施，严格控制项目投资、质量和工期，竣工验收后移交给使用单位。随着代建制的推广，一些社会资本投资项目也结合项目管理、开发建设、配套服务、品牌授权等合作内容，采用委托代建模式进行运营。而建设工程施工合同一般是委托代建合同签订后，由代建人以发包人的名义与施工单位签订，项目业主一般不以发包方的名义出现。

4. PPP项目合同。政府和社会资本合作（Public-Private Partnership，以下简称PPP）模式是指政府与社会资本之间为了提供公共基础和服务而建立的长期合作关系，在交通运输、水利建设、市政、能源等领域应用广泛。相较于传统的建设工程施工合同，PPP项目合同具有权利义务的复合性，其内容除项目建设外，还包含了项目建成前的融资与项目建成后的运营等。关于PPP协议的性质属于民事合同、行政协议抑或复合合同实践中仍存在一定争议。我们倾向认为，如双方争议涉及特许经营、项目规划许可等有关行政管理等内容的，属于行政法律关系；当事人争议仅涉及项目收益分配、工程建设、项目回购、违约责任等平等主体之间权利义务的，属于民事法律关系范围。

PPP 项目与建设工程施工合同的关联性体现在：（1）绝大多数的 PPP 项目合同本身即包含工程建设施工内容，对于此类合同，社会资本方应具备相应的施工资质，如属于必须进行招标的工程范围，还应通过招投标程序确定社会资本；对于因其中涉及建设工程施工部分引发的法律争议，应适用规制建设工程施工合同关系相应规范解决。（2）围绕 PPP 项目框架合同，各类相关主体有可能与其他主体订立具体实施合同，共同构成 PPP 项目的合同体系，其中就包括建设工程施工合同。对于因 PPP 项目专门设立的项目公司（SPV）签订的建设工程施工合同，如 PPP 项目合同中未予特别规定，应认定其为相对独立的合同，由项目公司作为发包人，独立承担合同权利义务与责任。

## 第二节 建设工程施工合同案件审理原则与理念

### 一、建设工程施工合同案件基本情况

建设工程施工合同纠纷是指当事人在签订、履行、变更、中止和解除建设工程施工合同过程中就权利、义务、责任关系所发生的纠纷。"建设工程施工合同纠纷"为《民事案件案由规定》所规定的四级案由之一，即狭义的建设工程施工合同纠纷；司法实践中，"建设工程施工合同纠纷"的范围，还应包括建设工程价款优先受偿权纠纷、建设工程分包合同纠纷、建设工程监理合同纠纷、装饰装修合同纠纷、铁路修建合同纠纷、农村建房施工合同纠纷等案由下的纠纷，即广义的建设工程施工合同纠纷。[①]

---

[①] 《民事诉讼法解释》第 28 条第 2 款规定："农村土地承包经营合同纠纷、房屋租赁合同纠纷、建设工程施工合同纠纷、政策性房屋买卖合同纠纷，按照不动产纠纷确定管辖。"司法实践普遍认为，该条规定的建设工程施工合同纠纷，不限于《民事案件案由规定》规定的建设工程合同纠纷项下的第四级案由建设工程施工合同纠纷，还应当包括该项下的建设工程价款优先受偿权纠纷、建设工程分包合同纠纷、建设工程监理合同纠纷、装饰装修合同纠纷等其他与建设工程施工相关的纠纷。《民事案件案由规定》修订过程中，也曾有意见提出将建设工程设计合同纠纷、建设工程勘察合同纠纷、建设工程监理合同纠纷作为三级案由，将原建设工程合同纠纷下的其他案由纳入建设工程施工合同纠纷。参见杨万明主编：《最高人民法院新民事案件案由规定理解与适用》，人民法院出版社 2021 年版，第 340~343 页。

（一）建设工程施工合同案件态势

1. 案件收结案数总体呈上升趋势。自 2014 年以来，我国建筑业增加值持续增长，建筑业增加值占国内生产总值比例始终保持在 6.7% 以上。随着建筑业的持续发展，建设工程施工合同纠纷也呈持续增长态势。以江苏法院为例，近五年来，全省法院新收建设工程施工合同纠纷案件总体大幅上升，年均增长率 13.44%。

2. 案件数量与地域经济总量存在关联性。建筑行业发展水平与城市建设水平息息相关，而城市建设是经济建设的重要组成部分。从江苏各市法院历年建设工程施工合同纠纷案件统计数据来看，地域经济活跃、城市建设水平和投入较高的城市，该类案件的数量也相对较多。总体来说，建设工程施工合同纠纷案件数量与地区经济发展水平和发展速度呈正相关。

3. 审理周期远超民商事案件平均周期。建设工程类纠纷标的额普遍较大、专业性强，当案件涉及工程造价、工程质量等关键事实认定时，经常需要依赖司法鉴定，案件审理周期受到审理难度、司法鉴定耗时因素制约，故而呈现出审理周期长的特点。以江苏为例，近五年来，建设工程施工合同纠纷新收案件数在民事案件新收一审案件总数的占比约为 3.2%，但长期未结案件平均约占全省法院长期未结民事诉讼案件总数的 16.6%，居民事长期未结案件首位。2019 年至 2023 年，一审民事案件平均审理周期为 78.5 天，而一审建设工程案件平均审理周期为 125.6 天，超过民事案件平均审理周期 60%。

4. 案件发改率高于民商事案件平均水平。建设工程类案件专业性强、争议焦点多、当事人举证能力弱、事实认定难度大，加之诸多问题的法律适用上也存在争议，裁判尺度不尽统一，因此建设工程施工合同纠纷发改率明显高于民商事案件整体发改率。以江苏法院近三年的一审案件发改率为例，民商事一审案件发改率平均值为 2.47%，而建设工程施工合同纠纷一审案件发改率平均值为 6.96%，为民商事案件平均发改率的两倍以上。2021 年至 2023 年，江苏高院审结的 171 件建设工程施工合同二审案件，改判和发回重审率约为 42.7%。

（二）建设工程施工合同案件主要特点及难点

相较于其他民商事类案件，建设工程施工合同纠纷案件更为复杂，审理难度大，是从事审判一线工作法官的普遍共识。主要体现在以下四个方面。

1. 案件事实认定难，争议焦点多。建设工程施工合同纠纷审理的主要难点是事实认定问题，案件被发回和改判的主要因素也是事实认定问题。（1）基本事实面广量大。需要查明的事实，涉及合同订立和履行的全过程和各个方面，涵盖合同依据、合同效力、工程造价、工程质量、工程款支付、损失认定、责任划分等众多问题。即使工程未完工也会涉及完工工程量及其造价、工期延误损失、窝工损失等基础事实的查明。（2）争议事项琐碎繁杂。当事人争议较为集中的工程造价、工程款结算、工程质量、工程款支付问题往往牵涉大量琐碎事实的认定，上述事实认定过程不仅需要法官组织当事人进行大量证据交换，往往还需要依托专业鉴定机构进行鉴定。（3）当事人举证能力薄弱。因缔约地位和缔约能力的失衡，当事人尤其是实际施工人举证能力不足问题较为突出，证据收集、证据保存方面意识较差，证据资料不完整、举证杂乱不规范、频繁举证、逾期举证的情况较为常见，加剧了法官查清事实的难度。

2. 法律关系复杂，法律适用争议大。建设工程施工合同法律关系的复杂主要体现在以下几个方面：（1）合同主体的特殊性。建设工程施工合同主体的特殊性体现在我国对建筑施工企业实行强制性资质管理制度，建筑施工企业具备法定资质等级是其承揽建筑工程的前提条件，因此，建设工程类案件中因资质问题被认定合同无效的比重远高于其他民商事案件。（2）诉讼主体的多元性。建设工程施工合同案件当事人不仅包括常见的发包方、承包方、分包方、实际施工人，还可能涉及债权受让人、材料商等多方主体，各主体之间法律关系复杂，既有民事法律关系，还可能夹杂行政管理关系，为查清案件事实而追加第三人的情况时有发生。（3）法律关系的关联性。实践中，建设工程施工合同纠纷往往与买卖、民间借贷、房屋买卖、以物抵债、破产、债权转让等诸多法律关系相互交织，法官审理建设工程施工合同案件已不能仅就个案进行简单化处理，还需要考虑其他盘根错节的法律关系，这也为案件审理带来难题。（4）法律适用的差异性。为体现保障建筑工程质量、保护建筑工人等弱势群体权益、维护建筑市场秩序等价值导向，建设工程法律规范确立了一些有别于普通民商事规则之外的特殊规则，如大量合同无效情形下合同的参照适用，特定条件下合同相对性原则的突破等。

3. 案件专业性强，鉴定比例高。建设工程施工合同案件鉴定比例较高，往往需要借助专业鉴定机构对工程量、工程价款、工程质量等进行技术性判断。在抽样调查的 125 件一审案件中，委托司法鉴定的 81 件，占比 64.80%。

鉴定程序不规范也严重制约了案件审判质效。（1）鉴定启动较为随意，"鉴而不用"现象时有发生。在调研中发现，个别法官对鉴定启动把关不严，启动鉴定时对鉴定范围和鉴定方向的认识存在偏差，后续裁判思路不清晰，导致鉴定意见因对案件审理缺少参考意义甚至增加了案件审理难度而被弃用。（2）鉴定进程失管，"久鉴不决"现象较为严重。抽样调查的81件委托鉴定的案件中，鉴定周期平均为9.37个月。有的案件启动鉴定时未限缩鉴定范围，委托事项不具体明确；有的案件委托鉴定后，移送材料未经质证或者迟延移送；有的案件法官与鉴定机构沟通不畅，一委了之，导致鉴定机构出具不明确鉴定意见，影响后续案件处理。（3）鉴定依赖度过高，"以鉴代审"情况较为突出。建设工程司法鉴定不同于普通技术性鉴定，法官应当高度把控鉴定进程，将审判权的运用贯穿于整个鉴定过程。调研发现，个别法官仍存在"以鉴代审"的错误思维，如涉及争议事实虽然涉及专业问题，但可以通过当事人举证予以认定的，仍然启动鉴定；只要鉴定机构出具了鉴定意见，就一律按鉴定意见处理；提交给鉴定人的鉴定资料未经质证，由鉴定人自行决定证据采信与否等情况不一而足，造成了鉴定进程牵制审判权，而非审判权引导鉴定进程的不正常情况。

4. 当事人矛盾大，纠纷化解难。（1）衍生纠纷较多。建设工程案件涉及的法律关系盘根错节，较易牵连商品房买卖合同、民间借贷、以物抵债、执行异议之诉等其他关联法律关系，同时伴随着农民工索要工资、工地事故伤害引发的损害赔偿等诸多其他纠纷。（2）群体性纠纷风险较大。建设工程施工合同案件涉房、涉地、涉民生，是群体性纠纷的高发区。例如，拖欠工程款案件，常常涉及农民工权益保护，社会敏感度高、关注度大，案件处理稍有不慎易演变成群体性事件。（3）纠纷化解难度大。建设工程施工合同纠纷争议的标的额较大，在巨大的利益冲突面前，各方都不愿作出让步，矛盾化解工作难以收到成效，调撤率较低，上诉率、申请再审率居高不下。

## 二、建设工程施工合同案件审判原则和理念

裁判原则是个案审理和裁判时需要遵循的基本原则、思路和导向，审判理念是指导该类纠纷处理和化解的思维和方法。裁判原则和审判理念出现问题，必然导致案件审判出现方向性错误。基于建设工程施工合同纠纷的审理特点难点，建设工程施工合同纠纷审判工作需要树立独特的裁判原则和审判理念。

(一)建设工程施工合同纠纷的裁判原则

1. 坚持工程质量优先原则。建设工程具有显著的社会公共性,建设工程施工质量合格与否,不仅关系施工合同的合同目的能否实现,还关系人民群众人身财产安全等社会公共利益。审理建设工程施工合同纠纷一般会涉及多种价值取向的取舍判断,但保证建筑工程的质量和安全是建设工程的生命线,是处理建设工程施工合同纠纷的首要价值选择。主要体现在以下方面:(1)依法否定违反保障工程质量规范的合同效力。如在合同订立过程中,违反资质准入制度、分包转包管理制度和招投标制度;在施工过程中,任意压缩合理工期以及降低工程质量标准,都是合同无效的法定情形。(2)严格适用工程质量强制性标准。对于各类施工规范、标准,应区分其中的强制性标准及非强制性标准,在没有明确说明的情况下,工程建设活动有关保障人身、财产安全的标准属于强制性标准。对于施工人因己方原因违反工程质量强制性规定导致的不利后果,应承担相应违约责任;对于当事人压缩合理工期的约定,不能据此让施工人承担工期违约责任。(3)以工程质量合格作为发包人支付工程款的前提。向发包人交付质量合格的建设工程,是承包人的主要合同义务,是其请求支付工程价款的基础和前提。即使在工程竣工验收合格的情况下,如发包人有证据证明工程存在影响安全使用的严重质量问题的,应允许发包人推翻竣工验收结果,并且不承担逾期付款违约责任。

2. 坚持规范建筑市场秩序原则。建筑领域有其长期形成的固有行业惯例,有些惯例在法律规范框架内,有些游走于法律规范之外,建设工程审判工作既不能忽视或者脱离行业现有实际,也要注重以裁判规范树立行为规则和价值导向,着力规范建筑市场秩序。主要有三个方面:一是规范市场进入秩序,维护资质准入制度;二是规范市场竞争秩序,维护招投标和发承包制度;三是规范市场交易秩序,维护诚信原则。

3. 坚持利益衡平与保护弱者权利相统一原则。重视处于弱势地位的农民工等建筑工人的合法权益,是建设工程施工合同法律关系的显著特征。一方面,要继续加强对农民工等弱势群体的司法保护。例如,认定建设工程价款优先受偿权的行使主体时,原则上严守合同的相对性,但特殊情形下应有条件地允许实际施工人行使优先受偿权。要为工程款债权受让人行使优先受偿权设定一定限制,建设工程价款债权受让人行使工程价款优先受偿权,应当提供证据证明转让行为未损害建筑工人利益。另一方面，要准确认识建筑行业微利性特点，合理平衡建筑领域各方主体利益关系。防范实际施工人权利的无序扩张，对层层转包或违法分包情形下实际施工人主张权利、实际施工人转让建设工程价款债权等方面进行必要的限制。施工合同的利益平衡，是整体上的平衡，而不是个别利益点上的平衡。审理施工合同所追求的公平主义是在合同和法律框架内的利益平衡，而不是追求点对点、线对线的细节平衡。[①]

4. 坚持法律判断和专业判断相结合原则。建设工程施工合同纠纷不仅涵盖施工、监理、验收、交付、质保等诸多工程建设流程，还涉及大量的专业技术规范和行业管理规范，案件专业性较强，对审判人员专业化水平要求较高，仅靠法律判断难以解决实质问题，需要将法律判断和专业判断相结合。（1）立足行业实际。在案件审理中充分尊重行业惯例，重视行业管理规范和行业标准的运用，不能仅以法律思维和法律逻辑想当然作出判断。（2）善于运用鉴定意见。第三方鉴定机构对专业性问题出具的中立意见，既可以帮助法官对专门事项争议作出判断，也可减少当事人就司法审理程序的质疑。同时，法官也要发挥在司法鉴定中的主导作用，严格启动鉴定程序，准确确定鉴定事项、依据和范围，充分把控鉴定进程，防止"以鉴代审"。（3）充分发挥专家辅助人作用。江苏多地法院已建立建设工程案件咨询专家库，为法官判断专门性问题提供专业技术支持。咨询专家的职责主要是接受人民法院对建设工程专业问题的咨询，接受人民法院委托协助调解部分案件，也可以接受当事人委托，以专家辅助人身份参加案件审理。

5. 坚持契约自由和契约正义并重原则。基于建筑产业的特殊性，公法对于建筑市场的介入较深，行政监管和司法干预直接影响了民事领域建设工程施工合同效力、履行及当事人民事权利的安排，契约正义得到了较为充分的体现。但建设工程施工合同纠纷本质上仍属于私法范畴，应当尊重民商事主体基于自身利益的真实判断而作出的意思表示。在案件审理中，应把握好尊重契约自由与依法维护契约正义的关系，既要警惕当事人以契约自由为名规避市场监管，也要防止以维护契约正义的名义滥用司法干预手段。

---

[①] 参见夏正芳：《施工合同纠纷案件裁判理念初探》，载《人民司法》2011年第15期。

（二）建设工程施工合同纠纷的审判理念

1. 坚持责任担当理念。基于建设工程施工合同纠纷的专业性、复杂性以及建筑市场不规范、当事人诉讼能力欠缺等原因，建设工程施工合同案件审判工作对法官勇于担当的履职能力有更高的要求。（1）注重诉讼引导释明。建设工程施工合同纠纷中当事人诉讼能力差异较大，诉讼认知经常也出现偏差，需要通过法官不断引导、释明才能顺利推进案件审理。常见类型有：在当事人对合同效力与法官认定不一致时，释明合同效力认定标准；在当事人诉讼请求与法律关系及请求权基础不相符时，告知当事人可以变更诉讼请求；在当事人起诉的诉讼主体有遗漏时，告知当事人追加被告或第三人；在当事人一方请求支付违约金，对方仅就不应支付违约金进行抗辩，法官应就如不支持该抗辩是否请求违约金的调整进行释明。（2）注重案件事实查明。事实查明是案件审理的基础。建设工程施工合同纠纷尤其需要重视案件事实的查明，主要有以下两个途径：一是现场勘验，通过现场勘验可以达到了解工程情况、确定施工范围、明确争议事项、熟悉鉴定意见等效果，避免"坐堂问案"式审判导致的事实不清。二是举证引导，通过依法分配举证责任、转移举证责任，引导、督促当事人及时、规范、精确举证，同时要依法利用举证时限制度，防止因当事人拖延举证导致审理周期过长。

2. 坚持实质化解纠纷理念。建设工程施工合同纠纷具有审理周期较长、利益牵扯大、当事人诉讼成本高等特点，建设工程审判工作应把实质性化解矛盾、解决问题作为目标导向，尽可能减少程序空转，减轻当事人讼累。（1）积极适用先行判决、先予执行制度。因建设工程施工合同案件审理周期一般相对较长，在施工企业主张工程款或解除合同、拒绝退场、拒绝配合工程交接或竣工验收等纠纷出现时，先行判决、先予执行制度的效率价值得以凸显，尤其是未完工程纠纷中，通过对案件事实无争议的事项进行先行判决或先予执行，可以达到保障项目复工续建、及时解决当事人争议的效果。（2）落实"一个纠纷一个案件"理念，尽可能减少衍生诉讼。以实质性解决矛盾纠纷为出发点，通过合理行使释明权、穷尽调查手段、及时公开心证、依法追加当事人等方式，争取纠纷一次性解决，避免回避或简单回应当事人诉求、告知当事人另案诉讼等现象，防止为了结案而结案、案结事不了。（3）妥善行使自由裁量权，注重实质公平和利益衡量。既要尊重当事人在建设工程施工合同中有关风险的预先约定，也要根据履行过程中的实际情况、施工行业特点以及当事人之间的市场地位,综合运用公平、诚信、利益衡平等原则,合理分配市场主体风险,保证案件处理实质公平。

3.坚持前端治理理念。建设工程审判工作要从案件审理思维向社会治理思维转变,注重与行政主管部门加强联动对接,促进企业依法经营管理。(1)善于运用司法建议。加强与监管部门的协调配合,对建设工程案件审理中发现的普遍性、倾向性、趋势性问题,向行政主管部门提出司法建议,督促有关部门和企业主动完善规则、加强管理。(2)加强非法线索移送。对案件审理中发现企业存在的违规违法问题,尤其是层层转包、违法分包、借用资质、串标、围标等违法行为,及时向行业主管部门移送违法线索。(3)强化企业风险防范。善于从个案、类案中发现问题,强化个案审理、司法大数据等对建筑企业行业性、系统性风险进行预警提示,增强企业风险意识和底线意识,促进企业合法经营。

## 第三节　建设工程施工合同案件审查要点

请求权基础分析是司法裁判普遍遵循的基本方法,也是法官确定案件审理思路、撰写裁判文书的基本路径,它遵循"请求—抗辩"的结构模式(见图1)。虽然建设工程施工合同纠纷当事人诉讼请求多样,争议焦点繁杂,但请求权基础分析方法对于法官把控审理方向、确定审理重点、提升审理效率仍有独特价值。本节以建设工程施工合同纠纷中常见当事人诉讼请求及抗辩为切入点,简要梳理相关审查要点。

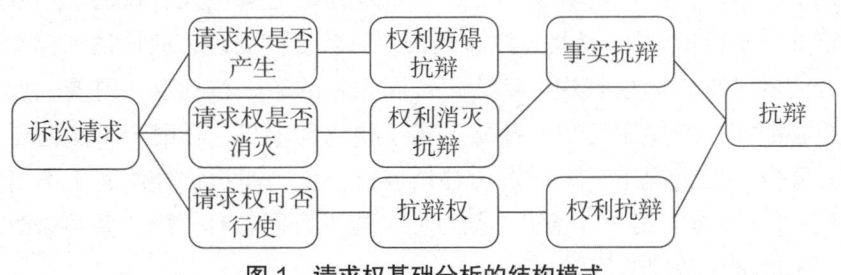

图1　请求权基础分析的结构模式

## 一、基于原告诉请的审查要点

### （一）建设工程施工合同请求权基础规范类型

典型请求权基础的规范内容包括基于合同的请求权、类似合同请求权、无因管理请求权、物权请求权、侵权行为损害赔偿请求权与不当得利请求权等类型。建设工程施工合同纠纷涉及较多的主要是基于合同的请求权、类似合同请求权、不当得利请求权以及侵权行为请求权四种。

1. 基于合同的请求权。主要是基于合同约定的权利义务产生的请求权，包括：承包人向发包人请求支付工程款的请求权及相应违约责任的请求权；承包人向发包人主张返还质保金、停窝工损失的请求权；发包人主张承包人返还超付工程款，承担质量、工期、逾期竣工、逾期交付竣工资料违约责任等金钱给付请求权；发包人主张承包人承担质量保修、交付资料、开具发票等非金钱给付请求权；因合同当事人违反其他合同约定义务引发的违约责任请求权以及合同解除请求权等。

2. 类合同请求权。该请求权不以合同有效成立为前提，而是基于法律规定而发生。建设工程施工合同纠纷因无效合同占比较高，主要涉及的类合同请求权是缔约过失请求权，即建设工程施工合同无效，一方当事人可以请求对方赔偿损失，并就对方过错、损失大小、过错与损失之间的因果关系承担举证责任，损失大小无法确定的，人民法院可以结合双方过错程度、过错与损失之间的因果关系，参照合同约定确定损失大小。建设工程施工合同纠纷缔约过失责任的请求权依据主要为《民法典》第500条、第793条第3款，《施工合同解释（一）》第6条。

3. 不当得利请求权。关于建设工程施工合同无效但建设工程经验收合格的情况下，承包人主张工程价款的请求权基础，实践中曾长期存在争议。有观点依据原《施工合同解释》第2条的规定，认为承包人有权请求"参照合同约定支付工程价款"，是将无效合同按照有效合同处理，故该请求权基础是基于合同的请求权。也有观点认为，合同无效的后果包括返还财产、折价补偿及损害赔偿，其中返还财产性质上属于物权请求权，在财产不能返还或者没有必要返还的情况下，可以折价补偿进行替代，而折价补偿属于不当得利请求权。《民法典》第793条第1款对原《施工合同解释》第2条的修改，厘清了上述请求权基础的争议。

《民法典》第 793 条第 1 款规定："建设工程施工合同无效，但是建设工程经验收合格的，可以参照合同关于工程价款的约定折价补偿承包人。"建设工程施工合同无效，从合同理论上来说，承包人无权请求发包人支付工程价款，只能请求折价补偿。该折价补偿虽然是参照合同关于工程价款的约定，在数额上与合同对价即工程价款一样，但在法律性质上则有着根本区别。[①] 在建设工程施工合同无效但建设工程经验收合格的情况下，承包人主张工程价款的请求权基础应为不当得利请求权。

4. 侵权行为请求权。侵权行为请求权责任的构成要件从传统上遵循"四要件"：行为违法性、损害、过错以及行为与损害存在因果关系。就建设工程施工合同纠纷来讲，常见的侵权行为请求权主要有三类：（1）《民法典》第 802 条规定的承包人加害给付责任，即因承包人原因致使建设工程在合理使用期限内造成人身损害和财产损失的，承包人应当承担赔偿责任，这里的损失既包括对发包人造成的损害，也包括对第三人造成的损害。（2）《施工合同解释（一）》第 7 条规定的挂靠人与被挂靠人对因出借资质造成的损失向发包人承担的连带赔偿责任。挂靠人与被挂靠人就质量问题等因出借资质造成的损失对发包人承担连带赔偿责任，其性质是共同侵权责任，而非违约责任或缔约过失责任。该共同侵权行为的构成要件为：一是挂靠人与被挂靠人存在借用资质的违法行为，且主观上均存在过错；二是发包人产生损害后果；三是损害后果与借用资质之间具有因果关系。（3）《施工合同解释（一）》第 18 条规定的保修人损害赔偿责任。对于发包人来说，该责任属于违约责任和侵权责任的竞合，当承包人未履行保修义务，导致建筑物毁损或者造成人身、财产损害的，发包人既可以要求承包人承担合同约定的工程质量保修义务，也可以主张赔偿其人身和财产损失的侵权责任。对于第三人而言，因第三人与承包人无合同关系，其只能向承包人或发包人请求侵权责任损害赔偿，发包人承担赔偿责任后，可向有过错的承包人追偿。

（二）关于确认合同效力的审查

《民法典》规定的合同无效情形主要有：行为人不具备与其所实施的民事法律行为相匹配的民事行为能力（第 144 条、第 145 条）；当事人以虚假意思

---

[①] 参见最高人民法院民法典贯彻实施工作领导小组主编：《中华人民共和国民法典合同编理解与适用（三）》，人民法院出版社 2020 年版，第 1943 页。

表示签订的合同（第 146 条）；违反法律、行政法规效力性强制性规定以及违背公序良俗的合同（第 153 条）；当事人恶意串通损害他人合法权益的合同（第 154 条）。而建设工程施工合同无效情形有更为细致的规定，对应到《民法典》一般性规定，主要涉及第 153 条、第 146 条。对于当事人主张确认建设工程施工合同无效的诉讼请求，一般审查以下几个要点。

1. 当事人订立合同的事实。主要指合同成立的事实，合同成立原则上只需要有当事人和意思表示，合同的成立和合同的生效是两个不同的范畴，合同成立后即有合同的存在，之后才有对合同进行法律评价的可能，即合同的效力认定问题。

2. 存在违反市场准入强制性规定的情形。（1）涉案工程是否需要遵守建设工程相关资质管理规定。主要审查涉案工程是否存在强制性资质管理规定以及该强制性资质管理规定要求承包人资质范围。主要依据为《建筑法》第 12 条、第 13 条、第 26 条，《建设工程质量管理条例》第 25 条以及《建筑业企业资质管理规定》《建筑业企业资质标准》等管理规定。（2）承包人是否存在未取得建筑业企业资质或者超越资质等级承揽工程的情形。根据《建筑法》规定，承包人应当具有建筑业企业资质，并在资质等级许可的业务范围内承揽工程。因此，本项主要审查承包人是否持有依法取得的资质证书以及该资质许可范围与涉案工程强制性要求是否相符。（3）是否存在借用资质承揽工程的行为。实践中，因转包和借用资质行为在诸多方面存在相似性，两者往往难以区分，即使当事人也常常混淆二者之间的关系而作出错误陈述。区分转包和借用资质关系，主要应从实际施工人参与招投标和合同订立的程度进行判断。转包中的实际施工人一般并未参与招投标和订立总承包合同，而挂靠中的实际施工人在招投标和合同订立阶段一般就已经参与。人民法院应重点审查是否存在"名""实"分离的挂靠协议、招投标程序的实际参与主体、投标保证金的缴纳主体和资金来源、实际施工人是否以承包人的委托代理人身份签订合同、实际施工人与发包人有无就合同签订事宜进行磋商等事实，并以此区分挂靠关系和转包关系。

3. 存在违反招标投标制度强制性规定的情形。（1）涉案工程是否属于必须进行招标的工程范围。必须进行招标工程范围的认定依据为《招标投标法》第 3 条以及国家发展和改革委员会印发的《必须招标的工程项目规定》，主要从工程性质、资金来源以及工程规模等几个方面进行审查。（2）涉案工程是否存在未履行招标程序或中标无效的事实。是否履行招标投标程序不仅要审查发包人是否组织招标投标活动，还要审查发包人组织的招标投标活动是否符合法律规定的方式，如法律规定必须进行公开招标，但发包人采用邀请招标的方式，仍属于未依法履行招标程序。中标无效的情形主要存在于《招标投标法》第 50 条至第 55 条以及第 57 条规定的情形。（3）涉案中标合同是否存在中标价低于建设工程成本价的情形。主要依据为《招标投标法》第 33 条、第 41 条等相关规定。该项审查重点为如何审查认定"低于工程建设成本价"，此处成本价应指企业个别成本价，而非社会平均成本价，也非鉴定机构依据工程定额标准和价格信息所认定的成本，企业个别成本与企业规模、管理水平相关，管理水平越高的企业其个别成本越低，应对企业以提升管理水平为手段降低施工成本持鼓励态度。[①] 此外，因低于企业个别成本价中标的举证难度较大，人民法院应谨慎适用该条规定认定合同效力。（4）是否存在另行签订背离中标合同实质性内容的合同。本项主要审查是否存在"黑白合同"的问题，主要依据为《施工合同解释（一）》第 2 条、第 22 条及第 23 条。虽然上述条文仅解决结算依据问题，未对合同效力进行评价，但仍可依据《招标投标法》第 46 条关于"招标人和中标人不得再行订立背离合同实质性内容的其他协议"的强制性规定以及《招标投标法》对串通投标、先定后招的禁止性规定对合同效力进行否定性评价。

4. 存在违反工程发承包管理规定的情形。本项主要以《民法典》第 791 条为依据，需要具体审查以下情形：（1）是否存在违法分包。违法分包的认定可依照《建筑法》第 29 条、《建设工程质量管理条例》第 78 条第 2 款以及《违法发承包认定查处办法》第 12 条等规定。（2）是否存在转包行为。转包行为的认定可依照《建筑法》第 28 条、《建设工程质量管理条例》第 78 条第 3 款以及《违法发承包认定查处办法》第 8 条等规定。（3）是否存在支解发包。支解发包的认定可依照《建筑法》第 24 条、《违法发承包认定查处办法》第 6 条等规定。此外，住建部在《关于基坑工程单独发包问题的复函》中明确，鉴于基坑工程属于建筑工程单位工程的分项工程，建设单位将非单独立项的基坑工程单独发包属于肢解发包行为。

5. 存在违反其他工程建设强制性规范的情形。（1）是否办理建设工程规划许可证等规划审批手续。本项需审查发包人在起诉前是否取得建设工程规

---

[①] 参见最高人民法院民事审判第一庭：《如何理解招标投标法第三十三条所称的"低于成本"》，载最高人民法院民事审判第一庭编：《民事审判指导与参考》（总第 60 辑），人民法院出版社 2014 年版，第 157 页。

划许可证等规划审批手续，以及发包人是否存在故意不办理规划审批手续的情形，后者由承包人承担举证证明责任。（2）是否存在任意压缩工期、违反工程质量强制性规定的情形。本项系违反《建筑法》第54条、《建设工程质量管理条例》第10条的强制性规定被认定无效的情形，主要审查合理工期的认定、是否存在压缩工期的情形、压缩工期的程度是否足以认定合同无效以及合同约定的工程质量标准是否违反工程质量强制性标准，工期问题可参照行政主管部门发布的关于工期定额及合理工期的标准进行认定。

需要注意的是，部分建设工程施工合同案件可能同时存在以上几种合同无效的情形，人民法院在认定合同效力时均应予以审查。关于合同效力其他内容将在第三章详述，本部分不再展开。

（三）关于合同解除诉请的审查

当事人关于合同解除的诉请主要有两种类型：一是直接请求解除合同；二是请求确认合同解除。对于当事人合同解除的诉讼请求，一般审查以下几个要点。

1. 合同合法有效的事实。建设工程施工合同解除的前提是合同合法有效，当事人主张合同解除并不意味着法院不需要审查合同效力，相反，首先需要当事人举证证明案涉合同合法有效。部分案件中，因当事人认可合同解除事实或协商一致解除合同，法院未审查合同效力，错误将无效合同予以解除，原因就在于忽视了合同解除诉请的审查要件。

2. 合同解除的依据。合同解除的依据主要分为协议解除、约定解除权和法定解除权，法律依据为《民法典》第562条、第563条、第806条，《合同编通则解释》第52条，其中《民法典》第806条是建设工程施工合同解除的特殊规定。具体可以分为以下类型：（1）当事人协商一致。在认定协议解除时，首先要判断双方是否已在诉讼前或诉讼中就解除合同达成一致意见。当事人主张的合同解除权不符合行使条件，对方同意解除的，可按协议解除处理。（2）符合合同解除约定事由。一般情况下，合同约定解除事由发生时，守约方有权解除合同。但人民法院还应当审查违约方的违约程度是否显著轻微，是否影响守约方合同目的实现，根据诚信原则，确定合同应否解除。（3）存在导致合同目的不能实现的法定情形。"不能实现合同目的"是认定法定解除权的实质性要件，该项法定解除权的审查重点是判断当事人违约情形是否足以导致合同目的不能实现。（4）存在其他法定情形。审查案件是否存在其他未导致合同目的不能实现,但有法律明确规定的合同解除法定情形,主要是情势变更情形下的合同解除权,以及承包人将工程转包、违法分包情形下,发包人的合同法定解除权。

3. 存在符合合同解除情形的事实。原告需举证证明存在符合以上合同解除情形的事实要件,以法定解除权为例,发包人主张解除合同的,需证明承包人存在转包、违法分包的行为,已完成的工程质量不合格。拒绝修复或修复后仍不合格的或者存在其他不履行合同义务导致合同目的不能实现的事实;承包人主张解除合同的,需证明发包人存在提供的主要建筑材料、建筑构配件和设备不符合强制性标准,或者存在不履行协助义务等其他违约行为,该违约行为足以影响承包人继续施工,导致承包人继续履行合同的目的不能实现。

4. 履行合同解除权行使程序。单方解除权必须经过合法有效的行使程序才能发生效力,主要包括:(1)告知程序,当事人可通过两种方式让对方知悉其解除合同的意思表示,一是通知对方当事人,二是直接提起诉讼或者申请仲裁,由法院或仲裁机构将起诉状副本或者仲裁申请书副本送达对方。(2)催告程序,主要针对《民法典》第563条第3项以及第806条第2项规定的情形。

5. 符合合同解除权行使期限。原告需初步举证证明其主张解除合同符合合同解除权行使期限,其完成初步证明责任后,如被告提出合同解除权消灭抗辩,则举证责任转移至对方。法院主要围绕以下要点进行审查:(1)当事人是否存在解除权行使期限的约定;(2)当事人知道或者应当知道解除事由的时点;(3)当事人依法行使合同解除权的时点;(4)上述期限是否超出当事人约定期限、法定期限或者合理期限。

(四)关于金钱给付诉请的审查

1. 承包人主张给付工程价款及逾期付款违约金的审查。承包人主张工程价款是建设工程施工合同纠纷中占比最高的诉讼请求,主要涉及两类工程价款,工程结算款和工程进度款。

关于工程结算款及违约金的审查主要从以下几个方面展开:(1)涉案合同合法有效的事实。(2)涉案工程结算依据。包括合同关于计价、结算、违约金的约定,以及其他合法有效的结算协议。涉及多份合同如何确定结算依据的问题,可参考第一节合同解释顺序部分。(3)工程质量验收合格或拟制合格。建设工程施工合同中，承包人交付质量合格的工程与发包人支付工程价款构成对待给付，工程质量验收合格或拟制合格，是承包人主张支付工程款的前提。（4）工程施工范围及工程量。包括合同约定施工范围、是否存在施工范围变化及工程量变更等事实，上述事实与工程总造价密切相关。（5）应付工程款。包括工程造价及其他应付款。首先，审查当事人是否存在关于工程总价的约定，如合同固定价或工程价款结算协议，如当事人对工程总价没有约定且不能协商一致，可通过启动造价鉴定的方式确定。同时，需要审查合同关于下浮率的约定。其次，审查是否存在其他应付款，包括保证金返还、奖励款等。（6）已付工程款。除正常工程进度款外，发包人实际代付材料款、工程款、承包人预支工程款以及实际履行的以物抵债款等均可作为已付工程款认定。（7）其他应扣款。其他应扣款包括合同约定扣除或暂扣费用、罚款以及其他承包人认可的代垫费用。（8）剩余工程结算款已符合付款条件或付款期限。可区分合同约定、《施工合同解释（一）》第27条等规定的法定情形及合同解除情形等不同情况予以认定。（9）逾期付款的事实及天数。（10）逾期付款违约金条款约定是否合理。如逾期付款违约金约定高于实际损失，出于利益平衡的考量，人民法院可就违约金调整事项主动释明。

关于承包人主张进度款及逾期付款违约金的审查主要从以下几个方面进行：（1）合同关于进度款的支付约定；（2）工程施工进度已符合合同约定支付条件；（3）发包人存在欠付进度款的事实及数额；（4）逾期付款违约金条款约定是否合理。

2. 承包人或实际施工人主张工程折价补偿款及逾期付款损失的审查。根据《民法典》第793条的规定，建设工程施工合同无效，但建设工程经验收合格的，可以参照合同关于工程价款的约定折价补偿承包人。因建设工程施工合同无效比例较高，承包人起诉发包人或实际施工人起诉承包人及发包人主张折价补偿款及逾期付款损失的案件也较为常见。该类案件审查要点与承包人主张给付工程价款及逾期付款违约金审查要点一致的内容不再赘述，主要有：（1）合同无效的事实。该项可结合合同效力审查要点进行审查。（2）建设工程验收合格或拟制合格。（3）合同关于工程价款的约定以及工程结算情况。合同关于工程价款的约定不仅限于工程价款计价相关条款，也包括付款时间、工程款支付进度、下浮率、工期等与工程价款相关的事项。（4）工程施工范围及工程量。（5）应付款和已付款情况。（6）剩余工程结算款已符合付款条件或付款期限。（7）逾期付款的事实及天数。（8）逾期付款损失数额及依据。实际施工人主张工程折价补偿款及逾期付款损失的,还需审查:(1)原告是否系案涉工程实际施工人;(2)发包人欠付转包人或违法分包人工程款数额;(3)实际施工人对转包人或违法分包人享有的债权不超出发包人欠付款金额。

3. 承包人主张返还质量保证金的审查。该项诉请的主要法律依据为《施工合同解释(一)》第17条,主要审查以下要点:(1)合同关于质量保证金的约定。根据《质量保证金管理办法》第2条第3款的规定,缺陷责任期一般为1年,最长不超过2年,由发、承包双方在合同中约定。如双方约定的缺陷责任期超过2年,因该约定违反上述规定,超过2年的期限不能认定为缺陷责任期,但可以作为双方约定的质量保证金返还期限。(2)工程竣工验收合格时间。工程竣工验收合格时间关系缺陷责任期起算时点,一般情况下,缺陷责任期从工程通过竣工验收之日起计。发包人原因导致工程无法按规定期限进行竣工验收的,在承包人提交竣工验收报告90天后,工程自动进入缺陷责任期。(3)质量保证金返还期限届满。返还期限包括三种类型:一是合同约定返还期限;二是合同未约定返还期限的,自建设工程通过竣工验收之日起满两年;三是因发包人原因未按约进行竣工验收的,自以承包人提交竣工验收报告九十日作为缺陷责任期起算点,按合同约定或两年期限计算。(4)质量保证金符合返还条件。缺陷责任期内,由承包人原因造成的缺陷,承包人应负责维修,并承担鉴定及维修费用。如承包人不维修也不承担费用,发包人可按合同约定从保证金中扣除。故质量保证金返还条件是工程无承包人原因造成的质量缺陷或工程虽然存在承包人原因导致的质量缺陷,但经承包人维修或扣除相关费用后仍有剩余。此外,建设工程施工合同无效,但建设工程经验收合格的,质量保证金条款可以作为合同关于工程价款的约定参照适用。

4. 承包人主张赔偿停工、窝工损失的审查。发包人原因导致建设工程工期延误的,承包人可以向发包人主张停工、窝工损失,其法律依据为《民法典》第803条、第804条。认定损失主要有以下方式:一是根据建设工程施工合同约定标准进行计算;二是由鉴定机构根据合同履行情况进行鉴定;三是根据施工过程中的工期及索赔签证结合实际损失计算。主要审查以下要点:(1)合同关于停工、窝工损失的约定。(2)存在停工、窝工的事实。应结合工程签证单、双方往来函件等进行认定。(3)停工、窝工原因。承包人需证明系发包人原因导致其产生停工、窝工损失,如承包人未尽到止损义务,无权就扩大的损失提出索赔。(4) 因窝工导致的实际损失。承包人主张停工、窝工损失并不以竣工延误为必要条件,只要因发包人原因致使工程停建、缓建,并因此给承包人造成实际损失的,承包人均有权主张。停工、窝工损失主要包括人力成本、机械设备费用、材料和构件积压、租赁费、临时设施建造费以及其他直接因停工、窝工产生的费用。

5. 当事人关于管理费诉请的审查。主要分为两种类型,一是承包人或出借资质的企业要求实际施工人支付管理费;二是承包人或出借资质的企业在工程款中预先扣除管理费,实际施工人主张工程款时对上述扣除不予认可,并主张返还。主要审查以下要点:(1) 合同无效的事实。当事人关于管理费的争议多发生在转包或违法分包情形,故需先就合同效力进行审查。(2) 关于管理费的约定。如约定管理费高于其履行管理职责的费用,人民法院可参照行业惯例和合同履行情况进行调整。(3) 管理费的类型。应审查当事人约定的管理费是通过转卖合同、出借资质纯获利的管理费,还是投入相应成本、管理等非纯获利的管理费。(4) 管理费的计算方式及金额。(5) 承包人或出借资质的企业参与实际管理的事实。承包人或出借资质的企业如能够证明其履行管理职责的,管理费可根据合同履行情况及管理费计取行业惯例计取。

6. 实际施工人代位权的审查。实际施工人主张代位权的法律依据为《民法典》第 535 条及《施工合同解释(一)》第 44 条。主要审查以下要点:(1) 原告系案涉工程实际施工人的事实。(2) 实际施工人对转包人或违法分包人享有合法债权。实际施工人完成的工程质量合格,转包人或违法分包人仍欠付工程款且已达付款条件。(3) 转包人或违法分包人对发包人享有合法有效的到期债权。(4) 转包人或违法分包人怠于向发包人行使债权,影响实际施工人到期债权的实现。主要指转包人或违法分包人不以诉讼或仲裁等方式向发包人主张到期债权,也不向实际施工人履行到期债务,以致影响实际施工人权益。(5) 转包人或违法分包人的债权不是专属于其自身的债权。

7. 发包人关于工程质量违约责任赔偿的审查。发包人基于合同关系向承包人主张工程质量违约责任赔偿,包括支付修复费用、支付合同约定违约金及赔偿损失等方式。主要审查以下要点:(1) 合同关于工程质量的约定。包括设计图纸、施工技术规范、建筑材料、施工工艺等关于施工质量的约定。(2) 建设工程存在不符合约定标准的质量问题。该项审查此处建设工程质量不符合约定标准不仅包括工程质量不符合合同约定标准,也包括不符合国家强制性标准等法定标准。对工程质量标准的认定原则是:有约定且约定标准高于或等于法定标准的，从约定，没有约定或者约定标准低于法定标准的，从法定。建设工程质量不符合约定主要是指施工方不按照设计图纸和施工技术规范施工造成质量问题，施工方未按照约定对建筑材料、建筑构配件和设备进行检验，使用不合格建筑材料、建筑构配件和设备等，造成质量问题，以及施工方违反国家对建筑工程质量强制性标准规范造成的质量问题等情形。关于上述质量问题，发包人应提供初步证据予以证明，如双方就该问题仍存在争议，可通过工程质量鉴定方式予以认定。（3）建设工程存在质量问题由承包人原因所致。如系勘察原因、设计原因、发包人提供的材料配件原因以及使用人原因导致的质量问题，发包人无权主张承包人承担工程质量违约责任。如系多种原因共同导致，应根据原因力大小，承担相应的责任。（4）质量问题赔偿的类型。根据发包人主张质量问题赔偿的类型，分别确定进一步审查重点。以发包人主张支付修复费用为例，需就以下方面审查：一是修复部分是否处于保修期内；二是发包人是否履行通知义务；三是施工人在接到通知后拒绝修复或未能修复；四是涉及第三方修复的，第三方修复的事实及修复费用。（5）质量损失的金额。

8. 发包人主张工程质量侵权责任的审查。侵权责任主要包括《民法典》第802条的承包人加害给付责任、《施工合同解释（一）》第7条规定的挂靠人与被挂靠人对因出借资质造成的损失向发包人承担的连带赔偿责任，以及《施工合同解释（一）》第18条规定的保修人损害赔偿责任。主要审查以下要点：（1）承包人或施工人实施不当行为且存在主观过错。包括出借资质行为、承包人不当施工行为以及承包人未按约履行保修义务行为。（2）发包人因工程质量问题产生损害后果。包括建筑物损害或者人身、财产损害。（3）该损害后果与不当行为之间存在因果关系。如挂靠资质情形下工程出现质量问题，一般与出借资质行为有关，挂靠人与被挂靠人对此承担共同侵权责任。

9. 发包人主张返还超付工程款的审查。主要从以下方面审查：（1）合同关于计价、付款及结算条款的约定。（2）工程施工进度及结算情况。在工程未竣工未结算且能够继续履行的情况下，发包人以进度款超付为由起诉要求返还，不应予以支持。（3）超付工程款计算方式及依据。包括应付款、已付款情况及其他结算依据。

10. 发包人主张逾期竣工违约金及损失的审查。承包人承担逾期竣工违约责任的方式，一般是依照合同约定承担违约金，如发包人因承包人逾期竣工遭受的损失超出违约金约定数额的，可根据损失实际情况予以认定。（1）合同关于工期、开工日期、竣工日期、工期顺延以及逾期竣工违约责任的约定。（2）逾期竣工事实。主要包括实际工期、实际开工、竣工日期、工期顺延或延误事由的审查。（3）逾期竣工的原因。建设工程逾期竣工不仅是承包人原因，还包括发包人自身原因、不可抗力等外部因素，如存在其他免责或减轻责任事由，应结合承包人导致逾期竣工的比例和违约程度予以认定。（4）损失的范围以及违约金的计算依据。查明发包人因工程逾期竣工遭受的损失范围，由发包人承担相应举证责任，对于损失责任承担，应根据可预见规则、减损规则、过错相抵规则予以认定。对违约金标准超出实际损失或约定显著不合理导致利益失衡的，人民法院可依据相对人的申请予以调整。

11.发包人主张合同无效情形下其他损失赔偿的审查。除前述因工程质量问题以及逾期竣工导致的损失外，发包人还可能主张合同无效情况下其他损失的赔偿，该主张的法律依据为《民法典》第793条、《施工合同解释（一）》第6条，请求权基础系缔约过失请求权。主要审查以下要点：（1）有损害事实及损失发生。发包人应对损害事实及损失的发生承担举证责任。（2）相对人具有过错。当事人的过错可根据造成合同无效的原因予以认定，如发包人对合同无效也有过错的，应承担相应责任。（3）过错与损失之间存在因果关系。因当事人的过错根据合同无效原因进行认定，而合同无效并不一定是损失产生的直接原因，故需认定导致合同无效的行为与损失之间存在因果关系，在确定责任比例时，亦应考虑行为人主观过错程度与损失的关系。（4）损失范围的认定。因该赔偿责任属于缔约过失责任，故损失范围属于信赖利益损失，一般指的是实际损失，不包括可得利益损失。损失大小可参照合同关于质量标准、工期、款项支付等事项的约定予以确定。

（五）关于非金钱给付诉请的审查

1.发包人主张维修责任的审查。发包人主张施工人承担维修责任的方式有修理、返工、改建以及第三人替代履行。主要审查以下要点：（1）合同关于保修条款或保修责任的约定。一般情况下，施工合同附带的《工程质量保修书》对保修责任约定较为明确，尤其是示范文本合同，如合同约定不明，可依据《建筑法》《建设工程质量管理条例》《房屋建筑工程质量保修办法》等确定。（2）建设工程存在质量问题的事实。（3）工程处于保修期内且承包人负有保修责任。工程出现的质量问题，并非一概由承包人原因导致，基于承包人原因造成的质量问题，承包人承担质量保修责任。

2. 发包人主张交付竣工验收资料或配合竣工验收的审查。实践中存在施工人因工程款争议拒付竣工验收资料或拒不配合竣工验收的情况，故发包人主张交付竣工验收资料或配合竣工验收的纠纷也较为常见。主要审查以下要点：（1）合同关于交付竣工验收资料及配合验收的约定。主要包括交付竣工验收资料的范围、时间、配合竣工验收的方式等。（2）已交付的竣工验收资料以及需要交付的竣工验收资料范围。发包人的诉请一般同时伴随主张逾期交付竣工验收资料违约金，可参照逾期竣工违约金审查要点进行审查。

3. 发包人主张开具发票的审查。开具发票作为建设工程施工合同的附随义务，对发包人抵扣进项税额较为关键。主要从以下方面进行审查：（1）合同关于开具发票的约定。部分施工合同对开具发票及税务成本承担事项有较为明确的约定，如合同未约定，因开具发票属于当事人法定义务，不能因合同未约定而免除，但税务成本承担主体可根据案件实际情况予以认定。（2）满足开具发票的条件。部分合同约定发包人支付工程款后，承包人配合开具发票，因此，发包人主张开具发票，应证明其已符合开具发票的条件。（3）需要开具发票的类型和金额。合同对开具普通发票或专用发票类型未明确约定的，可结合税务成本承担约定、交易惯例等予以认定。

（六）关于建设工程价款优先受偿权诉请的审查

关于建设工程价款优先受偿权问题，因第十章有详述，本部分仅简要列举审查要点。

1. 符合建设工程价款优先受偿权行使主体。根据《施工合同解释（一）》第 35 条的规定，与发包人订立建设工程施工合同的承包人享有建设工程价款优先受偿权。故认定建设工程价款优先受偿权的行使主体时应当严守合同的相对性，不应任意扩大主体范围。原则上仅有承包人有权主张建设工程价款优先受偿权，实际施工人主张优先受偿权的，不应予以支持。

2. 符合建设工程价款优先受偿权行使期限。根据《施工合同解释（一）》第 41 条的规定，承包人应当在合理期限内行使建设工程价款优先受偿权，最长不得超过 18 个月。应着重审查：（1）当事人有无约定优先受偿权行使的合理期限。如当事人已约定，应尊重当事人约定，但最长不得超过 18 个月。（2）优先受偿权起算时点。一般情况下，自发包人应当给付建设工程价款之日起算，当事人对付款时间没有约定或约定不明的，可参照《施工合同解释（一）》第 27 条的规定确定。

3. 符合建设工程价款优先受偿权行使方式。建设工程价款优先受偿权是法定权利，该权利的享有无须通过任何形式进行确认。建设工程价款优先受偿权的行使可以通过诉讼的方式，也可通过与发包人协商折价或者请求法院依法拍卖的方式进行，建设工程的价款就折价或拍卖的价款优先受偿。

4. 符合建设工程价款优先受偿权行使条件。建设工程价款优先受偿权的行使需要符合一定条件：（1）建设工程质量合格。（2）工程价款已满足支付条件。（3）发包人未按约定支付；（4）承包人已进行催告，但发包人在合理期限内仍未支付；（5）建设工程依其性质，宜进行折价、拍卖。

5. 符合建设工程价款优先受偿权的范围。建设工程价款优先受偿权的范围包括全部工程价款，应依照国务院有关行政主管部门关于建设工程价款范围的规定确定，主要有《建筑安装工程费用项目组成》和《建设工程施工发包与承包价格管理暂行办法》。总体而言，包括人工费、材料费、施工机具使用费、企业管理费、利润、规费和税金。利息、违约金、损害赔偿金不属于建设工程价款优先受偿权的范围。

## 二、基于被告抗辩的审查要点

### （一）建设工程施工合同抗辩权基础规范类型

所谓抗辩，是指当事人通过主张对方的请求存在权利障碍、消灭或受限等要件事实，以排斥对方主张的行为，主要分为程序上的抗辩和实体上的抗辩。程序上的抗辩是指依据《民事诉讼法》规定所提出的程序法上抗辩，如管辖抗辩、主体资格抗辩、重复起诉抗辩等。实体上的抗辩分为事实抗辩和权利抗辩，前者是指主张原告的请求权基础自始不存在或已消灭，包括权利障碍抗辩、权利消灭抗辩，后者不以否定请求权存在为基础，通过阻止权利行使来对抗请求权实现，主要指实体法上的抗辩权。

### （二）关于程序抗辩的审查

建设工程施工合同纠纷程序上抗辩的法律依据是《民事诉讼法》第122条、第127条以及《民事诉讼法解释》第247条等规定，主要有以下几种情形：（1）纠纷不属于人民法院主管或管辖。该项抗辩应重点审查当事人是否约定仲裁协议或仲裁条款、纠纷是否属于建设工程施工合同纠纷以及是否符合专属管辖的规定、当事人是否有分拆标的额起诉以规避级别管辖的行为等。(2) 诉讼主体不适格。审查原告的诉讼权利能力以及与案涉纠纷是否存在直接利害关系。(3) 诉讼请求不明确。审查原告提出的诉讼请求是否具体、明确，如欠付工程款金额、交付竣工验收资料范围等。(4) 重复起诉。审查原告起诉是否符合《民事诉讼法解释》第 247 条规定的重复起诉构成要件。(5) 不属于民事案件受案范围。审查原告起诉是否因涉及行政诉讼或涉及经济犯罪属于应当移送公安机关或检察机关的范围。

（三）关于权利妨碍抗辩的审查

主要指当事人抗辩原告的请求权基础并未产生。主要有以下几种类型：(1) 合同不成立的抗辩。主要审查当事人签订的建设工程施工合同关系是否成立，以及当事人之间是否存在建设工程施工合同关系。(2) 合同未生效或无效抗辩。审查当事人之间建设工程施工合同的效力，以及虽然书面合同未生效，当事人之间是否存在事实上建设工程施工合同关系。(3) 条件未成就抗辩。审查当事人是否约定请求权行使的期限及条件，约定期限及条件是否成就。

（四）关于权利消灭抗辩的审查

主要指当事人抗辩原告的请求权虽然产生，但基于法定事由已经归于消灭，相关法律依据为《民法典》第 557 条、《施工合同解释（一）》第 41 条等规定。主要有以下几种类型：(1) 债务清偿抗辩。多发生于发包人抗辩其已不欠付相应工程款的情形，应审查债务是否已清偿、债务清偿的具体方式及数额、是否存在第三人代为清偿的情形。(2) 债务免除抗辩。审查是否存在债务免除承诺、该免除承诺是否合法有效、债权人债务免除行为是否符合债务免除要件等。以承包人放弃建设工程价款优先受偿权为例，应重点审查承包人放弃建设工程价款优先受偿权是否损害建筑工人利益。(3) 权利混同或抵销抗辩。应审查是否符合权利混同或权利抵销构成要件，并导致债权债务关系实质消灭。(4) 除斥期间或其他权利行使期间抗辩。应审查请求权获得时点、该请求权是否存在除斥期间或其他权利行使期间、该请求权超出上述期间是否发生请求权消灭的法律后果等。

### (五) 关于抗辩权的审查

主要指原告的请求权虽然存在，但其效力被永久或一时地排除。[①] 主要有以下几种类型：（1）合同履行法定抗辩。包括同时履行抗辩权、先履行抗辩权和不安抗辩权等。以先履行抗辩权为例，在合同约定的情况下，应审查合同约定双方权利义务的先后顺序，如合同是否约定付款前提、付款节点，当事人能否以附随义务在先抗辩主合同义务的履行，以及对方当事人未履行在先义务的原因及过错程度；在合同未约定的情况下，应审查当事人法定权利义务，如建设工程是否验收合格。（2）合同履行违约责任抗辩。较为常见的是发包人以工程质量问题为由主张减少工程款，承包人以发包人提供的设计图纸、建筑材料、构件、设备不符合质量要求，发包人擅自使用后提出质量问题，发包人不合理压缩工期等理由提出抗辩。应重点审查原被告的合同义务、原被告未履行或未完全履行合同义务的事实、原被告是否构成违约、原被告违约情形是否构成抗辩事由等。（3）关于缔约过失和侵权责任请求权的抗辩。这些抗辩主要针对上述请求权的成立要件，此时应根据举证责任分配规则，重点审查诉请是否具备损失、过错及因果关系等要件。如在出借资质情况下，应审查建设工程质量不合格的损失是否与借用资质间存在因果关系等。（4）关于不当得利请求权的抗辩。其主要针对建设工程施工合同无效情形下关于折价补偿款的请求。如发包人就工程未经竣工验收合格、存在质量问题或修复后的建设工程经验收不合格等提出的抗辩成立，则不应支持相应请求。（5）诉讼时效抗辩。审查原告请求权取得时点、请求权适用诉讼时效期间、原告请求权是否已超出诉讼时效、是否存在诉讼时效中止、中断事由等。（6）其他减轻或免除责任抗辩。主要包括不可抗力、情势变更、违约金调整、违约金或损失认定中超出预见范围、损失扩大及过错相抵等减轻或免除责任抗辩事由。

## 三、法院主动审查部分的审查要点

### （一）关于主管和管辖的审查

关于主管和管辖的问题，如当事人提出抗辩，则应按照当事人抗辩规则予以审查，即使当事人未提出抗辩，亦应属于法院应当主动审查的问题。相关审查要点在前文及第二章均有涉及，本部分不再赘述。

---

[①] 参见杨立新：《杨立新民法讲义（民法总则）》，人民法院出版社 2009 年版，第 498 页。

## （二）关于合同性质和效力的审查

实践中，当事人对法律关系和合同性质的认识，经常与人民法院的认定存在差异。而合同性质和效力的查明，与程序、请求权基础、法律适用紧密相关，应属于法院主动审查部分。建设工程施工合同法律关系的审查认定可以从以下几个方面着手：一是合同标的是否属于建设工程；二是合同特征是否符合建设工程施工合同特征；三是合同权利义务是否涉及建设工程施工合同主要权利义务；四是如以上问题均存在模糊难以认定的情形，应结合诉讼便利、更有利于保护民事主体合法权益、更有利于维护市场经济秩序等方面确定合同性质。此外，在合同性质的查明过程中，可能存在双方或一方当事人不愿意暴露真实签订的合同、隐藏真实意思的情形，应关注案件事实和双方陈述的疑点，查明当事人真实意思表示后确定合同性质。

## （三）关于虚假诉讼的审查

审理建设工程施工合同案件时，应从以下方面重点审查，综合判断是否涉嫌虚假诉讼：（1）是否存在虚增债务的情形。当事人通过伪造工程量结算单、虚增工程量等方式，向法院提起诉讼，意图虚增债务主张超额工程款。（2）是否存在虚构债务的情形。实际施工人与相对人之间不存在真实交易关系，通过伪造供货合同、借款合同等方式来虚构债务，将债务转嫁于承包人或挂靠人。（3）是否存在混淆债务的情形。实际施工人与相对人之间存在真实交易关系，但系其个人债务或其他项目的债务，通过混淆交易材料、签订虚假合同等方式，或通过制造"表见代理""表见代表"假象，将债务转嫁于承包人或挂靠人。（4）是否存在涉及建设工程价款优先受偿权虚假诉讼情形。施工合同当事人恶意串通，通过虚构工程项目、虚增工程价款金额、倒签工程结算时间等方式伪造优先受偿权行使依据，骗取生效法律文书后，在执行程序中取得优先受偿。尤其在调解案件中，此类情形较常出现。人民法院应重点审查当事人是否存在虚增工程款数额、伪造竣工验收记录或付款期限、行使时间等事实，切实防范虚假诉讼。

在建设工程施工合同纠纷虚假诉讼的审查中，应掌握以下方法：一是审查关联案件。关注当事人在关联诉讼中的诉讼请求、陈述以及当事人参加诉讼次数，是否存在异常，是否与本案存在不一致情况。二是关注当事人诉讼异常行为。如当事人诉辩过程异常配合、对争议事实无实质性对抗、对不利事实较快认可，甚至双方"手拉手"调解，均应考虑有无虚假诉讼可能。三是关注当事人特殊关系。当事人之间是否存在关联关系或具有共同利益，有无虚假诉讼动机。四是审查证据合理性。如当事人付款情况及凭证是否合理，结算金额与合同金额是否存在较大差距、结算有无审核过程及相关证据、工程量增加证据、结算价格是否偏离市场价格等。五是关注纠纷关联背景。是否存在债务人破产、一方当事人负债较高或公司经营出现变故、案件起诉节点或主要证据记载节点与重大情况变化存在时间上的巧合等。

# 第二章　建设工程施工合同案件审理程序常见争点与法律适用

## 第一节　建设工程施工合同案件审理程序概述

建设工程施工合同作为《民法典》合同编规定的典型合同之一，审理程序亦应遵循一般合同案件的程序规则。同时，建设工程施工合同纠纷又具有不同于其他民事纠纷的特殊性，在审理中应当予以特别关注。本节从立案、审理、判决三个阶段，就建设工程施工合同案件审理程序中需要注意的问题进行论述。

### 一、立案阶段

（一）立案前

首先应当关注建设工程施工合同案件的主管问题。实践中，当事人在建设工程施工合同中常约定有仲裁条款，其效力、工程建设各方主体是否受仲裁条款约束等问题将直接影响建设工程施工合同纠纷是否由人民法院主管。如果当事人之间有仲裁协议或者约定了仲裁条款，则此纠纷可能已非由人民法院主管，如果没有相关协议或条款，则需要进一步适用有关管辖规定，从级别管辖、地域管辖、移送管辖和指定管辖等方面审查确定建设工程施工合同案件的管辖法院。本章第二节将对建设工程施工合同案件中的主管及管辖问题进行具体阐述。

## （二）立案中

准确识别案由是确定基础法律关系进而定分止争的前提所在。一方面，建设工程施工合同与承揽合同、委托代建合同等相近合同可能发生交叉或者混淆；另一方面，根据《民事案件案由规定》（2020年修改），三级案由"建设工程合同纠纷"项下，还有建设工程勘察合同纠纷、建设工程设计合同纠纷、建设工程施工合同纠纷、建设工程价款优先受偿权纠纷、建设工程分包合同纠纷、建设工程监理合同纠纷、装饰装修合同纠纷、铁路修建合同纠纷、农村建房施工合同纠纷等9个四级案由。因此，在立案过程中不仅要对合同的形式进行审查，还要对合同的内容进行初步审查，精准确定案由，进而确定是否适用专属管辖。

## 二、审理阶段

### （一）审理前

建设工程施工合同案件常见争议点有施工合同效力、工程工期、工程竣工质量与保修、工程价款结算等，当事人为证明相关事实，会向法院提交种类繁多的证据材料，包括合同、竣工验收材料、工程造价单、往来签证单、商票、发票等。面对诸多证据和待证事实，通常要在庭前安排当事人进行证据交换和质证，一方面，便于法官在正式进入庭审前全面完整地了解案件事实情况；另一方面，也有助于当事人提前掌握对方证据材料，提出有针对性的诉辩意见，以更好地查明案件事实。

### （二）审理中

在建设工程施工合同纠纷案件审理中，法官需要审查合同签订及履行情况，如建设项目相关审批手续、合同签订情况、合同履行过程、司法鉴定意见等。庭审中，应根据当事人之间的诉辩意见、证据交换情况，准确归纳在事实、证据和法律适用方面的争议焦点，引导当事人充分开展辩论。需要注意的是，司法鉴定在建设工程施工合同案件审理中具有举足轻重的作用，是否准许当事人提出的司法鉴定申请，或者是否依职权启动司法鉴定程序，均需要承办法官根据实际情况认真审查、审慎决定。如果法官决定启动司法鉴定程序，则应当充分征询各方当事人的意见，了解当事人对于相关争议进行鉴定的真实想法。在选择鉴定机构时应当严格按照法律程序，充分了解鉴定机构的鉴定资质以及鉴定能力，防止后续鉴定中产生更多的问题和争议。如果法官决定不启动司法鉴定程序，也应当向当事人进行充分释明，告知当事人不启动鉴定程序的具体原因，尽可能取得当事人的理解和认同。本书将在第十二章详述建设工程施工合同案件司法鉴定相关问题。

建设工程施工合同案件审理中，为查明案件事实，还可以向律师出具调查令，委托律师调取相关证据材料以作为查清案情的补充，或者咨询建设工程领域专家，邀请其参与现场勘查或参加庭审等。

### 三、判决阶段

（一）判决前

建设工程施工合同案件标的额大，利益主体多，社会影响大，稍有不慎会造成当事人利益失衡，信访不断，甚至会影响社会稳定。法官可以通过"释明权"的行使，在正式裁判之前做好充足准备，可以向当事人就案件性质、必要申请事项、举证责任、合同解除条件、合同效力认定等案件审理要素进行指导、说明和阐释。除此之外，法官在判决前还应充分发挥合议庭、法官会议等制度的作用，将合议庭存在争议的复杂案件提交法官会议乃至审判委员会进行讨论后再进行裁判，推进院庭长阅核制落实，压实院庭长监督管理职责，确保建设工程施工合同案件司法裁判的公平公正和裁判尺度的统一，避免"案结事不了""一案结多案生"。

（二）制作裁判文书

首先，案件争议焦点的归纳是建设工程施工合同案件审理的关键。争议焦点的全面、准确归纳有助于案件审理的简单化、聚焦化、高效化。其次，在事实认定部分，不宜将所有证据逐一列举、论证，可以选择有争议的证据，分别展示各方意见后论证并在文书中将论证过程予以公开。最后，在裁判说理部分，法官可以根据个案情况，选择综合说理方式或针对焦点分别说理方式进行裁判说理。

## 第二节　建设工程施工合同案件审理程序问题常见争点

### 一、主管

民事诉讼的主管是指人民法院依法受理并审判一定范围内民事纠纷的分工和界限，其主要涉及审判权与其他纠纷处理机制的分工关系，确定人民法院的主管范围是确定管辖的前提和基础，是民事诉讼程序启动的先决条件。当前，我国民事纠纷解决机制、机构和方式众多，也都有自己特有的纠纷解决权限和范围。具体到建设工程施工合同纠纷，解决途径包括诉讼、调解、仲裁、争议评审、和解等多种方式，而诉讼与仲裁最为常见，也最易引发主管争议。

**争点1：施工班组起诉主张欠款是否属于劳动争议，应否首先进行劳动仲裁**

司法实践中，施工班组长如以自己名义签订转包或分包合同，组织人员施工，且在工程中投入资金、材料、机械设备等，并获取利润的，符合分包合同关系的法律特征，应属于民事诉讼主管范围。如施工班组长仅是作为班组的代表，组织工人施工，并仅领取工资报酬，而未有其他投入的，不能认定其与分包人之间存在建设工程分包合同关系，而应根据双方之间是否存在人身隶属关系和经济上的从属关系等因素确定是否构成劳动关系或劳务关系。一般而言，建筑施工企业与施工班组之间只是分包、转包关系，劳动者是由实际施工人雇佣的，其与建筑施工企业之间并无建立劳动关系或劳务关系的合意，施工班组主张欠款不属于《劳动争议调解仲裁法》第2条规定的劳动争议仲裁受理范围，可直接通过诉讼方式解决纠纷。

【规范指引】

《劳动争议调解仲裁法》第2条。

## 争点 2：无效合同是否影响仲裁条款的效力

【案例】江苏某建设集团有限公司与宜昌某置业公司建设工程施工合同纠纷案[①]

江苏某建设集团有限公司（以下简称某建设公司）与宜昌某置业公司（以下简称某置业公司）于 2012 年 1 月 11 日签订《意向合同》，约定某置业公司将其开发建设的位于宜昌市中南路的商品房住宅工程项目发包给某建设公司承包施工。某建设公司认为涉案的商品房住宅属于强制招投标工程，合同属于无效合同，遂请求法院判令某置业公司向其支付工程款及利息。

某置业公司提出异议认为：双方签订的备案合同约定双方同意选择向宜昌仲裁委员会申请仲裁的方式解决争议，该仲裁协议系双方当事人真实意思表示，仲裁协议有效，该案争议应该通过仲裁程序处理。

经审理，湖北省高级人民法院一审作出裁定：驳回某建设公司的起诉。该裁定作出后，某建设公司上诉至最高人民法院，二审驳回上诉，维持原裁定。

【分析】

《仲裁法》第 5 条规定："当事人达成仲裁协议，一方向人民法院起诉的，人民法院不予受理，但仲裁协议无效的除外。"从上述规定可知，仲裁条款具有排除诉讼管辖的效力。如当事人在合同中约定了仲裁条款，则发生争议时，当事人应向仲裁机构申请仲裁。该法第 19 条明确仲裁协议独立存在，合同的变更、解除、终止或者无效，不影响仲裁协议的效力。因此，建设工程施工合同有效与否，属于实体审查范围，而主管问题系程序问题。即便建设工程施工合同无效，根据《民法典》第 507 条规定，也不影响合同中有关争议解决方法的条款效力，仲裁协议或仲裁条款属于争议解决方法条款，合同无效对仲裁协议或仲裁条款的效力不产生影响。

【规范指引】

《民法典》第 507 条；《仲裁法》第 5 条、第 19 条。

---

① 参见湖北省高级人民法院（2016）鄂民初 00032-2 号民事裁定书、最高人民法院（2016）最高法民终 670 号民事裁定书。

## 二、管辖

### 争点 3：如何确定劳务分包合同纠纷的管辖

【案例】四川天某建筑工程有限公司与卿某某等人建设工程分包合同纠纷案[①]

2020 年 7 月 24 日，四川宇某建筑工程有限公司（以下简称宇某公司）与四川天某建筑工程有限公司（以下简称天某公司）签订劳务分包合同，约定宇某公司将位于云南省楚雄市的某项目中砌体砌筑工程中的劳务工程分包给天某公司承建，天某公司又将该劳务工程分包给卿某某（住四川省简阳市），后卿某某将该劳务工程分包给龙某、岳某某两个班组进行施工。同年 12 月，因人手不足等原因，卿某某在未完工且未支付班组劳务工程款的情况下离开案涉工程。2021 年 1 月，因岳某某、龙某等人要求宇某公司支付劳务工程款，宇某公司将劳务工程款支付给天某公司，由天某公司支付给班组。后天某公司发现多支付劳务工程款，故诉至法院，请求判令卿某某退还多支付的劳务费并支付利息。

云南省楚雄市人民法院一审认为，本案系劳务合同纠纷，不适用专属管辖，裁定将本案移送至被告卿某某住所地四川省简阳市人民法院处理。四川省简阳市人民法院认为移送不当，遂层报四川省高级人民法院。四川省高级人民法院经审查认为，四川省简阳市人民法院对本案无管辖权，云南省楚雄市人民法院将本案移送四川省简阳市人民法院处理不当。经与云南省高级人民法院协商未果，报请最高人民法院指定管辖。最高人民法院认为，工程所在地云南省楚雄市人民法院对本案具有管辖权。

最高人民法院认为，本案管辖争议的焦点问题是如何确定诉争法律关系的性质。区分建设工程劳务分包合同纠纷和劳务合同纠纷，应当根据当事人之间诉争的法律关系，从当事人之间有无控制、支配和从属关系，工作场所、时间是否限定，以及工作内容侧重劳务提供还是工作成果交付等因素进行判断。本案中，当事人约定的工作内容为"某项目的施工图、工程量清单、会

---

[①] 参见云南省楚雄市人民法院（2022）云 2301 民初 4915 号民事裁定书、最高人民法院（2023）最高法民辖 132 号民事裁定书。

审纪要、设计变更、技术核定单等所涵盖的所有砌体砌筑等为完成砌体工程作业所需的工作以及甲方要求的砌体工程所涉及的工作内容"。同时,根据工程验收情况收取进度款,当事人之间相对独立,不存在劳务关系中的工资支付、教育监督等支配与被支配、管理与被管理关系。因此,本案属于建设工程分包合同纠纷,应当按照不动产纠纷确定管辖。因工程项目所在地在云南省楚雄市人民法院,云南省楚雄市人民法院对本案具有管辖权。

【分析】

劳务作业分包,业内称为清包工或包清工,是指施工总承包企业或专业承包企业将其承包工程中的劳务作业发包给劳务分包企业完成的活动。劳务作业分包是将简单劳动从复杂劳动剥离出来单独进行分包施工的活动,[1] 禁止施工人提供主要建筑材料、主要周转材料或携带大中型施工机械设备进场施工。[2] 原建设部在《建筑业企业资质等级标准》(建建〔2001〕82号,现已废止)中规定了木工、砌筑、抹灰、石制作、油漆、钢筋、混凝土、脚手架[3]、模板、焊接、水电暖安装、钣金、架线等13种劳务分包作业及其各自的资质标准。[4]《房屋建筑和市政基础设施工程施工分包管理办法》第5条规定,房屋建筑和市政基础设施工程施工分包分为专业工程分包和劳务作业分包。可以看出,劳务作业分包与专业工程分包并列,均为承包人分包的工程,故在建设工程领域,当事人就劳务分包签订的合同并非劳务合同,而是建设工程分包合同。

认定当事人之间是否为劳务分包合同关系,应当根据当事人之间诉争的法律关系,从当事人之间有无控制、支配和从属关系,工作场所、时间是否限定,以及工作内容侧重劳务提供还是工作成果交付等因素进行判断。实践中,劳务分包合同关系常与建设工程领域的劳务关系相混淆。在劳务分包合同中,合同主体一般为总承包方或专业工程承包方和劳务工程承包方,双方具有平等性和独立性,劳务工程承包人不仅要提供劳务工作,还往往需要承担小型机械设备、作业工具、人员管理等相关组织管理工作;总承包方或专

---

[1] 参见最高人民法院民事审判第一庭编著:《最高人民法院新建设工程施工合同司法解释(一)理解与适用》,人民法院出版社2021年版,第58页。

[2] 《违法发承包认定查处办法》第12条第6项。

[3] 根据住房和城乡建设部《建筑业企业资质管理规定》(中华人民共和国住房和城乡建设部令第22号)的规定,现为模板脚手架专业承包资质。

[4] 根据住房和城乡建设部《建筑业企业资质管理规定》(中华人民共和国住房和城乡建设部令第22号)的规定,施工劳务资质不分类别与等级。

业工程承包方承担给付项目工程款的义务，其中包含了人工工资、机械设备费用、辅料费用、技术费用等。在劳务关系中，劳务提供方和劳务接收方地位平等，提供劳务人主要提供劳务工作，劳务接收方一次性或分多次支付劳务报酬。综合上述分析，一般而言，若约定由提供劳务的一方施工并包工包辅料、提供小型机具，应认定为劳务分包合同关系，适用不动产专属管辖的规定；[①] 建筑企业依照《建筑工人实名制管理办法（试行）》，与建筑工人签订劳动合同或用工书面协议，相应成立劳动关系或劳务关系；班组长、包工头直接雇佣农民工签订劳务合同或者达成口头协议，一般属于劳务关系。总之，即使合同中约定了工程地点、范围、具体施工内容、承包价格、工期、质量要求、各自权利义务等，仍应按照其实质认定合同性质是否属于劳务分包合同关系。

关于劳务分包合同纠纷，能否适用专属管辖来确定管辖，实践中存在不同理解。我们倾向认为：因劳务分包合同签订、履行等引发的纠纷实质为建设工程分包合同纠纷，应适用不动产专属管辖。具体理由为：第一，根据《施工合同解释（一）》第5条的规定，目前建设工程劳务分包仍应定性为建设工程合同。第二，从合同内容来看，建筑劳务企业承担承包单位的部分施工任务，实质上系履行施工合同的部分内容，属于建设工程施工合同的范畴。第三，建设工程劳务分包合同在合同主体、权利义务、法律适用等方面与劳动合同关系及劳务合同关系存在较大的区别，不应纳入劳务法律范畴。第四，劳务分包合同内容常常涉及工程鉴定、现场勘察等，由工程所在地法院管辖更利于法院查明事实，方便诉讼。

【审查要点】

区分建设工程分包合同纠纷和劳务合同纠纷，应当根据当事人之间诉争的法律关系，从当事人之间有无控制、支配和从属关系，工作场所、时间是否限定，以及工作内容侧重劳务提供还是工作成果交付等因素进行判断。建设工程劳务分包合同纠纷适用不动产专属管辖。

【规范指引】

《施工合同解释（一）》第5条；《民事诉讼法解释》第28条。

---

① 参见最高人民法院（2019）民辖终60号民事裁定书。

## 争点 4：家庭居室装饰装修引发的争议，是否适用不动产专属管辖

装饰装修合同纠纷是指发包人与装饰装修工程的承包人之间就合同价款、质量、工期等产生的纠纷。装修工程分为家装和工装，前者指的是家庭住宅装修，后者泛指有一定规模的公共场所设施的装修工程。对于后者，当然属于建设工程中的分部工程，适用不动产专属管辖，但对于前者家庭居室装饰装修合同的管辖规则存在不同意见。

观点一：住宅不同于商业或公益建筑用房，其规模小，装修的劳动量不大，不属于建设工程，名义上是装饰装修合同，实质上属于承揽合同，当事人可以约定管辖。

观点二：无论是家庭装饰装修合同，还是非家庭装饰装修合同，均属建设工程合同范畴，应适用不动产专属管辖原则，当事人无权约定管辖权，应由不动产所在地人民法院管辖。

我们倾向认为，家庭装饰装修合同纠纷不适用不动产专属管辖。如本书在第一章、第三章所作分析，家庭装饰装修合同一般属于对已建成的建筑进行的装修，不涉及建筑物的主体或承重结构变动的，不属于《建筑法》调整范围，对家装承包人原则上并无强制性的资质要求。因此，家庭居室装饰装修合同应定性为一般的承揽合同，而非建设工程施工合同，相关案件也应按照合同案件的一般管辖原则确定其管辖法院。

## 争点 5：房屋拆除引发的纠纷是否适用不动产专属管辖

【案例】郴州市某拆除公司与湖南某置业有限公司建设工程施工合同纠纷案[①]

2016 年 11 月 18 日，郴州市某拆除公司（以下简称某拆除公司）与湖南某置业有限公司（以下简称某置业公司）签订了《郴州某项目水塔爆破与房屋拆除工程合同》，该合同系对位于郴州市北湖区某建筑的拆除工程合同。双方确认某拆除公司于 2016 年 12 月 12 日进场施工，2017 年四五月份退场。退

---

① 参见湖南省郴州市中级人民法院（2019）湘 10 民辖终 70 号民事裁定书。

场时未进行交接与结算。双方就工程款的支付产生争议。

诉讼过程中，某置业公司提出管辖权异议，请求一审法院按照协议约定将案件移送处理。

某拆除公司辩称，对比合同法关于承揽和建设工程施工合同的分类来看，建设工程施工合同不应单纯狭义理解为建设房屋行为，拆除房屋同样属于建设工程施工合同。故本案系建设工程施工合同纠纷，属专属管辖案件，协议约定管辖不适用于本案。

经审理，一审湖南省郴州市北湖区人民法院裁定移送处理；某拆除公司不服，上诉至湖南省郴州市中级人民法院，二审裁定：一、撤销湖南省郴州市北湖区人民法院（2019）湘1002民初2756号之一民事裁定；二、本案由湖南省郴州市北湖区人民法院管辖。

生效裁判认为，对本案是否有管辖权的关键在于案由的确定。建设工程合同是指承包人进行工程建设，发包人支付价款的合同。建设工程合同包括工程勘察、设计、施工合同。本案中，某拆除公司与某置业公司于2016年11月18日签订《郴州某项目水塔爆破与房屋拆除工程合同》，约定由拆除公司负责对合同约定的建筑物进行爆破拆除，故本案应为建设工程施工合同纠纷，而非承揽合同纠纷，应当适用不动产专属管辖的规定。某拆除公司选择向湖南省郴州市北湖区人民法院提起诉讼，符合法律规定。

【分析】

2014年11月6日，住房和城乡建设部公布了新的《建筑业企业资质标准》，该标准自2015年1月1日起施行。原建设部印发的《建筑业企业资质等级标准》（建建〔2001〕82号）同时废止。新资质标准取消了拆除工程专业承包资质。但是，这也并不意味着拆除工程成了完全放开、可以随意承包的工程。因拆除是建设工程中施工难度较大、具有一定危险性的工程，其实施需要经有关部门的批准。至于拆除是否属于建设工程范围，可参照住建部相关意见，如《关于土石方、混凝土预制构件等8类专业承包企业申领安全生产许可证事宜的意见》，曾明确"拆除作业按工程性质由具有相应资质类别的企业承担，该类企业应申领建筑施工企业安全生产许可证"；《建筑施工企业安全生产许可证管理规定》规定其所适用的企业范围是指"从事土木工程、建筑工程、线路管道和设备安装工程及装修工程的新建、扩建、改建和拆除等有关活动的企业"。因此，房屋拆除工程应为建设工程施工合同纠纷，适用不动产专属管辖的规定。

## 争点 6：线路、管道和设备安装工程引发的纠纷是否适用不动产专属管辖

【案例】蒋某与昆明某控制系统工程有限公司建设工程施工合同纠纷案[①]

原告蒋某与被告昆明某控制系统工程有限公司（以下简称某工程公司）签订了《防火门制作及安装合同书》，合同对工程内容、承包范围、工程量、结算方式以及付款方式进行了明确的约定，约定的工程地点位于云南省昆明市西山区。后蒋某以被告欠付合同价款为由诉至长沙市雨花区人民法院，被告在提交答辩状期间对管辖权提出异议，认为本案属于建设工程施工合同纠纷，应适用不动产专属管辖，由不动产所在地管辖。一审法院认为，本案纠纷性质属于承揽合同纠纷，并非建设工程施工合同纠纷，不适用不动产专属管辖，但因双方关于管辖的约定不明确，应由合同履行地法院管辖，裁定将本案移送至云南省昆明市西山区人民法院处理。裁定作出后，蒋某提出上诉。二审法院认为，本案案由应为建设工程施工合同纠纷，即由不动产所在地的人民法院专属管辖。原审裁定虽适用法律有误，但处理结果正确，故应予维持。

蒋某与某工程公司签订的《防火门制作及安装合同书》中，双方约定的工程内容和承包范围为某建设项目中钢制防火门、钢制防火玻璃门窗及防火卷帘门的制作、运输和安装，系涉案建筑消防工程的部分内容，属于"附属设施的建造和与其配套的线路、管道、设备的安装活动"范围，故本案案由应为建设工程施工合同纠纷，应按照不动产纠纷确定管辖，即由不动产所在地的人民法院专属管辖。

【分析】

基于整体工程中的通风管道、空调、灯、门窗、排烟天窗等设备的安装及在地下车库划线等均为《建筑法》和《建设工程质量管理条例》中线路、管道和设备安装工程及装饰装修工程项下工程，属于建设工程，适用不动产专属管辖。

【规范指引】

《建筑法》第 2 条。

---

[①] 参见湖南省长沙市雨花区人民法院（2021）湘 0111 民初 4591 号民事裁定书、湖南省长沙市中级人民法院（2021）湘 01 民辖终 585 号民事裁定书。

## 争点 7：建设工程价款债权转让后的债权纠纷是否适用不动产专属管辖

**【案例】** 程某某与天津市某净化工程有限公司及第三人东莞市某空气净化设备安装有限公司建设工程施工合同纠纷案[①]

天津市某净化工程有限公司（以下简称某工程公司）与东莞市某空气净化设备安装有限公司（以下简称某安装公司）签订《建设工程施工劳务分包合同》约定，将某工程公司承包的某装修项目工程（位于河南省郑州市金水区）转包给某安装公司施工。2020 年 11 月 4 日，某安装公司将某工程公司欠付的工程款债权及相应权利转让给程某某，并通知了某工程公司，某工程公司未履行还款义务。故程某某诉至河南省郑州市金水区人民法院。

某工程公司辩称，一是某安装公司施工项目存在质量问题，某工程公司与某安装公司未达成书面确认结算协议，某安装公司无权向某工程公司主张工程款；二是本案不适用专属管辖规定，应当由某工程公司住所地法院审理。

经审理，河南省郑州市金水区人民法院一审作出裁定：本案移送至天津市滨海新区人民法院处理。天津市滨海新区人民法院认为移送不当，遂层报天津市高级人民法院。经与河南省高级人民法院协商未果，报请最高人民法院指定管辖。最高人民法院裁定：本案由河南省郑州市金水区人民法院审理。

本案管辖争议的焦点问题是按照一般合同纠纷还是不动产纠纷确定管辖。程某某起诉请求某工程公司履行债务的依据，是程某某受让的某安装公司基于建设工程施工形成的对某工程公司的债权。从某工程公司的答辩看，当事人对案涉工程质量、工程款数额有争议，案件受理后的审理，既涉及质量鉴定、造价评估等工程问题，也涉及某工程公司与某安装公司签订的《建设工程施工劳务分包合同》签订、履行情况，而不是单纯的给付一定数额的工程欠款，故本案应当按照不动产纠纷确定管辖。案涉工程位于河南省郑州市金水区，河南省郑州市金水区人民法院是本案的管辖法院。河南省郑州市金水区人民法院将本案移送天津市滨海新区人民法院处理不当。

**【分析】**

债权转让，是指在不改变合同权利义务关系的前提下，合同权利方将其

---

[①] 参见最高人民法院（2022）最高法民辖 82 号民事裁定书。

依据合同享有的债权通过协议全部或部分转让给第三人。债权转让包含债权人、债务人和受让人三方主体。三方主体之间存在三种法律关系，即债权人与债务人之间的原基础法律关系、债权人与受让人之间的债权转让合同关系，以及受让人和债务人之间基于原基础法律关系并通过受让债权而成立的债权债务关系。实践中，建设工程债权转让所涉管辖权纠纷主要发生在受让人与债务人之间，主要有以下几种观点。

观点一：应当按照债权受让人与出让人之间的合同关系确定管辖，双方还可以协议管辖。

观点二：应当按照建设工程施工合同管辖确定管辖。

观点三：应当区分受让的债权有无争议。如果对于受让的债权本身没有争议，则无须适用专属管辖；如果对于受让的债权本身存在争议，则适用专属管辖。

我们倾向认为：工程款的债权转让后，债务人与受让人因债务履行发生纠纷时，鉴于转让的债权源自建设工程施工合同，故该类纠纷一般应适用建设工程施工合同纠纷的专属管辖规则。

第一，在立案阶段，法院对于债权本身有无争议难以进行充分审查、精确区分，而实体审理中，债务人往往在抗辩时会对工程的质量、结算提出异议，案件的争议焦点仍回归建设工程本身。因此，工程款债权转让后，受让人与债务人之间的债务纠纷依据原建设工程施工合同法律关系确定管辖更能有效促进当事人纠纷的实际解决，避免程序空转。

第二，债权人转让债权，不需要经债务人同意，债务人的利益不应因债权人转让权利的行为而遭受损害，受让人所享有的权利也不应优于让与人曾经享有的权利，而是享有和让与人同样的权利。《民法典》第548条规定："债务人接到债权转让通知后，债务人对让与人的抗辩，可以向受让人主张。"这些抗辩包括阻止或者排斥债权的成立、存续或者行使的所有事由所产生的一切实体抗辩以及程序抗辩，也当然包括程序上的诉讼管辖抗辩，但其抗辩只能基于且限于原建设工程合同的权利义务范围。

第三，因实体法关于债权转让只是规定了通知债务人程序，并没有设定其他条件，故司法实践中，一些债权人为规避原协议管辖约定，可能会采取虚假转让债权给选定的第三人，从而达到恶意规避管辖的目的。因此，《民事诉讼法解释》第33条规定："合同转让的，合同的管辖协议对合同受让人有效，但转让时受让人不知道有管辖协议，或者转让协议另有约定且原合同相对人同意的除外。"从该条文的制定精神上看，是为了防止出现债权人采取虚假转让债权给选定的第三人，以恶意规避法定管辖的情况。对于建设工程施工合同纠纷来说，依据原合同性质确定管辖能有效避免此类情况的发生。

【规范指引】

《民事诉讼法解释》第 28 条。

## 争点 8：基于建设工程施工合同纠纷提起的代位权诉讼是否适用不动产专属管辖

【案例】淮安某房地产有限公司与淮安某工程材料有限公司、福建某集团有限公司代位权纠纷管辖权异议案①

淮安某房地产有限公司（以下简称某房地产公司）与福建某集团有限公司（以下简称福建某公司）分别于 2018 年 1 月 4 日和 2018 年 8 月 24 日签订《某小区三期建筑安装工程内部承包管理协议》及《某小区四期建筑安装工程内部承包管理协议》，约定某房地产公司将位于淮安市清江浦区的某小区 22 号楼、26 号楼等工程（含桩基）以包工包料的方式承包给福建某公司施工。

淮安某工程材料有限公司（以下简称某工程材料公司）与福建某公司签订了一系列《某小区商品混凝土采购合同》，约定由某工程材料公司为福建某公司承建的某小区工程项目部分住宅楼、地下室工程（含桩基）供应混凝土，合同约定了付款方式及违约责任等。

后某工程材料公司按约提供混凝土，福建某公司未能按约付款。某工程材料公司认为，由于福建某公司怠于向某房地产公司主张应付工程款，福建某公司欠付的货款迟迟不能予以兑现。

某工程材料公司向工程项目所在地的江苏省淮安市清江浦区人民法院提出诉讼请求：（1）某房地产公司支付工程材料公司货款 14 418 350 元及逾期付款利息，合计 15 100 758 元；（2）本案诉讼费、保全费由被告承担。

诉讼过程中，某房地产公司提出管辖权异议，认为工程材料公司提起代

---

① 参见江苏省淮安市清江浦区人民法院（2022）苏 0812 民初 9292 号民事裁定书、江苏省淮安市中级人民法院（2023）苏 08 民辖终 61 号民事裁定书。

位权之诉，应当在房地产公司的主要办事机构所在地有管辖权的人民法院起诉，无办事机构的，才由其注册地法院管辖。某房地产公司的注册地址虽在淮安市清江浦区，但因某房地产公司所属的集团母公司人员优化及组织架构调整，现某房地产公司的实际经营场所在福建省福州市台江区，因此管辖法院应为福州市台江区人民法院。本案为债权人代位权纠纷，而非建设工程施工合同纠纷，不应当适用建设工程所在地法院专属管辖确定管辖法院，请求法院将本案移送至福州市台江区人民法院审理。

经审理，一审江苏省淮安市清江浦区人民法院裁定驳回某房地产公司对本案管辖权提出的异议；某房地产公司不服，上诉至江苏省淮安市中级人民法院，二审裁定：驳回上诉，维持原裁定。

本案某工程材料公司因债务人福建某公司怠于主张债权，其作为代位权人有权以自己的名义向次债务人某房地产公司提起代位权诉讼，因该法律关系系建设工程合同关系，案涉工程在淮安市清江浦区，根据不动产专属管辖的规定，本案由工程所在地的淮安市清江浦区人民法院管辖并无不当。

【分析】

债权人代位权纠纷是指在债务人怠于行使自己的权利的情况下，债权人为实现债权，直接以自己的名义代替债务人向第三人行使债权而产生的纠纷。在最新《合同编通则解释》出台前，由于合同法司法解释仅规定代位权诉讼由被告住所地人民法院管辖，并未明确是否应受专属管辖的限制，而代位权诉讼又有其特殊性，故关于代位权诉讼是否受专属管辖限制，此前存在不同认识。2023年12月5日起施行的《合同编通则解释》第35条第1款规定："债权人依据民法典第五百三十五条的规定对债务人的相对人提起代位权诉讼的，由被告住所地人民法院管辖，但是依法应当适用专属管辖规定的除外。"该规定表明代位权诉讼应受专属管辖约束。因为专属管辖具有极强的排他性，不仅排除对一般地域管辖和特殊地域管辖的适用，同时还完全排除了当事人对管辖的协议变更。

【规范指引】

《合同编通则解释》第35条；《民事诉讼法解释》第28条。

## 争点 9：尚未动工建设工程的纠纷是否适用不动产专属管辖

【案例】应某某、周某某与大庆某建筑公司重庆分公司建设工程合同纠纷案[①]

2013 年 11 月 14 日，应某某、周某某与大庆某建筑公司重庆分公司（以下简称某建筑公司）签订了《土、石方工程内部承包施工协议》，约定将位于贵州省毕节市七星关区的贵州某酒业有限公司土石方平场工程内部承包给应某某和周某某。应某某于协议签订当日以个人汇款方式向某建筑公司支付了保证金 20 万元。协议签订后，该工程项目一直未能开工。某建筑公司出具《承诺书》，承诺于 2015 年 5 月 15 日前偿还保证金 20 万元。但至起诉时，某建筑公司仅偿还了 1 万元。应某某、周某某请求人民法院判令某建筑公司返还履约保证金 19 万元，按照中国人民银行同期一年期贷款利率支付自 2015 年 5 月 16 日起的利息，诉讼费用由某建筑公司承担。

贵州省毕节市七星关区人民法院认为，应某某、周某某与某建筑公司虽然签订了《土、石方工程内部承包施工协议》，但该工程项目一直未能施工，合同未能实际履行，合同目的未能实现。依据《民事诉讼法解释》第 18 条第 3 款的规定，"合同没有实际履行，当事人双方住所地都不在合同约定的履行地的，由被告住所地人民法院管辖"。本案原被告住所地均不在贵州省毕节市七星关区，被告某建筑公司住所地位于重庆市渝北区，本案应由重庆市渝北区人民法院管辖。于 2017 年 6 月 5 日作出（2017）黔 0502 民初 2912 号民事裁定将本案移送重庆市渝北区人民法院审理。

最高人民法院审理后认为，本案系履行建设工程施工合同分包合同引发纠纷，应某某起诉主张案涉工程没有开工，某建筑公司亦未按照约定返还工程保证金，依据《民事诉讼法解释》第 28 条第 2 款关于"农村土地承包经营合同纠纷、房屋租赁合同纠纷、建设工程施工合同纠纷、政策性房屋买卖合同纠纷，按照不动产纠纷确定管辖"的规定，本案应由工程所在地贵州省毕节市七星关区人民法院管辖，贵州省毕节市七星关区人民法院裁定将本案移送重庆市渝北区人民法院审理有错误。

---

[①] 参见最高人民法院（2017）最高法民辖 61 号民事裁定书。

**【分析】**

对建设工程承包、转包、分包、挂靠等与建设工程施工有关的合同纠纷，以及尚未履行的建设工程合同纠纷，因涉及工程的相关事项，均应当按照不动产纠纷确定管辖，即由工程所在地的人民法院管辖。一是因为民事诉讼法在界定施工合同专属管辖时，并未区分履行状态；二是合同虽未履行，但相关争议仍然围绕施工合同法律关系展开；故尚未动工建设的工程纠纷，应适用专属管辖。

**【规范指引】**

《民事诉讼法》第 34 条；《民事诉讼法解释》第 28 条。

## 争点 10：建设工程施工合同的双方当事人均为中国境内企业，但工程位于境外，如果合同没有就管辖法院作出特别约定，也没有约定仲裁条款的，国内法院是否具有管辖权

**【案例】** 盐城市某钢结构工程有限公司与江苏某技术工程股份有限公司、某纺织（坦桑尼亚）有限公司、盐城市某纺织机械有限公司等建设工程施工合同纠纷案[①]

盐城市某钢结构工程有限公司（以下简称某钢构公司）诉称：其与某纺织（坦桑尼亚）有限公司（以下简称坦桑尼亚某纺织公司）于 2013 年 1 月 3 日签订建设工程施工合同，约定某钢构公司为坦桑尼亚某纺织公司承建 1# 和 2# 车间钢结构工程及其他工程（工程位于坦桑尼亚）。双方于 2013 年 10 月 16 日又签订补充协议。合同签订后，某钢构公司按约完成施工义务，并于 2013 年 12 月 8 日通过验收。双方于 2014 年 8 月 21 日经对账确认，坦桑尼亚某纺织公司欠某钢构公司工程款 9 758 865.95 元。2014 年 4 月 25 日，坦桑尼亚某纺织公司与江苏某技术工程股份有限公司（以下简称某工程公司）、盐城市某纺织机械有限公司（以下简称某纺织机械公司）、某坦桑尼亚经济发展有限公司（以下简称某经济公司）等签订协议约定：坦桑尼亚某纺织公司、某纺织机械公司等欠某工程公司债务全部转让给坦桑尼亚某纺织公司，坦桑尼

---

[①] 参见江苏省盐城市中级人民法院（2019）苏 09 民初 67 号民事裁定书、江苏省高级人民法院（2019）苏民辖终 326 号民事裁定书。

亚某纺织公司还款期间企业的管理权转让给某工程公司或某经济公司，抵偿债务。2014年9月30日，坦桑尼亚某纺织公司与某经济公司、成某某等签订"三方协议"，约定坦桑尼亚某纺织公司以90%的股权抵偿某工程公司的债权……坦桑尼亚某纺织公司存在的未决诉讼、债权债务纠纷、合同追索义务由该公司原股东全权承担。某钢构公司向坦桑尼亚某纺织公司索要工程款无果，认为其与某工程公司等恶意串通，侵害其财产权益，遂诉至江苏省盐城市中级人民法院。

某工程公司对管辖权提出异议认为，案涉施工合同没有有效约定管辖条款，且违反了法定的专属管辖。案涉工程的实际所在地为坦桑尼亚的星延加，中国法院对本案无管辖权，坦桑尼亚的法院对本案享有管辖权，且审理案件也更加方便；且本案虽然被告众多，除坦桑尼亚某纺织公司与原告具有建设施工合同关系外，其他被告与原告并无合同或其他关系。根据我国《民事诉讼法》（2017年修正）第265条①的规定，对住所在中国境外的公司提起的涉外合同诉讼，只有合同签订地、合同履行地、诉讼标的物所在地、可供扣押财产所在地或者境外被告的代表机构住所地人民法院有管辖权。但本案争议合同不具备上述连接因素。因此，盐城市中级人民法院行使管辖权的依据不足。

江苏省盐城市中级人民法院裁定驳回上述异议，某工程公司对此不服，上诉至江苏省高级人民法院。江苏省高级人民法院裁定：因部分被告住所地在江苏省盐城市，故中华人民共和国盐城市中级人民法院对本案具有管辖权。

原告某钢构公司、被告某工程公司等系中华人民共和国公司，中华人民共和国法院对本案具有管辖权。《民事诉讼法》及其司法解释关于专属管辖的相关规定，是以案涉建设工程在我国领域内，民事案件由人民法院管辖为前提，一审法院对上述规定的解释并无不当。根据《民事诉讼法》（2017年修正）第21条第2款②之规定，对法人或者其他组织提起的民事诉讼，由被告住所地人民法院管辖。

【分析】

建设工程所在地虽在国外，但当事人为我国企业或者公民，基于司法主权原则，中国法院有权管辖。我国民事诉讼法关于专属管辖的规定是指不动

---

① 现对应《民事诉讼法》（2023年修正）第276条。
② 现对应《民事诉讼法》（2023年修正）第22条第2款。

产纠纷标的物位于我国领域内时，确定国内人民法院专属管辖的原则，并非不动产纠纷标的物位于我国领域外时，确定管辖法院的依据。需要注意的是，为便利纠纷解决，当事人在签订涉外建设工程施工合同时，应尽可能在合同中明确约定主管、管辖以及准据法的争议解决条款，约定仲裁机关或管辖法院与适用我国法律规定，以减少法律适用问题及域外法查明问题所引起的争议。

**【规范指引】**

《民事诉讼法》第 22 条、第 276 条、第 277 条；《民事诉讼法解释》第 520 条、第 529 条。

## 争点 11：借用资质人与被借用资质人之间的结算纠纷是否适用不动产专属管辖

**【案例】** 河北某建筑劳务分包有限公司与邵某合同纠纷案①

2016 年 7 月 8 日，河北某建筑劳务分包有限公司（以下简称某劳务公司）与河北省某建筑工程有限公司（以下简称某建筑公司）签订《建设工程施工劳务分包合同》，邵某是该项目实际负责人，负责组织工人施工。因邵某组织不力，2018 年 5 月，某劳务公司与某建筑公司签署《结算书》，某劳务公司依据结算金额扣除管理费和税金后向邵某结清劳务报酬 1 563 956.84 元。因在项目施工时，邵某组织工人施工，这些工人以某劳务公司拖欠工资为由申请仲裁，后经安徽省淮北市中级人民法院作出生效判决，由某劳务公司支付工资。某劳务公司向一审法院提出诉讼请求：要求追偿其垫付的 231 200 元以及利息 10 000 元。

江苏省镇江市丹徒区人民法院认为，某劳务公司承包某建筑公司承建的淮北某水泥公司产能置换 4500t/d 熟料线及 9MW 余热发电项目土建第一标段劳务后，由邵某施工。双方因施工工程的工人工资支付发生纠纷，属于建设工程施工合同纠纷范畴（建设工程分包合同），应当适用不动产专属管辖确定受诉法院，即由建设工程所在地人民法院管辖。因涉案工程在安徽省淮北市杜集区，故于 2018 年 12 月 7 日裁定将案件移送安徽省淮北市杜集区人民法

---

① 参见最高人民法院（2020）最高法民辖 12 号民事裁定书。

院处理。安徽省淮北市杜集区人民法院收到移送案件后，认为该案为追偿权纠纷，不适用专属管辖的规定，在未报请上级人民法院指定管辖的情况下，直接将案件退回。

江苏省高级人民法院认为，根据某劳务公司提供的建设工程施工劳务分包合同、邵某签名的《情况说明》、某劳务公司代理人调查笔录以及安徽省淮北市中级人民法院的判决书等证据，某劳务公司并不具备法定的追偿依据，该案不属于追偿权纠纷，其基础法律关系仍为建设工程施工合同纠纷，应由安徽省淮北市杜集区人民法院管辖。因与安徽省高级人民法院协商不成，报请最高人民法院指定管辖。

本案争议焦点为本案纠纷是否属于建设工程施工合同纠纷，是否适用专属管辖的规定。从某劳务公司起诉情况看，某劳务公司与邵某之间不属于内部承包或者非法转包、分包关系，而应当属于借用资质关系。本案中，根据某劳务公司在江苏省镇江市丹徒区人民法院开庭时所述，邵某收到某建筑公司招标通知后，找到某劳务公司要求挂靠在其名下，由邵某作为项目实际负责人组织施工。双方当事人并未签订转包、分包合同，邵某也未提供其与某劳务公司存在劳动合同关系的证据，不能证明双方具有转包、分包或者内部承包关系。某劳务公司在江苏省镇江市丹徒区人民法院开庭笔录中，表明邵某是挂靠在某劳务公司，某劳务公司收取管理费，邵某施工项目由其自负盈亏、自享利润，工程发生的一切事故及债务由其承担责任。某劳务公司与邵某之间更符合借用资质的特征。本案被告住所地位于江苏省镇江市丹徒区，江苏省镇江市丹徒区人民法院对案件有管辖权，其将案件移送安徽省淮北市杜集区人民法院不当。需要指出的是，安徽省淮北市杜集区人民法院在收到江苏省镇江市丹徒区人民法院移送案件后，认为不属于本院管辖的，应当报请上级人民法院指定管辖，其自行移送不妥。故裁定：本案由江苏省镇江市丹徒区人民法院审理。

【分析】

借用资质是指借用资质人通过借用有相应资质公司的资质证书、营业执照、银行账户等资质，以被借用资质人名义对外开展业务，借用资质人一般自负盈亏，被借用资质人收取固定管理费。双方在借用资质过程中履行协议所发生的争议，属挂靠经营合同纠纷，并非发包人与承包人、转包人或分包人之间发生的建设工程施工合同纠纷，原则上不适用有关专属管辖的规定，应当按照合同案件管辖的一般原则确定管辖法院。但是，如果挂靠人基于建设工程施工合同的约定,将被挂靠人、发包人等作为共同被告主张权利的,因涉及工程造价、质量、工期等与建设工程有关的基础争议,在立案阶段即应确定案由为建设工程合同纠纷,适用不动产专属管辖。

【规范指引】

《民事诉讼法》第 24 条。

## 争点 12:当事人就多份建设工程施工合同合并提起诉讼,应如何确定管辖法院

【案例 1】江苏某建设工程集团有限公司与呼和浩特市某区住房和城乡建设局建设工程施工合同纠纷案①

2014 年至 2015 年,呼和浩特市某区住房和城乡建设局先后向江苏某建设工程集团有限公司发包了"某政府大院停车场整治工程""高级法院及某住宅小区硬化铺装及路面改造工程""某镇某村村容村貌整治工程"等三个市政工程,并分别签订了建设工程施工合同。江苏某建设工程集团有限公司就三个工程一并提起诉讼,呼和浩特市中级人民法院裁定:驳回原告起诉。后江苏某建设工程集团有限公司又就该裁定上诉、申请再审,均被驳回。

最高人民法院再审申请审查认为,本案属于诉的客体合并。法律未规定此种情形必须合并起诉,人民法院可根据案件的具体情况依职权作出决定。因三份施工合同所涉三个工程项目的内容不同,施工地点不同,又不属同一建设工程,分属不同法律关系,原审法院认为三项工程不具有关联性,不具备合并起诉的基础,应当分别提起诉讼,并无不当。因案件已经受理,原告的诉讼请求系将三份施工合同的欠款数额、利息、违约金等合并计算,原审法院裁定驳回起诉后,其可就三份施工合同所涉欠款数额、利息、违约金等分别提出诉讼请求,原审裁定并无不当。

【案例 2】中建某局集团有限公司与云南某房地产开发有限公司建设工程施工合同纠纷案②

云南某房地产开发有限公司与中建某局集团有限公司签订了《某城中村

---

① 参见最高人民法院(2020)最高法民申 6895 号民事裁定书。
② 参见最高人民法院(2017)最高法民辖终 350 号民事裁定书。

改造项目 A 地块工程桩工程施工合同》《某城市广场（A3 地块）全钢结构工程合同（KDGJ-CK-14006）》及《建设工程施工合同》三份合同，中建某局集团有限公司就案涉三份合同一并诉至云南省高级人民法院。被告云南某房地产开发有限公司提出管辖权异议，云南省高级人民法院裁定：驳回管辖权异议；上诉后，最高人民法院裁定：驳回上诉，维持原裁定。

最高人民法院认为，关于本案是否应当分案处理的问题，案涉《建设工程施工合同》《某城中村改造项目 A 地块工程桩工程施工合同》以及《某城市广场（A3 地块）全钢结构工程合同（KDGJ-CK-14006）》三份合同的主体相同，且均基于同一工程项目产生，《某城中村改造项目 A 地块工程桩工程施工合同》与《某城市广场（A3 地块）全钢结构工程合同（KDGJ-CK-14006）》所涉施工项目均属案涉工程，中建某局集团有限公司一并起诉，不违反法律规定。此外，前述三份合同虽然相对独立，但起诉标的种类相同，具有关联性，合并审理有助于查明案件事实，减轻当事人诉累。

【分析】

诉的合并，是指法院将两个或者两个以上存在关联关系的诉讼标的，合并于同一诉讼程序进行审查和裁判的制度。确定合并之诉的管辖，应遵循"优先原则"，即依据管辖利益确定全案管辖权的归属时，专属管辖、协议管辖及先位之诉管辖具有优先性。因房地产专属管辖属于法律强行性规定，故其较协议管辖、先位之诉管辖具有更高的优先性。原告对被告就多份合同合并提起诉讼，人民法院可根据案件的具体情况依职权决定是否合并审理。

关于建设工程施工合同纠纷的合并，实践中主要存在上述案例所展示的两种情形：第一种情形是对于当事人同一的多份建设工程施工合同，所涉的施工地点在多地，又不属于同一建设工程，虽然双方达成了"一揽子"结算协议，但上述项目不存在关联，不具备合并审理的基础仍应以基础法律关系进行审理，故应当分别提起诉讼。第二种情形是对于当事人同一的多份建设工程施工合同，所涉工程施工地点在同地，且施工方与发包方就多个工程一起结算，已形成同一结算单，或多个工程间相互关联，具有不可分性，则可秉持便于当事人诉讼的原则，合并进行审理。

当事人同一的多份建设工程施工合同纠纷能否合并审理，一般考量如下因素：（1）多份建设工程施工合同是否属于同一个施工项目；（2）多份施工合同涉及的工程地点是否同一或存在关联；（3）诉请的标的是否相同；（4）合并审理是否有助于查明案件事实，减轻讼累，提高审判效率。

## 第三节 建设工程施工合同案件审理程序中的疑难问题

### 一、诉讼标的额的确定与级别管辖

#### 问题1：诉讼标的额的确定

诉讼标的额系建设工程施工合同案件级别管辖的划分标准之一，实践中，确定此类案件诉讼标的，须区分以下情形。

1. 有具体诉讼请求金额的给付之诉。原则上以当事人提出的诉讼请求金额作为诉讼标的额。该类给付之诉的诉讼请求金额不受建设工程合同约定的标的额的限制。例如，当事人主张继续履行合同，以该部分合同为据计算诉讼标的额并确定级别管辖；当事人主张合同约定的全部工程款，又提出支付违约金、赔偿损失等其他诉讼请求的，以各项请求的总额确定诉讼标的额并据以确定级别管辖，即使该总额已超出合同标的额。

2. 对于确认之诉、形成之诉，应以诉讼请求涉及的合同标的额作为诉讼标的额，据以确定级别管辖。建设工程合同作为有具体财产内容的合同，无论当事人的诉讼请求是确认合同效力，还是要求变更、解除、撤销合同，均应视为对合同内容相关财产的处分，属于财产性诉讼请求，应以所涉及的合同标的额作为诉讼标的额。例如，请求撤销结算协议的，应以合同标的额作为诉讼标的额，据以确定级别管辖。

3. 对于诉讼请求既包括确认之诉或形成之诉，又有给付之诉的，包括以下情形：（1）诉讼请求系以确认之诉或形成之诉为主，附带提出给付诉请的，例如建工案件中常见的请求确认建设工程施工合同效力或者请求解除合同，同时又提出支付工程款、违约金或赔偿损失等金钱给付诉请的。（2）诉讼请求以给付之诉为主，附带提出确认之诉的，例如主张工程款时，要求确认建设工程优先受偿权。对此，如何确定诉讼标的额？实践中存在不同观点：观点一认为，应以给付请求金额确定诉讼标的额并据以确定级别管辖；观点二认为，应以合同标的总额作为诉讼标的额并据以确定级别管辖；观点三认为，应以合同标的总额与其他诉讼请求金额之和作为诉讼标的额并据以确定级别管辖；观点四认为，应以诉讼请求标的额较高的一项作为诉讼标的额并据以级别管辖。我们倾向第四种观点，理由如下：首先，根据诉争利益的数额确定财产类案件级别管辖的精神，请求确认合同无效或者解除合同、撤销合同均视作财产性诉讼请求，诉争利益的数额即所涉合同标的额，上述情形下本质系多个财产性诉讼请求并存，诉争利益均指向同一合同内容；其次，因各诉讼请求之间存在一定的依附关系，相互间非并列关系，以诉讼请求标的额较高的一项确定级别管辖更为合理，如以合同标的总额与其他诉讼请求金额之和合并计算则有重复计算之嫌。

4. 构成诉的合并的情形下，诉讼标的额以财产性诉讼请求总额作为诉讼标的额，并据此确定级别管辖。例如，就同一项目、同一当事人之间存在多份合同，可以合并诉讼并据此确定级别管辖。

5. 被告提出原告诉讼请求标的额可能虚高、抬高案件级别管辖的相关异议，人民法院应当进行审查。法院经审查认为当事人存在明显虚增诉讼标的的故意，则不能仅以诉讼请求中的数额确定诉讼标的额，而应当以其表面证据指向的数额确定诉讼标的额。

【案例】潘某某与某省人民政府、某省某市人民政府建设工程施工合同纠纷案[①]

1995 年，温岭某建筑工程公司与某省某工程项目领导小组、某市某工程项目领导小组签订《施工合同协议书》，后又依据上述合同签订多份补充合同。工程于 2000 年竣工验收，实际支付总工程款 6000 万元。2001 年 3 月，温岭某建筑工程公司变更为浙江某建设有限公司。2005 年 5 月，浙江某建设有限公司将合同债权转让给潘某某，并向被告发出债权转让通知书。后某省某工程项目领导小组、某市某工程项目领导小组已分别被撤销，其设立、撤销机关即两被告应承担责任。

潘某某向一审法院提出诉讼请求：判令二被告向其支付工程款 2.5 亿元，逾期付款违约金暂计 2.5 亿元（按每天 0.022% 计算），并承担本案诉讼费用。

被告提出管辖权异议认为，本案争议标的金额根本达不到 5 亿元，潘某某提出了所谓工程欠款 2.5 亿元，违约金 2.5 亿元，合计 5 亿元的诉讼请求，

---

① 参见浙江省高级人民法院（2016）浙民初 14 号民事裁定书、最高人民法院（2017）最高法民辖终 120 号民事裁定书。

完全不符合事实，系为达到规避民事案件级别管辖的非法目的，有意伪造证明、虚构争议标的金额。请求将本案移送中级人民法院管辖。

经审理，一审浙江省高级人民法院认为，被告对管辖权提出的异议成立，裁定本案移送嘉兴市中级人民法院处理。原告潘某某对一审裁定不服，向最高人民法院提起上诉。最高人民法院审理认为，本案潘某某主张的诉讼标的额5亿元，明显缺乏依据，存在虚高诉讼标的额、抬高案件级别管辖的情形，裁定驳回上诉，维持一审裁定。

被告提出民事级别管辖异议，认为原告故意虚高诉讼标的额、抬高案件级别管辖的，人民法院应当进行审查。如原告诉请的标的额明显缺乏依据，经初步审查即可确认原告诉请的标的额存在虚高情形，且足以抬高案件级别管辖的，人民法院可以依法认定被告提出的级别管辖异议成立，裁定将案件移送有管辖权的人民法院审理。

【分析】

实践中存在当事人虚高诉求金额，从而达到选择较高级别法院目的的情况。比如，原告主张的本金数额没有达到高级人民法院一审的管辖标准，但主张的违约金或损失远超本金，达到高级人民法院级别管辖的标准，此时如何处理？对此，主要有以下三种观点。

观点一：由原受理法院审理。不管诉讼标的额是否为当事人恶意虚高，均以当事人增加后的诉讼标的额确定案件级别管辖，故应由原受理法院审理。

观点二：驳回起诉。原告规避级别管辖，其行为有违民事诉讼诚信原则和诉讼程序的正当性要求，对其起诉应予驳回。

观点三：移送下级法院审理。对于虚高诉讼标的额提高级别管辖的，由于主观上有恶意且缺乏证据支持，依法应当予以规制，以维护管辖制度的严肃性，故应移送下级法院审理。

我们倾向认为：人民法院对当事人是否虚高诉讼标的额、抬高案件级别管辖问题进行审查，是保障当事人规范行使诉权、维护诉讼诚信和立案登记秩序的必然要求，并不损害当事人诉权。法院在管辖权异议阶段只是进行形式审查，一般由原告明确其诉讼请求具体构成，如果原告的主张明显没有任何依据支撑的，则向原告释明变更诉讼请求，原告坚持不变更的，支持被告的管辖权异议。如果原告的主张有一定合理性或有相应证据支撑的，管辖权异议阶段不进行实质审查，诉讼请求是否成立留待审理时解决，则按原告的诉讼请求确定级别管辖。实践中如何把握原告的主张是否有相应的依据，一般应从宽掌握，只要具有初步的合理性即可。

对于原告是否存在故意虚高诉讼标的额、抬高案件级别管辖的情形，应从主客观两个方面予以把握。主观上，原告有通过虚高诉讼标的额以抬高案件级别管辖的意图。如原告主张的诉讼标的额可能无法得到人民法院部分或者全额支持，但主观上并无规避级别管辖意图的，则不在此列。客观上要符合两个条件。一是原告诉请的标的额明显缺乏依据，包括缺乏相应证据支撑、主要证据系伪造、证据间存在明显矛盾，以及缺乏法律依据等，人民法院经初步审查即可确认原告诉请的标的额存在虚高情形；二是原告制造虚高诉讼标的额的行为足以抬高案件级别管辖。

人民法院在立案阶段对诉讼标的额是否虚高的审查是有限度、有条件的，不能代替实体审理工作。通常情形下，人民法院仅围绕原告起诉提交的材料是否符合《民事诉讼法》第122条第3项关于"有具体的诉讼请求和事实、理由"的规定进行审查，对原告诉请的标的额应否予以支持，留待案件实体审理阶段解决。但在被告提出原告虚高诉讼标的额的主张，并就此提出级别管辖异议的情形下，人民法院应对原告是否故意虚高诉讼标的额、抬高案件级别管辖进行审查。如经审查，原告确实存在故意虚高诉讼标的额、抬高案件级别管辖的情形，人民法院可以依法认定被告提出的级别管辖异议成立，裁定将案件移送有管辖权的人民法院审理。

【规范指引】

《最高人民法院关于审理民事级别管辖异议案件若干问题的规定》第1条、第3条；《最高人民法院关于调整中级人民法院管辖第一审民事案件标准的通知》。

## 问题2：诉讼标的额变动与级别管辖恒定

管辖恒定，是指确定案件的管辖权，以起诉时为标准，起诉时对案件具有管辖权的法院，不因确定管辖的事实在诉讼过程中发生变化而影响其管辖权。根据管辖恒定原则，除非法律或司法解释另有规定，或法理上须另作处理，否则诉讼中不再因主观或客观原因的变动而改变同一诉讼的管辖法院。不予改变的既包括横向的地域管辖，也包括纵向的级别管辖。我们认为，级别管辖按照起诉时的标的额确定后，当事人在诉讼过程中就同一诉讼标的增加或变更诉讼请求，致诉讼标的额超出或未达受诉法院级别管辖标准，原则上不因此而调整管辖；但被告提出管辖异议且提出证据表明原告存在规避级别管辖的故意（例如故意在起诉时减少诉讼请求并在诉讼中增加），则应裁定移送管辖。

在确定案件管辖权阶段，法院对当事人的诉讼标的额是否符合级别管辖的规定，原则上仅进行形式审查，当事人对其诉讼请求的具体金额提出相应的事实和理由即可，至于诉讼请求能否得到支持，则属于案件的实体审理范围。据以确定级别管辖的争议金额与诉讼费收取的依据均系依据诉讼请求金额确定，二者应保持一致。

【规范指引】

《民事诉讼法》第 18 条、第 19 条、第 20 条、第 21 条；《民事诉讼法解释》第 39 条、第 201 条。

## 二、"一事不再理"原则在建设工程施工合同纠纷中的适用

### 问题 3：建设工程施工合同案件重复诉讼的认定

【案例】胡某与浙江某建设集团有限公司、某避暑山庄有限公司建设工程施工合同纠纷案[①]

2012 年 9 月 18 日，浙江某建设集团有限公司（以下简称某建设公司）与某避暑山庄有限公司（以下简称某避暑山庄公司）签订《施工协议》，由某建设公司负责位于青海省西宁市某酒店工程的施工。2012 年 11 月 24 日，某建设公司青海分公司与胡某签订《承包合同》，约定由胡某按《施工协议》的内容对案涉工程履行施工管理职责，承包方式为自主经营、独立核算、盈余按比例分配，工程竣工审计结算后，工程总造价扣减相关费用后，盈余按比例分配，亏损由胡某承担赔偿责任等。《承包合同》签订后，胡某组织完成施工，并通过竣工验收、交付使用。2016 年 5 月，胡某以某建设公司的名义起诉某避暑山庄公司主张案涉工程款及违约金，青海省西宁市中级人民法院

---

① 参见青海省西宁市中级人民法院（2018）青 01 民初 425 号民事判决书、青海省高级人民法院（2019）青民终 105 号民事判决书、最高人民法院（2019）最高法民申 4432 号民事判决书。

于 2016 年 11 月 28 日作出（2016）青民初 38 号民事判决，判令某避暑山庄公司于判决生效之日起三十日内支付建设公司工程款 45 452 762.53 元，并自 2015 年 3 月 28 日起按中国人民银行同期同类贷款利率向建设公司支付欠付工程款利息等。该案执行过程中，某建设公司与某避暑山庄公司达成《和解协议》，某避暑山庄公司共向某建设公司支付工程款 2331 万元，某建设公司收到工程款后，与胡某对于剩余款项的支付未协商一致，胡某以实际施工人身份向一审法院起诉请求：（1）判令某建设公司给付工程款 42 803 290.66 元及利息；（2）判令某避暑山庄公司在欠付工程款的范围内承担连带责任。

某建设公司辩称，（2016）青民初 38 号案件已对本案进行了审理，胡某违反了民事诉讼的诚信原则，其关于本案的起诉属于重复诉讼；（2016）青民初 38 号民事判决已确认案涉工程系某建设公司垫资施工完成，胡某是某建设公司的员工，双方之间属于内部承包经营合同关系，不存在建设工程施工合同关系。

经审理：青海省西宁市中级人民法院、青海省高级人民法院均认为胡某的起诉未违反"一事不再理"原则，判决某建设公司向胡某支付工程款及利息、某避暑山庄公司在欠付建设公司工程款范围内承担清偿责任；判决生效后，某建设公司以本案属于重复诉讼等为由向最高人民法院申请再审，最高人民法院驳回建设公司的再审申请。

构成重复诉讼的条件是后诉与前诉的当事人相同、诉讼标的相同、诉讼请求相同，三个条件应当同时具备方可认定为重复诉讼。在（2016）青民初 38 号案件中，原告为某建设公司，被告为某避暑山庄公司，诉讼标的为发包方与承包方之间的建设工程施工合同关系，诉讼请求为承包方某建设公司向发包方某避暑山庄公司主张工程款；本案中，原告为胡某，被告为某建设公司、某避暑山庄公司，诉讼标的为实际施工人与承包人、发包人之间的建设工程施工合同关系，诉讼请求为胡某作为实际施工人向发包方某避暑山庄公司和承包方建设公司主张工程款。对比（2016）青民初 38 号案件与本案，两案的当事人、诉讼标的、诉讼请求不尽相同，且两案原告的请求权基础也不相同，（2016）青民初 38 号案件中某建设公司的请求权基础是其作为承包人向发包人主张工程款，而本案中胡某的请求权基础是其作为实际施工人向发包人和承包人主张工程款。据此，胡某的起诉既不构成重复诉讼，也不会以本案的处理结果否定（2016）青民初 38 号案件的处理结果，一审法院受理本案并不违反民事诉讼"一事不再理"的原则。

**【分析】**

《民事诉讼法解释》第247条规定："当事人就已经提起诉讼的事项在诉讼过程中或者裁判生效后再次起诉，同时符合下列条件的，构成重复起诉：（一）后诉与前诉的当事人相同；（二）后诉与前诉的诉讼标的相同；（三）后诉与前诉的诉讼请求相同，或者后诉的诉讼请求实质上否定前诉裁判结果。当事人重复起诉的，裁定不予受理；已经受理的，裁定驳回起诉，但法律、司法解释另有规定的除外。"该条是关于民事诉讼"一事不再理"原则及判断标准的规定。建设工程施工合同纠纷中，是否构成重复诉讼，应当围绕上述三个方面是否同时具备进行判断。

此外，根据《民事诉讼法解释》第248条的规定，"裁判发生法律效力后，发生新的事实，当事人再次提起诉讼的，人民法院应当依法受理"。该条规定了既判力的时间范围，即新的事实为法院终局裁判生效后所发生的事实，且并非原生效裁判未查明或涉及的事实，亦非当事人在前诉中未提出的事实。是否发生了"新的事实"，需要对后诉进行实体审查才能判断。

具体到建设工程施工合同纠纷中，关于是否构成重复诉讼，常见问题如下。

1. 在借用资质情形下，实际施工人前诉以被借用资质人名义起诉发包人，后诉以自己的名义起诉被借用资质人、发包人，是否构成重复诉讼？

我们认为，前诉当事人为被借用资质人、发包人，诉讼标的为发、承包人之间的建设工程施工合同关系，诉讼请求为承包人向发包人主张工程款；后诉当事人为实际施工人、被借用资质人、发包人，诉讼标的为实际施工人与承包人、发包人之间的建设工程施工合同关系，诉讼请求为实际施工人向被借用资质人、发包人主张工程款。前后两诉当事人、诉讼标的、诉讼请求并不相同，故后诉并不违反民事诉讼"一事不再理"的原则。

2. 多层转包、违法分包情形下，实际施工人前诉起诉合同相对人，后诉起诉合同相对人并增加其前手转包或分包人、承包人、发包人作为被告，是否构成重复诉讼？

我们认为，虽然后诉增加了被告，但前、后诉原告的请求权基础具有同一性，诉讼标的均为实际施工人与其合同相对人间的建设工程分包关系。作为最后的实际施工人，并不能向发包人及与其无合同关系的转包人主张权利，增加的被告事实上与案件并无法律上的利害关系，故应认定为当事人相同，构成重复诉讼。

3. 同一工程，实际施工人以建设工程施工合同纠纷起诉总包人、发包人后，又以债权人代位权纠纷再次起诉总包人、发包人；或者实际施工人已向发包人提起代位权诉讼，又再诉总包人代位权诉讼中未获清偿的工程款，上述是否均构成重复诉讼？

就第一种情形而言，首先，虽然总包人在前后两诉中分别列为被告、第三人，诉讼地位略有差异，但参与诉讼主体没有变化。其次，前后两诉的诉讼标的实质相同。前诉的法律关系为建设工程施工合同关系，后诉的法律关系是债权人代位权关系，涉及发包人和总包人之间的法律关系、总包人和实际施工人之间的法律关系，这两个法律关系均为建设工程施工合同关系，二者实质相同。且两诉均系因同一建设工程而产生的权利义务纠纷，诉讼标的都是基于该工程而产生的权利义务。后诉两个法律关系涉及的权利义务已经分别在前诉中得到处理。实际施工人提起的债权人代位权诉讼是基于同一事实以新的理由再诉，不构成新的法律关系。最后，实际施工人在前诉的诉讼请求为，总包人支付实际施工人工程款及相应利息、发包人在欠付工程价款范围内承担责任。在后诉中的诉讼请求为发包人向实际施工人履行代位清偿义务，支付工程款及利息。因发包人的代位清偿责任以欠付总包人工程款数额为限，故后诉请求实质包含在前诉的诉讼请求中。据此，该情形构成重复诉讼。

就第二种情形而言，实际施工人对发包人的代位权诉讼执行中，因发包人无可供执行的财产而被终结本次执行程序，实际施工人就未实际获得清偿的债权另行向总包人主张权利的，并不违反"一事不再理"原则。理由在于，在次债务人未向债权人实际清偿债务以前，债权人与债务人、债务人与次债务人的债权债务关系不能归于消灭，故债权人在向债务人主张债权时，不应扣减在代位权诉讼中经由生效判决确认但未得到实际履行的部分。

4. 同一工程，承包人对工程价款拆分起诉，是否构成重复诉讼？

其中一种情形是，承包人向发包人提出支付工程款请求并经人民法院作出生效裁判后，又以同一工程实际争议标的额超出原诉讼请求为由，就超出的数额另行提起诉讼，我们认为，该情形系对同一争议事实再次起诉，违反"一事不再理"的民事诉讼原则，应不予以支持。

实践中还存在"部分请求"的情形，即在起诉时仅提出部分诉讼请求而非整体起诉。以工程款为例，因支付时间不同，工程款可以分为工程进度款、竣工结算款、工程质保金；因施工范围的不同，又分为合同内工程款、签证或设计变更引起的工程款，还包括工程款利息、迟延付款违约金、工期损失等。对于一些大型建设项目，承包人往往会就工程款分段起诉，以缩短回款时间。对于工程款此类可分割的债权，当事人是否可以分割债权的方式提起部分请求后，对于剩余部分请求再诉？我们认为，就同一施工合同关系下的不同款项分别起诉的，虽不构成重复起诉，但为避免通过分割起诉规避级别管辖以及避免对合同效力等基础问题出现矛盾判决，故应向当事人释明，争取在同一案件中解决。

前诉中，发包人作为被告提出工程质量抗辩以扣减工程款，后诉中作为原告又主张上述部分的保修责任，是否构成重复诉讼？我们认为，施工方对建设工程应承担的质量责任，包括对工程施工中出现的质量问题及验收不合格工程应承担的质量返修责任，以及对验收合格的工程在交付使用后应承担的保修责任。合同约定的质量标准责任与工程交付使用后的保修责任并非同一责任，前者系基于建设工程施工合同约定及相关法律法规等规定对工程质量应承担的责任，后者系基于双方签订的保修合同或建设工程施工合同中约定的保修条款及相关法律法规等规定对工程质量应承担的责任。对于建设工程未经竣工验收发包人擅自使用的，视为发包人认可相关工程达到约定的质量标准，但并不影响工程交付后施工方继续承担工程保修责任。因此，前后两诉所主张的责任形式、请求权基础并不相同，故不构成重复起诉。

判断是否构成重复诉讼一般遵循以下逻辑：首先，应判断就该案是否已有在诉案件，或就同一纠纷法院已经作出生效裁判；其次，判断前、后诉是否同时符合当事人相同、诉讼标的相同、诉讼请求相同或者后诉的诉讼请求实质上否定前诉裁判结果；最后，判断后诉是否为前诉裁判生效后发生的新事实、新纠纷，若是则不构成重复起诉。

【规范指引】

《民事诉讼法解释》第247条、第248条、第336条、第408条。

### 三、不动产专属管辖与破产管辖间的协调

## 问题4：破产企业作为无独立请求权第三人的建设工程施工合同案件是否适用破产集中管辖

《企业破产法》第21条规定："人民法院受理破产申请后，有关债务人

的民事诉讼，只能向受理破产申请的人民法院提起。"在债务人企业的破产案件受理后，当事人提起的有关债务人的民事诉讼称为衍生诉讼，"有关债务人的"一般应当理解为债务人在该诉讼中具有独立的诉讼请求。破产衍生诉讼集中管辖作为破产程序中的特别规定，优先于民事诉讼法及其司法解释有关管辖的一般规定，已成为司法共识。

【案例】邢某某与江苏某建设集团有限公司、赵某某、某集团实业有限公司、第三人南通某建设有限公司建设工程施工合同纠纷案[①]

邢某某与江苏某建设集团有限公司、赵某某、某集团实业有限公司、第三人南通某建设有限公司建设工程施工合同纠纷案在安徽省和县人民法院立案受理后，经审查认为，南通某建设有限公司虽为本案第三人，但该公司与案涉《项目经理内部工程承包合同》存在实体上的权利义务关系。因江苏省海门市人民法院受理了对南通某建设有限公司的破产清算申请，根据《企业破产法》的规定，有关南通某建设有限公司的民事诉讼只能向受理破产申请的人民法院提起。2021年7月7日，安徽省和县人民法院作出（2021）皖0523民初2937号民事裁定，将本案移送江苏省海门市人民法院处理。江苏省海门市人民法院认为移送不当，遂层报江苏省高级人民法院。江苏省高级人民法院经与安徽省高级人民法院协商未果，报请最高人民法院指定管辖。最高人民法院裁定：一、撤销安徽省和县人民法院（2021）皖0523民初2937号民事裁定；二、本案由安徽省和县人民法院审理。

本案中，尽管江苏省海门市人民法院已经受理了以南通某建设有限公司为债务人的破产申请，但南通某建设有限公司在本案中并不是有独立请求权的第三人，参加诉讼主要是为了查明案件事实，邢某某的具体诉讼请求并未指向南通某建设有限公司。故本案不应适用《企业破产法》第21条的规定，应由建设工程所在地法院管辖。

【分析】

破产衍生诉讼集中管辖法律适用中，对于有关债务人的民事诉讼如何理解存在限缩解释和扩大解释两种观点。

观点一：有关债务人的民事诉讼仅指破产企业作为原告和被告两种情形。

观点二：除破产企业作为原告或被告以外，还应包括作为第三人的情形，因为第三人属于必要诉讼参加人，案件处理结果与其有利害关系。

---

[①] 参见最高人民法院（2023）最高法民辖25号民事裁定书。

我们倾向认为，有关债务人的民事诉讼应当理解为债务人在该诉讼中提出了诉讼请求或者其他当事人在该诉讼中对债务人提出了诉讼请求，致使债务人的财产可能因该诉讼增加或减少的民事诉讼。考量破产集中管辖背后的立法目的，主要是利于协调破产财产利益分配，保护破产企业的财产权利，最终实现债权的公平受偿。与有独立请求权第三人强调的实体权利保护不同，司法实践中大量建设工程合同案件中无独立请求权的第三人为"辅助型第三人"，本质上是对于查明案件事实起到辅助的作用，防止判决作出不利的后果，不可独立承担民事责任，因此其作为民事诉讼主体无法享有承认、变更、放弃诉讼请求等实体权利。一般情形下，如果破产企业作为无独立请求权第三人参加诉讼仅为辅助查明案件事实，不适用破产集中管辖，亦不会对破产清算程序造成实质性影响。民事诉讼管辖背后的效益价值在于是否便于当事人诉讼、减少当事人诉讼成本，便于法院开展调查取证、实施财产保全活动，破产企业作为"辅助型第三人"的建设工程案件适用不动产案件专属管辖，更利于体现民事诉讼管辖的效益价值。

即使无独立请求权第三人申请破产，若第三人参加诉讼为辅助查明案件事实，不适用破产集中管辖，建设工程施工合同纠纷仍由建设工程所在地法院专属管辖。

【规范指引】

《企业破产法》第 21 条。

## 问题 5：破产重整计划执行期间有关债务人的诉讼管辖问题

【案例】江苏某安建筑安装工程有限公司与大庆某田建设集团有限公司、惠某工程有限公司、中国某第七建设公司、中国某达工程有限公司、中国某石化有限责任公司建设工程施工合同纠纷案[①]

2012 年 1 月 11 日，江苏某建筑安装工程有限公司（以下简称某建安公司）向江苏省盐城市大丰区人民法院申请破产重整。2014 年 9 月 1 日，大丰区人民法院作出（2012）大商破字第 0001-6 号民事裁定，批准某建安公司重整草案，终止某建安公司重整程序。该重整计划执行期限为自该院批准重整

---

① 参见最高人民法院（2019）最高法民辖 14 号民事裁定书。

计划之日起 4 年内。2017 年 11 月 1 日，大丰法院立案受理原告某建安公司与大庆某田建设集团有限公司、惠某工程有限公司、中国某第七建设公司、中国某达工程有限公司、中国某石化有限责任公司建设工程施工合同纠纷一案，惠某工程有限公司、中国某第七建设公司、中国某石化有限责任公司对本案管辖提出的异议，后该院作出（2017）苏 0982 民初 6227 号裁定驳回管辖权异议。

惠某工程有限公司、中国某第七建设公司、中国某石化有限责任公司不服，向江苏省盐城市中级人民法院提起上诉。盐城中院裁定：一、撤销江苏省盐城市大丰区人民法院（2017）苏 0982 民初 6227 号民事裁定；二、本案移送四川省成都市中级人民法院处理。后经四川省高级人民法院与江苏省高级人民法院协商管辖，未达成一致意见。2018 年 12 月 29 日，四川省高级人民法院以本案系在破产重整计划执行期间内，涉破产重整企业有关债务纠纷的衍生诉讼案件，成都中院对本案不具有管辖权为由，报请最高人民法院指定管辖。最高人民法院裁定，本案由四川省成都市中级人民法院审理。

裁判理由：本案作为在破产重整执行期间新发生的有关债务人的民事诉讼，并无与某建安公司破产重整案件审理相协调的必要，故本案不应适用《企业破产法》第 21 条的规定，应由建设工程所在地法院管辖。

【分析】

在破产重整案件中，破产重整计划执行期间发生的纠纷是否适用集中管辖存在较大争议。

观点一：重整计划尚未实际执行完毕前，债务人仍处于破产重整阶段，破产诉讼程序尚未终结，因破产前的事实或者事件引发的有关债务人的诉讼，应由受理破产申请的人民法院管辖。

观点二：法院裁定批准重整计划草案，终止重整程序，案件管辖权不再适用《企业破产法》第 21 条的规定。

观点三：重整计划尚未实际执行完毕前，如果引发诉讼的事实发生于重整程序终止之前，与债务人重整程序密切相关，仍应由重整案件受理法院集中管辖。

我们倾向认为，破产重整计划执行期间有关债务人的诉讼管辖不能一概而论。根据《九民纪要》第 113 条第 2 款的规定，重整计划执行期间因重整程序终止后新发生的事实或者事件引发的有关债务人的民事诉讼，不适用《企业破产法》第 21 条有关集中管辖的规定。除重整计划有明确约定外，上述纠纷引发的诉讼，不再由管理人代表债务人进行。该规定主要是考虑到重整计划执行阶段意味着债务人企业的债权债务关系清理告一段落，债务人企业可以逐步过渡到正常经营状态，有关债务人的民事诉讼可以按照普通民事诉讼的规则确定管辖。因此，破产重整执行期间有关债务人的民事诉讼，原则上不适用《企业破产法》第21条有关集中管辖的规定。

如果引发诉讼的基础事实发生于重整程序终结前，与债务人企业的重整程序密切相关，如债权人提起的债权确认之诉等，则重整案件受理法院对于重整案件的整体情况更为了解，从有利于个案审理与重整程序的协调角度，仍由重整案件受理法院集中管辖，能够更好统筹协调实现有关重整案件的实体正义，顺利推进重整程序。①

【规范指引】

《九民纪要》第113条第2款。

---

① 参见最高人民法院民事审判第二庭编著：《〈全国法院民商事审判工作会议纪要〉理解与适用》，人民法院出版社2019年版，第571~575页。

# 第三章 建设工程施工合同案件合同效力纠纷常见争点与法律适用

## 第一节 建设工程施工合同效力概述

### 一、建设工程施工合同效力问题的基本特点

（一）影响合同效力因素的多元性

建设工程事关公共安全，故而建设工程的质量问题就显得格外重要。为了确保建设工程质量，我国法律对建设工程施工活动加以严格监管，并通过在司法活动中对相关建设工程施工合同法律效力的相关评价来规范和引导建筑市场参与者的活动。司法实务中，影响建设工程施工合同效力的因素主要包括以下几个方面：一是建设工程本身的合法性问题，如建设工程的规划行政许可审批、各项准建手续、有关工期及工程质量等工程建设领域的强制性标准等；二是与建设工程招投标制度有关的程序性规范；三是与承包人资质相关的规范，涉及施工主体的市场准入机制；四是与建设工程实际施工方式有关的制度，如禁止支解发包、禁止转包和违法分包等。

（二）实践中合同无效情况的多发性

基于建设工程施工活动的复杂性以及建设工程施工合同本身的复合型特征，我国建筑行业相关立法对当事人的意思自治范畴予以诸多限制。但实践中，建筑市场无序竞争、相关市场参与主体无视法律强制性规定违规承揽工程的现象时有发生。因此，在建设工程施工合同案件审理中，当事人之间签订的施工合同最终被认定为无效情形的占有很大比例。

## 二、建设工程施工合同效力纠纷的处理原则

（一）合同效力的强制性审查原则

从通常的民商事案件审判角度来看，当事人之间合同的法律效力问题是司法机关作出裁判前必须予以评判的内容，这关系当事人之间具体权利义务性质、内容、范围以及法律责任的认定。司法实务中遵循的审查要求是"主动审查、必须审查、不得有误"。因此，合同效力问题属于人民法院在民事审判活动中应当主动审查的范畴，建设工程施工合同案件的审理更是如此。对于当事人之间讼争的建设工程施工合同关系，法官应当辨别具体的合同内容、合同性质，主动审查和评判其法律效力。

（二）应当准确识别影响合同效力的强制性规定

根据《民法典》《建筑法》《招标投标法》等法律规定及立法目的，导致施工合同无效的强制性规定通常可分为两类：一是保障建设工程质量和施工安全的规范；二是维护建筑市场公平竞争秩序的规范。[①] 导致建设工程施工合同无效的具体情形，主要规范依据体现在《施工合同解释（一）》第1~4条、《九民纪要》第三部分、《最高人民法院关于当前民事审判工作中的若干具体问题》第六部分、《八民纪要》第30条等。再有就是违反工程招标投标法律规定的行为，根据本书体例，有关招标投标行为对施工合同效力的影响将集中在第四章进行阐述，本章不再过多予以讨论。

---

[①] 参见最高人民法院民事审判第一庭编著：《最高人民法院新建设工程施工合同司法解释（一）理解与适用》，人民法院出版社2021年版，第14页。

# 第二节　建设工程施工合同效力纠纷常见争点

## 一、建设工程施工合同的成立与生效

### （一）概述

建设工程施工合同成立一般可以按照普通合同成立要件进行认定，但对于依照招投标程序订立的施工合同，发包人发出的招标文件属于要约邀请，承包人的投标行为构成要约，发包人确定承包人中标，发出中标通知书，构成承诺，此时合同成立。而对于无须经过招投标程序订立的施工合同，当事人的要约与承诺并不需要遵循特定的形式和流程，双方意思表示一致即表示合同成立。

合同效力取决于当事人的合意以及法律规定。《民法典》第502条第1款规定："依法成立的合同，自成立时生效，但是法律另有规定或者当事人另有约定的除外。"第789条规定："建设工程合同应当采用书面形式。"因此，施工合同一般自成立时生效，当事人以合同需要备案为由，主张按照备案时间认定合同生效时间的，不符合法律规定。施工合同也是要式合同，当事人应当订立书面合同。实践中，当事人一般会选用经建设行政主管部门统一印发的合同示范文本。

建设工程本身具有专业性和复杂性的特点。为了保证建筑工程的质量和安全，保护国家利益、社会公共利益和当事人合法权益，《民法典》《建筑法》《招标投标法》等多部法律、行政法规都有大量强制性规范对建设工程合同进行规制。司法实务中，要准确把握和认定建设工程施工合同效力，可以参照的主要依据是最高人民法院在《施工合同解释（一）》中规定的几种情形，这些情形是对原《施工合同解释》、原《施工合同解释（二）》中关于应当认定建设工程施工合同无效的几种情形吸收而来，具体包括以下几种：（1）违反招标投标领域法律、行政法规的强制性规定的；（2）违反建筑领域的资质管理规定的；（3）违法发包、转包、违法分包的；（4）违反工程建设审批手续的；等等。

除了上述司法解释规定的建设工程施工合同无效的情形，审判实践中还要注意两种合同无效的情形：一是根据《招标投标法》第41条第2项的规定，中标价低于建设工程成本的中标合同无效；二是根据《八民纪要》第 30 条的规定，当事人违反工程建设强制性标准，任意压缩合理工期、降低工程质量标准的，应当认定合同无效。

当然，如果建设工程施工合同违反了法律、行政法规的效力性强制性规定，也应当认定合同无效。此外，依据《民法典》第 146 条、第 153 条、第 154 条的规定，建设工程施工合同存在双方当事人意思表示虚假，或者违背公序良俗，或者双方当事人恶意串通，损害他人合法权益等情形的，均应认定为无效合同。

（二）常见争点

## 争点 1：当事人未订立书面的建设工程施工合同，其施工合同法律关系是否成立

《民法典》第 789 条规定："建设工程合同应当采用书面形式。"据此，建设工程施工合同是要式合同，这一类合同的成立除了需要当事人之间意思表示一致之外，还应当具备书面的形式要件。因此，有观点提出，未采取书面形式订立建设工程施工合同的，则不能成立建设工程施工合同关系。[①] 那么在司法实务中，对于当事人没有订立书面合同的，施工合同是否成立人民法院应当如何认定？

对这一问题，应从施工合同作为要式合同的角度进行分析。对于应当订立书面合同而未订立的，原《合同法》第 36 条中规定了"履行治愈规则"，使得合同成立。《民法典》第 490 条第 2 款延续了这一规则，即规定："法律、行政法规规定或者当事人约定合同应当采用书面形式订立，当事人未采用书面形式但是一方已经履行主要义务，对方接受时，该合同成立。"因此，我们认为，建设工程施工合同作为法律规定的要式合同，当事人未订立书面合同的，一般可以认定施工合同未成立；但是，如果发承包双方当事人已经实际履行有关建设工程施工的具体事宜的，根据以上规则，应当认定合同成立。

---

① 参见谢勇：《建设工程施工合同案件裁判规则解析》，中国法制出版社 2020 年版，第 10 页。

**【案例】中铁某局集团有限公司与新疆甘泉堡某物流有限责任公司建设工程施工合同纠纷案**[①]

2011年10月10日，由新疆甘泉堡某物流有限责任公司（以下简称某物流公司）负责建设的新疆甘泉堡神信铁路专用线项目奠基，之后中铁某局集团有限公司（以下简称中铁某局）作为施工单位，首先进行了1.6公里试验段的工程施工。根据2012年7月20日新疆甘泉堡神信铁路项目建设推进会会议纪要，甘泉堡神信铁路专用线工程于8月1日开工，由中铁某局在试验段基础上继续延伸施工。2012年10月31日，某物流公司向中铁某局支付工程款500万元。神信铁路专用线工程于2013年5月进行了招投标，中铁某局未中标。某物流公司对中铁某局完成了部分工程量予以认可，要求中铁某局停止施工。后因某物流公司与中铁某局未能就施工费用达成一致意见，中铁某局提起本案诉讼，要求某物流公司支付剩余施工费并赔偿各项损失；某物流公司反诉要求中铁某局退出施工现场、交付施工资料、赔偿经济损失。

生效判决认为：某物流公司就其负责建设的新疆甘泉堡神信铁路专用线项目中的1.6公里试验段先发包给中铁某局施工，后由于中铁某局在神信铁路专用线工程招投标中未中标并由此形成已完工程的工程款纠纷。虽然双方未订立书面合同，但中铁某局对某物流公司负责建设的铁路进行了部分施工，某物流公司也予以接受，根据《合同法》第36条规定，双方以实际履行的方式订立了合同。

**【分析】**

根据《民法典》第490条第2款中有关"已经履行主要义务"的规定，当事人通过实际履行行为弥补了施工合同成立所具有的形式上的瑕疵，使得施工合同成立。对于实际履行的事实认定，实践中不能简单理解为必须履行相关合同项下全部义务中的大部分义务，要根据合同约定的具体义务类型而定，不能仅着眼于义务的履行程度。在施工合同关系中，承包人的主要义务是进行施工，发包人的主要义务是支付工程款，只要当事人履行了此类主要义务，就应当认定其符合《民法典》的规定，进而认定双方之间合同成立。

**【规范指引】**

《民法典》第490条第2款、第789条。

---

[①] 参见新疆维吾尔自治区高级人民法院（2014）新民一初字第15号民事判决书、最高人民法院（2016）最高法民终813号民事判决书。

## 二、建筑企业资质对施工合同效力的影响

### （一）概述

建设工程涉及社会公共利益，我国以严格的市场准入制度对进入建筑市场的工程承包人主体资格作出了严格限制。如《建筑法》第13条规定："从事建筑活动的建筑施工企业、勘察单位、设计单位和工程监理单位，按照其拥有的注册资本、专业技术人员、技术装备和已完成的建筑工程业绩等资质条件，划分为不同的资质等级，经资质审查合格，取得相应等级的资质证书后，方可在其资质等级许可的范围内从事建筑活动。"第26条规定："承包建筑工程的单位应当持有依法取得的资质证书，并在其资质等级许可的业务范围内承揽工程。禁止建筑施工企业超越本企业资质等级许可的业务范围或者以任何形式用其他建筑施工企业的名义承揽工程。禁止建筑施工企业以任何形式允许其他单位或者个人使用本企业的资质证书、营业执照，以本企业的名义承揽工程。"根据以上法律规定，建筑施工企业应当在资质类别及等级许可范围内承揽工程，缺乏相应资质或者超越资质等级承揽工程将会造成所订立的施工合同无效。由此，《施工合同解释（一）》在第1条第1款中则更为具体地作出规定，承包人未取得建筑业企业资质或者超越资质等级的，应当依据《民法典》第153条第1款的规定认定施工合同无效。

### （二）我国有关建筑施工的资质管理规定

根据《建筑法》中关于资质管理的规定，住房和城乡建设部发布的《建筑业企业资质管理规定》（2015年住建部令第22号发布，2016年住建部令第32号修正，2018年住建部令第45号修正）对于建筑施工的资质类别、等级进一步作出具体规定，其中第5条规定："建筑业企业资质分为施工总承包资质、专业承包资质、施工劳务资质三个序列。施工总承包资质、专业承包资质按照工程性质和技术特点分别划分为若干资质类别，各资质类别按照规定的条件划分为若干资质等级。施工劳务资质不分类别与等级。"国务院办公厅2017年发布的《关于促进建筑业持续健康发展的意见》则进一步简化了资质类别与等级设置，减少了不必要的资质认定，并选择部分地区开展试点；同时改革建筑用工制度，推动建筑业劳务企业转型，大力发展木工、电工、砌筑、钢筋制作等以作业为主的专业企业。以专业企业为建筑工人的主要载体，

逐步实现建筑工人公司化、专业化管理。随后，各地行政监管部门陆续放宽了对建筑施工企业资质的规制。

2020年11月11日，国务院常务会议审议通过了《建筑工程企业资质管理制度改革方案》，以深化建筑业"放管服"改革，做好建设工程企业资质认定事项压减工作。压减后，施工资质包括施工综合资质1项，可承担各行业、各等级施工总承包业务；建筑工程施工总承包、公路工程施工总承包等施工总承包资质13项；专业承包资质18项；专业作业资质1项。根据以上管理规定的变化，我们在司法实务中对施工合同的法律效力进行认定时应当重点关注：原有的施工劳务企业资质改为专业作业资质，由审批制改为备案制；综合资质和专业作业资质不分等级；施工总承包资质、专业承包资质等级原则上压减为甲、乙两级（部分专业承包资质不分等级），其中施工总承包甲级资质在本行业内承揽业务规模不受限制。改革后的施工资质具体如表1所示。

表1 改革后建设工程施工资质分类分级表

| 资质类别 | 序号 | 施工资质类型 | 等级 |
| --- | --- | --- | --- |
| 综合资质 | 1 | 综合资质 | 不分等级 |
| 施工总承包资质 | 1 | 建筑工程施工总承包 | 甲、乙级 |
| | 2 | 公路工程施工总承包 | 甲、乙级 |
| | 3 | 铁路工程施工总承包 | 甲、乙级 |
| | 4 | 港口与航道工程施工总承包 | 甲、乙级 |
| | 5 | 水利水电工程施工总承包 | 甲、乙级 |
| | 6 | 市政公用工程施工总承包 | 甲、乙级 |
| | 7 | 电力工程施工总承包 | 甲、乙级 |
| | 8 | 矿山工程施工总承包 | 甲、乙级 |
| | 9 | 冶金工程施工总承包 | 甲、乙级 |
| | 10 | 石油化工工程施工总承包 | 甲、乙级 |
| | 11 | 通信工程施工总承包 | 甲、乙级 |
| | 12 | 机电工程施工总承包 | 甲、乙级 |
| | 13 | 民航工程施工总承包 | 甲、乙级 |

续表

| 资质类别 | 序号 | 施工资质类型 | 等级 |
|---|---|---|---|
| 专业承包资质 | 1 | 建筑装修装饰工程专业承包 | 甲、乙级 |
| | 2 | 建筑机电工程专业承包 | 甲、乙级 |
| | 3 | 公路工程类专业承包 | 甲、乙级 |
| | 4 | 港口与航道工程类专业承包 | 甲、乙级 |
| | 5 | 铁路电务电气化工程专业承包 | 甲、乙级 |
| | 6 | 水利水电工程类专业承包 | 甲、乙级 |
| | 7 | 通用专业承包 | 不分等级 |
| | 8 | 地基基础工程专业承包 | 甲、乙级 |
| | 9 | 起重设备安装工程专业承包 | 甲、乙级 |
| | 10 | 预拌混凝土专业承包 | 不分等级 |
| | 11 | 模板脚手架专业承包 | 不分等级 |
| | 12 | 防水防腐保温工程专业承包 | 甲、乙级 |
| | 13 | 桥梁工程专业承包 | 甲、乙级 |
| | 14 | 隧道工程专业承包 | 甲、乙级 |
| | 15 | 消防设施工程专业承包 | 甲、乙级 |
| | 16 | 古建筑工程专业承包 | 甲、乙级 |
| | 17 | 输变电工程专业承包 | 甲、乙级 |
| | 18 | 核工程专业承包 | 甲、乙级 |
| 专业作业资质 | 1 | 专业作业资质 | 不分等级 |

与我国对于资质管理的规定相适应，《施工合同解释（一）》第1条规定了三种因资质问题而导致合同无效的情形，即承包人未取得建筑业企业资质，承包人超越资质等级，没有资质的实际施工人借用有资质的建筑施工企业名义承揽工程。实务中，在判断建筑施工企业资质对施工合同效力的影响时，应当注意不同时期我国对于施工资质管理规定的变化。此外还需要注意的是，最高人民法院在发布的《民事案件案由规定》中将建设工程合同具体区分为建设工程施工合同、建设工程分包合同、装饰装修合同、农村建房合同等九

类，因此，结合行政主管部门对资质类型的规定，不同类型的合同对承包人的资质要求也有所不同。[①]

（三）常见争点

## 争点2：工程总承包模式下，承包人的资质对合同效力有何影响

住房和城乡建设部与国家发展和改革委员会联合印发的《房建市政工程总承包管理办法》第3条规定："本办法所称工程总承包，是指承包单位按照与建设单位签订的合同，对工程设计、采购、施工或者设计、施工等阶段实行总承包，并对工程的质量、安全、工期和造价等全面负责的工程建设组织实施方式。"工程总承包主要包括设计（Engineering）、采购（Procurement）、施工（Construction）。根据承包范围，工程总承包主要有以下几种模式：EPC模式（设计采购施工总承包，也称交钥匙工程）、DB模式（设计施工总承包Design-Build）、EP模式（设计采购总承包）、PC模式（采购施工总承包）。从实践来看，工程总承包方式主要限于EPC和DB。对于工程总承包单位的资质，《房建市政工程总承包管理办法》规定，工程总承包企业应当具备设计、施工的双重资质。无论是EPC模式还是DB模式，承包内容均包括设计与施工。所以，工程总承包企业需要具备设计、施工的双重资质，或者根据《房建市政工程总承包管理办法》第10条第1款的规定，由具有相应资质的设计单位和施工单位组成联合体，否则即构成"超越本企业资质等级许可的业务范围承揽工程"。

## 争点3：承包人超越资质等级在司法实务中如何认定

【案例】广东某建设工程有限公司与肇庆市高要区某养老基地开发有限公司建设工程施工合同纠纷案[②]

2013年8月6日，广东某建设工程有限公司（以下简称某建设公司）取

---

① 参见邬砚：《建设工程合同纠纷：254个裁判规则深度解析》，法律出版社2019年版，第1页。
② 参见广东省肇庆市高要区人民法院（2017）粤1204民初2286号民事判决书、广东省肇庆市中级人民法院（2019）粤12民终758号民事判决书。

得房屋建筑工程施工总承包三级、钢结构工程专业承包三级的资质证书，可承担高度50米以下的工业、民用建筑工程；高度70米以下的构筑物工程；建筑面积1.2万平方米以下的单位工业、民用建筑工程；单跨跨度27米以下的建筑工程。2013年12月12日，某建设公司（承包人）与肇庆市高要区某养老基地开发有限公司（以下简称某养老基地）（发包人）签订《广东省建设工程施工合同》，约定某建设公司承包某养老基地的养老公寓建设工程，工程内容如下：基础、桩工程；土建工程，室内外装饰工程；消防、防雷工程；机电安装、给排水工程；市政道路，园林绿化工程。合同总价23 000万元。案外人国某公司进行部分临时设施建造后退场。某建设公司提起本案诉讼，请求判令解除双方订立的《广东省建设工程施工合同》，某养老基地赔偿损失。某养老基地提出反诉，请求确认《广东省建设工程施工合同》无效。

生效判决认为：某建设公司与某养老基地签订的《广东省建设工程施工合同》约定合同总价为23 000万元，总建设面积12万平方米，从合同总价及总建设面积看，均超出了某建设公司房屋建筑工程施工总承包三级、钢结构工程专业承包三级资质可承接工程的高度50米以下的工业、民用建筑工程，高度70米以下的构筑物工程，建筑面积1.2万平方米以下的单位工业、民用建筑工程，单跨跨度27米以下的建筑工程范围。参照原《施工合同解释》第1条"建设工程施工合同具有下列情形之一的，应当根据合同法第五十二条第（五）项的规定，认定无效：（一）承包人未取得建筑施工企业资质或者超越资质等级的；（二）没有资质的实际施工人借用有资质的建筑施工企业名义的；（三）建设工程必须进行招标而未招标或者中标无效的"的规定①，某建设公司超越资质等级承接工程，双方订立的《广东省建设工程施工合同》无效。

【分析】

《建筑法》第26条规定："承包建筑工程的单位应当持有依法取得的资质证书，并在其资质等级许可的业务范围内承揽工程。禁止建筑施工企业超越本企业资质等级许可的业务范围或者以任何形式用其他建筑施工企业的名义承揽工程……"《建筑业企业资质管理规定》及《建设工程企业资质管理制度改革方案》（建市〔2020〕94号）将工程施工资质分为三个序列，除了施工综合资质外，施工总承包资质13类又分为甲级与乙级两个等级。具有施工综合资质的承包人可以承接各行业、各等级施工总承包业务，没有资质类别、资

---

① 现对应《施工合同解释（一）》第1条。

质等级的要求；具有施工总承包资质的承包人，甲级资质可承接本类别范围内的所有工程，乙级资质只能在相应范围内承接该类工程。超越资质等级所签订的建设工程施工合同无效。所以，根据上述规定，18 类专业承包资质的承包人只能承接与资质相应的工程类别。没有进一步区分资质等级的工程类别，承包人只要符合相关资质类别即可。对于区分资质等级的，承包人还应当符合资质等级的要求，否则也将构成超越资质等级的情形，导致专业工程承包人签订的施工合同无效。

【规范指引】

《建筑法》第 26 条；《施工合同解释（一）》第 1 条。

## 争点 4：承包人的劳务作业资质管理规定对合同效力认定的影响

《建设工程企业资质管理制度改革方案》（建市〔2020〕94 号）对施工劳务资质进行调整，将其改为专业作业资质，由审批制改为备案制。此项资质不分类别与等级，只要承包人具有专业作业资质，就可以从事所有的劳务分包工程建设。

司法实践中，除了应当注意劳务作业资质改为"专业作业资质"的变化外，还要注意资质取消的改革试点对劳务合同效力的影响。目前，已经有部分地区取消该项资质。2016 年 4 月，根据国务院的"放管服"改革要求，住建部在浙江、安徽、陕西三省开展建筑劳务用工制度改革试点，取消劳务资质办理和资质准入。2018 年，山东、江苏、黑龙江等地区正式取消建筑劳务资质，河南、四川分别在 2018 年 11 月、2019 年 9 月在部分地区试点取消建筑劳务资质。2020 年 12 月 18 日，住建部会同国家发展改革委等十二个部门颁布的《住房和城乡建设部等部门关于加快培育新时代建筑产业工人队伍的指导意见》（建市〔2020〕105 号）指出，要"改革建筑施工劳务资质，大幅降低准入门槛"。从发展趋势来看，劳务作业资质有全面取消的可能，我们认为，不宜仅以劳务分包企业不具备相应资质为由，认定其订立的劳务分包合同无效。

## 争点 5：装饰装修合同中对承包人的资质要求问题

【案例】淮安市某装饰工程有限公司与高某装饰装修合同纠纷案①

2012年3月30日，淮安市某装饰工程有限公司（以下简称某装饰公司）的建筑装修装饰工程资质被江苏省住房和城乡建设厅公告撤销，某装饰公司未重新申报。2014年9月20日，高某承租了某小区菜场一层及二层房屋。2014年10月7日，高某与某装饰公司签订《装饰工程施工合同》一份，约定高某将其所承租房屋的装饰装修工程发包给某装饰公司施工。施工过程中，双方对工程质量、欠付工程款等事宜产生争议。高某遂提起诉讼，要求解除与某装饰公司之间的《装饰工程施工合同》，并要求某装饰公司承担工程修复费用。某装饰公司提起反诉，要求高某支付工程款并承担违约金。

再审生效判决认为：某装饰公司的营业执照中虽然载明其经营范围包括装饰装修，但本案中其所承接的工程是对营业用房进行装修，属于公共建筑装修工程，承包人应当具备相应的资质。而某装饰公司的建筑装修工程资质已被撤销，其与高某订立《装修工程施工合同》时不具备相关施工资质，故而所签施工合同无效。

【分析】

《建筑法》第2条第2款规定："本法所称建筑活动，是指各类房屋建筑及其附属设施的建造和与其配套的线路、管道、设备的安装活动。"《建设工程质量管理条例》第2条第2款进一步规定："本条例所称建设工程，是指土木工程、建筑工程、线路管道和设备安装工程及装修工程。"而装饰装修工程合同属于建设工程合同范畴，实务中已经达成普遍共识。装饰装修工程对承包人的具体资质要求，应当根据工程具体情况进行判断。根据《建设工程企业资质管理制度改革方案》（建市〔2020〕94号）、《建筑业企业资质管理规定》的规定，建筑装修装饰工程专业承包资质与建筑幕墙工程专业承包资质合并为建筑装修装饰工程专业承包资质，设甲、乙两级。装饰装修工程的承包人应当具备建筑装修装饰工程专业承包资质，并且只能承接与自身资质等级相符的装饰装修工程。不具备资质或者超越资质等级的，装饰装修合同无

---

① 参见江苏省淮安市淮阴区人民法院（2015）淮民初字第02673号民事判决书、江苏省淮安市中级人民法院（2017）苏08民终2083号民事判决书、江苏省高级人民法院（2022）苏民再311号民事裁定书、江苏省淮安市中级人民法院（2023）苏08民终3959号民事判决书。

效。当然，并不是所有的装饰装修工程都要求承包人具备相应的资质。实务中，装饰装修工程可以区分为工装与家装。工装主要是营业、办公用房的公共建筑装饰装修工程、工业建筑装饰装修工程，还有建设单位进行的成品房批量装修工程。工装工程规模大、施工工艺相对复杂，故而工装的承包人应当具备相应的资质，否则将会导致装饰装修合同无效。

对于家装，根据中国建筑装饰协会发布的《住宅装饰装修行业自律管理企业准入与清出办法（试行）》（2004年8月8日）第2条的规定，是指为了保护住宅建筑主体结构，完善住宅的使用功能，采用装饰装修材料或饰物，对住宅建筑内部表面和使用空间环境所进行的处理和美化过程的建筑活动。《家庭居室装饰装修管理试行办法》第6条规定："凡承接家庭居室装饰装修工程的单位，应当持有建设行政主管部门颁发的具有建筑装饰装修工程承包范围的《建筑业企业资质证书》。对于承接家庭居室装饰装修工程的个体装饰装修从业者，应当持所在地乡镇以上人民政府有关主管部门出具的务工证明、本人身份证、暂时居住证，向工程所在地的建设行政主管部门或者指定的机构登记备案，实行'登记注册、培训考核、技能鉴定、持证上岗'的制度……"因此，不具备建筑资质的个人可以承接家庭居室装饰装修工程。一般认为，家装承包人并无强制性的资质要求。因此，一些地方法院出台的有关审理建设工程施工合同案件的规范性文件中，也有规定家装合同纠纷可以适用原《合同法》（对应《民法典》合同编）有关承揽合同的相关规定的精神。但是需要指出的是，《住宅室内装饰装修管理办法》第9条规定："装修人经原设计单位或者具有相应资质等级的设计单位提出设计方案变动建筑主体和承重结构的，或者装修活动涉及本办法第六条、第七条、第八条内容的，必须委托具有相应资质的装饰装修企业承担。"根据这一规定，有观点提出，如果合同约定涉及更改房屋主体结构等建造活动的，承包人应当具备相应的资质。①对此，我们认为，有关工程施工的资质管理要求本质上是为了确保承包人具备相应的施工能力，从而保证工程质量。工装规模大、施工工艺复杂的自身特点，要求承包人应当具备相应的施工能力，因此在工装领域没有必要进行施工内容的区分，承包人均应当具备相应的资质；但是在普通的家装

---

① 如重庆市高级人民法院与四川省高级人民法院发布的《关于审理建设工程施工合同纠纷案件若干问题的解答》（渝高法〔2022〕156号）明确：家庭居室装饰装修工程的承包人不具备相应的施工资质的，不影响装饰装修合同的效力，但装修活动涉及变动建筑主体和承重结构，或者法律、法规要求承包人应具备相应施工资质的除外。

领域,则对承包人不做强制性的要求。① 对于依法经原设计单位或者具有相应资质等级的设计单位提出设计方案等法定情形下对建筑主体和承重结构进行变动的家装工程,基于工程质量和公共安全的考虑,承包人应具备相应的资质。

## 争点 6:农村建房合同对施工主体有何种资质要求

【案例】林某1、林某2、杨某与林某3农村建房施工合同纠纷案②

2005 年至 2006 年期间,林某 1、林某 2 及杨某将位于福建省某村集体土地上的三层厂房、五层宿舍楼交由林某 3 承建,双方未签订书面合同。施工过程中,林某 1 陆续向林某 3 支付工程款 230 万元。2007 年,房屋完工并交付林某 1 使用。双方因合同效力、房屋质量及工程款等问题发生争议而成讼。

林某 1 等三人将其农村的房屋交给林某 3 进行建造并支付了工程款,林某 3 向林某 1 等三人交付了房屋,双方形成事实上的农村建房施工合同关系。林某 3 承建的农村房屋包括三层厂房、五层宿舍楼,建筑面积超过 300 平方米,投资额超过 30 万元,按照原建设部《关于加强村镇建设工程质量安全管理的若干意见》第 3 条第 1 项的规定,以上房屋建设活动不属于《建筑法》第 83 条第 3 款规定的"抢险救灾及其他临时性房屋建筑和农民自建低层住宅"范围,相关建设活动应当遵守《建筑法》第 26 条中有关承包单位施工资质的强制性规定,即"承包建筑工程的单位应当持有依法取得的资质证书,并在其资质等级许可的业务范围内承揽工程"。本案工程承包人林某 3 系自然人,不具有上述法律规定的施工资质,双方形成的事实上的农村建房施工合同无效。

【分析】

《建筑法》第 83 条第 3 款规定:"抢险救灾及其他临时性房屋建筑和农民自建低层住宅的建筑活动,不适用本法。"据此,对于农村房屋的建设行为,应当按照其是否属于农民自建低层住宅的情形而区别确定是否要求承包人具

---

① 参见最高人民法院民事审判第一庭编著:《最高人民法院新建设工程施工合同司法解释(一)理解与适用》,人民法院出版社 2021 年版,第 389 页。

② 参见福建省高级人民法院(2017)闽民终 40 号民事判决书、最高人民法院(2020)最高法民申 4081 号民事裁定书。

备相应的资质。对于农村房屋建设中的非住宅项目，应当受到《建筑法》的调整，承包人应当具备相应的资质，否则所签订的施工合同无效。但是对于符合"农民自建""低层住宅"两个条件的农村建房行为，则不受《建筑法》的调整，当事人签订的施工合同不因承包人不具备相应的施工资质而无效。

对于"农民自建"的认定，司法实务中一般认为"是从建设主体即权利主体而言的，无论是农民自己施工，还是将工程承包给个体工匠或建筑企业建设，都属于农民自建"①。对于"低层住宅"的范围，《建筑法》中未作进一步的规定。实务中，我们一般按照原建设部发布的两个文件来认定：一是《关于加强村镇建设工程质量安全管理的若干意见》(建质〔2004〕216号)第3条第3项的规定，"对于村庄建设规划范围内的农民自建两层（含两层）以下住宅（以下简称农民自建低层住宅）的建设活动，县级建设行政主管部门的管理以为农民提供技术服务和指导作为主要工作方式"。二是原建设部发布的《关于加强农民住房建设技术服务和管理的通知》(建村〔2006〕303号)第6条的规定，"三层（含三层）以上的农民住房建设管理要严格执行《建筑法》《建设工程质量管理条例》等法律法规的有关规定"。因此，司法实务中一般可以将农民作为建设主体建造的两层（含两层）以下住宅认定为"低层住宅"，承包人不需要具备相应的资质，施工合同也不因承包人欠缺相应资质而认定无效。但对于三层（含三层）以上的农民住宅，承包人应当具备相应的施工资质，否则所签订的施工合同无效。

【规范指引】

《建筑法》第83条第3款；《施工合同解释（一）》第1条。

## 争点7：承包人超越资质等级订立的建设工程施工合同，合同效力能否补正

《建筑法》对建筑施工企业资质的管理是为了保证建设工程质量，而建筑施工企业的资质是相关企业具备与工程相匹配的能力的直观体现。我国建设行政主管部门对建筑施工企业资质实行动态管理，建筑施工企业具备相应的施工能力，可以申报与建设工程相适应的资质等级。但是按照行政管理机构

---

① 王国聚：《涉农村自建房纠纷案件的裁判思路》，载《人民司法》2015年第23期。

的相关规范及工作流程，新的建筑施工企业资质等级的取得需要一定的审批时间，不能立即取得。如果工程施工过程中施工企业已经具备与所建工程相符的施工能力，则虽然该建筑企业暂时未取得经行政主管部门确认的相应资质，但其已经具备工程施工所需的实际能力，相关资质要求中对于保证工程质量的目的在事实上也是能够实现的。正是基于这种现实性考虑，原《施工合同解释》及《施工合同解释（一）》从立法对于建筑施工企业资质管理的目的出发，设立了允许超越资质等级订立的施工合同进行效力补正的制度。但是，这种补正不能无限期地拖延，要具有一定的时限性，否则将使得合同效力长期处于不确定状态，无法客观地反映承包人在施工过程中的相关施工能力事实。因此，上述司法解释将"建设工程竣工前"确定为合同效力的补正时点，建筑施工企业虽然在承揽工程时尚未取得相应的资质，属于超越资质等级许可的业务范围签订建设工程施工合同，但其在工程竣工前取得了与承揽工程相适应的资质等级的，表明其已经具备建设相关工程的施工能力，该施工合同应当认定为有效。实务中，对于竣工时间的认定应当从严把握，不应理解为建设工程的竣工验收时间。如果因合同解除等导致工程未施工完毕的，则一般应当以承包人停止建设，将工程实际交付发包人之时作为判断时点，以此来判断承包人是否已经取得与承揽工程相适应的资质等级，进而作为认定合同效力的事实基础。①

【规范指引】

《施工合同解释（一）》第 4 条。

## 争点 8：承包人不具备施工资质，合同效力能否补正

【案例】上海某建筑灯光设计有限公司与山西某房地产开发集团有限公司合同纠纷案②

山西某房地产开发集团有限公司（以下简称某房开公司）就其开发的山西长治某国际工程与上海某建筑灯光设计有限公司（以下简称某灯光公

---

① 参见最高人民法院民事审判第一庭编著：《最高人民法院新建设工程施工合同司法解释（一）理解与适用》，人民法院出版社 2021 年版，第 56 页。
② 参见山西省长治市中级人民法院（2018）晋 04 民终 852 号民事判决书、山西省高级人民法院（2019）晋民申 384 号民事裁定书。

司）订立三份合同，分别为 2015 年 10 月 30 日订立的一期项目灯光设计合同、2016 年 2 月 18 日订立的一期泛光照明亮化工程施工合同、2016 年 7 月订立的二期泛光照明亮化工程施工合同。某灯光公司不具备灯光照明的设计资质和施工资质，2016 年 9 月 18 日方取得城市道路照明工程专业承包三级资质。后双方发生争议，某房开公司起诉请求确认一期灯光设计合同无效、解除两份施工合同等；某灯光公司提出反诉，要求某房开公司支付设计费、工程款余额并继续履行合同等。

法院经审理认为，设计合同无效，某灯光公司虽在施工过程中取得企业资质，但施工合同效力不能因此而得到补正，两份施工合同也均为无效。

【分析】

关于资质对施工合同效力的影响，原《施工合同解释》及《施工合同解释（一）》中均规定承包人未取得建筑业企业资质以及超越资质等级订立的施工合同无效。但是对于合同效力补正的问题，《施工合同解释（一）》第 4 条仅规定了超越资质等级的情形，即只有承包人超越资质等级签订的建设工程施工合同才可以得到效力补正，没有规定其他违反法律、行政法规禁止性规定的合同可以进行效力补正，此处不能再扩大合同效力补正的范围。因此，若承包人在签订施工合同时完全不具备法律规定的施工资质，即使在工程竣工之前取得了相应的施工资质，也不能产生补正合同效力的法律效果，施工合同仍应当认定为无效。

【规范指引】

《施工合同解释（一）》第 1 条、第 4 条。

### 三、未取得建设工程规划许可证等行政审批手续的审查认定

#### （一）建设工程规划许可手续概述

建设项目行政审批阶段主要包括以下几个环节：规划许可审批、土地批准审批、"大循环"审批（包括消防、卫生、人防、环保等部门的审批）、施工图审查、缴纳建设项目相关费用、施工许可审批（含中标通知书、工程质量监督、安全监督、施工合同备案、监理合同备案等项目的审批）。[①] 这些审

---

① 参见最高人民法院民事审判第一庭编著：《最高人民法院新建设工程施工合同司法解释（一）理解与适用》，人民法院出版社 2021 年版，第 41 页。

批程序中主要的是关于申领土地使用权证、建设用地规划许可证、建设工程规划许可证、施工许可证等审批程序。

建设工程位于不同的区域，其规划许可手续有所不同。《城乡规划法》区分了城市、镇规划区与乡、村庄规划区，其中第 38 条第 2 款规定："以出让方式取得国有土地使用权的建设项目，建设单位在取得建设项目的批准、核准、备案文件和签订国有土地使用权出让合同后，向城市、县人民政府城乡规划主管部门领取建设用地规划许可证。"第 40 条第 1 款规定："在城市、镇规划区内进行建筑物、构筑物、道路、管线和其他工程建设的，建设单位或者个人应当向城市、县人民政府城乡规划主管部门或者省、自治区、直辖市人民政府确定的镇人民政府申请办理建设工程规划许可证。"建设工程位于城市、镇规划区的，需要具备的规划审批手续是建设用地规划许可证和建设工程规划许可证。第 41 条第 1 款规定："在乡、村庄规划区内进行乡镇企业、乡村公共设施和公益事业建设的，建设单位或者个人应当向乡、镇人民政府提出申请，由乡、镇人民政府报城市、县人民政府城乡规划主管部门核发乡村建设规划许可证。"建设工程位于乡、村庄规划区的，规划审批手续为乡村建设规划许可证。司法实践中的建设工程主要是位于城市、镇规划区内，为行文便捷，本书主要讨论城市、镇规划区内建设工程的规划审批手续。

根据《施工合同解释（一）》第 3 条第 1 款的规定，未取得建设工程规划许可证等规划审批手续订立的建设工程施工合同，应当认定无效。

（二）常见争点

## 争点 9：未取得建设工程规划许可证等规划审批手续具体是指哪些手续，司法实务中如何进行审查

【案例】大同市某水泥有限责任公司与镇江某建设集团有限公司建设工程施工合同纠纷案[①]

2009 年 7 月 2 日，镇江某建设集团有限公司（以下简称某建设公司）与

---

① 参见山西省高级人民法院（2018）晋民初 519 号民事判决书、最高人民法院（2020）最高法民终 1274 号民事判决书。

大同市某水泥有限责任公司（以下简称某水泥公司）订立《建设工程施工合同》，约定某水泥公司将4500吨/天熟料新型干法水泥生产线一期工程以及其他配套工程、零星工程发包给某建设公司施工。2010年，双方又订立《补充协议》，对工程进度款等事宜另行作出约定。工程竣工后双方未进行结算。某水泥公司就涉案工程向规划、国土、环保等部门递交过审批手续，但未取得行政主管部门最终合法的建设用地规划许可证、建设工程规划许可证、土地使用权证。后双方发生争议，某建设公司提起本案诉讼，请求判令某水泥公司支付拖欠工程款8000万元，并要求确认其对工程享有建设工程价款优先受偿权。某水泥公司提出反诉，要求某建设公司赔偿损失1200万元。诉讼中，双方当事人对《建设工程施工合同》《补充协议》的法律效力产生争议。

一、二审法院经审理后，均认为某水泥公司不能证明其已经取得涉案工程的建设工程规划许可证等规划审批手续，故而《建设工程施工合同》《补充协议》均无效。

【分析】

进行工程建设，除了应当取得建设用地规划许可证、建设工程规划许可证之外，还应当取得国有土地使用权证、建设工程施工许可证（俗称"四证"）。但实践中经常出现"四证"不全的建设工程项目，如一些边申请、边审批、边施工的"三边工程"，以及违反规划管理规定化整为零、越权审批等。①

根据《城乡规划法》的规定，建设用地规划许可主要是为了保证建设项目整体符合城市规划；建设工程规划许可则是对建设项目的具体方案进行审查。建设用地规划许可是工程规划许可的前提，没有得到建设用地规划许可的建设项目，不可能取得建设工程规划许可。因此，从法律规定和办理相关规划许可的审批程序看，《施工合同解释（一）》仅规定未取得建设工程规划许可证合同无效即可。

【规范指引】

《施工合同解释（一）》第3条。

---

① 参见冯小光：《建设工程施工合同纠纷案件法律适用的有关问题》，载最高人民法院民事审判第一庭编：《民事审判指导与参考》（总第75辑），人民法院出版社2018年版，第120页。

## 争点 10：建设工程施工合同约定的施工范围超越建设工程规划许可审批规模的，施工合同效力如何认定

工程应按照建设工程规划审批的范围进行建设，《城乡规划法》第 64 条规定："未取得建设工程规划许可证或者未按照建设工程规划许可证的规定进行建设的，由县级以上地方人民政府城乡规划主管部门责令停止建设……"除了未取得建设工程规划许可证这一通常理解的情形外，未按照建设工程规划许可证的规定建设也是法律禁止的行为。因此，《施工合同解释（一）》第 3 条中规定的"未取得建设工程规划许可证等规划审批手续"，包括未取得建设工程规划许可证，或者未按照建设工程规划许可证的规定进行建设的情形。[①] 我们认为，在当事人订立的施工合同约定的施工范围超越建设工程规划许可审批规模的情况下，若实际工程范围可以区分，则应当认定属于规划许可证等审批手续核定范围内的合同部分有效，超越建设规模的部分则无效；但如果合法建筑与违法建筑合成一体，客观上无法区分，则应当认定施工合同全部无效。

【规范指引】
《城乡规划法》第 64 条；《施工合同解释（一）》第 3 条。

## 争点 11：工程未取得建设工程规划许可证等规划审批手续所订立的施工合同，合同效力能否补正

工程未取得建设工程规划许可证等规划审批手续会导致施工合同无效，但合同效力可以进行补正。根据《施工合同解释（一）》第 3 条的规定，发包人在起诉前取得建设工程规划许可证等规划审批手续的，原本无效的合同则发生法律效力上的转化，可以认定为有效合同。

关于未取得建设工程规划许可证等规划审批手续对合同效力的补正时点，与承包人超越施工资质等级许可的业务范围签订的施工合同的效力补正不同。

---

① 参见最高人民法院民事审判第一庭编著：《最高人民法院新建设工程施工合同司法解释（一）理解与适用》，人民法院出版社 2021 年版，第 41 页。

这是因为后者直接影响工程质量，承包人欠缺建设工程相应的资质等级，无法保证工程质量，因此其效力补正时点限定在"工程竣工前"。建设工程规划许可证等审批手续是工程符合规划要求的法律凭证，是对工程本身合法性的确认，与工程施工过程以及工程质量并不直接相关，因此不需要限定在"工程竣工前"这一时点，而是确定在当事人起诉之前。这一方面是为了敦促发包人尽快弥补工程在规划许可审批手续上的瑕疵，另一方面也与建设工程施工合同案件的审理特点相关。有观点认为，补正时点应确定为一审法庭辩论终结前，这是司法惯例，也符合鼓励交易、维护交易安全的宗旨。[①] 对于这一问题，最高人民法院坚持起诉前这一时点，这是由于建设工程施工合同案件可能涉及质量、工期、价款等争议，往往案情复杂，审理时间较长。如果将效力补正时间节点确定为"一审法庭辩论终结前"，则施工合同的效力在案件审理过程中将长期存在不确定性，影响当事人应当主张解除合同还是确认合同无效、应当依据合同约定主张违约金还是依法主张赔偿损失等具体诉讼请求的确定，直接影响当事人合同权利义务和诉讼权利义务的行使。因此，从公平、便于案件审理和法律价值判断角度，《施工合同解释（一）》将这一补正时点确定为起诉前，对这一时点的把握要注意与承包人超越资质等级订立施工合同的情形相区别。

【规范指引】

《城乡规划法》第37条、第38条；《施工合同解释（一）》第3条。

## 争点12：工程未取得施工许可证是否影响施工合同效力

《建筑法》第7条第1款规定："建筑工程开工前，建设单位应当按照国家有关规定向工程所在地县级以上人民政府建设行政主管部门申请领取施工许可证；但是，国务院建设行政主管部门确定的限额以下的小型工程除外。"那么，如果工程未取得施工许可证，施工合同是否因此而无效？

根据《建筑法》第8条的规定，申请领取施工许可证是以取得建设工程规划许可证作为必要前提之一。未取得施工许可证，不代表工程未办理建设

---

① 参见最高人民法院民事审判第一庭编著：《最高人民法院新建设工程施工合同司法解释（一）理解与适用》，人民法院出版社2021年版，第45页。

工程规划许可审批手续。故而根据《施工合同解释（一）》的规定，仅仅未取得工程施工许可证的情形并不影响施工合同的法律效力。但是，未取得施工许可证将影响建设行为的合法性，即施工单位按照规定不得进场施工，否则建设行为违法，导致施工合同出现在法律上履行不能的情形，当事人可依法主张相关权利。需要强调的是，《建筑法》第 8 条第 1 款规定的申领施工许可证的条件，其中第 4 项为"已经确定建筑施工企业"。而按照通常惯例，建筑企业是通过订立施工合同的方式确定。从时间先后而言，施工合同订立后，才具备申领施工许可证的条件。因此，申领施工许可证是合同订立后履行过程中的行为。工程未领取施工许可证，是施工合同履行问题，不能以合同的履行问题来否定施工合同本身的法律效力。

总之，建设项目的审批涉及诸多环节、证照，在判断施工合同的法律效力时，应当主要围绕相关工程是否取得建设工程规划许可手续进行审查，一般无须过多地考虑土地使用权证、建设用地规划许可证以及施工许可证等审批环节。

【规范指引】

《建筑法》第 7 条、第 8 条；《合同编通则解释》第 16 条。

## 争点 13：工程具备办理建设工程规划许可证的条件，发包人没有办理并主张合同无效，其主张能否得到支持

发包人在工程开工建设前，应当办理建设工程规划许可证。这是发包人的法定义务，通常也是发包人根据施工合同约定负有的合同义务。但实践中，发包人出于种种原因有意拖延办理建设工程规划许可审批手续，在与承包人因施工合同纠纷诉至法院后，发包人又以工程未办理建设工程规划许可审批手续为由，主张施工合同无效。对于此种情形，若仍然认定施工合同无效，则往往会纵容发包人故意迟延办理却额外获利的不法行为。因此，应对此种行为作出否定性评价，发包人具备办证条件却故意拖延不办理建设工程规划许可证等规划审批手续的，人民法院对其主张施工合同无效的诉求不应予以支持。

## 四、支解发包、转包、分包和借用资质

### （一）概述

1. 支解发包。《建筑法》第 24 条第 1 款规定："提倡对建筑工程实行总承包，禁止将建筑工程肢解发包。"《建设工程质量管理条例》第 7 条第 2 款规定："建设单位不得将建设工程肢解发包。"第 78 条第 1 款规定："本条例所称肢解发包，是指建设单位将应当由一个承包单位完成的建设工程分解成若干部分发包给不同的承包单位的行为。"需要注意的是，《民法典》在文字表述上将"肢解"更改为了"支解"，但在建设工程纠纷中，"支解"与"肢解"的内涵并无二致。《民法典》第 791 条第 1 款规定："……发包人不得将应当由一个承包人完成的建设工程支解成若干部分发包给数个承包人。"支解发包所订立的合同无效。

2. 转包。《建筑法》第 28 条规定："禁止承包单位将其承包的全部建筑工程转包给他人，禁止承包单位将其承包的全部建筑工程肢解以后以分包的名义分别转包给他人。"《民法典》第 791 条第 2 款规定："……承包人不得将其承包的全部建设工程转包给第三人或者将其承包的全部建设工程支解以后以分包的名义分别转包给第三人。"上述规定均明确将转包列为法律禁止的行为，由此订立的施工合同无效。《施工合同解释（一）》第 1 条第 2 款规定："承包人因转包、违法分包建设工程与他人签订的建设工程施工合同，应当依据民法典第一百五十三条第一款及第七百九十一条第二款、第三款的规定，认定无效。"同时，根据《违法发承包认定查处办法》第 7 条、第 8 条的规定，"转包，是指承包单位承包工程后，不履行合同约定的责任和义务，将其承包的全部工程或者将其承包的全部工程肢解后以分包的名义分别转给其他单位或个人施工的行为"。由此可见，支解后以分包名义交由多家单位施工，可以理解为转包行为的一种特殊形式。《施工合同解释（一）》中虽然没有明文规定对上述支解分包行为的认定和处理，但实质上已经将支解分包作为转包的一种情形予以规范。[①]

3. 分包。《建筑法》第 29 条第 1 款规定："建筑工程总承包单位可以将承包工程中的部分工程发包给具有相应资质条件的分包单位；但是，除总承包

---

[①] 参见最高人民法院民事审判第一庭编著：《最高人民法院新建设工程施工合同司法解释（一）理解与适用》，人民法院出版社 2021 年版，第 25 页。

合同中约定的分包外，必须经建设单位认可。施工总承包的，建筑工程主体结构的施工必须由总承包单位自行完成。"《建设工程质量管理条例》第25条第3款规定："施工单位不得转包或者违法分包工程。"《民法典》第791条第2款、第3款规定："总承包人或者勘察、设计、施工承包人经发包人同意，可以将自己承包的部分工作交由第三人完成……禁止承包人将工程分包给不具备相应资质条件的单位。禁止分包单位将其承包的工程再分包。建设工程主体结构的施工必须由承包人自行完成。"根据以上规定可知，分包、转包在本质上并不相同，转包行为本身就是违法的，直接为法律所禁止，而分包行为本身并不当然被法律所禁止，合法合规的分包为法律所允许，甚至在特殊的工程施工中相关专业分包项目属于必备要件。法律禁止的是建筑市场参与者实施的违法分包行为，违法分包扰乱了建筑市场秩序，规避了法律、行政法规及施工资质的管理要求，将直接导致建筑工程出现质量缺陷，甚至引发安全事故，危及人民群众的生命财产安全。因此，《施工合同解释（一）》第1条第2款依据《民法典》第791条规定了基于违法分包行为与他人签订的建设工程施工合同，应当认定为无效。

4. 借用资质。由于我国法律法规对承包人资质有着严格要求，故而一些不具备相应建筑施工资质但又希望介入建筑市场的企业或个人，就借用有资质的建筑施工企业的名义对外承揽工程，也就是我们通常所称的"挂靠"行为。建筑行业中的挂靠经营行为，主要是指没有相应资质或建筑资质较低的企业、个体工商户、个人合伙、自然人以营利为目的，借用其他有相应建筑资质或者资质较高的建筑施工企业的名义承揽建设工程的行为。司法实践中常见的挂靠经营主要有两种形式：一是不具备施工资质的企业或个人借用有资质的建筑施工企业的名义；二是因自身资质等级不够，低资质的建筑施工企业借用高资质建筑施工企业名义承揽工程。根据《施工合同解释（一）》第1条第1款的规定，以上基于借用资质的情形订立的施工合同均应当认定无效。

## （二）常见争点

### 争点 14：实践中如何认定转包行为订立的施工合同效力

承包人转包行为的实质是其不实际履行工程承包合同中约定的责任和义务，而是将全部的工程施工任务交由他人来实际完成。承包人将工程转包后，往往对工程不进行实际投入，疏于进行工程技术投入和施工管理，实质上架空了法律、行政法规为保证工程质量的一系列强制性规范要求，严重危害工程质量进而影响公共安全。因此，任何形式的转包均为法律所禁止。根据《施工合同解释（一）》第 1 条第 2 款的规定，承包人因转包建设工程与他人签订的建设工程施工合同无效。

【规范指引】
《施工合同解释（一）》第 1 条第 2 款。

### 争点 15：工程承包人的转包行为是否影响其与发包人之间的建设工程施工合同的法律效力

在工程转包的情况下，主要涉及的有承包人与发包人之间订立的施工合同、承包人与转承包人之间订立的转包合同。根据转包的性质，发包人与承包人确立施工合同关系是承包人进行转包的必要条件，从时间来看，发包人与承包人之间的施工合同关系成立在前，转包合同订立于施工合同之后；从主体来看，转承包人没有参与到发包人与承包人之间的施工合同关系之中，并非第一手的承包合同关系中的当事人。因此，发包人订立的施工合同与转包合同相对独立，承包人在订立施工合同后转包工程项目的行为已经超出发包人的意思表示范围，客观上还可能损害发包人的合法权利。因此，不能因承包人单方转包工程的行为而否定此前的施工合同效力。《施工合同解释（一）》第 1 条第 2 款中规定的无效合同是指转包合同，不能据此认定发包人与承包人订立的施工合同也随之无效。

## 争点 16：母公司与子公司、总公司与分公司之间订立的施工合同是否因构成工程转包而无效

《公司法》第 13 条第 1 款规定："公司可以设立子公司。子公司具有法人资格，依法独立承担民事责任。"因此，子公司相对于母公司具有独立的法人资格，在法律性质上是"第三人"，与母公司并不能当然视为同一主体。母公司将其承接的工程直接交由子公司实施，自身并不实际参与的，同样构成转包行为，由此订立的施工合同当然无效。

相比较而言，分公司不具有独立的法人资格，在管理上总公司对分公司具有更强的管理和控制权限，亦能直接体现在对工程的施工管理上。因此，总公司将承包工程交由分公司实施，理论上而言不构成"交由第三人实施"的情形，由此订立的施工合同不应以存在转包情形为由而认定为无效。

## 争点 17：哪些分包行为属于合法分包的情况

《民法典》和《建筑法》均规定，建筑工程总承包人在经发包人同意或认可，并且自行完成建筑工程主体结构施工的情况下，可以将自己承包的部分工程交由第三人完成。根据《房屋建筑和市政基础设施工程施工分包管理办法》第 5 条的规定，工程分包分为专业工程分包和劳务作业分包。根据该办法第 9 条的规定，专业工程分包需取得发包人同意，否则属无效行为。劳务作业分包无须取得发包人的同意，由承包人自行决定是否分包、分包给谁。专业工程分包后，虽然不得进行转包，但可以将专业工程中的劳务作业分包给劳务企业完成。劳务作业分包后，则不得将其承包的劳务再分包或者转包。

## 争点 18：实践中，劳务分包合同无效的具体情形有哪些

劳务分包，又称劳务作业分包，是指建设工程施工总承包企业或者专业

承包企业将其承包工程的劳务作业发包给劳务承包企业完成的活动。①《民法典》第 791 条第 2 款规定:"总承包人或者勘察、设计、施工承包人经发包人同意,可以将自己承包的部分工作交由第三人完成。第三人就其完成的工作成果与总承包人或者勘察、设计、施工承包人向发包人承担连带责任。承包人不得将其承包的全部建设工程转包给第三人或者将其承包的全部建设工程支解以后以分包的名义分别转包给第三人。"劳务分包是将简单劳动从复杂劳动剥离出来单独进行承包施工。因此,除当事人另有特别约定外,劳务作业分包合同无须经过发包人同意。

关于劳务分包的分包人的资质,《民法典》第 791 条第 3 款规定:"禁止承包人将工程分包给不具备相应资质条件的单位。禁止分包单位将其承包的工程再分包。建设工程主体结构的施工必须由承包人自行完成。"《建筑法》第 29 条第 1 款规定:"建筑工程总承包单位可以将承包工程中的部分工程发包给具有相应资质条件的分包单位;但是,除总承包合同中约定的分包外,必须经建设单位认可。施工总承包的,建筑工程主体结构的施工必须由总承包单位自行完成。"上述法律规定并未区分专业分包与劳务分包的不同。据此,《施工合同解释(一)》第 5 条规定:"具有劳务作业法定资质的承包人与总承包人、分包人签订的劳务分包合同,当事人请求确认无效的,人民法院依法不予支持。"据此,劳务分包企业仍然应当具有相应的资质。但如前文所述,随着国家"放管服"改革的不断深化,各地已经陆续取消了劳务资质的办理和资质准入制度。司法实务中对于劳务分包企业不具有相应资质订立的分包合同是否有效的情况处理,应当根据各地具体的针对劳务资质管理的政策规定予以认定,原则上不宜仅因分包人不具备劳务资质而认定劳务分包合同无效。

除了上述探讨的经发包人同意以及资质问题以外,还要注意以下几种情形订立的劳务分包合同应当认定为无效:第一,以劳务分包合同之名行支解分包工程或者专业工程分包之实所签订的劳务分包合同;第二,劳务分包的承包人将所承接的劳务项目再次对外分包所签订的劳务分包合同;第三,以个人名义承接工程劳务所签订的劳务分包合同。《房屋建筑和市政基础设施工程施工分包管理办法》第 8 条第 2 款规定:"严禁个人承揽分包工程业务。"

---

① 参见最高人民法院民事审判第一庭编著:《最高人民法院新建设工程施工合同司法解释(一)理解与适用》,人民法院出版社 2021 年版,第 58 页。

所以，虽然劳务分包企业的资质认定逐渐取消，但是为了确保工程质量，维护建筑市场秩序，保护建筑工人安全，个人承接工程项目劳务的行为依然被法律所禁止，以个人名义进行劳务承包所签订的劳务分包合同当属无效。①

## 争点 19：借用资质订立的施工合同的法律效力应当如何认定

工程挂靠的主要表现形式包括但不限于以下情形：（1）没有资质的实际施工人借用有资质的建筑施工企业名义承揽工程；（2）建筑施工企业以任何形式允许其他单位或者个人使用本企业的资质证书、营业执照，以本企业的名义承揽工程；（3）某一建筑施工企业以其他形式借用另一建筑施工企业的名义承揽工程；（4）资质等级低的建筑施工企业借用资质等级高的建筑施工企业的名义承揽工程；（5）资质等级相符的建筑施工企业借用对方的名义承揽工程。②

**【案例】徐某与江阴某建设集团有限公司建设工程施工合同纠纷案**③

2012 年 10 月 21 日，江阴某置业有限公司（以下简称某置业公司）与徐某（乙方）订立商品房工程框架协议，约定徐某垫资承建中邦商品城项目。合同对工程价款计价方式作了明确约定。2013 年 8 月 12 日，某置业公司与江阴某建设集团有限公司（以下简称某建设公司）订立建设工程施工合同一份，约定某置业公司将中邦商品城项目交由某建设公司承建。2014 年 7 月 29 日，某建设公司与徐某订立一份内部承包合同书，约定某建设公司将中邦商品城项目交由徐某施工，某建设公司收取工程造价 2.7% 的管理费，徐某承担各项规费等各项项目成本，承担经营风险。诉讼中，徐某认为，其与某建设公司之间是内部承包关系。某建设公司则认为，徐某系实际挂靠其施工，内部承包合同应为无效。

---

① 参见最高人民法院民事审判第一庭编著：《最高人民法院新建设工程施工合同司法解释（一）理解与适用》，人民法院出版社 2021 年版，第 65~66 页。

② 参见最高人民法院民事审判第一庭编著：《最高人民法院新建设工程施工合同司法解释（一）理解与适用》，人民法院出版社 2021 年版，第 81 页。

③ 参见江苏省无锡市中级人民法院（2018）苏 02 民初 279 号民事判决书、江苏省高级人民法院（2019）苏民终 1785 号民事判决书。

**【分析】**

没有资质的实际施工人借用有资质的建筑施工企业名义承揽工程，这类行为规避建筑业企业资质管理制度，扰乱建筑市场正常秩序，极大程度上影响了建设工程的质量。因此，《施工合同解释（一）》第 1 条规定此种情形下签订的施工合同无效。实践中，借用资质的行为很少以明确的订立挂靠协议、借用资质协议等方式出现，实际施工人与承包人往往以订立内部承包协议、合作协议等看似有效合同的形式行借用资质之实，对此应当结合具体的合同内容仔细加以甄别。

个人与承包人订立的内部承包合同所形成的法律关系，不能仅以合同名称进行界定，还应当结合个人与承包人之间真实的法律关系来判断。司法实务中多存在这样的情形：个人在与承包人订立内部承包合同之前，已经与发包人就工程施工的实质性内容进行磋商并订立框架协议，框架协议约定的施工范围、计价方式等与承包人订立的施工合同一致。施工合同订立后，承包人与个人订立的内部承包合同实质上是承包人将工程全部交由个人施工，承包人不承担任何工程风险，仅收取一定比例的工程管理费。在此过程中，个人对于工程承接以及施工处于完全自主的地位，发包人对于个人实际施工的事实也是明知且认可的。因此，这种情形符合挂靠的法律性质。内部承包合同实质是个人挂靠承包人进行的约定，也是当事人之间有意规避挂靠事实的行为，违反了法律的强制性规定，合同应当认定为无效。此外，在个别情况下，即便个人未与发包人进行实质性的磋商，发包人对于个人实际进行施工的事实也不知情，但是承包人通过内部承包合同的方式将工程全部或部分交由个人施工，此种合同应当视情定性为转包合同或者分包合同。在构成转包关系的情况下，内部承包合同无效；在构成分包关系的情况下，相关合同则应当根据是否属于构成违法分包而分别确定其效力。

## 争点 20：建设工程中内部承包合同的效力如何认定

建筑企业与个人或其他组织会通过内部承包的方式，将建筑企业对外承接的工程交由该个人或其他组织实际施工。"企业内部承包，是指企业作为发包人与其内部职能部门、分支机构或职工个人之间，为实现一定的经济目的而达成的关于双方权利义务关系的协议。在内部承包合同中，通常会设定承包人的绩效指标，并根据绩效指标完成情况，由发包人给承包人一定比例的提成或奖励，此外，还会约定承包人对造成的损失须承担一定比例的责任或受到惩罚。"①但实务中，由于内部承包合同可能实为转包、违法分包、借用资质的法律关系，故其合同效力不能一概而论，还应根据当事人之间真实的法律关系来判断。对于有资质的建筑施工企业通过名义上的联营、合作、内部承包等其他方式变相允许他人以本企业的名义承揽工程的，是"名实不符"的情形，应认定内部承包合同是当事人为借用资质所订立的合同，应为无效。但对于"名实相符"的内部承包合同，内部承包作为建筑施工企业的一种内部经营方式，不违反法律、行政法规的强制性规定，应为有效。

【案例】金某、武汉某建筑工程公司与江西省某建工集团公司、李某、林某合同纠纷案②

金某系江西省某建工集团公司（以下简称某建工公司）下属第一建筑工程公司的职工。2010年3月25日，某建工公司下属北方总公司与金某订立《合作协议书》一份，约定：为开拓湖北建筑市场业务，某建工公司与金某联合设立某建工公司湖北分公司，分公司成立后，由金某负责经营管理、施工生产、安全等有关事项；金某承担分公司的一切责任和由此产生的全部债权债务；金某及分公司从业人员的一切经营、施工生产、公司管理有关活动和与公司有关的社会活动均需在某建工公司授权范围内进行，由此产生的所有费用以及由此造成的损失均由金某自行承担；金某及分公司从业人员用某建工公司或湖北分公司名义进行项目投标；协议暂定三年。2011年5月25日，双方又订立《合作协议书》一份，与前一份协议书内容基本一致，变更或增加了关于金某缴纳管理费、技术配合费等费用的金额及支付方式。《合作协议书》订立后，金某先后承建了某市体育公园、某博物馆等多个项目，具体承建方式为某建工公司与发包人订立建设工程施工合同后，某建工公司北方总公司与金某订立工程项目内部承包经营合同，由金某代表某建工公司履行。该些工程部分已经竣工、部分已办理结算，还有某体育公司等项目尚未办理结算。上述工程涉及的材料商等主体先后起诉某建工公司支付工程款、材料费、机械费、租赁费用等，某建工公司按照生效判决为金某垫付该些费用后，

---

① 邬砚：《规则重构：建设工程施工合同纠纷裁判路径总梳理》，法律出版社2024年版，第91页。

② 参见江西省南昌市中级人民法院（2018）赣01民初500号民事判决书、江西省高级人民法院（2020）赣民终811号民事判决书、最高人民法院（2021）最高法民申5326号民事裁定书。

诉至法院，要求金某偿还代垫的该些费用；金某辩称，《合作协议书》名为合作实为挂靠，依法应当认定为无效。

最高人民法院认为，某建工公司北方总公司与金某订立《合作协议书》时，金某虽不是某建工公司的员工，但系该公司下属第一建筑工程公司的职工。该协议履行期间，即金某在实施具体项目期间，受聘于某建工公司，且协议约定金某在项目施工期间需接受某建工公司的监督、执行该公司的规章制度、遵守该公司的财务管理规定。故金某与某建工公司之间存在内部承包管理关系，该法律关系不违反法律、行政法规的强制性规定，《合作协议书》合法有效。

【分析】

内部承包是合法的经营模式，但是转包、违法分包、借用资质的行为则为法律所禁止。因此，名为内部承包的合同，不能仅以其合同名称确定当事人之间的法律关系，应根据双方权利义务的实质准确界定内部承包合同的效力。有观点认为，内部承包合同的认定标准可以从以下几个方面来界定：一是内部承包人是承包人的内设机构或职工，两者存在管理与被管理的关系，相较而言，转包人、违法分包人及挂靠人则与承包人无此种关系。二是内部承包人在经营上具有一定的独立性，但承包人应就项目管理，建设所需的人、财、物及技术予以支持和管理；转包人、违法分包人及挂靠人则独立经营，其经营资产归各自所有。三是内部承包人与承包人均需分担相应的经营风险，而转包人、违法分包人及挂靠人则承担全部经营风险，承包人通常不承担相应的经营风险。[①]这一观点符合内部承包合同的实质，可资借鉴。

## 五、施工合同被确认无效后的处理规则

（一）概述

1.关于承包人的投入。施工合同无效但建设工程经竣工验收合格的，发包人应当对承包人参照合同约定进行折价补偿。《民法典》第157条规定："民事法律行为无效、被撤销或者确定不发生效力后，行为人因该行为取得的财产，应当予以返还；不能返还或者没有必要返还的，应当折价补

---

[①] 参见邬砚：《规则重构：建设工程施工合同纠纷裁判路径总梳理》，法律出版社2024年版，第94~95页。

偿。有过错的一方应当赔偿对方由此所受到的损失；各方都有过错的，应当各自承担相应的责任……"建设工程施工合同履行的特殊性在于，在合同履行的过程中，承包人将建筑材料及劳务物化到工程上。在施工合同被认定无效的情况下，发包人无法返还承包人的投入，无法适用无效合同恢复原状的基本返还原则。原《施工合同解释》中规定采用的是"参照合同约定支付工程价款"的方式对承包人的投入予以处理，曾一度被误读为"无效合同作有效处理"。而目前施行的《民法典》在第793条中则进一步完善了此种处理规则，规定了建设工程施工合同无效，但是建设工程经验收合格的，可以参照合同关于工程价款的约定折价补偿承包人。这也表示无效的建设工程施工合同回归到了法律关于无效合同的基本处理规则之中，在解释逻辑和实务运用中都更为周延和准确。

2. 关于赔偿损失。根据无效合同的基本处理规则，除了当事人之间产生相互返还义务或者折价补偿已实际履行部分的利益之外，还会按照过错程度来处理当事人因无效合同而发生的其他损失，这一损失主要是当事人在签订履行合同过程中发生的直接损失，是基于缔约过失责任所产生的赔偿。在建设工程施工合同案件中，施工合同无效的，当事人之间除了就已完工部分工程产生折价补偿义务之外，还会涉及对其他损失的处理。《施工合同解释（一）》第6条规定："建设工程施工合同无效，一方当事人请求对方赔偿损失的，应当就对方过错、损失大小、过错与损失之间的因果关系承担举证责任。损失大小无法确定，一方当事人请求参照合同约定的质量标准、建设工期、工程价款支付时间等内容确定损失大小的，人民法院可以结合双方过错程度、过错与损失之间的因果关系等因素作出裁判。"实务中需要注意的是，这里的损失指的是当事人之间在折价补偿工程价款之外的相关利益损失，如因工程质量问题、工期延误等给一方当事人造成的直接损失，应当结合当事人的举证情况查明事实，并根据各自的过错来认定责任承担。实务中，不能将承包人或者施工人实际投入到工程建设当中的资金、机械、劳务等生产资料等同于施工合同无效情况下当事人的损失，该部分利益应当在当事人之间折价补偿工程价款的责任当中予以处理，而非按照各自的过错进行承担。

## （二）常见争点

### 争点 21：建设工程施工合同无效，承包人对工程的投入是否属于承包人的损失，是否应当按照承发包双方对合同无效的过错进行分担

合同无效的法律后果有两个方面：一是当事人因履行合同而取得的财产应当予以返还或者折价补偿；二是当事人之间因合同无效所产生的损失应当根据各自的过错情形进行承担。以上二者不能混为一谈。对于因无效合同而取得的财产，在建设工程施工合同关系中，承包人为该工程投入的建筑材料和劳务属于这一范畴，由于其不能以实物的形式予以返还，故而应当按照折价补偿的原则予以处理，这便是通常所说的支付"工程款"。这部分利益不属于合同无效一方所遭受的损失范畴，不应当按照合同各方的过错处理。而对于这部分以外的其他损失，如因工程质量问题导致发包人产生的修复费用、因工期延误产生的发包人索赔损失、承包人在施工过程中无法正常完成施工进度而产生的停工及窝工损失等，应当根据合同各方当事人的过错情形予以处理。

承包人有权参照合同关于工程价款的约定折价补偿，必须以工程经竣工验收合格为前提。根据《民法典》第 793 条第 2 款第 2 项的规定，工程未经竣工验收合格的，承包人无权请求参照合同关于工程价款的约定要求发包人折价补偿。然而，工程虽然未经验收合格，但承包人与发包人在客观上已经对工程建设进行了实际投入，故而就此产生了损失，在合同无效的情况下应当根据双方当事人的过错对该部分损失进行承担。应当强调的是，这一情形下的损失承担在性质上不同于工程经竣工验收合格情况下双方当事人参照合同约定的工程价款折价补偿，发承包双方此时并不具备参照合同约定的工程价款折价补偿的法定条件，故而不能以施工合同约定的工程价款结算方式来确定相关损失数额。司法实务中，在合同无效且工程未经竣工验收合格的情况下，应当根据各方当事人的举证，审查认定发承包双方分别对相关工程实际投入的人力、物力、财力等事实，确定无效合同项下双方当事人的实际投入以及由此产生的损失金额，进而根据各方的过错程度进行分担处理。还需要注意的是，实践中工程未经竣工验收合格并非都是承包人一方的责任，"如

果发包人对建设工程验收不合格存在过错的，也应当承担责任。这一责任的承担应当在认定发包人过错程度的基础上作出判断，对于其承担责任的多少，由法官依据案件的实际情况及法律规定予以判决"[1]。

## 争点22：施工合同无效，根据《民法典》第793条第1款的规定，是否也可以按照合同约定以外的方式确定折价补偿工程价款

我们认为，虽然《民法典》第793条第1款使用的是"可以参照"的表述方式，但并不表明承发包任何一方有权选择合同约定以外的方式计算折价补偿款。源于建筑市场长期供需不均的客观情形，承包人为了获得工程项目往往会选择降低工程报价，常常以低于工程定额标准和市场价格信息标准的报价去争揽工程。而在实际承接工程以后，尤其是在双方产生争议的情况下，承包人又经常以合同无效为由否定合同中确定的价款结算方式。如对于已经约定固定价格的施工合同，承包人会要求按实结算，或者要求采用费用更高的计价规范进行计价。而发包人也会以合同无效为由，主张采用费用更低的计价方式进行结算，或者对于约定不调减的费用要求按实结算予以调整等。对此，从《民法典》第793条第1款规定的制度目的出发，应当"确保双方均不能从无效合同中获得超出合同有效时的利益"[2]。折价补偿款是对承包人投入的劳务及材料的补偿，合同无效不应当成为任何一方额外获利的途径。最高人民法院民一庭在2022年第22次法官会议纪要中也曾明确："《民法典》第793条第1款虽然使用了'可以参照'的表述，但如工程建设未发生大规模设计改变，或者合同中有关工程价款的约定不存在严重违反当事人真实意思表示等情况，人民法院在具体裁判中，不宜任意将'可以参照'理解为可以参照、也可以不参照。"[3] 无论承包人请求依据何标准支付工程价款，发包人

---

[1] 关丽：《折价补偿原则在建设工程施工合同无效时的适用》，载最高人民法院民事审判第一庭编：《民事审判指导与参考》(总第21集)，法律出版社2005年版，第134页。
[2] 黄薇主编：《中华人民共和国民法典释义》，法律出版社2020年版，第1462页。
[3] 最高人民法院民事审判第一庭编：《民事审判指导与参考》(总第90辑)，人民法院出版社2022年版，第254页。

同意并主张参照合同约定支付的，一般就应当参照合同约定支付工程价款。①当然，司法实务中这一原则也会有例外，如合同约定结算方式为固定总价的未完成工程，由于固定总价通常是在按照工程量清单计算的工程价款基础上进行下浮而来，工程不同部分的利润差异较大，为平衡承发包双方的利益，在结算时一般应当按照已完工程量在合同全部工程量中的比例来折算折价补偿款。

## 争点 23：施工合同无效的，相关损失的举证责任以及当事人的过错责任如何认定

要区分施工合同无效给哪一方造成的损失，应当根据主张损失的主体和实际受损失的一方主张的损失种类、数额等分配举证责任。如果是发包人主张因承包人的施工工程质量不合格、工程延误工期等给其造成实际损失，向承包人要求赔偿的，则发包人应当对此负有举证责任。如果是承包人认为因发包人给其造成了停工、窝工损失的，则承包人应当对此负有举证责任。对于对方提出的损失，如果一方进行抗辩，要求减免一定的赔偿责任的，则也应当对其抗辩事由所依据的事实承担举证责任。

举证责任的内容。一是损失的范围和数额。根据合同无效的基本原理，施工合同无效后的赔偿责任属于缔约过失责任，只涉及对当事人之间产生的实际损失的赔偿，不包括对可得利益损失的赔偿和处理。二是当事人各方对于损失的发生所具有的过错情形。在确定了当事人基于无效的施工合同所实际产生的损失事实之后，要进一步判断造成施工合同无效以及相关损失产生的原因，进而认定当事人各方对相关损失所应当承担的责任，这里实际上是根据当事人各方的过错程度来分配法律责任。实务中，引起施工合同无效的事由有很多，大多数是违反了国家对于建筑领域中的工程建设审批、招投标、资质管理等法律强制性规定。一般而言，对于合同无效以及相关损失的责任承担不宜按照类型化的无效情形予以一概而定，实务中应当根据个案中的具

---

① 参见最高人民法院民一庭：《建设工程施工合同无效、工程尚未完工且未经验收，承包人请求支付工程价款，发包人同意并主张参照合同约定支付的，一般应当参照合同约定支付工程价款》，载最高人民法院民事审判第一庭编：《民事审判指导与参考》（总第59辑，人民法院出版社2015年版，第135页。

体事实、当事人在签订履行合同中的主客观因素等视情认定。例如，对于因欠缺资质或者超越资质订立的施工合同，承包人显然具有明显的过错，但发包人在工程发包的过程中也负有审核承包人施工资质的基本义务，发包人怠于审查承包人的施工资质，甚至明知承包人欠缺施工资质或超越资质但仍与其订立施工合同，则发包方也同样存在明显的过错，故不宜简单地按照类型化区分主次责任。再如，对于未办理建设工程规划许可审批手续订立的施工合同，这虽然是发包人的主要过错所致，但承包人也应尽到审查义务，个别案件中承包人甚至是明知工程欠缺审批手续仍订立施工合同、仍擅自进场施工，这种情况下应当根据案件的具体事实来综合认定双方的过错和责任。

## 争点 24：施工合同无效，承包人可以向发包人主张赔偿的损失范围如何认定

实践中，承包人向发包人主张的损失主要是停窝工损失和实际支出损失，具体表现如下。

1. 停窝工损失。根据《八民纪要》第 32 条、第 33 条的规定，因发包人原因导致承包人停工、窝工，承包人有权主张停工、窝工损失的主要情形如下：（1）建设工程施工过程中涉及隐蔽工程的，隐蔽工程在隐蔽以前，承包人应当通知发包人检查，如发包人没有及时检查的，承包人可以要求顺延工程日期，并有权要求发包人赔偿窝工损失。（2）建设工程合同中约定由发包人提供原材料、设备、场地、资金、技术资料的，发包人未按照约定的时间和要求提供原材料、设备、场地、资金、技术资料，承包人可以要求顺延工期，并有权要求发包人赔偿窝工损失。（3）发包人不履行告知变更后的施工方案、施工技术交底、完善施工条件等协作义务，致使承包人窝工，以致难以完成工程项目建设，承包人催告在合理期限内履行，发包人逾期仍不履行的，承包人有权要求发包人赔偿窝工损失。

施工合同无效的损失赔偿同样适用过失相抵原则。承包人因发包人原因造成工程损失的，应当采取适当措施，防止停窝工损失的扩大。如因发包人未取得建设工程规划许可审批手续导致工程不能按期开工，或被责令停工，承包人也应当采取适当措施，减少人员、机械进场，减少设备材料的购买，或者做好人员、机械的撤离等工作，防止损失的扩大。实践中还

应当注意，停工、窝工的损失主要是工程施工过程中的具体事项安排所致，属于合同履行方面的问题，与合同的效力没有必然的关联，导致合同无效的原因与导致停工、窝工的原因之间也没有必然的关联。如果是多种原因造成了工程停工、窝工损失，难以证明双方当事人在造成停工、窝工方面责任大小的，可根据双方在合同履行中的过错程度以及各自所受损失的情况确定停工、窝工损失，既要符合公平原则，也要符合双方当事人履行合同的实际情况。①

2.实际支出损失。司法实务中，承包人主张实际支出损失的情形较少，数额也不高。主要表现为因承包人参与招标程序支付的费用、为订立合同支出的费用、制作投标文件的费用，以及相关工作人员往来差旅等为合同的订立和履行所支出的必要费用。

## 争点 25：施工合同无效，发包人可以向承包人主张赔偿的损失范围如何认定

前文我们讨论了在施工合同无效情形下，承包人可以向发包人主张赔偿损失的相关情形。同样地，在施工合同无效情形下，发包人也可以就其产生的实际损失向承包人主张赔偿责任。实务中，发包人主张赔偿的损失主要表现为因工程质量问题产生的损失、因工期迟延造成的损失和其他实际支出的费用等。实践中有观点提出：既然合同无效，那么合同中有关工程质量、工期等条款已经没有法律约束力，如何还能要求当事人就此承担赔偿责任？我们认为，当事人之间的合同虽然无效，但其中约定的工程质量、工期等内容仍然属于其真实意思表示的范畴，属于当事人在订立和履行合同过程中的合理预期，没有兑现以上预期的相关当事人仍然具有过错，也应当承担一定责任。因此，在认定当事人之间因合同无效所产生的赔偿责任时，以上约定内容仍然具有一定的参考价值，同时也会避免发生当事人因合同无效而额外获利的情况，这也与法律确定的折价补偿规则的理念相一致。

1.工程质量问题导致的损失。施工合同无效，因承包人原因导致发包人

---

① 参见最高人民法院民事审判第一庭编著：《最高人民法院新建设工程施工合同司法解释（一）理解与适用》，人民法院出版社 2021 年版，第 74 页。

产生工程质量损失的，发包人有权向承包人主张赔偿责任。当然，这里应当由发包人举证证明其主张的工程质量问题以及因此所造成的损失事实。

2. 工期延误造成的损失。实践中，发包人主张的因承包人延误工期给其造成的损失，通常是指其因不能按期接收并使用建设工程而造成的租金等收益损失、额外增加投入的工程管理费用和资金成本，以及不能通过工程盈利造成的交易利润损失等。对于作为房地产开发企业的发包人而言，其通常还会主张因工程延误造成其商业信誉受损的无形财产损失。实践中，发包人对于因无法按期使用工程（如规划建设的经营性、生产性用房、办公用房等）而需要另行对外租赁其他房屋所产生的租金损失，应当有相应的租赁合同、租金支付凭证等证据予以证明。对于因工期延误而增加支出的费用损失，如额外支付的管理人员费用、监理费用等，发包人的举证相对便捷，一般提供实际支付凭证即可。但是实务中对于资金占用的损失，发包人的举证往往比较困难，其通常会举证对外借贷的证据，如借贷合同、利息支付凭证等，数额也往往较大，但这些损失是否都应当认定为因工期延误而产生，不能一概而论。事实上，发包人即便按期接收了工程，往往也不能立即变现，故而对于其主张的资金占用损失，应当结合具体的工程规模、延误期间、实际销售情况等事实而综合认定。如果根据举证查明的情况，已经能够认定发包人确实产生了一定的资金占用损失，但无法确定具体金额的，人民法院可以参照一定时期内的资金融通市场情况、当事人在合同中约定的工程逾期竣工违约金计算标准、当事人的实际经营状况等相关事实，予以酌情合理认定。

3. 实际支出的费用。同样的，因承包人原因造成施工合同无效，发包人主张损失的情形在实践中也较少，如因承包人缺乏资质或者超越资质等级承揽建设工程，或承包人转包、违法分包建设工程导致建设工程施工合同无效的，应当赔偿发包人因办理招标投标手续支出的费用、订立合同支出的费用、准备或者实际履行合同支出的费用等损失。

4. 其他人身财产损失。根据《民法典》第 802 条的规定，如果因承包人的原因致使建设工程质量发生缺陷造成发包人受到人身和财产损害的，发包人有权要求承包人承担赔偿损失责任。[1]

---

[1] 参见最高人民法院民事审判第一庭编著：《最高人民法院新建设工程施工合同司法解释（一）理解与适用》，人民法院出版社 2021 年版，第 75 页。

## 第三节 建设工程施工合同效力纠纷疑难问题

**问题1：工程具备办理建设工程规划许可证的条件而未予办理，在举证责任上应当如何分配，人民法院能否直接认定合同有效，如果发包人主张合同无效的应如何处理**

关于举证责任。对于工程具备办理建设工程规划许可证等审批手续而未办理，需要当事人举证证明两个方面的事实：一是该工程项目已经具备办理建设工程规划许可证等规划审批手续的条件；二是发包人具有拒不办理的主观故意。实务中，该项举证责任应当由哪一方承担？有观点认为，应当由发包人举证证明其积极提交了办理审批手续的相关事实，若发包人举证不能的，则应当认定其能够办理而未予办理。还有观点认为，承包人作为主张发包人能够办理而未办理相关审批手续的主体，应当举证证明发包人持有办理建设工程规划许可证的所有材料、相关行政部门在收到发包人持有的材料后能够颁发建设工程规划许可证，但发包人存在故意不办理建设工程规划许可证的行为。我们倾向认为，对于以上问题应根据案件具体情况认定负有证明责任的主体。对于第一种观点，因工程具备办理审批手续的条件是客观前提，不能以发包人未能证明其积极办理便要求其承担不利的法律后果。虽然合同效力属于人民法院依职权审查的范畴，但对于发包人能够为工程办理规划许可手续而不予办理的情况，在诉讼中一般表现为承包人对抗发包人主张合同无效的请求，故而承包人也应当对其主张的事实承担相应的举证责任。人民法院在审查这一问题时，要灵活分配举证责任，应当根据当事人的举证情况，深入调查工程是否能够办理规划审批手续，以及事实上没有办理的具体原因。承包人应当对工程具备办理相关审批手续的积极事实承担相应的举证责任，如果承包人完成了该项举证，则发包人应当对工程不具备办理相关审批手续的条件提供证据予以反驳。在可以确认工程已经具备了办理相关审批手续的条件情况下，发包人未予办理是客观事实，则应当由发包人举证证明其不存在拒不办理、有意拖延办理等情形（例如，其已经提交了相关申请，但因行政机关审批期限等原因未能办理完毕等）。必要时，囿于当事人的举证能力，人民法院还可以依职权进行调查，向住建、规划等行政主管部门进行调查。总之，在审判实务中，不能简单地以工程在客观上未办理规划许可审批手续，且发包人不能证明自己已经积极地去办理为由即适用《施工合同解释（一）》第 3 条的规定进行处理。

关于人民法院对发包人所提合同无效诉讼请求的处理。有观点认为，根据司法解释的规定，人民法院应当驳回发包人要求确认合同无效的主张，并等同于可以正向地确认合同有效。另一种观点认为，人民法院应明确确认合同有效。我们倾向认为，在工程已经具备办理规划审批手续的条件，但发包人故意不予办理的情况下，如果发包人主张合同无效的，人民法院不应予以支持。但司法实践中，发包人只针对合同效力问题提起诉讼，仅诉请人民法院确认施工合同无效的情形并不多见。发包人就合同效力问题提出相关主张的目的，通常是对抗承包人基于合同有效提出的有关支付工程款、承担工程进度款利息、支付违约金或者解除合同等诉讼请求，此时如果对施工合同的效力避而不谈，则往往难以继续处理承包人提出的各项具体诉求。事实上，发包人故意不予办理建设工程的相关规划审批手续，应当属于为了自己的利益不正当地阻止合同中约定的相关条款的（如违约金条款等）生效条件成就，依照诚信原则以及《民法典》第 159 条规定的精神，应当对发包人的此种行为作出否定性评价，发包人不得因此而获益，实务中应当视为承包人据以提出诉讼请求的相关合同条款的生效条件已经成就，由发包人承担相应的法律责任。

## 问题 2：涉违法建筑（全部或部分规划建设手续欠缺）的施工合同应当如何结算

欠缺或部分欠缺建设工程规划许可手续，甚至没有办理任何审批手续的违法建筑，承包人主张工程折价补偿款的，应如何处理？司法实践中，主要有两种观点。

第一种观点认为，对经验收合格或者经修复后验收合格的工程，发包人应当参照合同约定折价补偿。对于验收不合格或者修复后仍不合格的工程，应当根据发承包双方的过错承担实际损失。

第二种观点认为，违法建筑本身不具有合法性，从法律上发包人不能享有使用权能，即便其质量合格，也不应要求发包人参照合同约定折价补偿，否则免除了承包人在承接工程项目时对工程本身合法性关注的义务。无论质量是否合格，合同约定均不作为付款依据，应立即拆除和返还所支付的工程款，根据各自的过错，赔偿人工费、材料费、机械费等实际损失。①

我们倾向认为，违法建筑主要是未依法办理建设工程规划许可证等建设审批手续的建筑物。《民法典》第793条第1款规定："建设工程施工合同无效，但是建设工程经验收合格的，可以参照合同关于工程价款的约定折价补偿承包人。"以上规定并未排除对违法建筑导致施工合同无效的司法适用，适用这一原则的前提是工程质量合格，工程质量经验收合格或者虽然经验收不合格但经修复后合格的，承包人方才有权主张折价补偿款。对于违法建筑，同样应当坚持工程质量合格的前提，如其质量合格，且可以补办相应的合法手续（其违法性可以治愈），则承包人也有权向发包人主张折价补偿款。

对于折价补偿的确定，实践中也有不同做法。多数做法是参照合同约定将所有费用一并计入折价补偿款当中；但有少数做法认为，承包人不能因承建违法建筑的不法行为而获利，故发包人只需按照承包人实际投入的工程造价成本进行折价补偿，参照合同约定计算的合同价款中的利润等并未直接物化于工程项目中的费用，应当属于合同无效后承包人的损失，应当按照发承包双方的过错予以分担。我们认为，实务当中应当按照第一种方式去处理相关争议。如前所述，在适用《民法典》第793条折价补偿工程价款的情况下，法律并未明确排除承包人有权享有的利润等权益。违法建筑不代表其永远不具有使用价值，有些违法建筑经过补办审批手续有成为合法建筑的可能。如果承包人的折价补偿款仅限于工程实际造价，发包人此后又补办审批手续的，则会使得发承包双方的利益明显失衡。同时，承包人对于违法建筑所投入的建筑材料和劳务不会因所建造的标的物是违法建筑而减少，其所应缴纳的税费、支出的管理成本等也是客观存在的，如果承包人无权获得利润、企业管理费等费用，仅仅按照造价成本折价补偿，则会使得发包人反而因为其过错而额外获利。

---

① 江苏省高级人民法院根据审判实务梳理出上述两种观点。参见李玉生主编：《建设工程施工合同案件审理指南》，人民法院出版社2019年版，第108页。

## 问题 3：不具备施工资质的实际施工人借用有资质的建筑施工企业名义订立的施工合同，施工合同的效力是否应当区分情形而定

第一种观点认为，根据《施工合同解释（一）》第 1 条第 1 款第 1 项的规定，没有资质的实际施工人借用有资质的建筑施工企业名义的，施工合同无效。因此，无论挂靠人是否具备一定的施工资质，也无论发包人对于挂靠情形是否明知，合同均应当认定无效。

第二种观点认为，应当按照发包人是否明知或者应知挂靠的事实来认定合同效力。借用资质所签合同无效系针对"没有资质的实际施工人"借用资质行为的一种法律评价，并未涉及合同相对人的签约行为是否有效的问题。《民法典》第 146 条规定："行为人与相对人以虚假的意思表示实施的民事法律行为无效。以虚假的意思表示隐藏的民事法律行为的效力，依照有关法律规定处理。"因此，只有在施工合同双方均有共同的虚假意思表示的情况下，施工合同才能被认定无效。如果发包人知道或者应当知道借用资质订立施工合同的事实，发包人与挂靠人、被挂靠人构成通谋虚伪的意思表示，所订立的施工合同无效。反之，则应当认定发包人订立的施工合同有效。

第三种观点也同样认为应当根据发包人的主观状态来判断合同效力，但是理由与第二种观点有所不同。这一观点认为，借用资质与转包相比有相似之处，发包人与承包人之间的施工合同在本质上并没有区别，所以在认定这两种合同效力时应当坚持同样的判断标准。鉴于承包人的转包行为不影响其与发包人之间订立的施工合同的效力，因此，借用资质所签订的施工合同在通常情况下也应当认定为有效，除非发包人在签订合同时明知或者积极追求出借资质的后果。

第四种观点认为，应当以挂靠人自身的资质情况来认定合同效力。这一观点提出，鉴于我国法律对施工资质规定有严格的准入条件，《施工合同解释（一）》第 1 条第 1 款第 2 项规定了"没有资质的实际施工人借用有资质的建筑施工企业名义"所订立的施工合同无效，但并未明确包括有资质的实际施工人或者建筑施工企业借用其他有资质的建筑施工企业的名义订立施工合同的情形。因此，挂靠人本身具备一定施工资质的，所订立的施工合同应为有

效;反之则无效。①

上述观点中,审判实践较多采用观点一。其理由在于,对施工合同效力作出否定性评价,是基于建筑市场严格的准入制度以及保证工程质量的目的,承包人具备相应的施工资质,是契合两个目的的必然要求。这也是《施工合同解释(一)》第 1 条第 1 款第 1 项对于承包人超越资质等级都要作出否定性评价的原因。从上述目的出发,借用资质的行为本身为法律所禁止,其不仅扰乱了建筑市场秩序,架空了建筑市场的准入要求,客观上也无法保障工程质量。因此,借用资质承接工程的行为,无论承包人是否已经具备一定的资质,所签订的施工合同均应当认定为无效。

但随着我国资质管理制度呈现改革趋势,越来越多的观点认为,实际施工人借用资质行为对于建设工程施工合同效力的影响,应当结合发包人的主观状态判断。如发包人在签订建设工程施工合同时明知借用资质事实的,因该合同所隐藏的真实意思为将工程发包给不具有资质的实际施工人施工,违反《建筑法》第 13 条、第 22 条、第 26 条等法律的强制性规定,应认定为无效合同。反之,在发包人善意的前提下,出借资质的施工企业保留了将工程交由不具备资质的实际施工人施工的内心真意,则应优先保护发包人的信赖利益,以双方的表示行为作为真实意思,认定出借资质的施工企业为承包人,如果双方建设工程施工合同不存在其他违反法律强制性规定的情形,应当认定为有效。以上分歧还需要我们在理论和实务中不断地进行探索和论证。

## 问题 4:发包人与承包人之间的施工合同无效,是否影响其他有关合同的法律效力

1.分包合同。发包人与承包人之间的施工合同会因分包、转包等产生下游多层合同关系。对于下游的分包合同是否会因施工合同无效而无效,需要从分包合同与施工合同的关系、各自的法律性质等方面进行讨论。从法律性质上而言,分包合同具有一定的独立性,其合同当事人为承包人与分包人,这与施工合同不同,且分包合同的具体内容也有别于施工合同。然而,分包合同毕

---

① 以上观点可参见唐倩:《挂靠施工合同的效力分析》,载《法律适用》2019 年第 5 期;杨心忠等:《建设工程合同纠纷裁判思路》,法律出版社 2014 年版,第 25 页。

竟是从施工合同中衍生而来,所承担的具体内容也是施工合同项下整体工程建设的一部分,无法脱离施工合同的整体履行过程。分包合同在内容上虽然有别于施工合同,但本质上仍然来源于施工合同的约定。在施工合同无效的情况下,承包人将施工合同中的部分施工内容对外分包,实际上是将其履行无效合同项下的部分内容违规带入建筑市场,对这一行为显然不宜作出肯定性评价。因此,我们认为,在发包人与承包人之间的施工合同无效的情况下,可以参照法律规定的主从合同关系处理分包合同的效力认定问题。作为主合同的承包合同无效的,类似从合同地位的分包合同也应当归于无效,如此亦有利于对同一建设工程施工环节中的各层合同效力作出更为周延性的评价。举例而言,如果工程本身未取得建设工程规划许可证等审批手续,则施工合同因标的物本身缺乏合法性而无效,分包合同也同样因标的物不合法而无效;如果因当事人借用资质承接工程而导致施工合同无效的,因缺乏资质的行为人本身就不得作为承包人进入建筑市场,且该没有资质的承包人欠缺对分包的工程进行合法合规的管理并保证工程质量的能力,故而即便该没有资质的承包人所选定的分包人具备相应的施工资质,所订立的分包合同仍然应当认定无效。

2. 结算协议。施工合同无效,双方当事人订立的结算协议的法律效力应当如何认定?实务中对此主要有两种观点:第一种观点认为,结算协议是为了履行施工合同而签订,是施工合同的补充协议。因此,施工合同无效的,结算协议也应当无效。第二种观点认为,结算协议是施工合同履行完毕后,双方当事人为了对施工合同进行清算而另行订立的新的协议,其本质上是独立的协议。故施工合同无效,结算协议并不因此而无效。结算协议只要不具备合同无效的法定情形,则应当认定有效。

我们倾向认为,结算协议虽然与施工合同之间具有关联性,但是其并不是施工合同的部分条款,本身不同于施工合同中的结算和清理条款。结算协议是在施工合同履行完毕后,双方当事人为了确定有关工程结算的权利义务而达成的协议,本质上是一个新的、独立的协议。最高人民法院对此也认为,发包人与承包人就工程价款(折价补偿款)的数额、交付方式和时间作出的约定,是当事人的权利,是自愿原则的体现,并不违反法律的强制性规定。建设工程施工合同无效不影响结算协议的效力。法律关于施工合同无效的规范主要体现在工程承接和工程施工过程中,而结算行为是在工程经验收合格后,不同于法律为了保证工程质量、维护市场秩序而针对工程许可手续、承包人资质、经营模式等作出的强制性规定。因此,实务中应当鼓励发承包双方对工程价款、工程折价补偿款、损失赔偿等事宜进行自行结算，并督促当事人积极履行已经达成的结算协议，而不应以施工合同无效为由影响对结算协议的效力认定。

3. 以物抵债协议。在建设工程施工领域，为了支付工程预付款、进度款或结算款等款项，发包人常常会以房屋向承包人抵偿工程欠款。在施工合同无效的情况下，这种以房抵债的协议是否也将无效？

我们认为，发包人在施工合同有效的情况下，负有向承包人支付工程款的义务；在合同无效的情况下，负有支付折价补偿款的义务。虽然发包人支付的款项性质有所不同，但本质上都属于其应向承包人支付的已完成工程的对价。以房折抵工程款协议是当事人对欠付价款的具体清偿方式的约定，也是对发包人履行付款义务方式的约定，"性质上属于发包人与承包人对既存债权债务关系的清理"[①]。因此，以房抵款行为并不违法，与施工合同相对独立。施工合同无效的，不影响以房抵款协议的效力，以房抵款协议应当根据其自身是否存在法律规定的可以导致合同无效的具体情形予以认定。

## 问题5：在施工合同无效的情况下，结算折价补偿款时哪些合同条款仍可参照适用

在施工合同无效的情况下，结算时主要涉及折价补偿款和赔偿损失两大部分款项，与之相应的是确定具体的支付时间、支付方式等，非金钱债务则包括修复、交付施工资料等。实践中主要争议的是有关金钱债务结算时仍然可以参照适用的合同条款问题。

我们认为，在施工合同无效的情况下，合同中原约定的违约金条款没有约束力，不应当直接参照适用，这在实务中基本已经达成共识。同时需要注意的是，合同中的违约金条款虽然不能直接适用，但在处理当事人主张的损失赔偿责任时，相关条款可以作为人民法院衡量相关当事人，尤其是有较大过错的一方所承担的损失赔偿金额是否合理的参照，避免使得对合同无效具有较大过错的一方当事人因合同无效而额外获利。

此外，施工合同虽然无效，但其中约定的工程质量标准、工期要求等与

---

[①] 最高人民法院民事审判第一庭：《建设工程施工合同无效后，发包人与承包人之间签订的以房抵工程款的协议是否也应无效》，载最高人民法院民事审判第一庭编：《民事审判指导与参考》（总第64辑），人民法院出版社2016年版，第240页。

工程施工直接相关的条款，仍然可以表明当事人在订立合同时的合理预期，明显未达到此种预期的当事人在合同无效的情形下有权向对方当事人主张赔偿责任，这也符合合同无效的基本法律后果。实务中，当事人一方主张与工程质量、工期等有关的损失赔偿的，人民法院可以结合合同的相关内容，审查认定当事人主张的损害赔偿事实，公平合理地分配责任。

## 问题 6：一、二审法院对施工合同效力认定不一致时，二审中应当如何处理

一审法院确定合同有效或者无效，并对当事人的诉讼请求进行了处理，但二审法院在审理过程中查明的合同效力与一审法院不一致时，审判程序上应当如何处理？我们认为，合同效力属于法院依职权主动审查的范畴，二审法院查明的合同效力与一审判决不一致的，应当根据当事人的诉讼请求、上诉请求确定是否会影响案件的实体裁判结果。如果不影响案件的实体裁判结果，二审法院可以在维持一审裁判的基础上，在二审裁判文书中对合同效力问题进行更正和说明。如果影响案件的实体裁判结果，根据审理的需要，可以向当事人释明变更或者调整诉讼请求。当事人变更后的诉讼请求标的额未超出一审起诉的标的额，且双方均同意由二审法院直接审理的，二审法院可以直接进行改判。

# 第四章 建设工程施工合同案件招投标纠纷常见争点与法律适用

## 第一节 建设工程招投标纠纷概述

### 一、建设工程招投标制度概况

建设工程招投标是指工程建设项目的建设单位，利用竞争机制，事先提出工程施工或者服务交易的条件和要求，邀请众多具有相应资质的勘察、设计、施工单位或者材料设备供应商等参加投标，建设单位按照规定程序评审，并从中择优选定交易对象的一种规范、科学的市场交易行为。作为一种竞争性的交易方式，招投标制度的重要性和优越性愈发被社会重视和认可，并逐渐开始在政府采购、工程承包等领域采用。

我国建设工程招投标制度起步时间较晚，1980年10月17日，国务院在《关于开展和保护社会主义竞争的暂行规定》中首次提出对一些适宜于承包的生产建设项目和经营项目试行招标投标。自此，招投标活动逐渐开始在建设工程领域进行试点。2000年1月1日，随着《招标投标法》的颁布实施，我国招投标活动正式迈入现代化法治轨道。

《招标投标法》颁布以后，国务院各部委针对各自职能分工陆续发布了很多涉及建设工程招投标问题的实施办法或管理办法，如《工程建设项目招标范围和规模标准规定》（2000年国家计委令第3号，已废止）、《建设工程设计招标投标管理办法》（2000年建设部令第82号，已废止）、《工程建设项目施工招标投标管理办法》（2003年国家发展改革委等七部委令第30号）等。全国各省市也相应颁布了大量规范招投标活动的地方性法规和部门规章，在各自行政区划范围内适用，如《江苏省招标投标条例》等。

2012年2月1日，国务院颁布《招标投标法实施条例》，在《招标投标法》的基础上，对程序规定予以了细化补充，明确了投标人相互串通投标、招标人与投标人串通投标、以他人名义投标等具体情形，补充规定了资格预审、投标保证金、电子招标、两阶段招标等内容，规范了建设工程招标、投标、开标、评标与中标的具体程序。目前，除《招标投标法》以及包括《招标投标实施条例》在内的专门针对招投标的行政法规、部门规章、地方性法规、地方政府规章外，我国《民法典》《建筑法》等法律法规中亦有部分关于招投标的规定，并为招投标主体身份资格、招投标行为效力如何认定等问题提供规范依据。此外，最高人民法院颁布的原《施工合同解释》（法释〔2004〕14号）、原《施工合同解释（二）》（法释〔2018〕20号）以及《民法典》颁布后施行的《施工合同解释（一）》（法释〔2020〕25号）中，也均为如何处理招投标实务中常见法律问题提供了规则依据。例如，以上司法解释中规定了必须进行招标的建设工程而未经招标或者中标无效所签订的建设工程施工合同，应当认定无效；还规定了招投标双方就同一建设工程另行签订的建设工程施工合同约定的工程范围、建设工期、工程质量、工程价款等实质性内容，与中标合同不一致时，一方当事人有权请求按照中标合同确立双方之间的权利义务等。截至目前，我国已经形成了体系完备、逻辑严密、内容丰富的建设工程招投标法律法规体系。

【规范指引】

《招标投标法》《招标投标法实施条例》《施工合同解释（一）》。

## 二、招投标的主要特点

"招标"与"投标"是一组相互对应的概念，是从招标人和投标人的不同角度对"招标投标"这一整体概念的不同称呼。招标，是招标人根据自身的需要，对外公布标准和交易条件，邀请若干投标人投标，供招标人进行综合比较，并最终确定中标人进而订立合同的过程。投标，是投标人根据招标文件要件编制、递交投标文件，参与竞争并试图中标后订立合同的过程。招投标与单一货源采购、竞争性磋商、询价等交易方式虽有差别，但也是为了订立合同所设立的一种常见交易模式，有以下五个特征。

（一）组织严密规范

招投标是一种有组织、有计划的商业交易活动，招标投标程序、规则和条件均由招标人事先制定并对外公布，从招标、投标、开标、评标、定标到签订合同所有环节必须严格按照法律、法规规定和招标文件要求进行，具有高度的组织性。

（二）信息公开透明

根据《招标投标法》的规定，发布招标公告、邀请投标人、招标项目情况、投标人资格条件、评标标准与方法、评标程序、中标结果、合同条款等信息必须完全公开，通过公开的方式防止"明标暗定"，防止招标人与投标人事先进行实质性谈判，确保程序公开透明、结果公平公正。

（三）报价次数唯一

区别于一般交易行为，在招投标过程中禁止招标人、投标人多次谈判讨价还价，投标人只能应邀进行一次性秘密报价，并以此报价作为后续签订合同的基础。投标文件递交后，不得撤回或者进行实质性条款的修改，中标后也不允许招投标双方签订违背报价的其他协议，从而杜绝投标取巧、徇私舞弊、恶意串通、不正当交易等行为。

（四）竞争机制充分

竞争性也是招投标的又一个显著特征，充分体现了招投标的公平、公开、公正等基本原则。投标人根据法律、法规规定和招标文件，广而告之吸引投标人参与竞争，从而使招标人通过充分的竞争获取更低的价格、更优的服务，投标人也可以通过公开的招标信息进行合理测算，从而精确实现其投标的经济效益目标。

（五）结果公平公正

招投标全流程均预先拟制了程序和条件，招标人不得对任一投标人存在偏袒、歧视等行为，与投标人有利害关系的人员不得作为评标委员会成员，评标过程也必须按照事先公布的标准和办法，公开公正、严格保密、科学评标，最终择优选择最契合条件的投标人，确保最终结果公正。

### 三、招投标领域常见法律问题

自《招标投标法》实施以来，司法实践中，招投标领域的问题主要表现在以下三个方面。

(一)招标阶段

在招标阶段，当事人可能因为违反了《招标投标法》中关于必须进行招标的限制性规定，从而导致签订的合同无效。根据《招标投标法》第3条规定，下列三类项目的建设实施必须进行招标：(1)大型基础设施、公用事业等关系社会公共利益、公众安全的项目；(2)全部或者部分使用国有资金投资或者国家融资的项目；(3)使用国际组织或者外国政府贷款、援助资金的项目。在以上法律规定框架下，国家发改委陆续发布《工程建设项目招标范围和规模标准规定》《必须招标的工程项目规定》《关于进一步做好〈必须招标的工程项目规定〉和〈必须招标的基础设施和公用事项项目范围规定〉实施工作的通知》等规范，对必须进行招标的项目具体范围和规模标准等问题进一步细化。如果相关工程属于必须招标的项目范围，当事人未经招投标程序而径行签订了建设工程施工合同的，则该合同应当依法认定为无效。

(二)投标阶段

在投标阶段，当事人可能因为违反了《招标投标法》关于招投标程序方面的强制性规定，从而导致签订的合同无效。《招标投标法》第50条至第55条、第57条分别规定了多种中标无效的情形，主要包括招标代理机构泄露应当保密的招投标信息、投标人相互或与招标人串通投标、招标人以不合理条件限制或者排斥潜在投标人等情形。如果在投标过程中存在以上情形，将导致中标无效，进而导致当事人签订的施工合同被认定为无效。

(三)合同订立阶段

《招标投标法》第46条第1款规定："招标人和中标人应当自中标通知书发出之日起三十日内，按照招标文件和中标人的投标文件订立书面合同。招标人和中标人不得再行订立背离合同实质性内容的其他协议。"据此，在中标通知书发出之后，招标人和中标人对于招投标文件中未明确的合同事项可以进行谈判，但仅限于需要进一步明确的合同细节、方便合同履行方式等范围，而对于合同价格、工程质量、工程期限等实质性内容，不得进行谈判。实践中，在建设工程中标后，经常出现招投标双方另行议定合同实质性内容，甚至在中标合同外另行签订"黑合同"，对影响当事人基本权利义务内容的主要条款（如工程价款、工程量、工期等）作出实质性变更的情形。这一情形下，当事人双方签订、履行未经招投标的"黑合同"，使招投标程序流于形式，违反了法律的强制性规定，将影响当事人之间的合同效力及最终权利义务关系的认定。

【规范指引】

《招标投标法》第 3 条、第 46 条、第 50 条、第 51 条、第 52 条、第 53 条、第 54 条、第 55 条、第 57 条。

### 四、建设工程招投标案件审理的基本原则

（一）坚持诚信原则

诚信原则是市场交易领域的帝王原则，是招投标市场活动得以顺利开展的基石。从诚信原则出发，《招标投标法》规定了不得串通投标、骗取中标、规避招标等诸多禁止情形。人民法院在审理建设工程招投标纠纷时，要强化当事人的诚实守信意识，依法审查招标人是否虚假招标、招投标文件是否真实有效、中标合同是否如期履行等事实。任何一方在招投标过程中违反诚信原则给对方造成损失的，可以给予失信主体适当惩戒，避免司法裁判成为当事人违反诚信趋利避险的手段。

（二）坚持合同效力主动审查、必须审查的原则

在民事审判活动中，合同效力是人民法院进行裁判时必须评判的内容，是判断法律关系是否有效、合同应当履行或是不能履行、当事人的诉求应否予以支持的前提条件。实践中存在大量的应当依法招投标而未进行招投标、中标无效、低于成本价中标等情形，均可能因违反法律、行政法规的强制性规定而导致施工合同被认定无效。而上述违反招投标法律秩序的行为，在客观上也必定侵害了其他投标人的合法利益、社会公共利益以及正常的交易管理秩序。因此，人民法院在审理涉及建设工程招投标案件时，应当结合具体招投标行为的合法性，主动审查当事人之间的合同效力，并在此基础上对当事人之间的权利义务关系以及相关诉求作出正确认定。

（三）坚持强制性招标与非强制性招标相区分原则

虽然《招标投标法》中规定了"在中华人民共和国境内进行招标投标活

动,适用本法",但《招标投标法》中的大部分法律责任条款主要针对的是违反"依法必须进行招标的项目"相关规定的行为,重点是对依法必须招标的工程项目进行的规范和约束。司法实践中,仍有必要区分涉诉工程项目是否属于《招标投标法》及国家发改委《必须招标的工程项目规定》等法律、行政法规规定的依法必须招标的工程项目,进而准确认定合同效力、法律后果等问题。

## 第二节 建设工程招投标案件常见争点

### 一、必须进行招标的工程项目范围

根据《招标投标法》第3条的规定,在中华人民共和国境内进行的大型基础设施、公用事业等关系社会公共利益、公共安全的项目,全部或者部分使用国有资金投资或者国家融资的项目,以及使用国际组织或者外国政府贷款、援助资金的项目,属于必须进行招标的建设工程项目。国家发改委印发的《必须招标的工程项目规定》中,对上述必须进行招标的"全部或者部分使用国有资金投资或者国家融资的项目"和"使用国际组织或者外国政府贷款、援助资金的项目"进行了细化和明确。同时,上述规定项目范围内的勘察、设计、施工、监理以及工程建设有关的重要设备、材料的采购达到一定标准的,也必须履行招标程序。据此,发包人未履行招标手续,直接与承包人订立施工合同的;或者是招标人隐瞒工程建设规模、建设条件、投资、建筑材料来源等真实情况,降低标准不进行招投标的,均属于违反以上"必须进行招标而未招标"的法律规定的情形,双方订立的建设工程施工合同应当认定为无效。[①]

《民法典》第153条第1款规定:"违反法律、行政法规的强制性规定的民事法律行为无效。但是,该强制性规定不导致该民事法律行为无效的

---

① 参见最高人民法院民事审判第一庭编著:《最高人民法院新建设工程施工合同司法解释(一)理解与适用》,人民法院出版社2021年版,第23页。

除外。"《施工合同解释（一）》第 1 条第 1 款规定："建设工程施工合同具有下列情形之一的，应当依据民法典第一百五十三条第一款的规定，认定无效：……（三）建设工程必须进行招标而未招标或者中标无效的。"因此，建设工程必须进行招标而未招标的，当事人签订的施工合同无效。

## 争点 1：依法应当招标而未招标的工程，当事人签订建设工程施工合同的法律效力如何认定

【案例】普定县某酒店有限公司、普定县某房地产开发有限责任公司与黑龙江省某建工集团有限责任公司建设工程合同纠纷案[①]

2011 年 10 月 20 日，普定县某房地产开发有限责任公司（以下简称某房产公司）与黑龙江省某建工集团有限责任公司（以下简称某建工集团）签订一份建筑工程承包合同（以下简称 2011 年承包合同），约定由某建工集团承建某房产公司开发的酒店工程项目，项目由一栋四星级酒店、一栋酒店副楼、三栋住宅楼组成，总建筑面积 69 748.84 平方米，工程造价 1.1 亿元。2012 年 2 月 25 日，某房产公司与某建工集团又签订一份建筑工程承包合同（以下简称 2012 年承包合同），约定由某建工集团承建某房产公司开发的某工程项目，开工日期为 2012 年 2 月 29 日，竣工日期为 2012 年 10 月 7 日，合同价款为 4385 万元。2012 年 5 月 28 日，普定县发展和改革局同意对某工程开发项目重新进行备案。某建工集团按合同约定进场施工，后因工程价款支付问题产生争议。

某建工集团向一审法院提起诉讼请求：某房产公司立即向其支付工程款 14 423 293.49 元及利息 30 万元，普定县某酒店有限公司（以下简称某酒店公司）对上述工程款承担连带责任。

某房产公司、某酒店公司辩称：某建工集团要求付款的条件不成就。按照合同约定，在未完成工程竣工验收和审计的情况下，某建工集团要求支付工程款不符合合同约定；某建工集团未按约定完成竣工验收，未提供相关验收资料已构成违约；某酒店公司与某房产公司是两个独立的企业法人，不应

---

① 参见贵州省高级人民法院（2015）黔高民初字第 1 号民事判决书、最高人民法院（2016）最高法民终 106 号民事判决书。

承担连带责任。

经审理，法院作出生效民事判决：某房产公司在判决生效之日起十日内支付某建工集团工程款 13 644 468.52 元。

生效判决认为：《招标投标法》第 3 条第 1 款和第 2 款规定："在中华人民共和国境内进行下列工程建设项目包括项目的勘察、设计、施工、监理以及与工程建设有关的重要设备、材料等的采购，必须进行招标：（一）大型基础设施、公用事业等关系社会公共利益、公众安全的项目……前款所列项目的具体范围和规模标准，由国务院发展计划部门会同国务院有关部门制订，报国务院批准。"根据《工程建设项目招标范围和规模标准规定》第 3 条第 5 项规定，关系社会公共利益、公众安全的公用事业项目的范围包括商品住宅、经济适用住房。第 7 条规定："本规定第二条至第六条规定范围内的各类工程建设项目，包括项目的勘察、设计、施工、监理以及与工程建设有关的重要设备、材料等的采购，达到下列标准之一的，必须进行招标：（一）施工单项合同估算价在 200 万元人民币以上的……"根据以上规定，涉案工程项目属于必须进行招标的项目，双方当事人未履行法律规定的招标投标程序，违反了法律的强制性规定。原《施工合同解释》第 1 条规定："建设工程施工合同具有下列情形之一的，应当根据合同法第五十二条第（五）项的规定，认定无效：……（三）建设工程必须进行招标而未招标或者中标无效的。"[①] 根据前述法律及司法解释规定，涉案《2011 年承包合同》《2012 年承包合同》为无效合同。

【分析】

对于这个问题，首先应当明确依法应当进行招标的工程建设项目种类。《招标投标法》第 3 条第 1 款规定："在中华人民共和国境内进行下列工程建设项目包括项目的勘察、设计、施工、监理以及与工程建设有关的重要设备、材料等的采购，必须进行招标：（一）大型基础设施、公用事业等关系社会公共利益、公众安全的项目；（二）全部或者部分使用国有资金投资或者国家融资的项目；（三）使用国际组织或者外国政府贷款、援助资金的项目。"该条第 2 款规定："前款所列项目的具体范围和规模标准，由国务院发展计划部门会同国务院有关部门制订，报国务院批准。"2000 年 5 月 1 日，原国家发展计划委员会曾出台了《工程建设项目招标范围和规模标准规定》，其中对关系社

---

[①] 现对应《施工合同解释（一）》第 1 条。

会公共利益、公众安全的基础设施项目和公用事业项目，使用国有资金投资的项目，国家融资项目以及使用国际组织或者外国政府资金的项目范围和类型等予以进一步明确，强调了相关项目的勘察、设计、施工、监理以及与工程建设有关的重要设备、材料的采购，凡是达到规定标准之一的，均必须进行招标。如施工单项合同估算价在200万元以上的；施工单项合同估算价在200万元以下，但项目总投资额在3000万元人民币以上的等。凡符合以上规定情形的，其工程建设项目都应当履行招标投标程序，否则自行签订的合同均应认定无效。

随着经济社会的发展和国家宏观调控政策的变化，必须进行招标的工程项目范围也会随之发生变化。2018年6月1日，国家发展和改革委员会出台的《必须招标的工程项目规定》开始施行，原国家发展计划委员会发布的《工程建设项目招标范围和规模标准规定》同时废止。根据《必须招标的工程项目规定》第4条规定：不属于本规定第2条（全部或者部分使用国有资金投资或者国家融资的项目）、第3条（使用国际组织或者外国政府贷款、援助资金的项目）规定情形的大型基础设施、公用事业等关系社会公共利益、公众安全的项目，必须招标的具体范围由国务院发展改革部门会同国务院有关部门按照确有必要、严格限定的原则制定，报国务院批准。2018年6月6日，国家发展和改革委员会发布《必须招标的基础设施和公用事业项目范围规定》，其中第2条规定："不属于《必须招标的工程项目规定》第二条、第三条规定情形的大型基础设施、公用事业等关系社会公共利益、公共安全的项目，必须招标的具体范围包括：（一）煤炭、石油、天然气、电力、新能源等能源基础设施项目；（二）铁路、公路、管道、水运，以及公共航空和A1级通用机场等交通运输机场设施项目；（三）电信枢纽、通信信息网络等通信基础设施项目；（四）防洪、灌溉、排涝、引（供）水等水利基础设施项目；（五）城市轨道交通等城建项目。"此次改革体现了"该放的要放到位，该管的要管好"，体现了"确有必要和严格限定"原则，将原规定的12大类必须招标的范围缩减到5大类，大幅放宽对市场主体，特别是民营企业自行选择发包方式的限制。因此，审判实务中需要注意到，常见的商品房住宅开发项目、教科文卫体和旅游项目、市政工程项目、生态环境保护项目等，已经均不属于必须招标的项目范围。人民法院应当将上述新规定作为裁判标准，放宽必须招标的标准和范围。在过渡期内尚未审结的案件，可以适度从宽把握。①

应当依法招标而未招标的工程，当事人直接签订的施工合同因违反法律、行政法规的强制性规定，应当认定为无效。

要特别注意涉案工程是否属于必须招投标的工程项目范围，实务中的主要辨别方式有：一是审查发包人主体性质，如果发包人是行政机关、公共事业单位，则往往会涉及使用国有资金投资或者国家融资的项目；二是审查资金来源，如果资金系使用国际组织或者外国政府贷款、援助资金的项目，往往还涉及结汇等情况，合同中会作出特别约定；三是审查工程性质，如果涉案工程建设的目的是为不特定群体消费的，如体育馆、学校、图书馆等，多由政府或者政府委托的机构介入，往往也需要经过招投标；四是审查合同内容，如果合同是当事人应当通过招投标程序而签订的，则在其组成文件和解释顺序中也会有所体现。

【规范指引】

《招标投标法》第3条；《必须招标的工程项目规定》；《必须招标的基础设施和公用事业项目范围规定》。

## 二、与招投标活动有关的建设工程施工合同的成立和效力认定

《民法典》第471条规定："当事人订立合同，可以采取要约、承诺方式或者其他方式。"第483条规定："承诺生效时合同成立，但是法律另有规定或者当事人另有约定的除外。"因此，要约、承诺为合同成立的一般规则，在无特别规定的情况下合同的成立只需要当事人双方达成合意即可。而在建设工程领域，涉及与招投标活动有关的纠纷时，中标通知书的法律性质问题经常成为有关合同是否成立的争议焦点。司法实务中，在投标人收到招标人发出的中标通知书时，对双方之间的建设工程合同是否已经成立的问题长期存在分歧。

关于合同效力，属于人民法院在审理民事案件过程中应当主动审查和必须审查的内容，合同效力认定错误的，将导致案件审理的前提产生错误，从而直接影响案件裁判结果的正确性。在影响建设工程施工合同的法律效力认定方面，与已经实际进行的招投标活动直接相关的因素主要体现在《招标投标法》第33条、第50条、第52~55条、第57条规定的中标无效的几种情

---

① 参见最高人民法院民事审判第一庭编：《民事审判指导与参考》（总第76辑），人民法院出版社2019年版，第112页。

形，根据《施工合同解释（一）》第 1 条第 1 款第 3 项的规定，中标无效将导致参与招投标活动的双方当事人签订的施工合同无效。

## 争点 2：中标通知书的法律性质及合同成立时间如何认定

【案例】徐州某房地产开发有限公司与徐州某建筑工程有限公司建设工程施工合同纠纷案[①]

2021 年 2 月 10 日，徐州某房地产开发有限公司（以下简称某房地产公司）发布某工程设计采购施工工程总承包招标文件。同年 3 月 24 日，徐州某建筑工程有限公司（以下简称某建筑公司）向某房地产公司发出投标函，载明愿按照招标文件的要求，以总价 699 970 699.99 元承包此次招标范围内的全部工程。同日，某建筑公司又作出投标承诺书，载明若其中标，则承诺在收到中标通知书后，在中标通知书规定的期限内与某房地产公司签订合同。2021 年 4 月 26 日，某房地产公司向某建筑公司发出中标通知书，载明某建筑公司为该建设项目的中标单位，将于中标通知书发出之日起 30 日内，依据本工程招标文件、投标文件与某建筑公司签订合同，中标造价 699 970 699.99 元。同年 6 月 10 日，某建筑公司向某房地产公司发出关于退出涉案工程项目招标的函，载明：根据省国资委要求，省属国有企业不得垫资承担工程建设项目，经我司慎重考虑，决定退出由贵单位招标的某建设项目。后双方发生争议。

某房地产公司向法院提出诉讼请求：（1）确认投标保证金 80 万元归某房地产公司所有；（2）判令某建筑公司支付因放弃中标给某房地产公司造成的经济损失（包括工程延期损失、二次招投标费用损失以及两次中标价的差额损失等）计 31 426 532.09 元。

某建筑公司辩称：双方未成立建设工程施工合同关系，某建筑公司只应承担缔约过失责任；政府投资项目垫资施工的，违反《政府投资条例》的强制性规定，招投标无效；关于两次招标价差额损失问题，因工程款的结算尚不确定，中标价并非最终结算价，不能以两次招标价的差额认定损失。

---

① 参见江苏省丰县人民法院（2021）苏 0321 民初 6621 号民事判决书、江苏省徐州市中级人民法院（2022）苏 03 民终 9269 号民事判决书。

经审理，法院作出生效判决：某建筑公司向某房地产公司赔偿损失9 625 085.81元。

生效判决认为，《招标投标法》第45条规定："中标通知书对招标人和中标人具有法律效力。中标通知书发出后，招标人改变中标结果的，或者中标人放弃中标项目的，应当依法承担法律责任。"招标是要约邀请，投标是要约，发出中标通知书为承诺。本案中，某房地产公司已经按照招投标文件向某建筑公司发出了中标通知书，即双方已经达成合意，之后的书面合同只是进一步确认合同关系的形式，双方虽未另行订立书面合同，但并不影响双方之间建设工程施工合同的成立。

【分析】

中标通知书是在投标有效期内，招标人以书面形式向中标人发出中标的通知文件，在向中标人发出中标通知书同时，招标人也应当将中标结果通知未中标的投标人。中标通知书的内容包括中标人名称、项目名称、中标价、工期、工程质量、签订合同时间等内容。司法实务中，关于中标通知书的法律性质问题，以及中标通知书达到投标人后，招标人与中标人未如期签订建设工程施工合同情况下双方之间的合同关系是否成立的问题，曾长期存在分歧，主要有以下几种观点。

观点一：中标通知书到达投标人，建设工程施工合同的本约即成立。如湖南省高级人民法院在出台的规范性意见《关于审理建设工程施工合同纠纷案件若干问题的解答》（湘高法〔2022〕102号）第4条中规定："招投标过程中承包人与发包人签订中标通知书，承包人或发包人拒绝与对方签订正式建设工程施工合同文本的，此时应视为双方之间建设工程施工合同本约合同成立。"这一观点重点强调的是招投标活动本身在合同成立的一般过程中的环节定位，即招标人发出招标公告即为要约邀请，投标人进行投标即为要约，招标人确定投标人为中标人后向其发出中标通知书即为承诺。故而双方已经通过要约邀请、要约、承诺的方式成立了建设工程施工合同关系，虽然双方后期没有签订书面合同，但不影响双方根据招投标文件确立的权利义务关系。

观点二：施工合同关系尚未成立，但双方通过招投标程序成立了有关建设工程施工合同的预约合同关系。这一观点认为，投标活动大致分为两个阶段，第一阶段是自招标人发出招标公告起至投标人确定中标人并发出中标通知书时，此时双方形成的法律关系性质为预约合同；第二阶段是中标通知书达到后，双方就合同内容进一步磋商，并订立书面合同，此时方为本约合同。

根据《民法典》第 495 条的规定，当事人不按照中标通知书签订书面合同应当承担预约合同的违约责任，而不是按照施工合同的约定承担违约责任。

观点三：不成立合同关系。这一观点认为，根据法律规定，建设工程合同应当采用书面形式，当事人中标后未签订书面合同的，不符合法律关于建设工程施工合同成立的要求，施工合同不成立。在通过招投标缔结建设工程施工合同过程中，招标文件和中标人的投标文件虽包含了拟签订合同的主要、实质内容，但其并不构成合同本身，招标人发出的中标通知书仅是其要求中标人以双方招投标文件为准订立合同的意思表示，是缔约过程中的一个行为，并不能直接导致双方已经将招投标文件作为书面文本完成书面合同订立的结果，双方仍需通过签订书面合同来完成缔约，双方仍处于缔约阶段。对于合同不成立负有责任的一方承担的是缔约过失责任，而不是违约责任。

我们倾向认为，司法实务中应当以第一种观点来认定当事人之间施工合同的成立与否。招标人发出的中标通知书即是承诺，招标人和投标人之间自此成立建设工程施工合同关系，中标通知书具有成立建设工程本约合同的效力。《招标投标法》第 46 条规定："招标人和中标人应当自中标通知书发出之日起三十日内，按照招标文件和中标人的投标文件订立书面合同。招标人和中标人不得再行订立背离合同实质性内容的其他协议。"双方当事人订立书面合同是为了对双方往来文件内容进行最终的汇总确定，但并非重新对合同本身进行商议，双方也不得再行订立背离合同实质性内容的其他协议。最高人民法院在 2023 年出台的《合同编通则解释》中也明确了这一观点，该解释第 4 条第 1 款规定："采取招标方式订立合同，当事人请求确认合同自中标通知书到达中标人时成立的，人民法院应予支持。合同成立后，当事人拒绝签订书面合同的，人民法院应当依据招标文件、投标文件和中标通知书等确定合同内容。"该规定的内在逻辑是，经招投标程序成立的合同是招标投标程序中招标人、中标人之间通过招投标文件等各种书面文件所形成的当事人之间的合意。[①] 招标人的招标公告是要约邀请，投标人递交的投标文件是要约，招标人的中标通知书是同意接受投标人要约的意思表示，构成招标人的承诺。根据《民法典》第 483 条的规定："承诺生效时合同成立。"所以，从招投标程序中各方意思表示的性质可以确定，中标通知书到达之日，施工合同关系成

---

[①] 参见最高人民法院民事审判第一庭编著：《最高人民法院新建设工程施工合同司法解释（一）理解与适用》，人民法院出版社 2021 年版，第 224 页。

立。虽然双方并没有订立施工合同，但是在招投标过程中的"招标文件、中标人的投标文件和中标通知书本身就是书面建设工程施工合同，已经符合《民法典》规定的形式要件"①。这也是《施工合同解释（一）》第 22 条规定的当事人签订的建设工程施工合同与招标文件、投标文件、中标通知书实质性内容不一致，一方当事人请求将招标文件、投标文件、中标通知书作为结算工程价款依据时，应当予以支持的理由。而《招标投标法》第 46 条规定订立书面合同的要求，属于管理型、指导性规定，对合同成立并无影响。②

因此，我们在司法实务中应当明确：在中标通知书到达投标人后，招投标双方之间的合同权利义务关系已经建立，合同的主要条款已经确定，合同已经成立，双方之间自此成立合同本约关系，而非预约关系。双方当事人自此应当按照约定承担合同责任，任何一方违约（包括招标人或者投标人拒绝签订书面建设工程施工合同的情形）的，应当依法承担违约责任，而非缔约过失责任。

招标人发出招标公告，投标人进行投标，招标人向投标人发出中标通知书后，双方即成立建设工程施工合同关系。即使双方后期未签订书面的建设工程施工合同，但不影响根据招投标文件等资料确定双方之间的权利义务。

【规范指引】

《民法典》第 469 条、第 483 条；《招标投标法》第 46 条；《合同编通则解释》第 4 条。

## 争点 3：投标人以他人名义投标或者以其他方式弄虚作假骗取中标的，中标效力及施工合同效力如何认定

【案例】东北某建设股份有限公司与吉林市某房地产开发经营有限责任公司建设工程施工合同纠纷案③

2007 年，吉林市某房地产开发经营有限责任公司（以下简称吉林某房

---

① 谢勇、郭培培：《招投标文件应当作为认定支付工程款时间的依据》，载最高人民法院民事审判第一庭编：《民事审判指导与参考》（总第 84 辑），人民法院出版社 2021 年版，第 185 页。

② 参见最高人民法院民事审判第一庭编著：《最高人民法院新建设工程施工合同司法解释（一）理解与适用》，人民法院出版社 2021 年版，第 227 页。

③ 参见吉林省吉林市中级人民法院（2012）吉中民再初字第 6 号民事判决书、吉林省高级人民法院（2013）吉民再终字第 9 号民事判决书、吉林省高级人民法院（2014）吉民再字第 14 号民事判决书。本案为人民法院案例库案例，入库编号：2023-16-2-115-008。

地产公司）开发 X 项目一、二区，对外招标。吉林某房地产公司与庄某商谈该楼施工事宜后，庄某借用吉林某建设有限责任公司（以下简称吉林某建设公司）资质进行投标。2007 年 8 月，吉林某建设公司中标二区工程，中标价 7506 万元。吉林某建设公司未按照招投标文件要求与吉林某房地产公司签订书面合同。2008 年 5 月，吉林某建设公司退出中标工程，并出具退出书函，明确表示"我公司决定退出施工建设，其所发生的一切事宜我公司不负任何责任"。此后庄某施工队继续施工。2008 年 7 月，庄某借用东北某建设股份有限公司（以下简称东北某建设公司）资质重新投标并中标。中标内容与吉林某建设公司一致。同年 7 月 17 日，吉林某房地产公司与东北某建设公司签订《建设工程施工合同》。

东北某建设公司向一审法院提出诉讼请求：吉林某房地产公司给付工程款 28 175 721.79 元，自 2009 年 8 月 21 日起给付利息。

吉林某房地产公司辩称：工程尚未竣工，施工合同仍在履行中，其已经按照约定给付进度款 30 641 904.07 元，没有违约行为，未拖欠工程款。

经审理，法院作出生效民事判决：吉林某房地产公司于本判决生效之日起十日内给付东北某建设公司工程款 18 526 459.60 元及利息（按照中国人民银行发布的同期同类贷款利率计算，自 2009 年 8 月 21 日起计算至给付之日止）。

生效裁判认为：两次中标及东北某建设公司与吉林某房地产公司于 2008 年 7 月 17 日签订的《建设工程施工合同》均无效。庄某自认其分别以吉林某建设公司和东北某建设公司的名义投标并中标，依据《招标投标法》第 54 条"投标人以他人名义投标或者以其他方式弄虚作假，骗取中标的，中标无效"的规定，庄某以吉林某建设公司名义投标并中标，后在工程已经实际施工一年后，又以东北某建设公司名义投标并中标，均属于骗取中标，两次中标均无效。

【分析】

招投标程序遵循"公开招标、择优选取"的原则，依据《招标投标法》第 45 条第 2 款的规定，中标通知书对招标人和投标人具有法律约束力，中标是发包人与承包人签订施工合同的前提条件，只有合法的中标，才能成立合法的施工合同，中标无效，必然导致合同无效。《招标投标法》第 54 条第 1 款规定："投标人以他人名义投标或者以其他方式弄虚作假，骗取中标的，中标无效……"因此，在当事人的招标、投标行为违反了法律的强制性规定，中标无效的情况下，当事人之间签订的施工合同也应依法认定无效。

【规范指引】

《招标投标法》第54条；《施工合同解释（一）》第1条。

## 争点4：经过招投标的建设工程施工合同，中标人作出的让利承诺书如何认定

【案例】甲公司与乙公司建设工程施工合同纠纷案[①]

2006年3月1日，乙公司通过公开招投标中标了某花园一期工程，随即依据招投标文件与甲公司订立了《建设工程施工合同》，约定：甲公司将某花园一期工程交给乙公司施工，合同价款4500万元，合同价款可调整等。2006年4月1日，乙公司向甲公司出具一份《承诺书》，承诺对某花园工程予以让利，具体内容为某花园一期5号楼、6号楼按工程决算总额让利20%；4号楼、7号楼、8号楼及地下车库附属工程让利20%。后双方因工程价款给付问题产生争议。

生效判决认为：根据《招标投标法》第46条和原《施工合同解释》第21条规定，招标人（发包人）与中标人（承包人）按照招标文件和中标人的投标文件订立《建设工程施工合同》后，中标人单方出具让利承诺书，承诺对承建工程予以大幅让利，该让利承诺书构成对工程价款的实质性变更，该承诺书无效，不产生变更《建设工程施工合同》的效力。

【分析】

观点一：招标人（发包人）与中标人（承包人）按照招标文件和中标人的投标文件订立《建设工程施工合同》后，中标人单方出具让利承诺书，承诺对承建工程予以让利的，该让利承诺书构成对工程价款的实质性变更，承诺书无效，不产生变更《建设工程施工合同》内容的效力。

观点二：乙公司在中标后向甲公司出具的让利《承诺书》是当事人之间的真实意思表示，也是国内建筑市场的普遍现象，应当认定为有效，人民法院可以在双方约定的基础上适当限制让利的比例。

---

[①] 参见最高人民法院民事审判第一庭编：《民事审判指导与参考》（总第38集），法律出版社2009年版，第179页。

我们倾向认为，无论是原《施工合同解释》第 21 条还是现《施工合同解释（一）》第 2 条，其中都规定了招标人和中标人在中标合同之外以工程让利的方式另行签订的合同，属于变相降低工程价款，均背离了中标合同的实质性内容，该合同应属无效，不应作为当事人双方结算工程价款的依据。上述案例中的让利承诺书虽然表现为承包人对自身利益的单方处置行为，但实质上反映的是承包人与发包人共同约定变更工程价款的合意，该承诺书违反了《招标投标法》的强制性规定，亦与招投标程序公开、公平竞争的实质精神不符，应当认定为无效。

【裁判规则】

经过招投标签订的建设工程施工合同，中标人向发包人出具大幅让利承诺书的，该让利承诺书构成对工程价款的实质性变更，应当认定为无效，双方之间的权利义务应当按照原中标合同进行认定。

【规范指引】

《招标投标法》第 46 条；《施工合同解释（一）》第 2 条。

## 争点 5：当事人签订的建设工程施工合同与招标文件、投标文件、中标通知书载明的工程范围、建设工期等不一致时，招标文件、投标文件以及中标通知书等能否作为结算工程价款的依据

【案例】丰县某房地产开发有限公司与江苏某消防工程有限公司建设工程施工合同纠纷案[①]

2012 年 8 月 5 日，江苏某消防工程有限公司（以下简称某工程公司）向丰县某房地产开发有限公司（以下简称某房产公司）出具丰县某小区消防工程投标总价的总说明，其中记载：工程报价范围为人防地下室消火栓系统、喷淋系统、火灾报警系统；1# ~ 8# 楼消火栓系统，5#、6# 喷淋系统及火灾报警系统等。2012 年 9 月 13 日，某房产公司（甲方）与某工程公司（乙方）签订丰县某项目消防工程施工合同补充协议，约定：本工程采用双方共同商定的固定价 185 万元一次性包死，固定价包死的内容为本工程 1# ~ 8#

---

① 参见江苏省丰县人民法院（2019）苏 0321 民初 6429 号民事判决书、江苏省徐州市中级人民法院（2020）苏 03 民终 3877 号民事判决书。

楼设计图纸及图审、变更图纸消防部分的全部项目内容。后双方因工程价款结算问题产生争议。

某房产公司向一审法院提出诉讼请求：判令某工程公司返还工程款475 690.95元。

某工程公司辩称，某房产公司的诉求缺乏依据，其至今仍然拖欠某工程公司工程款和保证金未付，并据此反诉：某房产公司支付某工程公司工程款1 608 161元。

经审理，法院作出生效判决：某工程公司于判决发生法律效力之日起十日内返还某房产公司98 044.86元。

关于固定价185万元是否包含地下人防工程及商业（ABC）的消防工程款问题。一审法院认为：根据双方施工合同补充协议约定，固定价包死的内容为1# ～ 8#楼设计图纸及图审、变更图纸消防部分的全部项目内容，而根据消防系统图鉴定报告，消防工程防空地下室施工图、商业（ABC）两组消防系统的图纸是独立的图纸，不包含在1# ～ 8#楼设计图纸中，故认定双方签订的工程范围仅包括1# ～ 8#楼消防工程。二审法院认为：根据招投标文件载明的内容，某工程公司的投标价格包含了地下室消防工程，故对某房产公司要求以招投标文件作为工程价款结算依据的主张予以支持，应认定双方补充协议中约定的工程范围包含地下室消防工程。某房产公司另主张商业ABC的消防工程也包含在双方合同中，但从招投标文件中无法得出该结论，不予支持。

【分析】

《民法典》第473条第1款规定："要约邀请是希望他人向自己发出要约的表示。拍卖公告、招标公告、招股说明书、债券募集办法、基金招募说明书、商业广告和宣传、寄送的价目表等为要约邀请。"在招投标过程中，招标人出具的招标文件法律性质系要约邀请、投标出具的投标文件法律性质系要约，确定中标人行为的法律性质系承诺，之后招投标双方再根据中标结果签订《建设工程施工合同》，将双方已经达成一致的要约和承诺内容书面化、规范化，进而约束双方当事人的行为。因此，通常情况下当事人签订的书面合同内容应当与中标内容相一致。而在建设工程的招投标过程中，招标文件中会载明具体的施工范围，投标文件则系针对以上施工范围的报价，二者在施工范围方面应当基本一致。但由于在建筑市场中发承包双方各自的商业优势和利益分配的不同，实务中也常常出现当事人之间签订与招投标文件不尽一致的书面合同的情况，即实务中经常会提及的"黑合同"情形，此举不仅损害了正常的招投标程序，也多会损害中标人的合法权益，从而导致当事人之间工程价款争议的频发。这种情况下，我们应当坚持回归招投标活动本意，结合招投标文件准确认定当事人之间的权利义务关系。对此，《施工合同解释（一）》第 22 条也明确规定："当事人签订的建设工程施工合同与招标文件、投标文件、中标通知书载明的工程范围、建设工期、工程质量、工程价款不一致，一方当事人请求将招标文件、投标文件、中标通知书作为结算工程价款的依据的，人民法院应予支持。"因此，司法实务中对于经过了招投标程序的工程建设项目，人民法院除了应当审查当事人之间已经签订的书面合同的相关内容之外，还应当注意审查与工程施工相关的招投标文件，综合判断相关事实，准确认定当事人之间的权利义务内容。

【规范指引】

《施工合同解释（一）》第 22 条。

## 争点 6：对于当事人就同一工程签订的与中标合同内容实质不一致的合同，是否构成"黑白合同"

【案例】中建二局某建筑工程有限公司与武汉某投资开发有限公司建设工程施工合同纠纷案[①]

2006 年 2 月 15 日，武汉某投资开发有限公司（以下简称某投资公司）与中建二局某建筑工程有限公司（以下简称某建筑公司）签订《建设工程施工合同补充协议》（以下简称《2·15 协议》），约定由某建筑公司承包某投资公司开发的品牌服饰批发广场工程。2006 年 3 月 17 日，某投资公司向某建筑公司及其他建筑施工企业发出招标邀请通知书。后经评标，某建筑公司中标。2006 年 4 月 10 日，某投资公司与某建筑公司签订《建设工程施工合同》，合同主要内容与《2·15 协议》一致。2006 年 4 月 17 日，某投资公司与某建筑公司签订《建设施工合同补充协议》（以下简称《4·17 协议》）。其中，《4·17 协议》中除了时间及代理人与《2·15 协议》不同以外，其余内

---

① 参见最高人民法院民事审判第一庭编：《民事审判指导与参考》（总第 42 集），法律出版社 2011 年版，第 181 页。

容均一致。后双方因工程价款支付问题产生争议。

某建筑公司向一审法院提出诉讼请求：判令某投资公司支付拖欠的工程款 73 213 542.06 元及利息。

某投资公司辩称：依据《建设工程价款结算暂行办法》及双方之间的施工合同、《4·17协议》的约定，某投资公司已经履行了约定的付款义务（付款比例达 87.25%），某建筑公司的诉讼请求缺乏依据。

经审理，法院作出生效判决：某投资公司向某建筑公司支付工程欠款 42 617 578.62 元及利息。

生效判决认为：关于《2·15协议》及《4·17协议》是否有效的问题。原《施工合同解释》第21条规定："当事人就同一建设工程另行订立的建设工程施工合同与经过备案的中标合同实质内容不一致的，应当以备案的中标合同作为结算工程价款的依据。"该规定表明，建设工程发包人与承包人之间就同一工程签订与中标合同内容不一致的合同，原则上应以中标合同作为结算工程价款的依据。但如两份合同在工程价款、工程质量与工程期限等内容方面无实质性差异，并不必然导致非中标合同无效。本案双方当事人在项目招标前签订了《2·15协议》。某建筑公司中标后，双方当事人签订《建设工程施工合同》。合同的主要内容与《2·15协议》一致。后双方当事人又签订与《2·15协议》内容一致的《4·17协议》。《4·17协议》虽未备案，但有关工程造价数额、工程质量、工程期限及取价标准等合同主要内容与《建设工程施工合同》一致。事实证明，《4·17协议》为双方当事人意思表示真实，内容不违反法律法规的强制性规定，合法有效。某建筑公司关于《2·15协议》与《4·17协议》违反了相关法律规定，对其不公平，应认定为无效的主张，没有法律依据。

【分析】

原《施工合同解释》第21条规定："当事人就同一建设工程另行订立的建设工程施工合同与经过备案的中标合同实质性内容不一致的，应当以备案的中标合同作为结算工程价款的依据。"《施工合同解释（一）》第2条规定："招标人和中标人另行签订的建设工程施工合同约定的工程范围、建设工期、工程质量、工程价款等实质性内容，与中标合同不一致，一方当事人请求按照中标合同确定权利义务的，人民法院应予支持。招标人和中标人在中标合同之外就明显高于市场价格购买承建房产、无偿建设住房配套设施、让利、向建设单位捐赠财物等另行签订合同，变相降低工程价款，一方当事人以该合同背离中标合同实质性内容为由请求确认无效的，人民法院应予支持。"据此，在已经进行了合法的招投标程序情况下，建设工程的发包人与承包人之间就同一工程分别签订了中标合同以及与中标合同内容不一致的其他合同（通常所说的"黑合同"）时，原则上应以中标合同作为结算工程价款的依据。这里需要指出的是，在后签订的非中标合同应当在工程范围、建设工期、工程质量、工程价款等与工程建设具有重大关联的问题方面具有明显的不同，即构成对中标合同主要内容的实质性变更。如果两份合同在工程价款、工程质量与工程期限等内容方面无实质性差异，则不构成对中标合同内容的实质性变更，也不必然导致之后签订的非中标合同无效。

需要注意的是，实务中在遇到"黑白合同"的认定和适用时，应当以当事人之间的中标有效、中标合同有效为前提，在中标无效的情况下，当事人之间根据无效的中标所签订的施工合同本身欠缺合法性，故而不存在"黑白合同"的区分和选择适用问题。此外，在工程竣工验收后的工程价款结算过程中，双方当事人根据施工过程中工程项目本身发生的变化（如工程量增减、设计变更、价格调整等）以及各自权益的合理衡量（如围绕审计价作出的一定让利等）自行达成的结算协议，尽管与中标合同中约定的工程价款确定方式不尽相同，但不宜一概认定为"黑合同"而确认其无效。对工程竣工验收后当事人双方自行达成的结算协议，属于在施工任务完成以后，当事人针对已经完成的工程的价款权益经过衡量后单独作出的明确，并不完全等同于施工前为了明确将来的履行事项而签订的"黑合同"。对于此类协议，司法实务中一方面要尊重当事人双方的意思自治，另一方面也要注意审查其自行达成的结算协议是否与中标合同约定的结算方式明显相悖以及是否具有相关合理因素的考量。对于双方当事人总体上是以中标合同约定的结算方式为基础，结合实际施工情况以及合理的磋商因素最终达成的结算协议，应当确认其合同效力，不适用上述"黑白合同"的判断和处理规则。但对于双方以明显背离中标合同约定的方式所达成的结算协议，明显缺乏相应的合理因素以及事实基础，甚至已经违反法律禁止性规定，损害国家、集体以及他人的合法权益的，则不应当确认该结算协议的法律效力。

发包人与承包人就同一工程签订的与中标合同内容不一致的合同，原则上应当以合法的中标合同作为结算工程价款的依据。如果两份合同在工程价款、工程质量和工程期限等实质性内容上无实质性差别的，非中标合同亦可认定为有效。

【规范指引】

《施工合同解释（一）》第 2 条。

## 争点 7：对中标合同内容的普通变更与实质性变更如何区分和认定

【案例】湖北某工业学院与湖北某建筑工程有限公司建设工程施工合同纠纷案[1]

2008 年 11 月，湖北某工业学院（以下简称某工业学院）对学校校区进行扩建，将扩建项目的土石方、挡墙工程对外公开招标。招标文件载明：工程项目采用固定价格报价，投标人应充分考虑施工期间各类建材的市场风险和政策性调整风险系数，并计入总报价，今后不作调整。湖北某建筑工程有限公司（以下简称某建筑公司）中标该工程。2009 年 9 月 30 日，某建筑公司与某工业学院双方签订《一标段土石方工程施工合同中的相关问题》一份，载明：工期 60 日，采用固定单价合同，工程单价 22 元/立方米包干，以土石方总方量 29.8 万立方米来确定工程总价款金额，并以 22 元/立方米单价据实增减工程总价款等。

2009 年 12 月，某建筑公司与某工业学院签订《建设工程施工合同》一份，约定：某工业学院将其校区扩建项目土石方工程（已完成"三通一平"）发包给某建筑公司，合同价款按总造价 626.99 万元，土石方总量 29.8 万立方米确定等。

2010 年 10 月 20 日，双方又签订一份《土石方外运补充协议书》，对一标段剩余土石方的开挖外运事宜达成补充协议，主要内容为：一标段剩余土石方的数量以实测为准；合同工期为 2010 年 10 月 21 日至 2010 年 12 月 31 日；工程质量为合格；工程价款按 26 元/立方米包干计算等。

实际施工过程中，某建筑公司完成的一标段土石方工程总量为 37.11 万立方米，其中 22.61 万立方米为双方签订《土石方外运补充协议书》之前完成。该协议签订后，某建筑公司又完成 14.5 万立方米，该部分工程单价为 26 元/立方米，总价款 377 万元。截至双方成讼前，某工业学院已付工程款

---

[1] 参见湖北省高级人民法院（2016）鄂民终 617 号民事判决书、最高人民法院（2017）最高法民申 1006 号民事裁定书。

5 637 500 元。

某建筑公司向一审法院提出诉讼请求：判令某工业学院支付工程款 4 442 265.42 元及利息等。

某工业学院辩称：应当依据 2009 年 12 月双方签订的《建设工程施工合同》计算工程价款等。

经审理，法院作出生效判决：某工业学院于判决生效之日起十日内支付某建筑公司工程款 2 561 842.72 元及利息。

生效判决认为：关于 2010 年 10 月 20 日某工业学院与某建筑公司签订的《土石方外运补充协议书》对土石方价格的约定是否合法有效的问题。根据原《合同法》第 77 条①的规定，当事人协商一致，可以变更合同。对于经过招投标的合同，原则是以中标合同作为结算工程价款的依据，但在这一原则下，双方在履行合同过程中根据实际施工情况协商对中标合同的部分内容进行修改，属于正常的合同变更情形。本案中，从双方提交的施工文件看，施工中曾对倒土场和运距的变化进行过协商，且该剩余土石方的工程量只占工程的小部分，某建筑公司与某工业学院根据实际情况对一标段剩余土石方价格进行变更属于正常的合同变更，并不构成对中标合同内容的实质性变更，应为合法有效。某工业学院主张因剩余土石方价格变更增加的工程款属违法无效的主张，不能成立。

【分析】

在合同履行过程中，当事人双方根据实际发生的具体情况，在协商一致的基础上对原合同约定的相关内容进行变更是实务中常见的情形，也是合同法领域当事人意思自治的表现。经协商一致所达成的变更内容，实际上在当事人双方之间形成了一个新的合同关系，当事人应当按照变更后的合同内容履行相关义务及享有相关权利。但在招投标领域中，法律规定了此类合同的签订应当履行招投标这一必要的程序方才能够顺利产生法律效力，由此带来的问题是，如果在合同履行过程中当事人根据实际情况需要协商变更部分合同内容时，是应当重新进行招投标予以确定，还是可以直接协商签约？所达成的变更协议是否将陷入与中标合同不符的"黑合同"的评价范畴？

我们认为，对这一问题的处理应当充分考量招投标法律制度与当事人

---

① 现对应《民法典》第 543 条。

的合同自由原则之间的有机统一。实务中，由于工程建设项目本身的复杂性，即使是经过招投标程序签订的施工合同，往往也难以穷尽施工过程中可能出现的各种因素，如实际工程量增减、设计变更等，而当实际施工过程中确实出现了原合同中没有约定，或者约定不明，以及按照原合同的约定履行将明显对合同一方不公平的情况下，应当在一定范围内允许当事人通过协商一致来对原合同中的相关内容进行变更。同时，结合建设工程施工合同关系本身的特性，某项工程一旦开工建设，发承包双方之间将形成一定的依附和信赖关系，双方将共同致力于保障工程施工的连续性和稳定性，如果在针对部分小范围的合同内容进行调整时不考虑这一层已经存在的合同关系，一味要求重新招标确定，则客观上也不利于施工合同的履行和工程建设任务的有效完成。因此，施工合同的双方当事人根据履行合同的实际情况，对原合同中的小范围内容进行变更约定的，原则上应当予以准许，不宜将其一概认定为对原中标合同内容的实质性变更，不宜一概认定为没有法律约束力的"黑合同"。当然，这种当事人可通过协商一致的方式直接变更中标合同中小范围内容的规则也应当受到一定的限制，从而避免在司法实务中被无限制地扩大适用，防止这一原本有利于中标合同履行的规则与我国招投标领域的法律强制性规范相冲突。这里最应当注意的是国家发展和改革委员会发布的《必须招标的工程项目规定》第5条的规定，即"本规定第二条至第四条规定范围内的项目，其勘察、设计、施工、监理以及与工程建设有关的重要设备、材料等的采购达到下列标准之一的，必须招标：（一）施工单项合同估算价在400万元人民币以上；（二）重要设备、材料等货物的采购，单项合同估算价在200万元人民币以上；（三）勘察、设计、监理等服务的采购，单项合同估算价在100万元人民币以上。同一项目中可以合并进行的勘察、设计、施工、监理以及与工程建设有关的重要设备、材料等的采购，合同估算价合计达到前款规定标准的，必须招标"。因此，司法实务中应当注意与上述规定的协调适用。当事人之间变更中标合同中的相关内容达到以上规定的金额标准的，尤其对于原招投标过程中完全未曾涉及的专业采购、附属工程建设等可以与原中标合同约定的建设范围相互独立区分的项目，应当依法通过招投标程序另行签订相关合同。

  施工合同双方在履行合同过程中根据实际施工情况协商对中标合同的部分内容进行变更，且变更内容未达到法律法规规定的必须招标的项目标准的，属于正常的合同变更，不构成对中标合同内容的实质性变更，应当认定为合法有效。

【规范指引】

《民法典》第 543 条;《必须招标的工程项目规定》第 5 条。

## 第三节 建设工程招投标案件疑难问题

### 问题 1:应当通过公开招标却通过邀请招标的方式签订的建设工程施工合同,如何认定其法律效力

【案例】江苏某建设工程有限公司与睢宁县某教育中心建设工程施工合同纠纷案[①]

睢宁县某教育中心(以下简称某教育中心)通过政府拨款方式建设教学楼、宿舍、食堂等项目。江苏某建设工程有限公司(以下简称某建设公司)是从事房屋建设工程施工的一级单位,其通过邀标方式与某教育中心于 2008 年 5 月 8 日签订教学楼建设工程施工合同。后双方因工程款给付问题发生争议。

某建设公司向一审法院提出诉讼请求:请求某教育中心支付工程尾款及利息共计 61 万元。

某教育中心辩称:某建设公司是长期从事施工的单位,对该工程违反招投标强制性规定的行为是明知的,自身存在过错,因此对造成的利息损失也应承担 50% 的责任。

经审理,法院作出生效判决:某教育中心于判决生效之日起十日内给付某建设公司工程款 6.9 万元及利息损失 53.57 万元。

生效判决认为:某教育中心的教学楼、宿舍、食堂等工程建设资金来源于地方财政拨款,应当通过公开招标,但却通过邀请招标方式与某建设公司签订

---

① 参见江苏省睢宁县人民法院(2014)睢民初字第 00102 号民事判决书、江苏省徐州市中级人民法院(2014)徐民终字第 3095 号民事判决书。

了建设工程施工合同及附属工程协议书，其行为违反了法律的禁止性规定，故双方签订的建设工程施工合同及附属工程协议书，依法应当认定为无效。

【分析】

关于应当通过公开招标却通过邀请招标方式签订的建设工程施工合同效力问题，实务中存在一定的分歧。我们倾向认为，《招标投标法》明确规定了三大类必须进行招标的建设工程项目，同时规定了招标分为公开招标和邀请招标，二者都属于合法的招标行为，但该两种招标方式在适用范围上却有不同。在我们现有的法律框架下，基本上形成了以公开招标为原则，以邀请招标为例外和辅助的招标活动规范。对于邀请招标，根据《招标投标法》第11条的规定，只有"国务院发展计划部门确定的国家重点项目和省、自治区、直辖市人民政府确定的地方重点项目不适宜公开招标的，经国务院发展计划部门或者省、自治区、直辖市人民政府批准，可以进行邀请招标"。《招标投标法实施条例》第8条中更是进一步规定了："国有资金占控股或者主导地位的依法必须进行招标的项目，应当公开招标；但有下列情形之一的，可以邀请招标：（一）技术复杂，有特殊要求或者受自然环境限制，只有少量潜在投标人可供选择；（二）采用公开招标方式的费用占项目合同金额的比例过大……"因此，原则上不应当将邀请招标的适用范围进行无限制地扩大化，否则将容易使招投标市场中公平公开的竞争机制遭到破坏，招投标制度的立法目的落空。司法实务中，对于客观上符合公开招标条件的工程建设项目，当事人未经审批刻意规避招标制度而进行邀请招标的，其所签订的施工合同应当认定为无效。而对于符合法律、行政法规的相关规定，当事人取得了有关准予邀请招标的审批手续的工程建设项目，不存在刻意规避法律强制性规定的行为目的，通过邀请招标签订的建设工程施工合同应当认定为有效。上述案例中，某教育中心的项目属于通过政府拨款方式建设，应当公开招标，但其却在未办理任何审批手续的情况下，通过邀请招标的方式签订了建设工程施工合同，故应当认定该合同因违反法律的禁止性规定而无效，并按照无效合同的法律后果进行处理。

【规范指引】

《招标投标法》第3条、第10条、第11条；《民法典》第153条、第157条；《施工合同解释（一）》第1条。

## 问题 2：中标通知书发出后，招投标的一方当事人"毁标""弃标"的，如何认定相关法律责任

【案例】沈阳某铝业工程有限公司与某兴业（厦门）有限公司建设工程合同纠纷案[①]

沈阳某铝业工程有限公司（以下简称某工程公司）与某兴业（厦门）有限公司（以下简称某兴业公司）就某项目的价格，自 2013 年 9 月 29 日起进行了多次的议标，某兴业公司向某工程公司发出的《中标通知书》包含分包工程项目、合同总价、包干方式、合同工期、付款办法等内容，某工程公司收到该《中标通知书》后亦按某兴业公司的要求，于 2014 年 7 月 30 日向某兴业公司进行回复，确认同意按《中标通知书》的条件接受某兴业公司的委托执行及完成涉案工程。某兴业公司于 2014 年 9 月 12 日向某工程公司发出暂缓签署合同的工作函，但该行为为某兴业公司的单方行为，未得到某工程公司的认可。某工程公司于 2016 年 6 月 24 日以律师函方式要求某兴业公司履行涉案合同、允许某工程公司进场施工，某兴业公司收到该函件后未予答复，2016 年 7 月 19 日，某工程公司再次向某兴业公司发出一份《律师函》，载明因某兴业公司经多次催促仍不履行合同主要债务，某工程公司有权解除合同，告知双方因招投标成立的建设工程施工合同关系于某兴业公司收到该律师函时解除；某兴业公司已于次日收到该函件。

某工程公司向一审法院起诉请求：某兴业公司赔偿某工程公司损失共计 17 367 103.6 元（含打印装订费用 52 030.72 元、项目配备人员出差补助 74 270 元、差旅费 300 000 元、工资 4 476 622.28 元、奖金 359 289.28 元以及预期利润损失 12 104 891.32 元）。

经审理，法院作出生效判决：某兴业公司应于判决生效之日起十日内赔偿某工程公司预期利润损失 12 104 891.32 元，驳回某工程公司其他诉讼请求。

生效判决认为：关于某工程公司与某兴业公司之间的合同是否成立的问题。某兴业公司向某工程公司发出的《中标通知书》，某工程公司收到该《中标通知书》后进行回复，确认同意按《中标通知书》的条件接受某兴业公司

---

[①] 参见福建省厦门市思明区人民法院（2017）闽 0203 民初 15503 号民事判决书、福建省厦门市中级人民法院（2018）闽 02 民终 4782 号民事判决书。

的委托执行及完成涉案工程。可见,某工程公司接受了某兴业公司的要约并作出承诺,双方当事人就涉案项目的合同已成立。

关于合同未能履行的原因以及责任的承担方式问题。合同未能履行的原因在于某兴业公司拒绝履行合同义务,某兴业公司应当承担违约责任。损失赔偿额包括合同履行后可以获得的利益,但应当以订立合同时当事人应当预见违约可能造成的损失额为限。某工程公司要求某兴业公司赔偿其预期利润损失符合法律规定,应予以支持,但某工程公司主张的包括打印装订费用、工资损失、差旅费等直接损失均系某工程公司为订立合同应当支出的费用,不应予以支持。某工程公司投标报价的金额包含每个单项工程的制作利润和安装利润,并以每个单项工程的价格为基础,根据相应的工程量,确定了投标总价为 225 808 519.8 元。某兴业公司亦确认其向某工程公司发出的《中标通知书》中的原投标总价(2013 年 11 月 20 日)的金额 225 808 519.8 元系某工程公司投标总价,由此可见某兴业公司接受了某工程公司包含利润的投标价格。某工程公司主张 225 808 519.8 元对应的利润 12 046 058.75 元,有相应的事实依据,予以采纳。同理,因中标通知书中 GFRC 板品牌更换后价格增加 300 万元的报价,亦包含制作利润 58 832.57 元,亦应予以支持。综上所述,支持某工程公司主张的损失金额为 12 104 891.32 元。

【分析】

与自主磋商订立的普通民商事合同不同,通过招投标程序订立的合同需要经过招标、投标、定标等一系列流程,合同的磋商过程也是围绕着招投标文件进行。实践中,在建设项目的招标人发出中标通知书后,招标人和中标人基于各种原因未能如期签订书面的施工合同的情形时有发生,对于招标人拒绝签订书面合同的情形,我们通常称之为"毁标",而对于中标人拒绝签订书面合同的情形,我们则通常称之为"弃标"。当招投标过程中发生"毁标"或者"弃标"情形时,相关当事人需要承担何种法律责任,以及责任的范围如何认定,在长期以来的司法实务中也存在着一定的争议。《招标投标法》第 45 条第 2 款规定:"中标通知书对招标人和中标人具有法律效力。中标通知书发出后,招标人改变中标结果的,或者中标人放弃中标项目的,应当依法承担法律责任。"该规定中虽然明确了中标通知书的法律效力以及"毁标""弃标"一方应当承担法律责任,但对于具体的责任性质和责任形式未再作出进一步的明确规定,需要我们结合其他的民事法律规范在涉及招投标活动的司法实务中予以具体的认定和把握。实务中,曾有观点认为,招标人向中标人发出中标通知书后，一方未按照《招标投标法》的规定履行订立书面合同的义务的，对方可以请求其承担违反预约合同的民事责任或者要求解除预约合同并主张损害赔偿；还有观点提出，招投标文件与中标通知书已经具备建设工程施工合同的主要内容，且法律也明确规定当事人之间不得对此作出实质性的变更，故即便未订立书面合同，双方之间的本约合同关系已然成立，相关当事人需要承担的是本约合同项下的违约责任。

对此，我们倾向认为，《招标投标法》第46条规定："招标人和中标人应当自中标通知书发出之日起三十日内，按照招标文件和中标人的投标文件订立书面合同。招标人和中标人不得再行订立背离合同实质性内容的其他协议。"从招投标活动的具体流程以及招标、投标行为的具体法律性质出发，以上规定双方当事人订立书面合同的目的，本质上是对双方已经共同确认的合作内容进行最终的汇总确定，是对已然存在的合同关系进行形式上的进一步完备，而不是让双方当事人重新进行磋商以达成一份独立的合同。实质上，双方也不得再行订立背离经过招投标程序的合同实质性内容的其他协议。因此，如本章争点2论及的，招标人发出招标文件属于要约邀请，投标人进行的投标行为属于要约，而招标人发出的中标通知书则属于承诺。根据合同成立的基本规则，中标通知书到达投标人时承诺生效，进而合同成立，招标人和投标人之间自此成立建设工程施工合同关系。进而，在中标通知书到达投标人之后，若发生招标人"毁标"或者投标人"弃标"情形的，相关当事人均应当承担本约合同项下的违约责任，而非违反预约合同的责任，如此也更有利于维护非"毁标"或"弃标"一方当事人的合法权益。

对于"毁标"或"弃标"一方当事人应当承担的违约责任范围，则与普通的已经签订书面合同情形下的责任并无二致，守约方均可以要求违约方支付在中标通知书项下所能明确涉及的违约金，也可以依法要求违约方赔偿损失，包括已经发生的实际损失与合同正常履行情况下的可得利益损失。实务中的区别仅在于确定双方之间合同具体内容的方法，在仅有中标通知书而未签订书面的施工合同的情况下，人民法院需要结合招投标过程中的各类文件来确定当事人之间的具体权利义务内容。最高人民法院在《合同编通则解释》第4条第1款中对此亦有规定："采取招标方式订立合同，当事人请求确认合同自中标通知书到达中标人时成立的，人民法院应予支持。合同成立后，当事人拒绝签订书面合同的，人民法院应当依据招标文件、投标文件和中标通知书等确定合同内容。"

【规范指引】

《招标投标法》第 45 条、第 46 条;《民法典》第 495 条、第 577 条、第 580 条。

## 问题 3:在投标人未中标的情况下,投标人要求返还投标保证金的纠纷是否适用不动产专属管辖

投标保证金是投标人按照招标文件规定的形式和金额向招标人递交的,约束投标人在投标有效期内履行其投标义务的担保,[①] 目的在于避免因投标人在投标有效期内随意撤回、撤销投标,或者中标后不能签署合同等行为而给招标人造成损失。在招投标活动中,偶有出现投标人在未中标的情况下,与招标人就返还投标保证金问题产生纠纷,此时首先需要考虑的问题即是案件的管辖。对于此类问题,司法实务中存在一定的争议:第一种观点认为,投标人按照招标文件的要求交纳投标保证金,实际已与招标人形成一种合同关系,故属于合同纠纷,应由被告住所地或者合同履行地人民法院管辖;第二种观点认为,投标人根据招标文件的要求向招标人发出投标要约,而招标人经过评标、定标等程序并未对投标人作出承诺,双方之间未成立合同关系,故不属于合同纠纷,仅应由被告住所地人民法院管辖;第三种观点认为,因建设工程投标保证金的返还问题产生的纠纷属于建设工程合同纠纷项下的一种,应当适用不动产专属管辖。对此,我们倾向认为,根据《民事诉讼法解释》第 28 条"农村土地承包经营合同纠纷、房屋租赁合同纠纷、建设工程施工合同纠纷、政策性房屋买卖合同纠纷,按照不动产纠纷确定管辖"的规定,故而应当通过审查当事人之间是否已经形成了事实上的建设工程施工合同关系来判断双方因投标保证金的返还问题所产生的纠纷是否适用不动产专属管辖。实务中,对于名义上虽然处于招投标阶段,但投标人事实上已经进场施工,或者已经为履行施工合同作出了较为详尽的用工、材料和机械设备方面的准备,以及与招标人就工程施工事宜达成了一定合意的,则应当认定双方之间已经建立了事实上的建设工程施工合同关系。在此情况下,因投标人最

---

[①] 参见国家发展和改革委员会法规司、国务院法制办公室财金司、监察部执法监察司编著:《中华人民共和国招标投标法实施条例释义》,中国计划出版社 2012 年版,第 66 页。

终未能中标、未能继续承建相关工程等所产生的返还投标保证金的纠纷，应当属于当事人在建设工程施工合同关系中产生的争议，适用不动产专属管辖的规定。但若工程项目仅仅处于招投标阶段，未实际开工建设，投标人未与招标人之间达成任何有关后期工程施工方面的合意，后期也未中标的，则当事人之间实质上尚未建立起建设工程施工合同关系，不符合法律有关不动产纠纷的法律关系特征，不应当适用不动产专属管辖。在此情形下，当事人之间有关返还投标保证金的纠纷应当适用一般的合同纠纷案件确定管辖。

【规范指引】

《民事诉讼法》第 34 条；《民事诉讼法解释》第 28 条。

## 问题 4：在政府投资项目的招标过程中，招标文件要求中标人垫资施工，据此条件签订的施工合同的法律效力如何认定

【案例】徐州某房地产开发有限公司与徐州某建筑工程有限公司建设工程施工合同纠纷案[①]

生效判决认为：关于涉案工程的第一次招投标是否合法的问题。某建筑公司主张第一次招标违反了国务院 2019 年 7 月 1 日起施行的《政府投资条例》第 22 条中关于政府工程项目不得由施工单位垫资建设的规定，应为无效招标。经查明，某房地产公司在招标文件中虽载明涉案工程无预付款等条款，但该部分条款并未违反法律、行政法规的强制性规定，结合某房地产公司一审中提交的相关审批文件载明的涉案工程资金来源是自筹，故某建筑公司的上述主张缺乏依据，不予采信。

【分析】

对于政府投资项目，在招投标活动中，同样可能出现招标方在招标文件中明确载明招标工程没有预付款，需要由承包方垫资施工的情形。对于该种招标条件是否有效，司法实务中同样存在分歧意见：第一种观点认为，该招标条件的内容有效。此种观点主要认为，在招标文件中对此条件要求已经作出明确的情况下，承包人的投标行为即表示接受，符合双方的真实意思表示，

---

[①] 参见江苏省丰县人民法院（2021）苏 0321 民初 6621 号民事判决书、江苏省徐州市中级人民法院（2022）苏 03 民终 9269 号民事判决书。本案基本案情可参见本章争点 2【案例】部分。

应为有效。第二种观点认为，该招标条件的内容无效。此种观点主要认为，根据国务院在《政府投资条例》中已经明确禁止了政府投资项目中要求施工单位进行垫资施工的行为，且有鉴于建筑市场的客观情况，投标人按照此类条件进行投标也很难认定为其真实的意思表示，多数情况下是为了顺利承接工程而不得不接受招标人制定的苛刻条件，故应当认定为无效。

我们倾向认为，司法实务中更应当采用第一种观点。所谓垫资，是指承包人在签订合同后，不要求发包人先行支付工程款或支付部分工程款，而是利用自有资金先进场施工，待工程施工到一定阶段或工程全部完成后，再由发包人支付承包人垫付的工程款。1996 年原国家计划委员会、原建设部和财政部联合发布的《关于严格禁止在工程建设中带资承包的通知》（已失效）第 4 条、第 5 条对垫资行为进行了明确的禁止，此后很长的一段时间内，有关建设工程施工合同履行中的垫资行为都会被认定为无效。直到 2004 年原《施工合同解释》施行后，对垫资行为进行了肯定，确立了垫资合同有效的处理原则。现行《施工合同解释（一）》中同样直接沿用了以上规定："当事人对垫资和垫资利息有约定，承包人请求按照约定返还垫资及其利息的，人民法院应予支持，但是约定的利息计算标准高于垫资时的同类贷款利率或者同期贷款市场报价利率的部分除外。当事人对垫资没有约定的，按照工程欠款处理。当事人对垫资利息没有约定，承包人请求支付利息的，人民法院不予支持。"由此可见，司法解释已将工程垫资施工认定为建设单位与施工单位之间合法有效的真实意思表示，双方之间有约定的按约定履行，没有约定的按工程欠款处理。施工单位违反垫资约定，无法继续提供建设资金的，还应当承担违约责任。

而对于国务院《政府投资条例》施行后的影响问题，有学者提出：《政府投资条例》正式施行之后，明确禁止了政府投资项目中的施工单位垫资行为，基于其行政法规的法律层级，将导致今后出现的政府投资项目中的垫资条款无效，甚至可能会危及整个施工合同的效力。但在目前的司法解释和司法政策保持不变的情况下，这种否定性的评价对于垫资现象的遏制效果可能未必明显。根据既有的司法政策，即使可以将垫资条款认定为无效，但相应的司法后果在既有的司法解释框架下根本无法得到调整和改变，结算时依然会参照处理。更为重要的是，垫资款项利息仍然会按照司法解释规定的贷款利率计算。因此，政府投资领域要想彻底禁止垫资施工，还需要行政法规和司法解释有机衔接。①

我们认为，目前综合来看，国务院《政府投资条例》于2019年7月1日起施行，而《施工合同解释（一）》自2021年1月1日起施行，其中并未涉及政府投资项目的垫资施工问题对招投标活动以及施工合同效力的影响。由此可以得出，从司法解释制定中相关态度来看，最高人民法院在对原《施工合同解释》、原《施工合同解释（二）》进行修改时，并未将国务院《政府投资条例》第22条规定的"政府投资项目不得由施工单位垫资建设"界定为效力性强制性规定，违反该规定也不必然导致中标结果以及施工合同无效，实务中也没有对基于此类招标条件签订的施工合同认定无效的必要。

【规范指引】

国务院《政府投资条例》第22条；《施工合同解释（一）》第25条。

---

① 王阳、白楚玄：《禁止垫资施工行政法规相继出台，如何与司法解释有机衔接引关注——政府投资项目不得垫资建设》，载《法治日报》2020年8月22日，第4版。

# 第五章　建设工程施工合同案件主体纠纷常见争点与法律适用

## 第一节　建设工程施工合同主体纠纷概述

### 一、基本情况

与建设工程施工合同相关联的主体包括发包人、承包人、监理人、设计人、发包人代表、项目经理、监理工程师、专业分包人、劳务分包人等所有在工程建设施工过程中享受权利并承担义务的自然人和组织。[①]《民法典》第788条第1款规定："建设工程合同是承包人进行工程建设，发包人支付价款的合同。"由此可知，发包人和承包人是建设工程活动中最重要的参加人。在一般的合同纠纷中，权利义务主体通常为订立合同的当事人，对此并不存在太大争议。但在建设工程施工合同纠纷中，订立合同的主体与实际履行合同的主体，乃至工程最终的受益主体常常产生分离。如审判实践中会遇到发包人与工程产权人不一致的情况，而承包人在承接工程后也往往会将工程转包或者违法分包给其他主体进行实际施工，实际施工人借用他人资质及名义承揽工程、订立合同的现象更是屡见不鲜。由此导致在建设工程施工合同案件中，涉及合同主体的争议频发。因此，有必要首先正确认识建设工程施工合同案件中的权利义务主体。

---

[①] 参见林一：《建设工程施工合同纠纷案件审判实务》，法律出版社2015年版，第24~25页。

## 二、常见概念

### （一）发包人

发包人，是指将建设工程相关的勘察、设计、施工等业务通过签订建设工程合同交给他人完成的，具有工程发包主体资格和支付工程价款能力的当事人，以及取得该当事人资格的合法继受人。发包人有时称为发包单位、建设单位或项目业主、项目法人等。由于在建设工程合同中，发包人常常作为合同的甲方，所以在建设工程领域的"甲方"多数特指发包人。

【注意事项】

《建筑法》虽然将发包人称为发包单位，文义上似指组织体，但"单位"并非法律术语。事实上，法律并未明确禁止自然人作为发包人，法律要求的仅是从事房地产开发的发包人应当具备一定的资质。如在农村住宅的建设中，个人就可以作为发包人。《江苏省村镇规划建设管理条例》第15条第2款即规定："村（居）民个人建住宅，向乡（镇）人民政府申请核发村镇工程建设许可证。"

【规范指引】

《民法典》第788条。

### （二）承包人

承包人，是指被发包人接受的具有工程施工承包资质主体资格的当事人以及取得该当事人资格的合法继受人。承包人有时也称承包单位、施工企业或者施工人。承包人除了应当符合《民法典》关于主体资格的相关规定外，还要满足《建筑法》中关于施工合同的承包人主体资格的要求。施工合同的承包人必须具有企业法人资格，同时持有工商行政管理部门核发的营业执照和建设行政主管部门颁发的资质证书，并在核准的资质等级许可范围内承揽工程。鉴于建设工程的复杂性和复合性，法律允许建设工程的总承包人将承包工程中的部分工程发包给具有相应资质条件的分包单位。因此，承包人可以分为总包人和分包人。

1. 总包人。总包人是总承包方式中的承包人。总承包人，又称"交钥匙包"，是指发包人将工程的施工等工程建设的全部任务发包给一个具备相应总承包资质条件的承包人，由该承包人负责工程的全部建设工作，直至工程竣工,向发包人交付经验收合格、符合发包人要求的建设工程的承包方式。总包人可以将建筑工程的部分工程分包给具备相应资质的其他单位完成,但建筑工程的主体结构施工必须由总承包单位自行完成。此外,法律禁止总包人将其承包的全部建筑工程转包给他人,也不允许总包人将其承包的全部建筑工程支解以后以分包的名义分别转包给他人。

【规范指引】

《民法典》第788条、第791条。

2.分包人。建筑工程分包是相对总承包而言的,工程总承包人承包建设工程后,经发包人同意,可以将其承包的某一部分工程或者若干部分工程再发包给其他具备相应资质的承包人。承接该部分工程的承包作业或施工的当事人,即为分包人。

按分包内容进行划分,又可以将分包人分为专业分包人和劳务分包人。专业分包人,是指在建设工程中,具有相应的专业资质,承包总包人主体结构以外的其他专业工程的施工企业。专业分包人对应的合同主体是总包人,分包对象是承包合同中的专业工程。在专业分包情况下,总包人要对分包工程实施管理,总、分包双方对分包工程的质量缺陷向发包人承担连带责任。劳务分包人,是指具有劳务作业资质,在总包人或者专业分包人承包的工程中承接劳务作业的企业。劳务分包人对应的合同主体是总包人或者专业分包人,分包对象指向工程中的劳务。在劳务分包情况下,分包人可以自行管理施工作业事宜,并且只对总包人或者专业分包人负责,总包人和专业分包人对发包人负责,劳务分包人不直接对发包人承担责任。

【注意事项】

在劳务分包中,分包人主要提供劳务,而材料、机器设备及技术管理等一般应当由与劳务分包人订立分包合同的发包单位负责。司法实务中,对于名义上订立的是劳务分包合同,但劳务分包人在提供劳务的同时还需要进行主要材料的采购、重大机械设备的租赁等情形,应当被认定为借劳务分包之名,行工程转包或者工程施工分包之实,应当根据当事人之间真实的权利义务内容确定其法律关系,不应当再认定为劳务分包关系。

【规范指引】

《民法典》第788条、第791条;《施工合同解释(一)》第5条、第15条。

## （三）转包

转包，是指承包单位承包工程后，自己不履行合同的责任和义务，将所承包的工程倒手转给第三人或支解以后以分包的名义分别转让给其他人承包，使该第三人或其他人成为建设工程的实际承包人的行为。[①] 转包的主要特征表现如下：其一，转包人不履行建设工程施工合同中的全部义务，不承担施工、管理、技术指导等技术经济责任；其二，转包人将合同权利与义务全部转让给转承包人。司法实践中，转包往往表现为，承包人在承接建设工程后并不成立项目部，也不派驻管理人员和技术人员在施工现场进行管理和技术指导，而是直接将工程转给他人负责施工完成。

转包实质上变更了施工人，规避了相应施工资质要求，难以保证工程质量，损害了发包人合法权益，并且严重扰乱了建筑市场管理秩序。因此，转包为法律所禁止。《建筑法》第28条规定："禁止承包单位将其承包的全部建筑工程转包给他人，禁止承包单位将其承包的全部建筑工程肢解以后以分包的名义分别转包给他人。"《民法典》第791条第2款规定："……承包人不得将其承包的全部建设工程转包给第三人或者将其承包的全部建设工程支解以后以分包的名义分别转包给第三人。"对于转包行为，转包人应依法承担相应的行政法律责任。《建筑法》第67条第1款、《建设工程质量管理条例》第62条均对此作了规定。

关于转包行为对合同效力的影响。转包中存在两层合同关系，即发包人与承包人之间的建设工程施工合同关系，以及承包人与转承包人之间的转包合同关系。对于承包人与转承包人之间的转包合同的效力，相关法律和司法解释已明确规定其无效。《施工合同解释（一）》第1条规定："承包人因转包、违法分包建设工程与他人签订的建设工程施工合同，应当依据民法典第一百五十三条第一款及第七百九十一条第二款、第三款的规定，认定无效。"对于发包人与承包人之间的建设工程施工合同的效力，在发包人与承包人双方意思表示真实，不违反法律、行政法规强制性规定，且无证据证明发包人在签订施工合同时明知该工程将由第三人实际组织施工的情形下，应当认定合同有效。

---

[①] 参见张广兄：《建设工程施工合同纠纷诉讼指引与实务解答》，法律出版社2013年版，第103页。

**【规范指引】**

《民法典》第791条;《建筑法》第28条、第67条第1款;《建设工程质量管理条例》第62条;《施工合同解释(一)》第1条。

(四)违法分包

违法分包,是指承包单位承包工程后违反法律法规的规定或者施工合同中关于工程分包的约定,把单位工程或者分部分项工程分包给其他单位或个人施工的行为。按照法律规定,合法的工程分包必须符合以下几个条件:(1)除总承包合同中约定的分包外,必须经发包人同意;(2)承包人只能将自己承包的部分工作交由第三人完成,而且不得是主体结构的施工;(3)第三人必须是具有相应资质条件的单位。违反上述条件之一的,均可认为构成违法分包。实践中,违法分包行为主要表现在以下几个方面:(1)承包人未经发包人同意,将自己承包的工程全部转包或部分分包给第三人;(2)承包人将其承包的工程分包给不具有相应资质的第三人;(3)分包的第三人将其分包的工程再次分包;(4)承包人将主体结构的施工工作分包给第三人;(5)发包人将应当由一个承包人完成的建设工程支解成若干部分后分包给几个承包人;(6)承包人将其承包的全部建设工程支解以后分别以分包名义分别转包给第三人;(7)法律、法规规定的其他违法分包行为。[①]

违法分包行为损害了发包人合法权益,增加了工程质量风险,严重扰乱了建筑市场管理秩序,属于法律所明令禁止的行为。《民法典》第791条第2款规定:"……承包人不得将其承包的全部建设工程转包给第三人或者将其承包的全部建设工程支解以后以分包的名义分别转包给第三人。"《建筑法》第29条第3款规定:"禁止总承包单位将工程分包给不具备相应资质条件的单位。禁止分包单位将其承包的工程再分包。"对于违法分包行为,违法分包人应依法承担相应的行政法律责任。《建筑法》第67条第1款规定:"承包单位将承包的工程转包的,或者违反本法规定进行分包的,责令改正,没收违法所得,并处罚款,可以责令停业整顿,降低资质等级;情节严重的,吊销资质证书。"《建设工程质量管理条例》第62条规定:"违反本条例规定,承包单位将承包的工程转包或者违法分包的,责令改正,没收违法所得,对勘察、设计单位处合同约定的勘察费、设计费25%以上50%以下的罚款;对施工单

---

① 参见林一:《建设工程施工合同纠纷案件审判实务》,法律出版社2015年版,第90~91页。

位处工程合同价款 0.5% 以上 1% 以下的罚款；可以责令停业整顿，降低资质等级；情节严重的，吊销资质证书。工程监理单位转让工程监理业务的，责令改正，没收违法所得，处合同约定的监理酬金 25% 以上 50% 以下的罚款；可以责令停业整顿，降低资质等级；情节严重的，吊销资质证书。"

至于违法分包对合同效力的影响，违法分包中存在两层合同关系，即发包人与总承包人之间的建设工程施工合同关系以及总承包人与违法分包人之间的建设工程分包合同关系。对于总承包人与违法分包人之间的建设工程分包合同的效力，相关法律和司法解释已明确规定其无效。《施工合同解释（一）》第 1 条第 2 款规定："承包人因转包、违法分包建设工程与他人签订的建设工程施工合同，应当依据民法典第一百五十三条第一款及第七百九十一条第二款、第三款的规定，认定无效。"对于发包人与总承包人之间的建设工程施工合同的效力，在发包人与总承包人双方意思表示真实，不违反法律、行政法规强制性规定，且无证据证明发包人在签订施工合同时明知该工程将由第三人实际组织施工的情形下，应当认定合同有效。

【规范指引】

《民法典》第 791 条；《建筑法》第 29 条第 3 款、第 67 条第 1 款；《建设工程质量管理条例》第 62 条；《施工合同解释（一）》第 1 条；《违法发承包认定查处办法》第 12 条。

（五）借用资质

借用资质，又称挂靠，是指没有施工资质的实际施工人借用有资质的建筑施工企业名义，或者资质较低的建筑施工企业借用资质较高的建筑施工企业的名义，或者信誉较差的建筑施工企业借用信誉较好的建筑施工企业名义，从事施工活动、承接工程的行为。①借用资质（挂靠）的主要特征如下：（1）实际施工人未取得建筑施工企业资质或者不符合要求的资质等级；（2）实际施工人以建筑施工企业的分支机构、职工队或者项目部等形式对外开展经营活动，但与建筑施工企业之间没有产权联系，没有统一的财务管理，没有规范的人事任免、调动或聘用手续；（3）实际施工人自筹资金，自行组织施工，建筑施工企业只收取一定的管理费，不参与工程施工和管理，

---

① 参见张广兄：《建设工程施工合同纠纷诉讼指引与实务解答》，法律出版社 2013 年版，第 116 页。

不承担技术、质量和经济责任。司法实践中，对借用资质（挂靠）的认定容易与内部承包、转包等情形产生混淆，如何正确区分这几者的关系，将在后续章节予以详细论述。

借用资质（挂靠）的行为严重扰乱建筑市场，并对建筑工程的质量产生重大影响。因此，借用资质（挂靠）为法律所禁止。《建筑法》第26条第2款规定："禁止建筑施工企业超越本企业资质等级许可的业务范围或者以任何形式用其他建筑施工企业的名义承揽工程。禁止建筑施工企业以任何形式允许其他单位或者个人使用本企业的资质证书、营业执照，以本企业的名义承揽工程。"对于借用资质（挂靠）行为，出借人及借用人应依法承担相应的行政法律责任。《建筑法》第66条规定："建筑施工企业转让、出借资质证书或者以其他方式允许他人以本企业的名义承揽工程的，责令改正，没收违法所得，并处罚款，可以责令停业整顿，降低资质等级；情节严重的，吊销资质证书。对因该项承揽工程不符合规定的质量标准造成的损失，建筑施工企业与使用本企业名义的单位或者个人承担连带赔偿责任。"《建设工程质量管理条例》第61条规定："违反本条例规定，勘察、设计、施工、工程监理单位允许其他单位或者个人以本单位名义承揽工程的，责令改正，没收违法所得，对勘察、设计单位和工程监理单位处合同约定的勘察费、设计费和监理酬金1倍以上2倍以下的罚款；对施工单位处工程合同价款2%以上4%以下的罚款；可以责令停业整顿，降低资质等级；情节严重的，吊销资质证书。"《招标投标法》第54条第1款规定："投标人以他人名义投标或者以其他方式弄虚作假，骗取中标的，中标无效，给招标人造成损失的，依法承担赔偿责任；构成犯罪的，依法追究刑事责任。"

在民事责任方面，对于因出借资质造成损失（如工程质量不合格等），则依照《建筑法》第66条、《施工合同解释（一）》第7条的规定，由出借方和借用方承担连带赔偿责任。关于出借资质对合同效力的影响，可参考本书第三章第二节、第三节相关论述。

【规范指引】

《建筑法》第26条、第66条；《招标投标法》第54条第1款；《建设工程质量管理条例》第61条；《施工合同解释（一）》第7条。

## 第二节　建设工程施工合同主体纠纷常见争点

### 一、易混淆概念的区分认定

#### 争点1：借用资质（挂靠）与转包在实务中如何区分

【案例】孙某与宿迁某经济技术开发区管委会债权人代位权纠纷案[①]

宿迁某经济技术开发区管委会（以下简称某管委会）与宿迁某建设工程有限公司（以下简称某建设公司）签订建设工程施工合同，约定某管委会将某工程发包给某建设公司施工。同日，某建设公司与张某签订一份《内部承包协议》，约定某建设公司将承接的工程全部交由张某实际施工。后该工程经竣工验收合格，某管委会未支付完毕到期工程款。另，张某与孙某之间存在民间借贷关系，经法院调解确认，张某应向孙某归还欠款977 000元及诉讼费6785元。

孙某向一审法院提出诉讼请求：判令某管委会向其支付欠款983 785元。

某管委会辩称：张某并非挂靠某建设公司参与工程施工，而是某建设公司承接工程后再转包给张某施工，故某管委会不是张某的债务人，孙某亦无权向某管委会代位主张债权。

经审理，法院作出生效判决：某管委会在欠付到期工程款1 054 580元范围内给付孙某983 785元及逾期利息。某建设公司不服二审判决申请再审，上级法院经审查认为，二审判决认定张某与某建设公司之间系挂靠关系错误，予以纠正，但实体处理并无不当，故裁定驳回某建设公司的再审申请。

法院认为：对于转包和挂靠的区分，主要审查承包合同系由哪一主体进行实质性谈判和签订。某管委会与某建设公司均认可施工合同系经其双方洽谈而签订，张某、孙某不能证明施工合同系由张某借用某建设公司的资质直接与某管委会进行洽谈和缔结。因此，张某与某建设公司之间符合工程转包的特征，双方系转包关系。

---

[①] 参见江苏省宿迁市宿豫区人民法院（2014）宿豫民初字第1127号民事判决书、江苏省宿迁市中级人民法院（2015）宿中民终字第319号民事判决书、江苏省高级人民法院（2016）苏民申2757号民事裁定书。

【分析】

司法实践中，借用资质（挂靠）与转包、内部承包行为极易产生混淆，如何在审判实务中正确判断区分以上情形，是处理有关纠纷的前提和基础。

从基本概念看，借用资质（挂靠）与转包二者之间的区分是比较清晰的，对于出借资质（挂靠）而言，其概念核心在于"借用"，即借用人"借用"出借人的资质从事承揽工程的活动，借用人向出借人支付的费用是其借用资质的对价。而对于转包而言，其概念核心在于"倒手"，即承包人在订立施工合同后，再将工程转手"发包"给其他施工人，以赚取承包与转包之间的差价。

在工程进入实际施工时，借用资质（挂靠）及转包均表现为出借人、承包人不参与施工，而是由借用人、转承包人实际施工，即实际施工的主体与对外公开合同中的承包主体不一致，这也是二者在司法实务中容易产生混淆的原因。因此，我们通常无法从合同履行阶段的特征来对二者进行区分。但在合同的磋商订立阶段，对于转包而言，转承包人一般不参与工程的招投标以及施工合同的订立过程，其承接工程的意愿和行为一般都发生在发包人与承包人（转包人）订立施工合同之后。而在出借资质（挂靠）情形下，借用人在工程的招投标以及施工合同的订立阶段即已深度参与，甚至就是以出借人（承包单位）的代理人或者员工的名义与发包人进行磋商，直至签订施工合同。由此可见，实际施工人是否参与施工合同的磋商和订立，是区分出借资质（挂靠）行为与转包行为的关键特征。

【规范指引】

《施工合同解释（一）》第1条、第43条。

## 争点 2：借用资质（挂靠）与内部承包在实务中如何区分

【案例】某建筑公司与某置业公司建设工程施工合同纠纷案[①]

2010年10月8日，某建筑公司向某置业公司出具确认函，宣告：某建筑公司经理黄某合法代表我单位在项目工程的投标活动洽商中，以我单位的名义签署投标书和投标文件、与招标人（或业主）协商、签订合同协议书以

---

① 参见河南省高级人民法院（2019）豫民初13号民事判决书、最高人民法院（2020）最高法民终576号民事判决书。

及执行一切与此有关的事项均已结束，并对拟签订合同协议书有关技术、工程进度、现场管理、质量检验、结算与支付等方面所有条款内容（附件）均无异议，特此复函确认。黄某作为被授权的代理人签名。2010年10月19日，某置业公司与某建筑公司签订《建设工程施工合同》。

2011年1月8日，某建筑公司与黄某签订《工程施工内部承包协议书》，以为了实行有效的内部经济责任制和项目承包负责制、实行企业目标管理等为由，将承包某置业公司的工程内部承包给黄某。

后因工程款问题，黄某向法院起诉两公司支付欠付工程款。

诉讼中，关于9 034 759.29元社会保险费是否应向黄某支付问题。某建筑公司抗辩认为，其与黄某系内部承包关系，黄某作为自然人和某建筑公司的内部工作人员，既不是社会保险费的接受主体，也不是向社会保险经办机构缴纳保险费的主体。某建筑公司才是社会保险费的接受主体和缴纳主体，故9 034 759.29元社会保险费不应向黄某支付。为证明双方的内部承包关系，某建筑公司提交《河南省城镇职工企业养老保险在职职工信息查询单》，证明其一直为黄某购买养老保险。

法院作出生效判决：某建筑公司与黄某之间系借用资质关系，9 034 759.29元社会保险费应向黄某支付。

最高人民法院二审生效裁判认为，某建筑公司一审中曾认可其与黄某之间是借用资质关系。二审中，除《河南省城镇职工企业养老保险在职职工信息查询单》外，某建筑公司未提交其与黄某之间签订了劳动合同、向黄某发放工资等能够证明双方之间存在劳动关系的证据，黄某亦否认与某建筑公司存在劳动合同关系，并在二审庭审中称不知道某建筑公司为其购买养老保险的事实。故该证据不能证明双方之间存在劳动合同关系，亦不能证明二者之间构成内部承包关系。案涉工程系由黄某实际出资并组织人员施工，某建筑公司未提交证据证明其对案涉工程进行过施工或者为参与案涉工程施工的建筑工人购买了社会保险，故案涉9 034 759.29元社会保险费应当支付给黄某。

【分析】

内部承包作为企业的一种经营模式，是指企业与其内部生产职能部门、分支机构或职工之间就特定业务及相关经营所达成的有关权利义务的安排。[①]

---

[①] 参见常设中国建设工程法律论坛第八工作组：《中国建设工程施工合同法律全书：词条释义与实务指引》，法律出版社2021年版，第183页。

建设工程领域中的内部承包，通常是指建设工程施工合同承包人与其下属分支机构或在册职工签订合同，将其承包的全部或部分工程承包给下属分支机构或在册职工施工，并在资金、技术、设备、人力等方面给予支持的一种经营活动开展方式。①

内部承包与借用资质（挂靠）行为，一方主体都是建设工程施工合同中的承包人，但其合同的相对方不同。在内部承包关系中，其合同相对方应当是建设工程施工合同中承包人的下属分支机构或者在册职工；而在借用资质（挂靠）关系中，其合同相对方往往是与工程承包人不具有劳动关系或者隶属关系的独立第三人。在审判实践中，如前述案例所反映的，对实际负责组织施工的相关人员是否系承包单位的"在册职工"的事实判断，具体审查的要素包括劳动合同的签订及备案情况、社会保险费缴纳情况、工资支付情况以及人事管理情况等，通过对这些要素的审查来重点判断承包人与其合同相对方之间是否存在管理与被管理的事实，相关人员是否系独立地开展施工活动。对缺乏证据证明承包人与实际负责组织施工的相关人员之间存在真实、正式的劳动关系或者事实上的隶属关系的，通常应当认定双方之间的内部承包关系不成立。有观点认为，在相关人员与承包单位不存在实质性劳动关系的情况下，如果该人员长期在该公司承包工程，承包单位对该人员具有一定的管理行为，具体施工过程中在资金、技术、设备、人力等方面给予支持的，也可以认定为内部承包。②

此外，内部承包与借用资质（挂靠）二者的区分，也反映在建设工程施工合同中的承包人对所承接工程的实际管控程度上。在内部承包关系中，承包人仍然要对工程保持关键点的管理和实质控制，而在借用资质（挂靠）关系中，承包人一般不再对工程进行实质性的管理和控制，只保留名义上的承包人身份，工程实际由相关人员独立地组织施工完成。

综上所述，关于内部承包与借用资质（挂靠）的区分，应当主要从实际负责施工的主体与承包人之间是否存在真实的劳动关系、承包人是否对工程进行实质性的管理和控制等方面加以判断。当事人不能提供书面劳动合同、社会保险费缴纳记录、工资支付凭证等证据证明真实的劳动关系存在，也不能证明承包人管控工程施工过程的基本事实的，不应当认定双方之间为内部

---

① 参见林一：《建设工程施工合同纠纷案件审判实务》，法律出版社2015年版，第95页。
② 参见林一：《建设工程施工合同纠纷案件审判实务》，法律出版社2015年版，第68页。

承包关系。

【规范指引】

《建筑法》第 26 条第 2 款；《施工合同解释（一）》第 1 条。

## 二、一般规则——合同相对性原则

建设工程施工合同纠纷作为一类合同纠纷，对有关纠纷的处理要遵循合同相对性原则。合同相对性，是指合同项下的权利义务只能赋予或者附加在合同当事人身上，合同只能对合同当事人产生拘束力，非合同当事人不能诉请强制执行合同。合同相对性原则包括三个层面的含义。

### （一）主体相对性

合同关系只能发生在特定主体之间，只有合同当事人一方能够向合同的另一方当事人基于合同提出请求。具体来说，由于合同关系是仅在特定人之间发生的法律关系，因此只有合同关系当事人之间才能相互提出请求，非合同关系当事人、没有发生合同上的权利义务关系的第三人不能依据合同向合同当事人提出请求。另外，合同一方当事人只能向另一方当事人提出合同上的请求，而不能向与合同无关的第三人提出合同上的请求。

### （二）内容相对性

除法律另有规定、合同另有约定外，只有合同当事人才能享有合同约定的权利，并承担该合同约定的义务，当事人以外的任何第三人不能主张合同上的权利，更不承担合同中约定的义务。在双务合同中，还表现为一方的权利就是另一方的义务，权利义务相互对应、互为因果，权利人的权利依赖于义务人履行义务的行为才能实现。从合同内容的相对性可以引申出几个具体规则：一是合同赋予当事人享有的权利，原则上不及于第三人，合同约定由当事人承担的义务，一般也不能对第三人产生拘束力；二是合同当事人无权为他人设定合同上的义务；三是合同权利与义务主要对合同当事人产生约束力，法律的特殊规定即为合同相对性的例外。

### （三）责任相对性

违反合同责任的相对性的内容包含三个方面：一是违约当事人应对因自己的过错造成的违约后果承担违约责任，而不能转嫁于他人；二是在因第三人行为造成债务不能履行的情况下，债务人仍应向债权人承担违约责任，债务人在承担违约责任后，有权向第三人追偿；三是债务人只能向债权人承担违约责任，而不应向国家或者第三人承担违约责任。

## 争点3：发包人与承包人之间的合同约定能否约束实际施工人

【案例】高某与江苏某建设集团股份有限公司、山东某住建局建设工程施工合同纠纷案[①]

山东某住建局（以下简称住建局）与江苏某建设集团股份有限公司（以下简称某建设公司）签订一份《建设工程施工合同》，约定住建局将某绿化工程发包给某建设公司施工。其中，合同第4.1条约定，合同价格为"固定综合单价，工程量按实结算"；第14.2条约定，"发包人审批竣工付款申请单的期限：递交完整的结算资料及结算书120天内确认工程审计结果，并在工程竣工验收备案前办理完毕"。之后，某建设公司将其中的部分工程分包给高某实际施工，但双方未签订书面合同。

高某向一审法院提出诉讼请求：判令某建设公司支付工程款40 841 771元及逾期利息，并要求住建局在欠付某建设公司工程款范围内承担责任。

一、二审法院经审理后裁定：驳回高某的起诉。后高某不服向最高人民法院申请再审。最高人民法院经审查后，裁定提审本案，并撤销一、二审裁定，指令一审法院对本案进行审理。

最高人民法院认为：高某以涉案工程的实际施工人身份提起诉讼，请求判令某建设公司支付工程款，住建局在欠付某建设公司工程款范围内承担责任，符合法律规定的民事案件受理条件，原审法院应当进行审理。至于高某主张的施工事实以及相应的价款事实、付款请求等能否成立，可在案件实体审理时通过委托鉴定予以查明或者根据证据规则依法认定，并作出相应判决。原审法院以工程审计没有完毕、施工工程量及价款无法确定为由驳回其起诉，不符合法律规定。原审法院认为高某待工程审计完毕后再行主张权利的意见，亦无事实和法律依据。

---

① 参见山东省聊城市中级人民法院（2021）鲁15民初99号民事裁定书、山东省高级人民法院（2021）鲁民终2475号民事裁定书、最高人民法院（2023）最高法民再2号民事判决书。

【分析】

上述案例中，虽然实际施工人高某不具备相应的施工资质，且涉及违法分包情形，导致高某与某建设公司之间的口头分包合同无效，但在高某已施工完成的工程质量合格的情况下，高某有权向分包人某建设公司主张支付折价补偿款。至于折价补偿款的支付标准，可以参照高某与某建设公司口头合同中关于工程价款的一致意见进行认定，或者在无法查清双方对工程价款的约定内容、双方对此存在争议的情况下，人民法院通过司法鉴定的方式进行确定。发包人住建局与承包人某建设公司之间关于工程价款支付条件及期限的约定，只能约束该合同的当事人，对高某等第三人没有约束力，不能直接将某建设公司与住建局之间的合同约定作为结算实际施工人高某与某建设公司之间工程价款的依据。当然，如果高某与某建设公司有过事先约定，或者高某事后自愿承诺接受某建设公司与发包人住建局之间有关工程款支付方式的合同条款约束的除外。实践中常见的类似情形还包括，承包人与发包人在施工合同中约定了工程款的让利条款，对实际施工人也同样不产生约束力，承包人和实际施工人对于工程款的结算应当按照其双方自行签订的施工合同或者自行达成的结算协议予以处理。

【规范指引】

《民法典》第465条、第788条。

### 三、突破合同相对性原则的例外情形

随着当前经济社会的快速发展，客观现实对合同的社会功能提出了更多新的要求。为了适应现实的需要，保障社会经济运行的安全，世界各国都在一定程度上扩张了合同的效力范围，在立法和司法上的突出表现就是出现很多合同相对性的例外情况，这一现象被称为"合同相对性的突破"。在建设工程施工合同领域，涉及突破合同相对性的典型情形如下：(1) 实际施工人依据《施工合同解释（一）》第43条的规定主张发包人在欠付工程款范围内对实际施工人承担责任。(2)《建设工程质量管理条例》第27条规定："总承包单位依法将建设工程分包给其他单位的，分包单位应当按照分包合同的约定对其分包工程的质量向总承包单位负责，总承包单位与分包单位对分包工程的质量承担连带责任。"《施工合同解释（一）》第15条规定："因建设工程质量发生争议的，发包人可以以总承包人、分包人和实际施工人为共同被告提起诉讼。"根据上述规定，发包人可以突破合同相对性向实际施工人主张工程

质量责任。(3) 代位权的行使。《施工合同解释（一）》第 44 条规定："实际施工人依据民法典第五百三十五条规定，以转包人或者违法分包人怠于向发包人行使到期债权或者与该债权有关的从权利，影响其到期债权实现，提起代位权诉讼的，人民法院应予支持。"（4）合作开发房地产合同的一方当事人作为发包人与承包人订立建设工程施工合同，承包人请求合作开发房地产合同的其他当事人对工程款债务承担连带责任。对承包人的此项诉求应否支持，目前在司法实务中尚存在一定的争议。

上述建设工程施工合同纠纷中突破合同相对性的例外情形，多有其特定的规范目的，司法实务中需要结合其规范目的灵活运用，而不能拘泥于有关规定的字面含义机械僵化地进行适用。如《施工合同解释（一）》第 43 条关于实际施工人突破合同相对性向发包人主张工程款的规定，该条款的最终目的是保护农民工的合法权益，是解决涉及众多农民工生存利益的实际施工人的工程款诉求，使得实际施工人在与其有合同关系的相对人由于下落不明、破产、资信状况恶化等原因缺乏支付能力，实际施工人投诉无门的情况下，可以获得法律为其提供的特殊救济途径。[①] 再如由实际施工人对工程质量问题承担连带责任的相关规定，背后体现的也是强调建设工程质量安全在建设工程领域的至关重要地位。

## 争点 4：多层转包、违法分包关系中的当事人能否突破合同相对性主张工程价款

工程实践中多层转包的现象较为常见，而对于多层转包关系中的最后一环，接受转包并实际组织完成工程施工的自然人或单位（实际施工人）的权利保护问题，司法实务中一直存在着争议。

一种观点认为：实际施工人主张权利，应当以不突破合同相对性为原则。如河北省高级人民法院出台的《建设工程施工合同案件审理指南》（冀高法〔2018〕44 号）第 30 条、第 31 条规定，对于工程项目多次转包的，实际施工人起诉发包人支付工程款的，转包人未参与实施施工，不影响案件事实查明

---

[①] 参见最高人民法院民事审判第一庭编著：《最高人民法院新建设工程施工合同司法解释（一）理解与适用》，人民法院出版社 2022 年版，第 442 页。

的，可以不追加为案件诉讼主体。根据以上规定精神，实际施工人向与其没有合同关系的转包人提出的诉讼，原则上仍应坚持合同相对性，由与实际施工人有合同关系的前手承包人承担工程款的给付责任。再如山东省高级人民法院民一庭在 2020 年 8 月发布的《关于审理建设工程施工合同纠纷案件若干问题的解答》第 8 条规定，在多层转包的情况下，实际施工人原则上仅可以要求与其有直接合同关系的转包人对工程欠款承担付款责任。实际施工人向发包人主张权利的，为查明发包人欠付转包人工程款的数额，人民法院可以追加与其无合同关系的转包人为第三人。

另一种观点认为：实际施工人向与其没有合同关系的转包人主张权利应当得到支持。如江苏省高级人民法院曾在 2018 年 6 月发布的《关于审理建设工程施工合同纠纷案件若干问题的解答》（已废止）第 23 条规定："层层转包中，实际施工人要求所有转包人、违法分包人均承担责任的，如何处理？建设工程因转包、违法分包导致建设工程施工合同无效的，实际施工人要求转包人、违法分包人对工程欠款承担连带责任的，应予支持。前手转包人、违法分包人举证证明其已付清工程款的，可以相应免除其给付义务。发包人在欠付的工程款范围内承担连带责任。"

我们倾向认为，对于实际施工人突破合同相对性主张权利的问题，应当严格按照现行法律及司法解释的规定来认定和处理。《施工合同解释（一）》第 43 条规定："实际施工人以转包人、违法分包人为被告起诉的，人民法院应当依法受理。实际施工人以发包人为被告主张权利的，人民法院应当追加转包人或者违法分包人为本案第三人，在查明发包人欠付转包人或者违法分包人建设工程价款的数额后，判决发包人在欠付建设工程价款范围内对实际施工人承担责任。"最高人民法院民一庭在 2021 年第 20 次专业法官会议纪要中明确指出：本条解释涉及三方当事人两个法律关系，一是发包人与承包人之间的建设工程施工合同关系；二是承包人与实际施工人之间的转包或者违法分包关系。原则上，当事人应当依据各自的法律关系，请求各自的债务人承担责任。本条解释为保护农民工等建筑工人的利益，突破合同相对性原则，允许实际施工人请求发包人在欠付工程款范围内承担责任。对该条解释的适用应当从严把握。该条解释只规范转包和违法分包两种关系，未规定借用资质的实际施工人以及多层转包和违法分包关系中的实际施工人有权请求发包人在欠付工程款范围内承担责任。因此，可以依据《施工合同解释（一）》第 43 条的规定突破合同相对性原则请求发包人在欠付工程款范围内承担责任的实际施工人，不包括借用资质及多层转包和违法分包关系中的实际施工人。[①] 在今后的司法实务中对于多层转包关系中的实际施工人权利保护问题，自当不再有争议，应当严格按照最高人民法院发布的以上业务指导意见进行处理。

【规范指引】

《施工合同解释（一）》第 43 条。

## 争点 5：合作开发房地产合同中的合作各方对于承包人主张的工程价款给付责任应当如何承担

根据《最高人民法院关于审理涉及国有土地使用权合同纠纷案件适用法律问题的解释》第 12 条的规定，合作开发房地产合同，是指当事人订立的以提供出让土地使用权、资金等作为共同投资，共享利润、共担风险合作开发房地产为基本内容的合同。司法实务中常见的合作开发房地产主要有两种形式。一种是由各个合作方共同出资成立项目公司，以项目公司作为开发主体获取国有土地使用权，对外实施开发建设活动，包括由项目公司作为发包人与承包人签订建设工程施工合同等。鉴于项目公司的独立企业法人地位，其可以直接向工程承包人承担施工合同项下的法律责任，承包人一般情况下也只能要求作为施工合同相对方的项目公司承担支付工程价款等合同义务。开发房地产的合作各方仅仅作为项目公司的股东而存在，可依法行使有关股东的决策权以及根据项目公司开发获益的情况而实现相应的股权权益，但并不以自己的名义对外实施开发活动，一般情况下也无须直接对外承担法律责任，承包人一般也不得要求开发项目的合作各方履行工程价款支付等施工合同项下的义务。在这一合作开发房地产模式下，建设工程施工合同的权利义务主体较为明确，就相关责任主体问题所引发的争议并不大。

实务中争议较大的是另一种合作模式，即合作各方未成立项目公司作为开发主体，而是由其中的合作一方作为发包人与承包人签订施工合同，在对工程价款的支付问题产生争议的情况下，承包人往往会要求未与其签订施工合同的另一合作方向其承担连带给付责任。对于承包人的此类诉求应当如何

---

[①] 参见最高人民法院民事审判第一庭编：《民事审判指导与参考》（总第 87 辑），人民法院出版社 2022 年版，第 161~162 页。

处理，实务中存在三种观点：第一种观点认为，施工合同只对合同当事人产生约束力，对合同当事人以外的主体不发生法律效力。合作开发各方既不属于个人合伙，也没有成立合伙企业，不应当适用有关个人合伙和普通合伙承担连带责任的规定。第二种观点认为，提供土地使用权的一方对外签订合同的，提供资金的一方不承担连带责任；反之，提供资金的一方对外签订合同的，提供土地使用权的一方应当承担连带责任。第三种观点认为，合作各方对外应当承担连带责任。该观点的具体理由又可以分为以下几种：一是基于代理关系。即合作一方对外签订合同，应当视为合作各方将建设事项委托给其中一方行使，签约一方由于合作体的原因对承包人不能履行合同时，应当参照《民法典》有关间接代理的规定，合作各方均应当对外承担责任。二是基于合伙或者联营关系。即合作开发房地产如未成立项目公司的，应当视各方之间为合伙或者联营关系，对外应当承担连带责任。三是基于公平原则。即合作各方均从项目开发中实际获益，基于公平原则应对外承担连带责任。四是基于共有人对外承担共同债务的原则。即根据《民法典》第 307 条"因共有的不动产或者动产产生的债权债务，在对外关系上，共有人享有连带债权、承担连带债务"的规定，合作各方应当因共有的建设项目而对外承担连带责任。五是基于担保责任。即承包人就建筑物享有的优先受偿权性质上为法定担保物权，而合作各方的共有担保物即建筑物，故非签约方应当在建筑物权利范围内承担连带责任。

我们倾向认为，合作开发房地产合同中的一方当事人作为发包人与承包人签订建设工程施工合同，承包人要求各合作方对欠付工程款承担连带责任的，应当根据当事人之间签订的合作开发协议、施工合同的具体约定等事实予以依法认定。

第一，《民法典》第 176 条规定："民事主体依照法律规定或者按照当事人约定，履行民事义务，承担民事责任。"第 178 条第 3 款规定："连带责任，由法律规定或者当事人约定。"据此，在《民法典》施行以后，司法实务中在认定相关当事人之间是否应当就同一债务承担连带责任时，应当严格按照以上法律规定的基本原则来处理。在涉及合作开发房地产合同关系时，若仅有其中的部分合作方作为发包人与承包人签订施工合同，原则上应严守合同相对性原则，承包人只能要求与其签订施工合同的一方当事人承担工程价款支付等合同责任。但如果根据合作开发房地产合同的签订、履行等情况，可以认定各合作方间成立合伙合同关系的，应当依据《民法典》第 973 条等规定，由各合伙人对工程欠款承担连带责任；此外，如有其他合作方明确表示将对该施工合同项下的工程价款支付义务承担连带责任，已形成债务加入的有效承诺，也应当承担连带责任。

第二，符合《最高人民法院关于审理涉及国有土地使用权合同纠纷案件适用法律问题的解释》第 21~24 条规定的名为合作开发，实为土地使用权转让、房屋买卖、借款合同、房屋租赁合同关系的，应当据实认定当事人之间的法律关系，合作方之间一般也不应当承担连带责任。

第三，当合作开发房地产的各合作方共同成立项目公司作为开发主体，项目公司对外签订合同的，除非存在因股东出资不实、故意利用法人独立地位损害债权人利益等公司法律制度中规定的股东应对公司债务承担清偿责任的特定情形，其他合作方也无须承担连带责任。

【规范指引】

《民法典》第 176 条、第 178 条；《最高人民法院关于审理涉及国有土地使用权合同纠纷案件适用法律问题的解释》第 21 条、第 22 条、第 23 条、第 24 条。

## 第三节　建设工程施工合同主体纠纷疑难问题

### 问题 1：接受转包、违法分包行为的自然人或单位（实际施工人）行使代位权主张工程款的审查认定

【案例】于某与某建设公司等建设工程施工合同纠纷案[①]

2016 年 1 月 19 日，某建设公司与某供电公司签订《施工合同》，约定由某建设公司承包某电网工程。某建设公司承包该工程后，将施工劳务分包给郑某，后郑某又将施工劳务转包给于某完成。于某按约进场施工。2016 年 12

---

① 参见重庆市高级人民法院 2023 年发布的建设工程合同纠纷典型案例。

月6日,某供电公司发函要求某建设公司停工整改。此后,于某未再施工,涉案工程由某建设公司继续施工并竣工。经法院委托鉴定,于某已完成的工程造价为1 300 211.68元。某建设公司已支付工程款49万元,郑某应向某建设公司承担税费、保险费等80 324.94元。

于某向一审法院提起诉讼请求:判令某建设公司向于某代位支付工程款810 211.68元及利息。

某建设公司辩称:于某与郑某之间、郑某与某建设公司之间的债权债务不确定,于某行使代位权条件不成就。

经审理,法院作出生效判决:某建设公司代郑某向于某支付工程款534 854.99元。

生效判决认为:建设工程竣工验收合格后,承包人怠于向发包人主张工程价款,以及分包人怠于向总承包人主张工程价款等影响实际施工人到期债权实现的,实际施工人可以根据具体的合同关系,依法向发包人或者总承包人提起代位权诉讼主张代位清偿工程价款。实际施工人的应得工程价款以及能够获得代位清偿的债权金额,可以通过举证或司法鉴定等方式予以确定,总承包人、分包人与发包人之间未办理结算的,不影响实际施工人通过代位权诉讼主张权利。某建设公司将从某供电公司承包的工程劳务分包给郑某,郑某又将该工程劳务转包给于某,于某在完成了部分工程后对郑某享有到期工程款债权。涉案工程已经竣工,某建设公司应向郑某支付相应的工程款。因郑某怠于行使到期债权,影响于某的到期债权实现,故于某提起代位权诉讼的条件成就。关于于某的应得工程款金额问题,因郑某承包工程后直接转包给于某,郑某未实际参与施工,且郑某与于某曾约定以施工合同总金额办理结算,诉讼中郑某亦表示同意将其与某建设公司之间的结算金额作为自己与于某之间的结算金额,故应当按照某建设公司与郑某之间的结算金额认定于某的应得工程款。根据某建设公司与郑某的合同约定,郑某应得工程款为《司法鉴定意见书》确定的工程造价的85%即1 105 179.93元,此即为于某的应得工程款总额。扣除郑某应当承担的税费、保险费以及某建设公司已经支付的款项后,某建设公司尚欠郑某工程款534 854.99元,故于某可向某建设公司代位求偿工程款534 854.99元。

【分析】

1. 代位权诉讼在实务中的审查要点。代位权制度一直是债法领域当中一项重要的制度设计,通过在一定条件下允许债权人突破合同相对性,向与自己没有合同关系的当事人主张权利的方式，保证债权人权益的实现。我国《民法典》第535条第1款规定："因债务人怠于行使其债权或者与该债权有关的从权利，影响债权人的到期债权实现的，债权人可以向人民法院请求以自己的名义代位行使债务人对相对人的权利，但是该权利专属于债务人自身的除外。"这一规则同样适用于建设工程施工合同领域，《施工合同解释（一）》第44条进一步规定："实际施工人依据民法典第五百三十五条规定，以转包人或者违法分包人怠于向发包人行使到期债权或者与该债权有关的从权利，影响其到期债权实现，提起代位权诉讼的，人民法院应予支持。"这里的实际施工人，即为接受转包、违法分包行为的自然人或单位，这一规定可以说是对一般意义上的合同保全制度在建设工程施工合同领域作出的进一步细化，明确了在建设工程施工合同关系中，接受转包、违法分包行为的自然人或单位可以依法行使代位权的方式、对象、实现条件等。司法实务中，对于实际施工人向发包人提出的代位权诉讼，应当从以下几个方面进行审查。

（1）以合法的债权作为前提要件。只有合法的债权才能受到法律保护，这里的合法债权既包括接受转包、违法分包行为的自然人或单位对转包人、违法分包人享有的债权应当合法，也包括转包人、违法分包人对发包人享有的债权应当合法，二者缺少任何一个便不能启动代位权诉讼。这里需要注意以下几点。

首先，合法的债权并不必然是基于有效合同而产生的债权。根据《民法典》第793条第1款的规定，建设工程施工合同无效，但是建设工程经验收合格的，可以参照合同关于工程价款的约定折价补偿承包人。因此，在工程存在转包及违法分包的情形下，转包人或者违法分包人仍然应当参照约定折价补偿工程价款，作为接受转包、违法分包行为而又实际组织完成了施工任务的实际施工人，其有权要求转包人、违法分包人履行折价补偿工程价款的义务，亦可代位行使转包人、违法分包人对发包人享有的债权。

其次，诉讼时效制度对于代位权行使的影响。超过诉讼时效的债权，债务人即取得时效抗辩权，如债务人援引诉讼时效抗辩，法院经审查成立的，将依法保护债务人的抗辩权，不得强制债务人履行义务。《最高人民法院关于审理民事案件适用诉讼时效制度若干问题的规定》第16条规定："债权人提起代位权诉讼的，应当认定对债权人的债权和债务人的债权均发生诉讼时效中断的效力。"《民法典》第535条第3款规定："相对人对债务人的抗辩，可以向债权人主张。"因此，在实际施工人提起的代位权诉讼中，发包人可以其与转包人、违法分包人之间的债权已罹于诉讼时效为由提出抗辩，如其抗辩成立，则实际施工人丧失了胜诉权。但值得注意的是，如转包人、违法分包人就其与实际施工人之间的债权债务关系放弃诉讼时效抗辩时，发包人不得再就此提出抗辩。

最后，在工程施工领域，转包人、违法分包人怠于行使的一般是对发包人享有的因工程施工所产生的工程价款债权，但《施工合同解释（一）》中并未限定实际施工人代位行使的债权必须是基于同一工程施工项目所产生的工程价款债权，当转包人、违法分包人对发包人享有基于其他法律关系而产生的债权的，同样可以成为代位权的行使对象。也就是说，实际施工人代位行使的可以是转包人、违法分包人对发包人享有的工程价款债权，也可以是与所涉工程价款无关的因借贷、投资利润分配、其他有偿合同等产生的合法债权。

（2）合法债权均已到期。代位权针对的是债务人消极对待其对他人享有的到期债权，进而损害债权人权益的行为。因此，在建设工程施工合同领域，实际施工人在行使代位权时，其自身享有的债权与转包人、违法分包人对发包人享有的债权原则上应当均已届清偿期。其中任一债权未届清偿期限的，因债务人享有履行期限的抗辩权，故而均将造成代位权的行使障碍，这也是合同领域的债权人行使代位权的基本原则。同时，为了更大限度地保障债权人利益，防止在债权人的债权到期前因债务人对他人享有的债权实际状况发生变化而受到不利影响，防止债权人在将来无法顺利行使代位权的不利局面出现，我国《民法典》在第536条中又规定了对代位权的保全制度，即"债权人的债权到期前，债务人的债权或者与该债权有关的从权利存在诉讼时效期间即将届满或者未及时申报破产债权等情形，影响债权人的债权实现的，债权人可以代位向债务人的相对人请求其向债务人履行、向破产管理人申报或者作出其他必要的行为"。但这一规则本身并不是代位权的行使，相关法律后果也仅仅归于债务人，而并非由第三人直接向债权人清偿，本质上不同于代位权的行使。

除了债权已届清偿期之外，债权人在行使代位权时其所持有的债权是否必须确定？也就是说，是否要求债务人对于债权的存在以及内容均不再持有异议，或者该债权是否必须已经人民法院或仲裁机构的法律文书予以确定？实践中对此也曾有过争议：一种观点认为，债权人对债务人的债权应当确定，否则在债权人向债务人的相对人提出请求时，相对人可能很难知道债权人与债务人之间的债务情况,从而难以提出抗辩。①这种观点实际上是基于对债务人的相对人利益保护的考虑,毕竟其与债权人本身没有合同关系,代位权的行使是当事人正常合同权利的一种例外。按照这一观点,实际施工人在行使代位权之前,必须与转包人、违法分包人有过工程欠款的结算,或者已经取得有关工程欠款的法律文书,否则就难以行使代位权。另一种观点则认为,法律并未规定债权人在行使代位权时所享有的具体债权必须确定无争议,对于存有争议的债权债务关系,可由法院根据审理查明的情况而作出相关裁判,债权人对相关债权举证不足的,可以判决驳回债权人的诉讼请求。②我们更倾向第二种观点,代位权的行使无须债权金额的事前确定。尤其表现在建设工程施工合同领域当中,工程价款及欠款事实多是在诉讼过程中通过举证或司法鉴定的途径得以确定的,当事人之间在诉前便自行达成结算协议并确认欠款事实并不容易,要求当事人为了实现同一笔债权而分步骤地多次诉讼亦无必要。所以,若要求接受转包、违法分包行为的自然人或单位在向发包人主张代位清偿时必须与转包人、违法分包人就工程欠款达成一致意见,则必然会增加建设工程施工合同领域代位权的行使负担,弱化对实际施工人的权益保护。而对于实际施工人的债权内容、是否符合代位权的实质性条件、能否实现要求债务人的相对人代位清偿的目的等,可以由人民法院根据审理查明的事实予以认定和裁判,无须将债权人一开始便阻拦在这一诉讼程序之外。值得一提的是,最高人民法院在《合同编通则解释》中已经采用了这一观点,该解释第40条规定:"代位权诉讼中,人民法院经审理认为债权人的主张不符合代位权行使条件的,应当驳回诉讼请求,但是不影响债权人根据新的事实再次起诉。债务人的相对人仅以债权人提起代位权诉讼时债权人与债务人之间的债权债务关系未经生效法律文书确认为由,主张债权人提起的诉讼不符合代位权行使条件的,人民法院不予支持。"

(3)转包人或违法分包人怠于行使到期债权或有关从权利,影响了实际施工人的债权实现。对于债务人怠于行使权利的问题,我国法律有较为明显的放宽变化:一是《民法典》第535条将债务人怠于行使的权利从原《合同法》第73条规定的到期债权,扩大到了与该债权有关的从权利,这就表示在一定程度上放宽了债权人行使代位权的条件,对行使代位权的客体进行了适

---

① 参见王利明:《论代位权的行使要件》,载《法学论坛》2000年第1期。
② 参见肖峰、严慧勇、徐宽宝:《〈关于审理建设工程施工合同纠纷案件适用法律问题的解释(二)〉解读与探索》,载《法律适用》2019年第7期。

度扩张。① 即使债务人已经向其相对人主张了到期债权（如发函要求其相对人履行清偿义务等），但如果没有及时行使与该债权有关的从权利（如及时对其相对人的特定财产行使抵押权、及时主张建设工程优先受偿权等），则债权人仍然可以代位行使债务人对其相对人的债权，要求该相对人直接向债权人履行清偿义务。还有学者提出，此处"与债权有关的从权利"不仅包括该债权所生的利息及担保债权，抵销权、撤销权、债权人撤销权等虽不属于债权之从权利，但其实为债权之权能，与债权融为一体，故同样可以由债权人代为行使债务人的此类权利。② 二是《民法典》第535条将原《合同法》第73条中的"对债权人造成损害"修改成了"影响债权人的到期债权实现"，这实质上是降低了司法实务中对债权人在代位权诉讼中的证明责任和审查程度，债权人无须专门举证证明债务人怠于行使权利给其造成的损害事实，只要债务人怠于行使权利在客观上对债权人的债权实现造成了影响，就符合代位权诉讼的启动条件，加大了对债权人权利的保护力度。

对于债务人怠于行使到期债权的认定标准问题，最高人民法院在《合同编通则解释》第33条中规定："债务人不履行其对债权人的到期债务，又不以诉讼或者仲裁方式向相对人主张其享有的债权或者与该债权有关的从权利，致使债权人的到期债权未能实现的，人民法院可以认定为民法典第五百三十五条规定的'债务人怠于行使其债权或者与该债权有关的从权利，影响债权人的到期债权实现'。"以上规定实质上沿袭了原《合同法解释（一）》第13条中的规定，债务人对其没有怠于行使权利或者虽怠于行使权利但未对债权人的债权实现造成影响的，应当就相关事实承担举证责任。此外，如果确实因为客观原因导致转包人或者违法分包人无法向发包人行使到期债权（如发包人已经进入破产程序、转包人或者违法分包人对外享有的债权被采取保全措施等），则不能认定转包人、违法分包人怠于行使其对发包人的到期债权。

（4）转包人或违法分包人对发包人享有的债权不是专属于其自身的债权。根据《民法典》第535条的规定，债权人对债务人的相对人的代位权不包括专属于债务人自身的权利，即代位权的客体必须是非专属于债务人的债权。对于专属于债务人自身的债权，应当根据《合同编通则解释》第34条的规定进行认定，即"抚养费、赡养费或者扶养费请求权；人身损害赔偿请求权；

---

① 参见最高人民法院民事审判第二庭、研究室编著：《最高人民法院民法典合同编通则司法解释理解与适用》，人民法院出版社2023年版，第383页。

② 参见崔建远：《论中国〈民法典〉上的债权人代位权》，载《社会科学》2020年第11期。

劳动报酬请求权，但是超过债务人及其所扶养家属的生活必需费用的部分除外；请求支付基本养老保险金、失业保险金、最低生活保障金等保障当事人基本生活的权利；其他专属于债务人自身的权利"。以上专属性的权利一般都基于具有人身性质的扶养关系、抚养关系、赡养关系以及当事人的基本生存权利所产生。而在建设工程施工合同领域，转包人、违法分包人对发包人享有的多为工程款债权，或者是基于其他经济往来而产生的债权，一般不具有人身属性，自然也不会成为实际施工人向发包人主张代位清偿时的障碍。

这里需要讨论的是，实际施工人在向发包人行使代位权时，能否代位行使工程价款优先受偿权？根据《民法典》第807条以及《施工合同解释（一）》第35条的规定，享有工程价款优先受偿权的主体应当是与发包人订立建设工程施工合同的承包人，故实际施工人在通常情况下是不能主张工程价款优先受偿权的。但工程价款优先受偿权在本质上属于工程价款债权的从权利，目的是担保承包人工程价款债权的实现。《民法典》第535条在规定代位权的行使条件时已经明确了包含债务人怠于行使"与债权有关的从权利"的情形，这里的"从权利"范围没有将建设工程价款优先受偿权这一具有担保属性的特殊的从权利排除在外。而且在存在转包、违法分包情形的建设工程施工合同履行过程中，建设成果的实际完成者是接受转包、违法分包行为的自然人或单位，而不是与发包人签订合同的承包人，从这个意义上看，建设工程价款优先受偿权也不应当是转包、违反分包工程的承包人专属的权利。事实上，法律也未作这方面的特殊规定，没有赋予建设工程价款优先受偿权以人身属性。因此，我们认为，实际施工人在向发包人行使代位权时，可以主张承包人享有的建设工程价款优先受偿权，进而最大限度地保障债权人权益，实现代位权制度的救济目的。

2. 接受转包、违法分包行为的自然人或单位行使代位权的法律后果。《民法典》第537条规定："人民法院认定代位权成立的，由债务人的相对人向债权人履行义务，债权人接受履行后，债权人与债务人、债务人与相对人之间相应的权利义务终止……"因此，在实际施工人行使代位权的请求成立的情况下，原则上应当由发包人向实际施工人履行工程款支付义务，发包人履行后，实际施工人与转包人、违法分包人之间，以及转包人、违法分包人与发包人之间相应的工程款债权债务消灭。但这一清偿效果应当建立在发包人具备可以直接清偿债务的条件和现实可能性的基础上，不存在客观上的履行障碍。

对于发包人的履行障碍问题，《民法典》第 537 条规定："……债务人对相对人的债权或者与该债权有关的从权利被采取保全、执行措施，或者债务人破产的，依照相关法律的规定处理。"这里的履行障碍实践中一般有如下表现。

第一，转包人、违法分包人对发包人享有的债权被采取保全、执行措施，此时发包人无法直接向他人清偿债务，应当依照民事执行程序中的法律规定，由执行法院就执行查控、变价所得之财产，在扣除执行费用及清偿优先债权后，根据剩余可供执行财产的总数额，按照财产保全以及执行程序中查封、扣押、冻结财产的先后顺序，并结合各个普通债权的受偿比例等情形依法处置。这实际上是采用了"入库规则"，即接受转包、违法分包行为的自然人或单位通过代位权取得的工程款债权在清偿顺位上并不具有优先性，其应在执行程序中被平等对待，按照比例受偿。①

第二，转包人、违法分包人进入破产程序的，应当适用《企业破产法》的相关规定。《民法典》第 537 条中对履行障碍问题，还规定了"债务人破产"这一情况。在转包人、违法分包人破产的情况下，基于债务人已处于资不抵债状态不得以其现有财产对债权人进行个别清偿的基本原则，转包人、违法分包人对发包人享有的债权自然也应一并纳入破产财产进行处理，接受转包、违法分包行为的自然人或单位此时无法通过行使代位权而从发包人处直接获得清偿。不仅如此，《企业破产法》第 32 条规定："人民法院受理破产申请前六个月内，债务人有本法第二条第一款规定的情形，仍对个别债权人进行清偿的，管理人有权请求人民法院予以撤销。但是，个别清偿使债务人财产受益的除外。"据此，在人民法院受理转包人、违法分包人破产申请前六个月内，对于发包人已经向实际施工人清偿了其代位行使的工程款债权的，管理人有权请求撤销发包人的该项清偿行为，实际施工人同样无法因行使代位权而获得实质性的清偿。若实际施工人提起代位权诉讼，依据《最高人民法院关于适用〈中华人民共和国企业破产法〉若干问题的规定（二）》第 21 条、第 23 条相关规定，在破产申请受理前提起的，应当中止审理，转包人、违法分包人被宣告破产后，应驳回其诉讼请求，但实际施工人一审中变更其诉讼请求为追收相关财产归入债务人财产的除外；转包人、违法分包人被受理破产后，对于实际施工人提起的代位权诉讼，应

---

① 参见高印立：《实际施工人的代位权若干问题研究》，载《商事仲裁与调解》2021 年第 2 期。

不予受理。

3. 借用资质组织施工的挂靠人能否行使代位权的问题。司法实务中违规进入建筑市场的民事主体，除了接受转包、违法分包行为的自然人或单位之外，还有借用建筑企业的资质招揽工程并实际组织施工的自然人或单位，即通常所说的"挂靠"，这类违规进入建筑市场的主体俗称为挂靠人，出借资质的建筑施工企业就是被挂靠人。对于具体的挂靠方式，实务中也多有不同，有的挂靠人与被挂靠人之间签订有以借用施工资质为目的的"挂靠协议"，其中约定了借用资质、支付管理费、工程价款的主张与转付、施工责任等内容；而有的双方当事人仅仅是明确了借用资质一事，未针对借用资质关系项下双方内部的权益结算及分工问题作出明确约定，双方仅仅是明确了借用资质的事实。针对以上不同的情况，实务中的处理规则也不尽相同。那么，对于借用资质组织施工的挂靠人能否行使工程价款的代位权？

我们认为应当是允许的，原因在于，《施工合同解释（一）》第44条中虽然仅仅规定了在转包、违法分包关系中实际施工人依据《民法典》第535条规定向发包人行使代位权的具体情形，但代位权制度本身并不是司法解释创设的，更不是建设工程施工合同领域所独有的制度设计，代位权制度属于《民法典》合同编通则部分的内容，原则上可以适用于所有的有名合同和无名合同履行过程中涉及的合同保全问题。所以，接受转包、违法分包行为的自然人或单位在特定条件下对发包人享有的代位权，并非源于司法解释的创制，而是源于法律的明确规定。实践中，只要满足了《民法典》第535条关于代位权的行使要件，作为债权人的挂靠人就应当可以依法向发包人行使代位权。尤其在发包人不明知挂靠人借用建筑施工企业资质承揽工程的情况下，挂靠人无法通过"事实合同关系"来直接向发包人主张工程价款，被挂靠人此时若怠于向发包人主张工程价款，则挂靠人的利益显然容易受损。故而此时更应当允许挂靠人向发包人行使代位权。当然，这里需要强调的是，借用资质的挂靠人与出借资质的被挂靠人之间应当对工程价款的主张等事项有着明确的约定（即使该约定内容因违反法律强制性规定而无效，也不影响被挂靠人基于无效合同而应向挂靠人承担的返还、折价补偿等责任），被挂靠人根据该约定应当且能够向发包人主张工程价款，但未行使该项权利，进而影响了挂靠人工程款债权的实现。在当事人之间签订有挂靠协议的情况下，通常我们比较容易判断挂靠人、被挂靠人以及发包人之间的权利义务内容以及工程价款的层级支付方式，进而有效判断被挂靠人是否怠于行使权利以及挂靠人是否符合代位权的行使条件。而在没有挂靠协议的情况下，工程价款是否必须由被挂靠人向发包人主张，之后再向挂靠人转付的事实难以确认，此时就需要通盘审查当事人各方之间的履约情况以及实际发生的款项给付事实，进而确定当事人之间就工程价款给付所形成的实际权利义务关系，判断是否符合代位权的行使条件。当然，在有证据证明发包人明知或者应当知道挂靠人借用建筑施工企业资质承揽工程，以及施工过程中发包人以实际行为表示接受挂靠人借用资质组织施工的情况下，挂靠人还可以基于事实合同关系向发包人主张其已完成工程的价款补偿。这一问题我们将在下文予以重点阐述。

【规范指引】

《民法典》第 535 条、第 537 条；《施工合同解释（一）》第 44 条。

## 问题 2：挂靠（借用资质）关系中，挂靠人（借用资质的实际施工人）能否向发包人主张支付工程价款

【案例 1】张某与如皋市某街道居委会建设工程施工合同纠纷案[①]

2011 年 4 月 19 日，江苏某建工集团有限公司（以下简称某建工集团）与如皋市某街道居委会（以下简称某居委会）签订建设工程施工合同，约定某居委会将涉案工程发包给某建工集团施工。2012 年 12 月，工程通过竣工验收。2014 年 5 月，如皋市固定资产投资审核中心出具针对涉案工程的结算审核结果告知函。

关于工程价款支付问题，张某以涉案工程的实际施工人身份向一审法院提出诉讼请求：判令某居委会给付工程款 933 314.53 元及利息。

某居委会辩称：施工合同系其与某建工集团签订，某建工集团安排何人具体负责施工与某居委会无关，某居委会只与合同相对方某建工集团进行结算并支付工程款。

经审理，法院作出生效判决：驳回张某的诉讼请求。

生效判决认为：实际施工人以发包人为被告主张权利的，人民法院应当

---

① 参见江苏省如皋市人民法院（2019）苏 0682 民初 2409 号民事判决书、江苏省南通市中级人民法院（2020）苏 06 民终 1509 号民事判决书。

追加转包人或者违法分包人为本案第三人,在查明发包人欠付转包人或者违法分包人建设工程价款的数额后,判决发包人在欠付工程价款范围内对实际施工人承担责任。因此,有权直接向发包人主张工程款的系转包或者违法分包情形下的实际施工人。本案中,按照张某的陈述,其与某建工集团是挂靠关系,并非转包或者违法分包关系,故张某不能以实际施工人身份直接向某居委会主张工程款。本案中亦不存在张某与某居委会建立建设工程合同关系后,再借用某建工集团的名义将双方之间的建设工程合同关系通过另行签订合同的方式予以合法化的情形。因此,张某不能直接向某居委会主张工程款。如张某与某建工集团之间确系挂靠关系,则张某可另行依法主张权利。

**【案例2】南通某建集团有限公司与获嘉县某房地产开发有限公司、黄某建设工程施工合同纠纷案**①

2013年9月,获嘉县某房地产开发有限公司(以下简称某房地产公司)获得某城中村改造项目的开发权,对安置楼房项目进行开发建设,涉案工程为该改造项目的一期工程。后某房地产公司与南通某建集团有限公司(以下简称某建公司)签订《建设工程施工合同》及《补充协议》,将涉案工程发包给某建公司施工。某建公司则与黄某签订《内部经济责任承包书》,约定黄某将严格按照工程施工合同履约,承担全部的合同风险和经济责任。此后,黄某进场组织施工,并负责具体施工管理以及劳务分包人员的选择确定等,工程款项大部分也由黄某直接支付。某建公司与黄某之间没有劳动合同,某建公司也不向黄某发放工资。黄某主张其系借用某建公司的资质承接该工程。而某建公司则主张其系施工单位,黄某系其公司工作人员。

2014年9月,某建公司、黄某与某房地产公司就施工及付款问题产生争议而成讼。

某建公司向一审法院起诉请求:(1)解除某建公司与某房地产公司签订的《建设工程施工合同》;(2)某房地产公司向某建公司支付工程款48 715 135.86元及利息,并支付停工损失252万元及利息;(3)确认某建公司对涉案全部工程享有建设工程价款优先受偿权。某房地产公司向一审法院提起反诉请求:某建公司赔偿安置过渡费、劳务工资、占用资金的利息等各项经济损失暂定100万元。

---

① 参见河南省高级人民法院(2014)豫法民一初字第8号民事判决书、最高人民法院(2020)最高法民终1269号民事判决书。

一审中，黄某以有独立请求权的第三人身份参加诉讼，请求某房地产公司向其支付工程款 1000 万元。

该案一审庭审中，某房地产公司原副董事长屈某出庭作证称：其自某房地产公司成立至 2014 年 8 月间任该公司副董事长，是黄某与其接洽并承揽的涉案工程；工程款的支付事宜是由黄某向某房地产公司提出和办理；屈某在施工期间不认识某建公司主张的工作人员王某明、沈某国等人。

经审理，法院作出生效判决：（1）某房地产公司于判决生效后十五日内向黄某支付工程款 959 477.84 元；（2）驳回某建公司的诉讼请求；（3）驳回某房地产公司的反诉请求；（4）驳回黄某的其他诉讼请求。

生效判决认为，某房地产公司与某建公司之间不存在真实的建设工程施工合同法律关系，项目开始前即由黄某与某房地产公司接洽并承揽工程，黄某与发包人之间就涉案建设工程的施工事宜互相设定权利义务而达成合意，并实际组织施工。故黄某在承建涉案工程过程中，作为事实上的承包人与某房地产公司之间就涉案建设工程施工合同之标的产生了实质性的、真实的法律关系。黄某作为实际施工主体，可向某房地产公司主张相应的施工价款。

【分析】

挂靠人直接向发包人主张工程款能否得到支持，是长期以来困扰建设工程审判实务的一个难点问题，以上两个案例分别代表了在挂靠关系中挂靠人向发包人主张支付工程价款的两种典型情况。

《施工合同解释（一）》第 43 条第 2 款规定："实际施工人以发包人为被告主张权利的，人民法院应当追加转包人或者违法分包人为本案第三人，在查明发包人欠付转包人或者违法分包人建设工程价款的数额后，判决发包人在欠付建设工程价款范围内对实际施工人承担责任。"根据最高人民法院的司法适用意见，该条款是为了保护农民工的合法权益而作出的特殊规定，此处的实际施工人主要指转包和违法分包关系中实际负责工程施工的承包人，原则上不适用于挂靠情形的实际施工人。[①] 所以，实务中挂靠人一般不能以该条款为依据直接向发包人主张支付工程款。对于挂靠关系中的实际施工人主张工程价款的问题，司法实务中一般可以从以下两个方面来进行把握和处理。

---

[①] 参见最高人民法院民事审判第一庭编著：《最高人民法院新建设工程施工合同司法解释（一）理解与适用》，人民法院出版社 2021 年版，第 442~451 页。

一是发包人在签订施工合同时明知实际施工人借用建筑施工企业的资质和名义与自己签订合同的情况。司法实务中，发包人这一明知状态的外在表现一般有以下几种：（1）发包人追求或者积极促成实际施工人借用资质的效果，发包人多会选择先与实际施工人磋商合作以及达成意向性协议，再由实际施工人寻找施工资质或者直接借用发包人指定的建筑施工企业的名义签订施工合同；（2）发包人曾与多个不同的建筑施工企业签订过施工合同，但施工合同中的项目负责人均为同一人；（3）发包人连续性地直接向实际施工人支付工程款；（4）在施工合同签订前，工程投标保证金、履约保证金等资金均是由实际施工人直接支付给发包人，且无其他正当理由等。司法实务中，需要结合具体案件事实，参照以上情形予以综合认定。

在发包人明知借用资质的情形下，当事人之间形成的施工合同虽然在名义上反映的是发包人和相关建筑施工企业的合意，但合同的内容实际上是发包人与借用该建筑施工企业资质的实际施工人之间经协商一致的结果，其中反映的并非发包人与建筑施工企业之间的真实意思表示，发包人所追求的合作对象也并非出面签订合同的建筑施工企业，发包人明知自己是与借用资质的实际施工人之间建立合作关系，也积极追求这一法律关系的构建。所以，在这一情形下，发包人与出借资质的建筑施工企业签订的合同实质上构成虚伪通谋的意思表示。《民法典》第146条规定："行为人与相对人以虚假的意思表示实施的民事法律行为无效。以虚假的意思表示隐藏的民事法律行为的效力，依照有关法律规定处理。"据此，在发包人订立建设工程施工合同时明知实际施工人借用资质的情况下，发包人所签订的施工合同应当因其与建筑施工企业之间构成虚伪通谋、意思表示不真实而无效。同时，基于当事人各方的真实意愿，发包人与实际施工人之间虽然没有直接以各自名义签订书面合同，但已经形成事实上的建设工程施工合同关系，双方当事人之间基于这些法律关系产生债法上的请求权。① 即挂靠人与发包人之间形成了实质上的建设工程施工合同关系，挂靠人可以基于该事实合同关系直接向发包人主张工程款债权。当然，这一规则同样也适用于发包人在签订施工合同时不知道实际施工人借用资质承揽工程，而在工程施工过程中知晓后未表示异议，且向实际施工人实际履行支付工程款等义务的情况，此时相当于发包人以自己后

---

① 参见最高人民法院民事审判第一庭编著：《最高人民法院新建设工程施工合同司法解释（一）理解与适用》，人民法院出版社2021年版，第451页。

期的实际行为接受了挂靠人作为自己的合同相对方,相当于与之建立了事实合同关系。

二是发包人在签订施工合同时并不知道实际施工人借用建筑施工企业的资质和名义与自己签订合同的情况。在这一情形下,发包人在主观上属于善意,其本意就是将相关工程直接发包给具有相应施工资质的建筑企业,并不知道实际施工人借用资质的情况存在,也无意与他人建立事实上的合同关系。此时借用资质的实际施工人与发包人之间没有完整的意思联络,双方无法建立起事实合同关系,实际施工人一般也不得向发包人直接主张支付工程款。对于此种情形下挂靠人的工程款权益,应当结合其与建筑施工企业之间的挂靠协议等具体事实进行处理。

综上所述,在发包人订立施工合同时明知挂靠事实的情况下,挂靠人可以根据事实合同关系直接向发包人主张工程价款。发包人在订立施工合同时不知道挂靠关系存在,且事后也未表示接受实际施工人挂靠施工的事实的,应由签订合同的承包人(被挂靠人)依照合同向发包人主张工程价款,挂靠人的工程款权益根据其与承包人之间的挂靠协议等事实进行处理。

【规范指引】

《民法典》第146条;《施工合同解释(一)》第43条。

## 问题3:转包、违法分包关系中的承包人破产,实际施工人能否向发包人主张支付工程款

【案例】苏州某景观工程有限公司与苏州市某园林绿化管理局建设工程施工合同纠纷案[①]

2014年10月,苏州市某园林绿化管理局(以下简称园林局)与苏州某环境科技有限公司(以下简称某环境公司)签订建设工程施工合同,约定园林局将环城绿化带工程发包给某环境公司施工。合同订立后,某环境公司将该工程转包给苏州某景观工程有限公司(以下简称某工程公司)实际施工。该工程于2014年11月15日开工,2015年1月20日竣工,2015年8月31

---

[①] 参见江苏省苏州市姑苏区人民法院(2018)苏0508民初758号民事判决书、江苏省苏州市中级人民法院(2018)苏05民终3486号民事判决书、江苏省高级人民法院(2021)苏民再139号民事判决书。

日通过竣工验收。

2016年10月11日，某法院向园林局送达另案履行到期债务通知书，要求园林局将其对某环境公司所负到期债务中的400万元支付至该院账户，不得向某环境公司清偿。

2017年6月15日，某工程公司向法院提起诉讼，请求判令某环境公司、园林局支付工程未付款1 987 842.3元。该案审理中，某工程公司撤回对园林局的起诉。该案生效判决判令某环境公司向某工程公司支付工程款1 987 842.3元。

2017年9月18日，某环境公司经债权人申请进入破产清算程序。同年12月9日，某环境公司破产管理人向园林局寄送催告函，要求园林局支付剩余工程款1 987 842.3元。

某工程公司再次向一审法院提出诉讼请求：判令园林局在欠付工程款范围内向其支付工程款1 987 842.3元。

某环境公司辩称：某工程公司起诉园林局时，某环境公司已进入破产清算程序，园林局对某环境公司的到期债务系某环境公司的破产财产，应由某环境公司的全体债权人参与分配。即使参照《施工合同解释（一）》第43条规定，园林局系在欠付某环境公司工程款范围内承担责任，某工程公司对该款亦无优先受偿权，仅享有普通债权。

经审理，法院作出生效判决：园林局向某工程公司支付工程款1 987 842.3元。

生效判决认为：第一，实际施工人对发包人的工程款请求权具有独立性，区别于转包人的请求权。首先，根据《施工合同解释（一）》第43条规定，实际施工人既可以请求转包人支付工程款，也可以请求发包人支付工程款，实际施工人请求发包人支付工程款不必同时向转包人提出主张，并非代位行使转包人的请求权。因此，该条规定中的"欠付范围"仅是对发包人承担责任的数额作出限制，实际施工人向发包人主张权利并不以转包人怠于向发包人主张权利为前提。其次，《施工合同解释（一）》第15条授权发包人突破合同相对性请求实际施工人承担工程质量责任，第43条赋予实际施工人突破合同相对性向发包人主张工程款的权利与实际施工人所承担的工程质量义务相对等。两条款均规定了发包人与实际施工人可以越过转包人向对方直接提出请求，符合权利义务相一致的民法基本原则。

第二，发包人在欠付范围内向实际施工人支付工程款并非对转包人债务的个别清偿，不违反债权平等原则。首先，《企业破产法》第 16 条规定的禁止个别清偿，是禁止破产企业对其同顺位债务的差别清偿，而非禁止其他债务人向债权人进行清偿。依据《施工合同解释（一）》第 43 条规定，实际施工人向发包人主张权利的，发包人即在欠付工程款范围内对实际施工人负有相应债务，应由发包人向实际施工人支付工程款，并非转包人向实际施工人清偿债务，不构成《企业破产法》所禁止的个别清偿。其次，实际施工人实际投入资金、材料和劳力进行了工程施工，建设工程凝结了实际施工人的劳动成果，而转包人并未实际进行施工，不应享受相应劳动成果，故发包人欠付的工程款并非当然属于转包人的责任财产。实际施工人向发包人请求支付工程款的，相应工程款不应当纳入转包人的破产财产范畴，发包人因此向实际施工人支付工程款不应当视为使用转包人的财产清偿债务。实际施工人自发包人处获得清偿，并未增加其自转包人处受偿的比例，亦不违反债权平等受偿原则。

第三，在转包人破产的情况下，实际施工人请求发包人支付工程款符合司法解释的规范目的。《施工合同解释（一）》第 43 条的规范目的在于，为处于弱势地位的广大农民工的权益提供强有力的司法保护，实现实质意义上的公平正义。实际施工人在转包人资信状况恶化、破产、法人主体资格消灭等情况下，将难以主张权利，关系到众多农民工维系生存的"血汗钱"。在这一情况下，司法解释赋予实际施工人诉权，使得其在一定条件下可以向发包人主张权利，拓宽了保护实际施工人权益的渠道，有利于维护社会稳定。若因转包人破产而否定实际施工人对发包人的工程款请求权，将导致司法解释给予实际施工人特别保护的目的落空，有违规范意旨。

【分析】

对于实际施工人在转包人、违法分包人进入破产程序的情况下直接要求发包人支付工程款的问题，实务中存在两种观点：一种观点认为，虽然《施工合同解释（一）》第 43 条规定在转包、违法分包情形下，实际施工人可以突破合同相对性直接向发包人主张工程款，但实际施工人只能在发包人欠付承包人工程款的范围内请求清偿。如承包人已进入破产清算程序，发包人对承包人的到期债务应当属于承包人的破产财产，按照《企业破产法》的相关规定，该破产财产应当由承包人的全体债权人参与分配。另一种观点认为，在转包、违法分包情形下，承包人仅仅是名义上的施工人，实际施工人向发包人主张工程价款的权利最终应当归属于实际施工人，这与《企业破产法》第 17 条第 1 款规定的情形不同。并且,《施工合同解释(一)》第 43 条赋予实际施工人向发包人追索工程价款的权利,系赋予实际施工人的法定权利。该政策目的在于保护农民工的合法权益,其特殊性应得到优先保护,实际施工人对发包人享有的实体权利不应当受到承包人进入破产程序的影响,否则便与国家对实际施工人合法权益的特殊保护政策相悖。[①] 我们更倾向第二种观点。在转包、违法分包关系中的承包人进入破产清算程序的情况下,实际施工人针对工程价款对发包人享有独立的支付请求权。实际施工人未向承包人的破产管理人申报债权,而选择直接向发包人主张工程价款的,司法实务中应当予以支持。

【规范指引】

《施工合同解释(一)》第 15 条、第 43 条。

---

[①] 参见张杜超:《破产与诉讼实践讲义》,法律出版社 2023 年版,第 86 页。

# 第六章 建设工程施工合同案件工期纠纷常见争点与法律适用

## 第一节 建设工程施工合同工期纠纷概述

建设工程工期,指施工人完成施工任务的期限。根据《民法典》第795条规定,施工合同的内容一般应包括建设工程工期条款。工期受施工范围、施工技术和施工条件等因素影响,与工程质量息息相关。近年来,实务界对建设工程施工合同工期责任的认识愈发深刻,案件中工期纠纷所涉争议问题愈发复杂,相应审判专业化要求也愈高。

### 一、建设工程施工合同工期纠纷审判现状

工期纠纷在建设工程诉讼中所占比重虽不大,但案件特点、审理难点与工程款纠纷、工程质量纠纷有所不同。

(一)工期诉讼往往附属于工程款纠纷

目前,工程款纠纷在建设工程诉讼中占据绝对比重,而最为常见的工期诉讼方式有两类:一是承包人在追索工程款时,一并提出工期顺延请求或赔偿因工期顺延导致的停工、窝工损失;二是承包人起诉发包人后,发包人通过提出工期索赔的方式对抗承包人的诉讼请求,以期减缓、减少或免除工程款的支付责任。单独提起工期诉讼的案件数量较少,往往是在工程款诉讼进行期间或者结束后,发包人以另行诉讼的方式进行工期索赔,其诉讼功能、诉讼目的与发包人在工程款诉讼中提出反诉并无二致。

## （二）工期规范的地区性差异较大

我国法律体系中，关于建设工程工期的规定数量庞杂，散见于法律、行政法规、部门规章和规范性文件中。其中，专门规范建设工程工期的规范性文件往往层级不高，多由地方政府建设主管部门制定，因而各地关于工期的具体规定差异较大，案件裁判尺度的统一难度较大。

## （三）工期责任量化的科学性不足

进入诉讼程序的工期纠纷，主要争议就是工期延误责任的承担及相应索赔。一方面，法官并非建设工程领域专业人士，在不开展工期鉴定的情况下，难以运用专业技术手段对工期延误责任进行定量分析。另一方面，囿于没有与工期相关的具有专门鉴定资质、从事工期鉴定的机构和人员专业素养良莠不齐、鉴定成本较高等因素，司法实践中工期鉴定的开展率不高。在此背景下，多数工期纠纷案件的审判以责任定性为主，至于工期顺延天数、损失数额的量化，往往依赖简单算术估计，个案裁判的主观性较强。

近年来，在实务界的呼吁下，国际上一些成熟的量化分析方法逐步引入我国。中国工程建设标准化协会编制的《建设工程工期延误量化分析标准》（T/CECS 1522—2024）即借鉴了英国工程法学会（SCL）《工程延误与干扰索赔分析准则》（以下简称 SCL 准则），明确指出"工期延误分析人进行工期延误分析时应采用关键线路法"。《建设工程工期延误量化分析标准》将关键线路（critical path）的概念表述为"由关键工作组成且总时差最小的线路或总持续时间最长的线路"[①]。关键线路的构成随着施工进程处于动态。关键线路上的任何工作延误，若不加赶工或重新调整工序，则会引起工期延误。反之，非关键线路上的工作延误不会导致工期延误，但该工作可能因时间过长的延误成为关键工作，那么此后的延误即成为关键线路延误。关键线路法，指通过分析工期延误事件是否发生于关键线路上，并结合工期延误的原因进而决定是否应当给予工期顺延和费用补偿。固然该方法能够较为科学地进行量化分析，但受合同约定、源数据可用性和鉴定成本等因素制约，审判实践中还是要根据案件实际情况决定采用何种方法确定工期延误责任，以及是否

---

① 在该标准中，工作（activity），是指计划任务按需要粗细程度划分而成的、耗用时间或也耗用资源的一个子项或子任务；关键工作（critical activity），指进度计划中总时差最小的工作；总时差（total float），是指在不影响工期和有关时间约束的前提下，一项工作可以利用的机动时间。

委托工期鉴定。

## 二、与建设工程施工合同工期相关的常见概念

（一）约定工期

约定工期，即合同工期，指发包、承包双方在施工合同中约定的施工期限。《2017版施工合同范本》通用条款第1.1.4.3条对工期的定义为合同协议书中约定的承包人完成工程所需的期限，包括按照合同约定所作的期限变更。

（二）实际工期

实际工期，指工程自实际开工之日至竣工验收之日的施工总天数，其中包含顺延工期的天数。工程未完工的，则以最后停工之日作为实际工期的计算终点。

（三）定额工期

定额工期，指依据工期定额确定的工程自开工之日至竣工验收之日的全部日历天数（包含法定节假日），不包括"三通一平"、打试验桩、地下障碍物处理、基础施工前的降水和基坑支护、竣工文件编制等所需的时间。目前通行的工期定额为住建部发布的《建筑安装工程工期定额》（TY 01—89—2016）。"工期定额是国有资金投资工程在可行性研究、初步设计、招标阶段确定工期的依据（非国有资金投资工程参照执行），是签订建筑安装工程施工合同的基础，也是施工企业编制施工组织设计、确定投标工期、安排施工进度的参考。"承包人可以通过提高管理水平、提升工艺、使用新设备等方式提高具体项目的施工工效，从而压缩定额工期。定额工期的主要实践价值是为编制约定工期和判断是否任意压缩合理工期提供依据。

（四）合理工期

合理工期，通常指在一定的施工条件下，具有相同或近似施工技术、施工经验和管理水平的施工单位在完成一定工作量时，正常情况下所需要的工期。工期对于工程质量具有重要意义，故法律法规禁止任意压缩合理工期。合理工期没有统一标准，通常需要结合定额工期和各地规范性文件予以确定。合理工期可以理解为以定额工期为参照，上不封顶、下有界限的半开放区间，经过压缩的合理工期仍可能在合理工期区间内。当压缩合理工期突破区间下

限，则构成任意压缩合理工期。

（五）节点工期

节点工期，指工程项目建设达到建设工程施工合同所约定形象进度节点的时间，在建设工程施工合同、横道图（甘特图）或网络图、施工进度计划等材料中体现。施工管理中，通常会根据合同总工期提出节点工期，进而确定施工进度。对于合同解除时未完工程是否存在工期延误，部分情况下可以参考节点工期予以判断。

（六）工期索赔

工期索赔，广义上指针对工期延误所造成损失的索赔，包括承包人顺延工期的请求，也包括与工期相关的费用索赔。[①] 狭义的工期索赔仅指非因承包人原因导致承包人不能按约定的期限完成工程，承包人向发包人提出顺延工期。[②] 狭义的工期索赔与费用索赔是平行概念。费用索赔，指施工合同一方当事人因非己方原因而遭受损失，按合同约定或法律规定向相对方提出补偿要求。本书采用广义的工期索赔概念。

## 第二节　建设工程施工合同工期纠纷常见争点

建设工程施工合同工期争议的主要问题在于三个方面：一是工期延误事实，需要认定工期延误的天数；二是工期延误责任，需要认定工期延误的原因和工期顺延的天数；三是工期索赔，需要认定工期违约方应当承担的违约金或损失赔偿数额，以及合同相对方应当分担的费用或损失数额。

---

[①] 参见最高人民法院民事审判第一庭编著：《最高人民法院新建设工程施工合同司法解释（一）理解与适用》，人民法院出版社2021年版，第76页。

[②] 参见常设中国建设工程法律论坛第八工作组：《中国建设工程施工合同法律全书：词条释义与实务指引》，法律出版社2021年版，第665页。

## 一、合同工期的审查认定

### 争点1：约定工期如何认定

常见的工期约定方式如下：（1）约定工程日期总天数。有两种方式：一是约定自然日历天数，含节假日，《2017版施工合同范本》即采用该方式；二是约定工作日天数，该方式易引发纠纷。当事人在合同中采用"工作日"表述约定工期总天数时，通常理解认为该约定旨在排除日历天数中不具备施工条件的天数。当事人未明确约定工期排除周末、法定节假日的，应以日历天数计算工期。（2）分别约定开工日和竣工日，自开工日至竣工日的期间为约定工期。施工合同对工期约定不明或者未作出约定，发生纠纷后双方不能协商一致的，可以通过参考工程所在地工期定额标准确定工期。一些改建、扩建、维修、技改工程等难以参考定额标准确定工期的，可以参考新建工程的工期定额并适当下浮。必要时，可以委托鉴定机构对工程合理工期进行鉴定。

【规范指引】
《民法典》第795条。

## 二、开工、竣工日期的审查认定

### 争点2：实际开工日期如何认定

实际开工日期，指承包人客观上开始施工之日，是计算工期的起始点。根据《2017版施工合同范本》通用条款第1.1.4.1条，开工日期包括计划开工日期和实际开工日期。其中，计划开工日期是指合同协议书约定的开工日期；实际开工日期是指监理人按照第7.3.2条（开工通知）约定发出的符合法律规定的开工通知中载明的开工日期。司法实务中，实际开工日期的认定通常还需要考量工程施工条件是否具备等因素，并不必然以发包人或监理人发出的开工通知为准，也不等同于承包人实际进场开始施工的日期。本书所称"开工日期"，如无特殊说明，均指实际开工日期。

实践中，计划开工日期与实际开工日期不一致的情况颇为常见，如因赶工需要提前开工，或者由于拆迁未完成、施工手续不完备、施工条件欠缺等原因推迟开工。如双方能够协商一致，应以当事人确认的日期为开工日期。当事人可以通过补充协议、工期签证、会议纪要、工作联系单、函件等方式对开工日期作出确认。如不能协商一致，则需要结合开工条件是否具备、发包人或监理人是否发出开工通知、承包人是否实际进场施工，以及其他相关施工资料综合审查认定开工日期。其中，开工条件是否具备是审查认定开工日期的实质性依据。开工条件，包括法律条件和物质条件。法律条件，指法律法规从规划、工程质量、安全生产等层面对开工设置的条件，如需要发包人办理施工许可证。物质条件，指工程项目开始施工前所应具备的客观生产条件，如发包人应当提供与合同约定相符的场地、组织设计交底等，承包人应当做好建筑设备材料及人力资源准备、构建安全生产管理体系、搭建临时设施等。

结合《施工合同解释（一）》第8条的规定，开工日期的认定可以分为以下几种情形。

1. 发包人发出开工通知且具备开工条件。开工通知，又称开工令，是发包人或发包人委托监理人通知承包人开工的文件。根据《2017版施工合同范本》通用条款第7.3.2条，开工通知应当在计划开工日期7天前向承包人发出。通常情况下，开工通知中确定的开工时间更接近实际开工时间。

**【注意事项】**

如开工通知发出后，开工条件尚不具备，则应以开工条件具备的时间为开工日期。如开工通知发出时，现场已经具备开工条件，系承包人原因导致开工时间推迟的，应当以开工通知载明的时间为开工日期，而不再考虑承包人是否实际进场施工。

2. 承包人实际进场并开始施工。承包人经发包人同意已经实际进场施工的，以实际进场施工时间为开工日期。实际进场施工指承包人的机器、设备到场，人员进场施工。承包人实际进场施工的具体日期可以通过项目工程监理单位的监理记录、当事人间的会议纪要等文件确定。发包人未依约提供开工条件的，承包人可以拒绝开工，但承包人一旦开工，应视为放弃关于开工条件和开工通知的抗辩。承包人实际进场施工后由于其他原因工期延误的，承包人不得以提前开工为由对抗发包人工期索赔。

**【注意事项】**

实践中需要注意的是几种例外情形,如承包人进场时,因现场尚不具备开工条件导致未能开始施工的,仍应以开工条件具备的时间为开工日期。又如,承包人进场是进行开工准备(如清理施工现场、配合"三通一平"施工、搭设临时设施、设置安全防护设施、标示桩基位置等),并未正式施工,则不宜将承包人进场时间作为开工日期。

3. 其他施工资料记载开工日期且具备开工条件。《施工合同解释(一)》第8条第3项规定,发包人或者监理人未发出开工通知,亦无相关证据证明实际开工日期的,应当综合考虑开工报告、合同、施工许可证、竣工验收报告或者竣工验收备案表等载明的时间,并结合是否具备开工条件的事实,认定开工日期。实践中,各项施工资料记载开工日期不一致的情形颇为常见,需要结合开工条件是否具备的事实认定开工日期。(1)开工报告由承包人申请,并经发包人或者监理人批准。因开工报告系承包人提交,意味着承包人认可发包人提供了与合同约定相符的开工条件。(2)施工合同所载开工日期一般为计划开工日期。有些当事人会在施工过程中签订补充协议,对原施工合同所载开工日期作出变更。鉴于此时工程已经实际开工,当事人倒签开工日期行为一般应视为对实际开工日期的确认。(3)施工许可证是政府建设主管部门允许建设工程施工单位开工的依据性文件。实践中,发包人在办理施工许可证时受到施工合同、工期利益等主观因素影响较多,施工许可证所载开工日期与现实的开工行为往往不一致。(4)竣工验收报告及竣工验收备案表形成于工程竣工验收后,从时间逻辑上来说,其所载开工日期应当系当事人对开工日期的最终确认。然而,为满足施工许可证的管理要求,当事人时常在办理竣工验收手续时根据施工许可证调整开工日期,使得竣工验收报告、竣工验收备案表所载开工日期往往与实际情况不一致。

**【规范指引】**

《民法典》第795条;《施工合同解释(一)》第8条。

## 争点3:实际竣工日期如何认定

竣工,一般即竣工验收,指发包人在收到承包人提出的竣工验收申请后,组织承包人、勘察人、设计人、监理人等建设工程责任主体,对工程是否符合规划设计要求以及建筑施工和设备安装质量标准进行全面检验。《建筑法》第61条规定："交付竣工验收的建筑工程，必须符合规定的建筑工程质量标准，有完整的工程技术经济资料和经签署的工程保修书，并具备国家规定的其他竣工条件。建筑工程竣工经验收合格后，方可交付使用；未经验收或者验收不合格的，不得交付使用。"对于管理规范的工程，竣工验收是建立在分部分项工程验收的基础之上。完工是竣工的前提和基础，竣工是对完工的评价。实践中，部分中小型工程的施工合同会约定一次性验收。

竣工日期也分为计划竣工日期和实际竣工日期。计划竣工日期是指合同协议书约定的竣工日期。鉴于发包人出于种种原因存在拖延验收、未经验收擅自使用等情形，实际竣工日期需要区分实际竣工验收合格、竣工验收迟延等具体情形确定。本书所称"竣工日期"，如无特别说明，均指实际竣工日期。

当事人对竣工日期协商一致的，应以当事人的真实意思确定竣工日期。不能协商一致的，《施工合同解释（一）》第9条、《2017版施工合同范本》通用条款第13.2.3条均区分了以下三种情形。

1. 工程经实际竣工验收合格。如果建设工程已经通过竣工验收被确认为合格以上工程的，以竣工验收合格之日作为竣工日期。验收合格需要工程同时满足合同约定的质量标准和国家规定的强制性质量标准。合同约定的质量标准高于国家强制标准的，应以合同约定作为竣工验收合格条件；低于国家强制标准的，应以国家强制标准作为竣工验收合格条件。如果建设工程经验收为不合格的，发包人有权要求承包人在合理期限内无偿修理或者返工、改建。承包方对建设工程进行修复后，经发包人再次验收，确认合格之日，方可以作为工程实际竣工日期。发包人平行分包工程的，竣工日期应根据承包人的承包范围确定。承包人仅承包部分工程，虽然工程尚未经整体竣工验收，但其施工的部分已经单位工程验收或分部分项工程验收合格的，除当事人有特别约定外，应以单位工程验收或分部分项工程验收合格时间作为竣工日期。

**【注意事项1】**

竣工验收对于工程工期和质量问题认定的法律意义并不相同。工期问题仅涉及当事人自身利益，当事人的意思自治是确定其权利义务的首要因素。质量问题高度关系社会公共利益，即使当事人达成合意，但社会公共利益处于更高的价值位阶。因此，竣工日期确定并不等同于工程竣工验收合格，也不等同于工程实际经过竣工验收。如当事人约定甩项验收的，可能将违反国家强制性质量标准的工程确认为验收合格。该工程质量如产生纠纷，不能当然认定为验收合格，但当事人已经签署竣工验收合格确认文件的，应视为发包人自愿放弃工期利益，不影响据此认定竣工日期。

**【注意事项2】**

工程竣工验收备案并非判断竣工验收合格的必要条件。质量监督报告、竣工验收备案表所载竣工日期与当事人共同确认的竣工日期或竣工验收原始文件不符时，应当首先以当事人共同确认的竣工日期为准，其次以竣工验收原始文件为准。

2. 发包人拖延验收。承包人提交竣工验收申请报告[①]后，发包人拖延验收的，应以承包人提交验收申请报告之日作为工程竣工日期。竣工验收既是对承包人履行义务是否符合合同约定的检验，也是承包人请求支付工程款的前提条件。《民法典》第159条规定："附条件的民事法律行为，当事人为自己的利益不正当地阻止条件成就的，视为条件已经成就；不正当地促成条件成就的，视为条件不成就。"参照该规定，如发包人为减缓工程款支付，故意拖延竣工验收，应当承担不利后果。住建部《建筑工程施工发包与承包计价管理办法》（2013）第18条、《2017版施工合同范本》通用条款第14.2条均认为，发包人进行竣工验收的合理期限为收到竣工验收申请报告之日起28天内。《2020版工程总承包合同范本》通用条款第8.2条、第10.1.2条则认为，竣工验收合理期限为42天。如合同无明确约定，法院需要结合承包人提供的竣工验收资料是否齐全、工程规模、验收工作的开展难度等因素，公平认定竣工验收的合理期限。《施工合同解释（一）》第9条第2项并未以发包人收到竣工验收申请报告后的合理期间届满之日作为竣工日期，而是直接以发包人收到竣工验收申请报告之日作为竣工日期，体现了一定惩罚性。[②]

3. 未经竣工验收，发包人擅自使用。《民法典》第799条第2款规定："建设工程竣工经验收合格后，方可交付使用；未经验收或者验收不合格的，不得交付使用。"发包人实际使用的，建设工程客观上完成了交付，物上风险

---

[①] 《施工合同解释（一）》第9条第2项所称"竣工验收报告"系承包人制作，而住建部《房建市政工程竣工验收规定》第7条所称"竣工验收报告"系建设单位（发包人）制作。结合《2017版施工合同范本》通用条款第13.2.2条，司法解释此处所称"竣工验收报告"应指承包人制作的要求发包人组织竣工验收的书面申请，即"竣工验收申请报告"。

[②] 参见何志主编：《最高人民法院建设工程施工合同司法解释精释精解》，中国法制出版社2020年版，第341页。

随之转移，应视为发包人以其行为表示放弃工期利益。故工程未经竣工验收发包人擅自使用的，以工程转移占有之日作为竣工日期。工程部分完工、部分未完工，发包人擅自将已完工部分投入使用的，应视为就已完工部分放弃工期利益，推定竣工日期的效果仅及于已完工部分。

【规范指引】

《民法典》第159条、第799条；《建设工程质量管理条例》第16条、第49条；《施工合同解释（一）》第9条。

### 三、工期延误责任的审查认定

（一）工期延误

工期延误，通常指实际工期长于约定工期的情形。按照工期延误的表现形式，可以分为节点延误和竣工延误。节点延误，指施工过程中一项或多项工作的实际完成日期迟于施工进度计划中的节点期限。竣工延误，指实际竣工日期迟于约定竣工日期。节点工期的延误，并不必然导致工程竣工延误。除非当事人有特别约定，否则当事人并不因此承担违约责任。[①]

### 争点4：工期延误的原因如何认定

工程建设过程中，承包人、发包人、非当事人因素均可能引起工期延误。

1. 承包人原因。工期延误责任属于违约责任，适用无过错责任的归责原则。按期竣工是承包人的主要合同义务，除了明确约定或法律规定排除承包人责任的情形外，工期延误的责任均可归咎于承包人。承包人施工技术不足、管理不善、资金短缺均可能导致工期延误。承包人原因导致工期延误，发包人可以发起工期索赔。

2. 发包人原因。《2017版施工合同范本》通用条款第7.5.1条对于发包人原因导致工期延误的情形作了较为详细的表述：（1）发包人未能按合同约定提供图纸或所提供图纸不符合合同约定的；（2）发包人未能按合同约定提供

---

① 《2020版工程总承包合同范本》通用条款第8.7.2条即约定，承包人原因导致阶段性工期延误时，承包人应采取措施加快进度并承担加快进度所增加的费用，并未约定承包人应就阶段性工期延误向发包人承担违约责任。

施工现场、施工条件、基础资料、许可、批准等开工条件的;(3)发包人提供的测量基准点、基准线和水准点及其书面资料存在错误或疏漏的;(4)发包人未能在计划开工日期之日起 7 天内同意下达开工通知的;(5)发包人未能按合同约定日期支付工程预付款、进度款或竣工结算款的;(6)监理人未按合同约定发出指示、批准等文件的;(7)专用合同条款中约定的其他情形。发包人原因导致工期延误的,承包人可以主张顺延工期并发起费用索赔。《2020 版工程总承包合同范本》通用条款第 8.7.1 条的表述更为概括和全面:(1)根据第 13 条[变更与调整]的约定构成一项变更的;(2)发包人违反本合同约定,导致工期延误的;(3)发包人、发包人代表、工程师或发包人聘请的任意第三方造成或引起的任何延误、妨碍和阻碍;(4)发包人未能依据第 6.2.1 条[发包人提供的材料和工程设备]的约定提供材料和工程设备导致工期延误的;(5)因发包人原因导致的暂停施工;(6)发包人未及时履行相关合同义务,造成工期延误的其他原因。

3.非当事人原因。如不可抗力、难以预见的不利物质条件[①]、异常恶劣气候[②]、政府政策变更或临时措施等不可归责于双方当事人的原因。此类原因导致工期延误的,承包人可以主张顺延工期,但是不一定能够进行费用索赔。

实践中,工期延误往往有一种以上的原因,工期延误责任的量化实为难题。《建设工程工期延误量化分析标准》(T/CECS 1522—2024)在吸收 SCL 准则和美国国际工程造价促进会《法务工期分析》中的工期延误分析方法的基础上,首先采用命名的方式将工期延误分析方法分为 7 类:计划影响分析法、时间影响分析法、时间切片分析法、时间分水岭法、计划与实际进度对比分析法、回溯最长路径分析法、实际进度断裂分析法。继而比照生物学分类的方式对每种分析法进一步分类,形成 18 种子分析法。如时间影响分析法分为 2 个种别:事件周期影响分析法、窗口时间影响分析法。

【注意事项】

不同工期延误责任分析方法各有利弊,越是细化的分析方法,经济和时间成本也越高,对法官和鉴定机构的专业要求也越高。在不同的案件中,面

---

① 不利物质条件,也称不利地质条件,指有经验的承包人在施工现场遇到的不可预见的自然物质条件、非自然的物质障碍和污染物,包括地表以下物质条件(如土质较预见的更为坚硬)和水文条件以及合同条款约定的其他情形。

② 异常恶劣气候,指虽然当事人在订立合同时不能预见,但可以采取合理措施减轻或消除其影响的气象事件。

临的工期延误事实、证据完整性、争议大小、索赔金额等是不同的，需要结合具体案情选择合理的分析方法，而非一味追求分析精度。

（二）工期顺延

工期顺延，指在发生工期延误的情况下，承包人依据合同约定或法律规定获得工期的延长。如果说工期延误是客观事实，那么工期顺延就是当事人对于延长约定总工期或者推迟约定竣工日期作出的意思表示。工期顺延的前提是发生了不可归责于承包人的工期延误事件，一般应由承包人按照合同约定或法律规定的程序向发包人提出。如当事人对于工期顺延能够达成一致，一般采用工期签证等形式确认工期顺延；为便于办理施工许可证延期，也存在以调整合同约定工期的方式变相顺延工期的情形。工期顺延既是承包人提出工期延误责任抗辩的依据，也是承包人提出停工、窝工损失索赔的基础，在工期纠纷审判中尤为关键。

## 争点 5：工期顺延的提出应如何认定

当事人可以在协商一致后，通过签证、补充协议、会议纪要、经发包人同意修订的施工进度计划等方式就工期顺延作出确认。当事人协商确认工期顺延的载体，通常为工期签证。工期签证的内容一般应当包括工期顺延的事由、顺延的天数、增加的费用等。部分签证仅记载工期顺延的事由，天数和增加的费用不确定，需要当事人在工程结算时进一步协商确定或由法院结合相关证据审理认定。有些情况下，当事人虽未形成规范的工期签证，但会通过会议纪要、补充协议等方式顺延工期。实践中还存在当事人通过补充协议延长工期总天数、推迟计划竣工日期等形式变更原合同约定工期，从而达到顺延工期的效果。

【注意事项】

实践中存在当事人变更约定工期仅系为办理施工许可证延期需要等特殊原因，并无顺延工期的真实意思，不应认定为工期顺延。

按照《2017版施工合同范本》通用条款第19.1条，承包人应在知道或应当知道索赔事件发生后28天内，向监理人递交索赔意向通知书，并说明发生索赔事件的事由；在发出索赔意向通知书后28天内，向监理人正式递交索赔报告；在索赔事件影响结束后 28 天内，向监理人递交最终索赔报告。按照第 19.2 条，监理人应在收到索赔报告后 14 天内完成审查并报送发包人。有些发包人为规避经济责任，对承包人提出的顺延工期要求消极应对。依照《施工合同解释（一）》第 10 条第 1 款规定，承包人虽未取得发包人确认，但能够就工期顺延的提出和工期顺延事由举证证明的，法院应支持其顺延工期的请求。承包人在约定期限内向监理人提出工期顺延，监理人未向发包人转交相关申请，应视为承包人已及时提出工期顺延。

当事人可以在施工合同中约定承包人提出工期顺延的期限，以及未在约定期限内提出工期顺延的后果。建设工程施工期间跨度较大，如不能及时确定工期顺延时间及其影响，在工程竣工后难以追溯，且可能影响当事人在工程结算中的商业判断，故而逾期索赔失权的约定已经成为一种趋势。逾期索赔失权，指当事人在合同中约定，承包人应于一定期限内申请工期顺延并索赔，如果承包人未在约定时间申请顺延工期并索赔，则视为其放弃权利或者视为工期不顺延。关于索赔期限的性质，有观点认为是当事人基于约定设定的除斥期间，还有观点认为是独立的索赔期间。该模式主要借鉴了 FIDIC 合同条件，在 2013 年时被示范合同文本广泛引入我国。然而，我国工程实务中，承包人在工程结算前，往往不愿意破坏与发包人关系在外观上的和谐，并且习惯地认为工程索赔应当在工程结算时一并处理。因此，实践中，承包人在工程结算前未明确提出工期顺延或当事人未能就工期顺延形成签证的情况颇为常见。此后发生纠纷，如承包人确能举证证明工期顺延事由存在，则不予支持在实体结果上存在一定失衡，在实务界争议颇多。《施工合同解释（一）》第 10 条第 2 款规定："当事人约定承包人未在约定期限内提出工期顺延申请视为工期不顺延的，按照约定处理，但发包人在约定期限后同意工期顺延或者承包人提出合理抗辩的除外。"该规定一方面确认了逾期索赔失权约定的有效性，另一方面也弱化了其刚性。该条款应当主要从以下三个方面进行解读。

一是当事人明确约定承包人逾期提出工期顺延则视为放弃权利的，按照约定处理。根据工程惯例，承包人提出工期顺延的方式是多样的，可以通过正式的索赔意向书、索赔报告，也可以通过工作联系单、会议纪要、洽商记录、进度计划修订说明、进度报告、施工日志、监理日志，甚至可以直接提交其填写的签证要求监理人、发包人确认，只要其中包含对工期顺延事由的描述且表明承包人主张权利（如要求顺延工期若干天或要求赔偿经济损失）的内容即可。

二是当事人仅约定承包人提出工期顺延申请的期限,但是未明确约定其失权后果的,不能认定承包人因逾期申请而丧失主张工期顺延权利;当事人仅约定丧失费用索赔权利的,不影响承包人主张工期顺延并豁免相应工期延误责任;当事人未明确约定丧失费用索赔权利的,只要承包人在约定期限内提出工期顺延,虽未同时提出费用索赔,也不影响其在工程结算时主张费用索赔。

三是虽然承包人未在约定期限内提出工期顺延申请,但发包人在此后形成的会议纪要、往来函件等材料中对工期顺延表示了认可的或进行了实质性协商的,或承包人能够提出合理抗辩的,不能认定承包人因逾期申请而丧失主张工期顺延权利。发包人在约定期限后同意工期顺延的认定,司法实践中通常从宽把握,如发包人同意在工程结算时一并处理索赔事项,或发包人在工期进度延迟状态下按时支付工程进度款,均视为认可工期顺延事由成立。承包人提出合理抗辩有以下常见情形:(1)承包人虽未明确提出工期顺延以及顺延天数,但已向发包人或监理人报告工期延误事件发生的;(2)因工期延误事件持续发生,索赔期限内尚不能确定顺延天数的;(3)有证据证明承包人逾期提出顺延是发包人原因或客观障碍导致的,如新冠疫情的防控措施导致承包人未能及时提出工期顺延。

**【案例】延边某建筑安装有限责任公司与某食品酿造股份有限公司建设工程合同纠纷案**[①]

发包人某食品酿造股份有限公司(以下简称某食品公司)与承包人延边某建筑安装有限责任公司(以下简称某建安公司)签订施工合同并履行。工程竣工后,某建安公司诉至法院,请求判令某食品公司支付工程款。某食品公司辩称,涉案工程工期延误,某建安公司应当承担逾期竣工违约金,根据施工合同约定,违约金可以直接与工程款冲抵。某建安公司则主张工期因设计变更原因应当顺延,工期延误责任不应由其承担。二审判决认为,某食品公司主张某建安公司应承担逾期竣工违约金系以双方于2019年5月18日施工合同上约定的竣工日期2019年7月10日为标准,但实际上双方在合同履行过程中存在多次因设计变更导致的签证行为,某食品公司作为发包人亦在晚于双方合同约定竣工日期的2019年11月签证单上签字确认。结合某食品公司本有权根据合同约定从当月付款中扣除违约金,但未予以扣除仍陆续支

---

[①] 参见吉林省汪清县人民法院(2022)吉2424民初421号民事判决书、吉林省延边朝鲜族自治州中级人民法院(2022)吉24民终1750号民事判决书。

付工程款的事实，可以认定某食品公司默认某建安公司延期施工的事实。因此，某建安公司主张工期顺延能够成立。

【分析】

《施工合同解释（一）》第 10 条第 2 款规定："当事人约定承包人未在约定期限内提出工期顺延申请视为工期不顺延的，按照约定处理，但发包人在约定期限后同意工期顺延或者承包人提出合理抗辩的除外。"本案例体现了实践中对于"发包人在约定期限后同意"的理解。虽然承包人未在合同约定期限内明确提出工期顺延，但发包人在事后确认顺延时间、按期付款等行为，可以视为在约定期限后同意工期顺延。司法实践中，需要结合施工合同约定、合同履行、承包人对工期顺延事由的举证、承包人的损失等情况，基于公平诚信原则判断是否适用《施工合同解释（一）》第 10 条第 2 款的但书。

【规范指引】

《施工合同解释（一）》第 10 条、第 11 条。

## 争点 6：工期顺延的事由应如何认定

发包人的作为、不作为或其他事件，均可能成为工期顺延的事由。人民法院在办案中需要对工期顺延的事由进行实质性审查。

1. 发包人原因导致工期延误的，承包人可以主张顺延工期。《民法典》第 803 条规定："发包人未按照约定的时间和要求提供原材料、设备、场地、资金、技术资料的，承包人可以顺延工程日期，并有权请求赔偿停工、窝工等损失。"具体情形主要如下。

（1）未依约提供施工条件，如未依法办理施工许可证、未及时提供满足"三通一平"条件的施工场地等。详见本章争点 2 中相关内容。

（2）未依约提供施工物资，如未能交付完整且适当的施工图纸、未能交付合同约定由发包人提供的施工材料和设备设施等。按照《2017 版施工合同范本》通用条款第 1.6.1 条，发包人至迟应当在开工通知载明的开工日期前 14 天提供图纸。按时提供图纸，既包括在开工前提供设计文件、施工图、鸟瞰图及模型，也包括在施工过程中修改补充图纸。

（3）未依约支付工程价款。按照《2017 版施工合同范本》通用条款第 7.5.1.5 条，发包人未能按合同约定日期支付工程预付款、进度款或竣工结算款导致工期延误的，由发包人承担由此延误的工期和（或）增加的费用，且发包人应支付承包人合理的利润。实践中引发工期顺延的逾期付款，主要指预付款和进度款。

【注意事项】

迟延付款并不必然导致工期顺延，承包人可以请求发包人支付迟延付款的利息，未必停工、窝工。虽然发包人逾期支付工程进度款，但数额较少且时间较短，承包人可以继续施工的，对于承包人工期顺延的主张，一般不予支持。[①] 发包人逾期付款数额虽少，但时间较长或频率较高的，可以按逾期付款数额占当期应付款总额的比例折算工期顺延天数。

（4）消极履行协助配合义务，如未及时发出开工通知、下达暂停施工指示后未及时发出复工通知、未及时进行隐蔽工程质量检查、指令混乱打乱施工计划等。隐蔽工程验收属于分部分项工程验收，在隐蔽施工完成后通常需要采用破坏性方法检查。《建设工程质量管理条例》第30条规定："施工单位必须建立、健全施工质量的检验制度，严格工序管理，作好隐蔽工程的质量检查和记录。隐蔽工程在隐蔽前，施工单位应当通知建设单位和建设工程质量监督机构。"《民法典》第798条规定："隐蔽工程在隐蔽以前，承包人应当通知发包人检查。发包人没有及时检查的，承包人可以顺延工程日期，并有权请求赔偿停工、窝工等损失。"承包人怠于通知发包人检查的，因此延误工期归责于承包人。发包人有义务对隐蔽工程进行检查，怠于检查导致工期延误的，则承包人可以主张顺延工期。

（5）工程变更，指经发包人批准的对合同工程工作内容、合同图纸、合同规范、位置和尺寸、施工顺序与时间、施工条件、合同条款或其他特征等的改变，包括对合同工程的增加、减少、取消、替代和使用材料等的改变。[②] 工程变更导致承包人工程量增加或返工的，承包人可以主张顺延工期。

【注意事项】

工程变更不必然导致工期顺延。《2017版造价鉴定规范》第5.7.5条规定："当事人对鉴定项目因设计变更顺延工期有争议的，鉴定人应参考施工进度计划，判别是否因增加了关键线路和关键工作的工程量而引起工期变化，如增加了工期，应相应顺延工期；如未增加工期，工期不予顺延。"

---

[①] 参见王勇：《建设工程施工合同纠纷实务解析》，法律出版社2017年版，第254页。

[②] 参见《2024版清单计价标准》第2.0.28条。

（6）质量异议经鉴定不成立。工程质量问题关系社会公共利益，发包人提出质量异议的，可以由当事人在施工过程中自行委托质量检测机构对工程质量进行检测，也可以在诉讼中由法院委托具有相应资质的机构进行工程质量鉴定。检测或鉴定往往需要承包人停工，其所占用的工期，应当根据发包人的质量异议是否成立在当事人之间公平分担。《施工合同解释（一）》第11条规定："建设工程竣工前，当事人对工程质量发生争议，工程质量经鉴定合格的，鉴定期间为顺延工期期间。"反之，如果工程质量经鉴定为不合格的，工期不顺延。因质量鉴定产生的费用，也应按此原则分担。

【注意事项】

当事人之间就工程质量产生争议停工到协商确定工程质量鉴定机构进行鉴定，从鉴定结束到恢复施工往往均需要一定时间的停工。该停工系因发包人质量异议和工程质量鉴定导致，应视为鉴定期间。但是，发包人怠于委托质量检测或申请质量鉴定，导致长时间停工，因此扩大的损失由发包人自行承担。即使工程经鉴定存在质量问题，承包人仍可以主张相应的工期顺延。①工程质量经鉴定合格，但承包人不配合质量检测或鉴定，导致停工时间延长的，因此扩大的损失由承包人自行承担，不得顺延工期。

（7）可归责于发包人的第三方原因，如设计、勘察、监理人履职瑕疵，发包人平行发包的工程延误等。发包人平行发包工程，通常需要承包人统一调配施工场所、制作竣工资料，且平行发包的施工与承包人施工可能存在交叉，但施工活动一般未纳入承包人的管理范围。因此，平行发包导致工程延误时，承包人一般可以主张顺延工期。平行发包工程往往需要承包人配合施工，发包人通常会承诺向承包人支付一笔配合费用。承包人收取该费用，原则上并非与分包人承担连带责任，但如系承包人配合原因导致平行发包工程延误，则工期不能顺延。

【注意事项】

发包人指定分包与平行发包不同，在指定分包的场景下，系由承包人与分包人签订分包合同，分包人向承包人交付施工成果，承包人向发包人交付施工成果。在此情况下，承包人对于分包人的施工具有直接的管理和监督义务。基于合同相对性，分包人原因导致的工期延误一般应归责于承包人，承

---

① 参见李俊晔、王继玉：《〈最高人民法院关于审理建设工程施工合同纠纷案件适用法律问题的解释（一）〉理解与适用》，法律出版社2021年版，第152页。

包人不得主张顺延工期。但是，发包人对于指定的分包人造成工期延误有过错的，如指定向无施工资质的企业或个人分包，承包人可以主张减少或免除工期延误责任，乃至向发包人进行工期索赔。[1]有观点认为，承包人能够举证证明自身已尽到总包管理职责的，不承担工期延误责任。[2]我们认为，不同于工程质量责任，指定分包行为并不当然代表发包人对工期延误有过错，由于发包人一般不能直接向分包人主张损失赔偿，而承包人可以在承担赔偿责任后向分包人追偿，在合同相对性框架下处理该问题为宜。

2. 其他原因导致的工期顺延，主要指不可抗力和意外事件导致工期延误，依照法律规定或按照合同约定，工期延误后果由发包人承担的情形。不可抗力，如地震、海啸、战争、政府指令[3]、法律变化[4]等。意外事件的出现概率较大，如不利物质条件，异常恶劣的气候条件，施工现场发现化石、文物需要采取保护措施等。承包人原因导致工期延误后出现的不可抗力和意外事件对施工造成影响，工期延误仍应归责于承包人，不能顺延工期。

【注意事项】

其一，工期顺延应当具有必要性、合理性。轻微事件不足以导致工程停工、窝工的，不构成工期顺延的正当事由。工期顺延不以竣工延误为必要条件。如承包人通过合理组织施工在约定工期内竣工的，其不需要提出工期顺延，即可以向发包人主张因此增加的费用。但是，如施工合同约定了提前竣工的奖励，承包人仍可以通过主张工期顺延以获得提前竣工奖励。又如，承包人原因导致工期延误后，发生不可抗力事件导致工期进一步延误的，根据《民法典》第590条第2款的规定，承包人仍应承担违约责任。此时，该不可抗力事件不能成为承包人主张工期顺延的正当事由。其他非当事人原因的工

---

[1] 参见常设中国建设工程法律论坛第十工作组：《建设工程总承包合同纠纷裁判指引》，法律出版社2020年版，第418~422页。

[2] 邬砚：《规则重构：建设工程施工合同纠纷裁判路径总梳理》，法律出版社2024年版，第231~233页。

[3] 如政府为举办大型公共活动、国际会议安保、缓解特定时段的大气污染等需要，在一定范围内禁止、限制施工活动。近年来，中考、高考期间暂停施工的指令颇为常见，在订立施工合同时通常应视为当事人已经考虑到的工期影响因素，如无特别约定，一般不再因此顺延工期。政府建设主管部门对无施工许可证施工、工程招标投标违规、施工单位无资质或超越资质承接工程、工程质量和安全生产违规等行为进行查处的，属于可归责于当事人的原因，应当区分是否可归责于承包人来判断是否顺延工期。

[4] 法律变化，指基准日后的法律、法规、规章和政策发生变化，对工程工期产生影响。按照《2017版施工合同范本》通用条款第1.1.4.6条，招标工程的投标截止日前28天、非招标工程的施工合同签订前28天为基准日。

期顺延，可以参照适用该规则。

其二，异常恶劣气候条件、不利物质条件与不可抗力的区别在于，前者虽然在当前技术条件下不可预见，但可以采取合理措施予以克服，后者则是不能克服的。不可抗力是法定的违约责任免除事由，异常恶劣气候条件、不利物质条件的具体标准、是否引起工期顺延、产生的费用如何承担等问题需要当事人在合同中予以约定。如合同未约定，司法实践中可以依照《民法典》第533条关于情势变更的规定处理。

其三，《2017版施工合同范本》通用条款第3.4条要求："承包人应对施工现场和施工条件进行查勘，并充分了解工程所在地的气象条件、交通条件、风俗习惯以及其他与完成合同工作有关的其他资料。因承包人未能充分查勘、了解前述情况或未能充分估计前述情况所可能产生后果的，承包人承担由此增加的费用和（或）延误的工期。"

【规范指引】

《民法典》第533条、第590条、第798条、第803条；《施工合同解释（一）》第11条。

## 争点7：工期顺延的天数应如何认定

当事人对工期顺延的天数协商一致的，以当事人意思表示为准。在当事人不能协商一致的情形下，鉴于关键线路分析技术的专业性，在审判实践中往往依赖工期鉴定方能实现。对于工程标的不大、当事人争议的工期顺延原因较少的案件，如通过工期鉴定方式查明顺延天数，则有悖诉讼经济原则。实践中，经常使用简易算术方法计算工期顺延，即证据能够直接反映不可归责于承包人的工期延误原因持续期间的，如发包人迟延付款若干天，又如发包人迟延验收隐蔽工程若干天等，则直接将工期顺延相同天数。这种计算方法的缺点是并未考虑工期顺延事由是否处于施工计划关键线路上，不能反映顺延工期在技术上的必要性及顺延天数的合理性，对于同期延误事件无能为力；优点则是计算成本低，适用条件灵活，对于顺延事由单一、顺延期间无交叉，且直接证据较为完整的案件可以适用。

工程变更导致承包人工作量增加或返工而影响工期。对于因工程量增加导致工期顺延的情况，如当事人未能形成确认工期顺延的签证或会议纪要，其他证据则往往难以直接反映顺延的天数。此时，常见的估算方法主要有以下两种：（1）价款比例法，即顺延工期＝最终确定的包含增加工程在内的工程款÷原定工程量对应的工程款×原定工期－原定工期；（2）工程量比例法，即顺延工期＝最终确定的工程量÷原定工程量×原定工期－原定工期。① 按比例计算的方式不能区分增加的工程量是否系关键工作，有些案件顺延事由复杂、标的额较大，需要更为精确的工期鉴定确定顺延天数。工期鉴定应当结合单项工程的定额工期，以及相应工程量在所处施工阶段经合理组织施工对工期的实际影响，综合考量工期顺延天数。② 对于需要返工的，既要考量尚未施工部分的原定工期，也要考量新增工程量和拆除已完成部分所需要的时间。

**【注意事项】**

两个以上工期顺延事由发生期间存在重叠的，工期顺延的期间不可累积，但赔偿数额可以根据损失的实际情况进行累积。

（三）逾期竣工损失

## 争点 8：逾期竣工损失如何认定

对发包人而言，工程能否按期竣工关系工程能否如期投入使用、投资成本能否及时收回、后续交易能否依约履行等问题。按期竣工并交付工程是承包人的主要合同义务，如承包人未能依约完成施工任务，则发包人有权提出逾期竣工损失的索赔，属于"反索赔"。司法实践中，发包人时常在应对承包人关于工程款或索赔的诉讼中主张逾期竣工损失。发包人主张逾期竣工违约金或损失赔偿，构成独立之诉，且超出了原告的诉讼请求范围，应作为反诉提出。③ 如发包人提出减少工程价款，而计算方式为按照逾期竣工损失计算，应认定其实质上是主张赔偿损失，应向其释明提起反诉。发包人拒绝提起反

---

① 参见邬砚：《建设工程合同纠纷：254个裁判规则深度解析》，法律出版社2019年版，第95~96页。

② 《2017版造价鉴定规范》条文说明第5.7.5条规定："如果增加的工程量并非关键工作，可以组织平行施工和交叉施工，还可以增加作业工人和施工机械等组织措施，承包人可以要求增加工程费用，而不应要求延长工期。"

③ 参见最高人民法院民事审判第一庭编著：《最高人民法院新建设工程施工合同司法解释（一）理解与适用》，人民法院出版社2021年版，第165页。

诉的，对其该项主张不予审理。

**【注意事项】**

如合同约定逾期竣工违约金直接从工程款中抵扣的，发包人主张减少工程款并抵扣的，可以抗辩形式提出，无须提起反诉。①

逾期竣工损失，指工期延误导致的发包人需要承担的费用增加或收益减少，包括可得利益的损失。如工期延误归责于承包人，则发包人有权请求承包人支付违约金或赔偿损失。规范的施工合同普遍对逾期竣工约定有违约金。部分没有约定违约金，或者实际损失超过违约金的情况，发包人可以主张损失赔偿。根据《民法典》第585条第2款的规定，在发包人同时主张逾期竣工违约金和逾期竣工损失赔偿的情况下，需要审查实际损失是否明显大于违约金数额。如违约金基本能够覆盖逾期竣工损失，即不再支持发包人关于损失赔偿的诉请。

发包人的逾期竣工损失索赔是否成立，应当结合索赔事件与工期延误之间的因果关系、索赔类型和索赔数额的合理性综合判断。

1.经营收入损失，如发包人建造工程用于出租经营，因工期延误导致房屋不能出租或已经签订租赁合同的房屋不能交付，造成发包人租金收入减少或对承租人进行赔偿。由于建设工程尚未竣工，建造的房屋大多未实际签订租赁合同，发包人难以举证租金收入减少实际发生，时常需要依赖评估或鉴定确定单位建筑面积的租赁费用。

**【注意事项】**

通常，多数建筑的出租率达不到100%，尤其是商业用房出租率普遍较低，需要裁判机构参考当地同地段、同类型房屋的出租率公平认定发包人的租金收入损失。

2.替代性租赁损失，指因工期延误导致发包人不能按时使用建筑物而租赁其他建筑物产生的租金损失。不同于商品房买卖合同，如发包人未实际进行替代性租赁的，一般不支持该项损失。

3.逾期交房损失，指建设工程系商品房的，因工期延误导致发包人向购房人逾期交房而承担的违约金或经济损失赔偿。承包人应在其可预见范围内承担该项损失，发包人应当举证证明承包人知道或应当知道建设工程系专门

---

① 参见最高人民法院民事审判第一庭编著：《最高人民法院新建设工程施工合同司法解释（一）理解与适用》，人民法院出版社2021年版，第167页。

用于向他人出售，且发包人实际对购房人支付了违约金或经济赔偿。本书将在第十一章第三节对该问题作更详细探讨。

**【注意事项】**

有观点认为，对于发包人的逾期交房损失，承包人可预见的范围应当以发包人对外签订合同的时间在施工合同签订之前为限。[①] 我们认为，民法中所称的可预见对象是一个笼统范围，并非具体的损失项目、数额。承包人在签订施工合同时知道发包人的建设目的是出售或出租，即应当能够预见潜在的逾期交房损失，并不以承包人知道发包人对外签订几份合同或合同如何约定为条件。事实上，发包人对外签订合同的具体情况一般也不会告知承包人。

此外，可能发生的逾期竣工损失还有工期延长期间的监理费用损失、办公及生活费用损失、机械设备的租金损失，以及甲供材料价格上涨的价差损失、工程款担保期限延长增加的担保费用损失等。以上损失均应以实际发生为认定原则。

**【案例】常熟市某房地产开发有限公司与苏州某建设集团有限公司建设工程施工合同纠纷案**[②]

2009年12月18日，发包人常熟市某房地产开发有限公司（以下简称某房产公司）与承包人苏州某建设集团有限公司（以下简称某建设公司）签订《建设工程施工合同》，约定开工日期为2009年12月25日，竣工日期为2012年4月22日。2013年7月2日，某房产公司与某建设公司签订《补充协议》，一致确认系某建设公司原因导致工期延误，为办理施工许可证将工程竣工日期调整为2014年8月31日。工程竣工后，某房产公司起诉某建设公司，请求后者赔偿其向购房者支付逾期交房违约金的损失。二审判决认为，首先，2013年1月28日至2014年8月31日期间属于某建设公司逾期竣工期间，但某房产公司至2015年6月18日方才取得商品房交付使用备案通知书（具备交付条件），时间近一年，对于超越合理期限的逾期交房损失某房产公司应承担一定责任。其次，某房产公司主张逾期交房违约金损失的250套房屋中，有112套房屋的购房合同签订于2013年7月2日（补充《协议签订》）后，但约定交房日期在2014年8月31日之前。某房产公司同意将施工许可证期

---

[①] 参见应秀良、应旭升主编：《建设工程常见法律实务问题全解答》，法律出版社2021年版，第195页。

[②] 参见江苏省苏州市中级人民法院（2017）苏05民初750号民事判决书、江苏省高级人民法院（2019）苏民终1182号民事判决书。

限申请办理延至 2014 年 8 月 31 日，意味着其应当预见 2014 年 8 月 31 日之前存在工程尚未完工、不能交房的风险。然而，其于 2013 年 7 月 2 日签订《补充协议》同意申请办理施工许可证延期后，仍在签订购房合同时将交房时间约定在该期限届满前，对此产生的逾期交房损失其自身亦有签约不当的责任。因此，某房产公司应当自行承担 112 套房屋逾期交房违约金的 60%，承担其他房屋逾期交房违约金的 30%。

【分析】

《民法典》第 591 条第 1 款规定："当事人一方违约后，对方应当采取适当措施防止损失的扩大；没有采取适当措施致使损失扩大的，不得就扩大的损失请求赔偿。"发包人对逾期竣工损失扩大有过错的，应当自行承担扩大的损失。因工期延误，发包人向购房人支付逾期交房违约金，属于经营收入损失。各地商品房买卖合同示范文本存在差异，有些地区的合同约定工程竣工验收合格后，发包人还要取得一些相关手续方具备交付房屋的条件。办理相关手续往往需要合理期间，故发包人在与购房人订立商品房买卖合同时，应当在考虑到该因素的基础上约定交房期限。如工期濒临延误或已经延误，发包人应当知道无法按原定期限交房，却仍与购房人约定按照原定竣工日期交房的，该部分逾期交房违约金属于发包人扩大的损失，应当由发包人自行承担。虽系承包人原因导致工期延误，但发包人在办理相关交房手续时亦有迟延，或者因迟延支付逾期交房违约金产生利息、诉讼费用的，亦属于发包人对扩大损失有过错的情形。

【规范指引】

《民法典》第 583 条，第 584 条，第 585 条第 1 款、第 2 款。

(四) 停工、窝工损失

约定工期不仅影响发包人的可得利益，也是确定承包人可得利益范围的依据。建设工程工期延误，且原因归责于发包人的，承包人可以向发包人主张停工、窝工损失索赔；原因系不可抗力、意外事件的，根据合同约定或法律规定，承包人可以要求发包人分担停工、窝工损失。

## 争点 9：停工、窝工损失索赔的条件如何认定

《民法典》第 803 条规定："发包人未按照约定的时间和要求提供原材料、设备、场地、资金、技术资料的，承包人可以顺延工程日期，并有权请求赔偿停工、窝工等损失。"第 804 条规定："因发包人的原因致使工程中途停建、缓建的，发包人应当采取措施弥补或者减少损失，赔偿承包人因此造成的停工、窝工、倒运、机械设备调迁、材料和构件积压等损失和实际费用。"根据上述规定之精神，发包人的原因导致工程建设无法正常进行的，承包人可以停建、缓建并顺延工期，因此产生的停工、窝工损失由发包人承担。施工合同可能因停工而解除，也可能在停工、窝工后，承包人积极赶工在约定工期内竣工，故承包人主张停工、窝工损失并不以竣工延误为必要条件。

工程停工、窝工的原因与工期延误类似。发包人原因导致工程停工、窝工的常见情形有未办理建设工程施工手续被有关部门责令停建、设计文件等技术资料有误或临时变更、未依约提供所需的物质条件、未依约支付工程款、怠于对隐蔽工程或合同约定的中间工程进行验收等。

因不可抗力或意外事件（如政府指令）导致工程停建、缓建，由此产生停工、窝工损失如何承担的问题，实践中存在争议。一般认为，不可抗力、意外事件导致工期延误的，承包人可以主张顺延工期，但不一定能够据此向发包人索赔。《2017 版施工合同范本》通用条款第 17.3.2 条载："不可抗力导致的人员伤亡、财产损失、费用增加和（或）工期延误等后果，由合同当事人按以下原则承担：（1）永久工程、已运至施工现场的材料和工程设备的损坏，以及因工程损坏造成的第三人人员伤亡和财产损失由发包人承担；（2）承包人施工设备的损坏由承包人承担；（3）发包人和承包人承担各自人员伤亡和财产的损失；（4）因不可抗力影响承包人履行合同约定的义务，已经引起或将引起工期延误的，应当顺延工期，由此导致承包人停工的费用损失由发包人和承包人合理分担，停工期间必须支付的工人工资由发包人承担；（5）因不可抗力引起或将引起工期延误，发包人要求赶工的，由此增加的赶工费用由发包人承担；（6）承包人在停工期间按照发包人要求照管、清理和修复工程的费用由发包人承担。"在施工合同对此情况无明确约定时，需要审查是否构成情势变更规则的适用条件。《民法典》第 533 条规定："合同成立后，合同的基础条件发生了当事人在订立合同时无法预见的、不属于商业风

险的重大变化，继续履行合同对于当事人一方明显不公平的，受不利影响的当事人可以与对方重新协商；在合理期限内协商不成的，当事人可以请求人民法院或者仲裁机构变更或者解除合同。人民法院或者仲裁机构应当结合案件的实际情况，根据公平原则变更或者解除合同。"如施工合同无明确约定，不可抗力、意外事件导致工程停工、窝工情况轻微的，承包人无权向发包人主张停工、窝工损失。在停工、窝工对承包人一方明显不公平时，承包人应当在合理期限内向发包人协商停工、窝工费用的分担，如协商不成，承包人可以向法院或仲裁机构提请变更或解除合同。如安徽高院《涉新冠肺炎疫情房地产纠纷案件审判指引》第7条规定："因疫情防控增加的防护措施等费用，一般属签订合同时当事人无法预见的费用，对此类费用应否计入工程造价，一般应当遵从当事人的约定。要注意的是，建设工程施工合同是由一系列合同文件组成的，包括：合同协议书、中标通知书、投标函及其附录、合同专用条款和通用条款、已标价工程量清单或预算书等。在上述合同文本中，如投标函及附录、专用条款和通用条款、已标价工程量清单或预算书中对不可预见费用作出约定的，则应当按照当事人的约定处理；合同没有约定，承包人请求按照主管部门制定的政策性文件调整合同价款的，一般应予支持。"

【规范指引】

《民法典》第533条、第803条、第804条；《八民纪要》第32条、第33条。

## 争点10：停工、窝工损失的类型应如何认定

停工、窝工损失，指停工、窝工导致承包人的经济支出增加或收入减少，主要类型如下。

1. 工人工资损失。工人工资，即人工费，在定额计价下属于直接工程费的组成部分，在清单计价下属于分部分项工程费的组成部分。通常情况下，如工程窝工或短期停工，承包人无须遣散工人，那么工人数量、工资水平与正常施工情况下相同。如工程停工时间较长，承包人应当采取合理措施减少损失，即遣散工人，仅留必要的人员看管施工现场。照管期间的工人数量、工种、工资水平较工程窝工或短期停工有所差异，不宜参照正常施工的标准计算。

2. 企业管理费损失。一般而言，受工期延误影响，企业管理费中的管理人员工资、办公费、差旅交通费、固定资产使用费、工具用具使用费、劳动保险和职工福利费、劳动保护费、工会经费、职工教育经费、财产保险费、财务费用、税金（一般指印花税）会有所增加，检验试验费一般不因工期延误而增加。其中，现场人员工资、办公费、差旅交通费、固定资产使用费、通信费等属于现场管理费。该项费用可能因部分或全部人员、机具在工期延误期间调配到其他施工单位或其他工程项目而与正常施工期间存在变化。

3. 人员遣散费损失。工程长期停工或施工合同解除情况下，承包人为遣散相关人员而解除劳动合同、劳务合同支出的各类费用，主要是赔偿金或违约金。人员遣散的对象既包括普通工人，也包括管理人员。《民法典》第591条第2款规定："当事人因防止损失扩大而支出的合理费用，由违约方负担。"如系发包人原因导致工程长期停工或施工合同解除，承包人遣散人员防止损失扩大而支出的合理费用应由发包人负担。遣散人员的合理数量，需要考虑工程停工前现场人员数量以及停工期间现场需要保留的人员数量。遣散费数额一般按照承包人与被遣散人员之间的合同关于解约赔偿金或违约金的约定及承包人实际支出凭证认定。

4. 机械台班费损失。机械台班费，指施工机械运转、维护所需要的费用，通常以单位机械一个工作班（8小时）所产生的费用为形象计量单位。施工暂停时，机械设备处于停滞状态，但设备折旧、操作人员工资等费用仍需支出。机械台班费损失需要结合施工合同所附机械设备表、经发包人确认的机械设备使用计划、设备进出场记录等对机械台班的种类及数量进行认定。机械台班费根据机械设备是否为承包人自有，以及停工时间长短，具体费用标准不同。

5. 周转材料损失。周转材料，指承包人在施工过程中能够多次使用，并可基本保持原来形态而逐渐转移其价值的材料，主要包括钢模板、木模板、脚手架等。周转材料费用在定额计价中属于间接费，不同于人工费等直接费，承包人的施工投入以产出计量并取得回报。因此，即使发生停工、窝工，在工期未延误的情况下，一般不会产生周转材料损失。周转材料进场一般会形成进场检验文件，能够反映现场的材料种类和数量。如周转材料是承包人租赁，其损失系租金；如是自有，其损失系摊销价值，可以参照租金市场价格计算。

6. 人工费、材料价格上涨的价差损失。工期延误可能导致承包人在复工后雇佣工人、购买原材料的成本增加。个别交易的价格具有偶然性，不宜作为认定价差的依据。判断市场是否存在重大价格变化，需要结合工程所在地建设主管部门或价格管理部门发布的价格调整文件和信息价认定。

7.规费、税金损失。规费、税金一般按照计算基数乘以费率计算，费率固定不变。工期延误若导致规费和税金的计算基数变大，规费、税金数额亦会增加，具体需要根据建设主管部门和税务部门对于规费、税金的征收情况确定。

【注意事项】

发包人原因导致承包人停工、窝工的，责任性质系违约责任，故通说认为承包人可以主张经营利润损失。实践中，由于承包人主张的工人工资、企业管理费、机械台班费等损失使用工程量清单或工程量定额计算，其中已纳入了承包人的合理利润，不应重复计算，故承包人单独主张利润损失的，通常不予支持。

【规范指引】

《民法典》第803条、第804条；《八民纪要》第32条、第33条。

## 争点11：承包人的止损义务如何认定

承包人负有及时采取措施防止损失扩大的义务，承包人不履行止损义务，其无权就扩大的损失提出索赔。在工程施工合同履行过程中，如发包人违反合同约定，未提供原材料、设备、场地、资金、技术资料，或隐蔽工程在隐蔽之前未及时检查等，致使工程中途停建、缓建，承包人有义务采取适当措施，防止停工、窝工损失扩大。

1.遣散人员、撤离机械设备。承包人可以采取适当措施自行做好人员、机械的遣散、撤离工作，以减少自身的损失。如工程长期处于停工状态，承包人依约或依法可以解除施工合同，但未解除，其主张停工、窝工损失应当考虑合理期限。合理期限需要结合索赔类型、合同约定及法律规定综合确认。如江苏省住建厅《关于明确施工项目经理部关键岗位人员网上备案标准及有关管理要求的通知》规定，因发包人原因工程停工3个月以上的，经合同备案机构现场踏勘并在变更表中出具踏勘意见并附施工许可管理部门批准的停工意见后，可以办理人员备案信息的解锁。在发包人已配合人员备案解锁的情况下，承包人可以另行安排管理人员工作，此后的企业管理费应予调减。

2. 及时复工。《2017 版施工合同范本》通用条款第 7.8.5 条规定，暂停施工后，发包人和承包人应采取有效措施积极消除暂停施工的影响；当工程具备复工条件时，监理人应经发包人批准后向承包人发出复工通知，承包人应按照复工通知要求复工；承包人无故拖延和拒绝复工的，承包人承担由此增加的费用和（或）延误的工期。通用条款第 7.8.6 条规定，监理人发出暂停施工指示后 56 天内未向承包人发出复工通知，除该项停工属于承包人原因引起的暂停施工及不可抗力情形外，承包人可向发包人提交书面通知，要求发包人在收到书面通知后 28 天内准许已暂停施工的部分或全部工程继续施工。可见，承包人应当积极配合、推动复工。如工程具备复工条件，承包人怠于催告发包人通知复工的，由此扩大的损失由其承担。

【注意事项】

工程具备复工条件，指停工原因消除，满足继续施工的物质和法律条件。继续施工的物质和法律条件可以参照开工条件进行认定。如住建部《建筑工程施工许可管理办法》(2018 年修正) 第 9 条第 2 款规定："建筑工程恢复施工时，应当向发证机关报告；中止施工满一年的工程恢复施工前，建设单位应当报发证机关核验施工许可证。"发包人发出复工通知，但未办理施工许可手续的，承包人可以拒绝复工。工程具备复工条件，承包人收到复工通知后拒不复工，系违约行为，不仅不能主张停工损失，也无权主张工期顺延；承包人怠于催告发包人通知复工，则系与有过失，仅影响其费用索赔，不影响工期顺延，即承包人不因此承担工期延误的违约责任。

3. 解除施工合同。《2017 版施工合同范本》通用条款第 7.8.6 条明确，暂停施工持续 84 天以上不复工的，且不属于"承包人原因引起的暂停施工"和"不可抗力"约定的情形，影响整个工程以及合同目的实现的，承包人有权提出价格调整要求，或者解除合同。承包人固然可以行使合同解除权避免损失扩大，但考虑到工程项目工期长、标的大，是否解除合同往往需要经过慎重的商业判断和漫长的磋商，承包人一般不会在合同约定的期限刚刚届满时作出解除合同的决定。故实践中对于合同解除的停工、窝工损失计算期间往往长于合同约定的解除权产生时间。如超过合理期间仍不解除合同，承包人对于损失扩大有过错，应当自行承担相应损失。由于"合理期间"缺乏标准，故也有法院判决发承包双方分担合同具备解除条件之后的停工、窝工损失。

【规范指引】

《民法典》第 591 条、第 592 条。

## 四、任意压缩合理工期的审查认定

### 争点 12：任意压缩合理工期的标准及压缩定额工期的费用如何认定

合理工期不具有统一标准，而是针对特定时期、特定区域、特定工程项目的施工承包企业施工效率的综合评定。实践中，发包人为降低建设成本、承包人为提高市场竞争力，往往会以低于定额工期的标准参与招投标或订立合同。《建设工程质量管理条例》第 10 条第 1 款规定："建设工程发包单位，不得迫使承包方以低于成本的价格竞标，不得任意压缩合理工期。"现行法律、行政法规未对何为合理工期作出统一界定。部分地区建设行政主管部门制定的规范性文件通过定额工期对合理工期作了进一步界定，认为压缩定额工期超过一定比例即构成任意压缩合理工期。各地允许的压缩工期标准和具体限制措施有所不同。多数地方文件并未对压缩定额工期的下限作出规定，而是设定警示阈值，在压缩幅度达到一定比例时追加审批手续、增设当事人义务。

《八民纪要》第 30 条规定："要依法维护通过招投标所签订的中标合同的法律效力。当事人违反工程建设强制性标准，任意压缩合理工期、降低工程质量标准的约定，应认定无效。对于约定无效后的工程价款结算，应依据建设工程施工合同司法解释的相关规定处理。"据此，任意压缩合理工期的建设工程施工合同无效。需要注意的是，并非所有压缩定额工期的合同均无效，仅当定额工期下浮比例超过工程所在地规范性文件明令禁止的限度，方才构成"任意压缩合理工期"。如河北省住建厅《关于加强建设工程工期管理有关工作的通知》（冀建市〔2015〕14 号）第 2 条规定："建设单位应当依据工期定额计算工期，在招标文件中注明招标工期和定额工期。拟定的招标工期可以小于定额工期，但不得小于定额工期的 70%，否则视为任意压缩合理工期。"淄博市住建局《关于加强建筑安装工程工期管理的通知》（淄建发〔2016〕136 号）第 2 条规定："压缩的工期天数在定额工期的 35%（含）以内，为合理工期；超过者，为任意压缩合理工期。"工程所在地规范性文件并未设定压缩定额工期下限的，可以结合系争工程在缔约时由普通施工单位施工所需工期及承包人的施工组织能力（仅当强于普通施工单位时予以考虑）认定合理工期。

压缩定额工期的，根据工程所在地政策，发包人可能需要在合同约定之外承担以下义务。

1. 明确赶工措施费。原《2013版清单计价规范》第9.11.1条规定："招标人应依据相关工程的工期定额合理计算工期，压缩的工期天数不得超过定额工期的20%，超过者，应在招标文件中明示增加赶工费用。"江苏省住建厅《关于贯彻执行〈建筑安装工程工期定额〉的通知》（苏建价〔2016〕740号）第7条规定："如压缩工期，在招标文件和施工合同中应明确赶工措施费的计取方法和标准。建筑安装工程赶工措施费按《江苏省建设工程费用定额》（2014年）规定执行，费率为0.5%~2%。"河北省住建厅《关于加强建设工程工期管理有关工作的通知》（冀建市〔2015〕14号）第2条规定："招标工期小于定额工期时，应按有关规定计算压缩工期所增加的费用。"浙江省住建厅《关于规范建设工程施工招标文件计价条款的指导意见》（浙建〔2016〕2号）第8条规定："原则上不得在招标文件中设置工期比定额工期提前30%以上的要求。确需提前30%以上工期的，招标控制价编制时除计取缩短工期增加费外，还应包括相应的施工方案。同时，招标文件应要求投标人提供与自身报价相应的施工方案，确保工程质量和施工安全。"需注意的是，《2024版清单计价标准》删除了原《2013版清单计价规范》关于压缩定额工期作为计取赶工费用事由的表述，取而代之的是在第8.11.17条规定："因发生提前竣工（赶工）事件引起的工程索赔，发承包双方可按下列原则承担相应费用，并调整合同价格和工期：1 发包人要求合同工程提前竣工的，承包人应制定合理的加快工程进度的措施并修订进度计划，经发包人同意后实施，由此增加的提前竣工费用（赶工补偿）应由发包人承担……"

【注意事项】

发包人原因、不可抗力或意外事件导致工程停工、窝工，发包人要求承包人赶工以保证原工期的，实质上系压缩工期，承包人可以向发包人主张因此产生的赶工费用。如安徽高院《涉新冠肺炎疫情房地产纠纷案件审判指引》第8条规定："因疫情引起工期顺延，发包人要求赶工，承包人请求发包人负担由此增加的赶工费用，一般应予支持。实践中，发包人可能要求承包人及时确定赶工措施方案和相关费用预算，报发包人审核，赶工措施方案和相关费用已经考虑施工降效因素的，一般不再另行计取施工降效费用。"四川高院《关于涉新冠肺炎疫情相关民事案件审理的法官会议纪要》第4条第3款规定："对于承包人主张的应发包人要求赶工所增加的费用，当事人有约定的按约定，无约定的，由发包人承担。"赶工措施费主要包括工人和管理人员加班工资及额外投入的机械台班、工具费用等。

2.组织专家论证。北京市住建委《关于执行2018年〈北京市建设工程工期定额〉和2018年〈北京市房屋修缮工程工期定额〉有关问题的通知》（京建法〔2019〕4号）第3条规定："压缩定额工期的幅度超过10%（不含）的，应组织专家对相关技术措施进行合规性和可行性论证，并承担相应的质量安全责任。"江苏省住建厅《关于贯彻执行〈建筑安装工程工期定额〉的通知》（苏建价〔2016〕740号）第7条规定："压缩工期超过定额工期30%以上的建筑安装工程，必须经过专家论证。"河北省住建厅《关于加强建设工程工期管理有关工作的通知》（冀建市〔2015〕14号）第2条规定："招标工期……小于定额工期的85%时，应组织专家论证。"《深圳市建设工程工期管理办法》（深建规〔2015〕4号）第7条规定："招标人确定的招标工期不宜低于定额工期的80%，低于定额工期80%的，建设单位应当组织专家论证，并采取相应的技术经济措施。"组织专家论证的费用应由发包人承担。

此外，部分地方规范性文件对于压缩定额工期情形下承包人的义务也作了规定。如淄博市住建局《关于加强建筑安装工程工期管理的通知》（淄建发〔2016〕136号）第4条规定："投标工期压缩的工期天数大于定额工期20%（不含）时，投标人应根据投标工期编制按期完成且保证工程质量和安全的施工方案，承担保证工程质量和安全的责任。投标人承诺的投标工期所压缩的工期天数不得大于定额工期35%（不含）。投标工期压缩的工期天数超过定额工期20%（不含），超过部分应计算赶工补偿费用，赶工补偿费用按施工方案进行报价并单独列项，计入总报价，该费用不得作为竞争性费用。"

【规范指引】

《建设工程质量管理条例》第10条第1款；《八民纪要》第30条。

## 第三节　建设工程施工合同工期纠纷疑难问题

### 问题1：同期延误情形下的责任认定

按照引发工期延误事件的发生时间，可以将工期延误分为非同期延误和同期延误。非同期延误，指同一时间段内仅有一个事件引起延误。同期延误，也称共同延误，指两个或两个以上的事件在同一时间段内均引起延误。狭义的同期延误，指两个以上的延误原因事件从发生到终止期间完全重合。广义的同期延误，则包含交叉延误，即延误原因事件之间并不完全重合的情形，甚至前期延误原因事件本身可能成为后期延误的原因。①本书所称"同期延误"在广义层面使用这一概念。同期延误的原因具有复合性，对于工期延误责任的认定难度较大，其主要难点在于责任的归因和量化。当若干工期延误原因叠加后，单一事件对施工进度的影响往往无法确定，而这些延误原因分别归责于双方或客观因素，双方应当承担的责任难以量化。

在同期延误情形下，当事人对己方责任的认知差异较大，很难通过工期签证就责任分担达成一致，需要结合当事人的举证予以认定。在量化责任的过程中可以参照侵权法关于无意思联络共同侵权的归责原则处理。

第一，对于初始延误事件足以导致工期延误的，由初始责任人承担全部工期延误责任。全国造价工程师协会编写的《工程造价计价与控制》一书采用初始责任人原则，即先判断造成工期延误的哪一种原因最先发生，确定初始责任人，由其对工期延误负责。初始延误足以使关键线路上的工作延误，其后发生的其他原因将不能对该工作产生更多延误的，工期延误由初始责任人承担全责。②存在双方违约和与有过失情形的，则应当根据《民法典》第

---

① 参见袁华之、邱闯主编：《建设工程工期争议解决指引》，法律出版社2021年版，第126页。《建设工程工期延误量化分析标准》（T/CECS 1522—2024）第2.1.22条将同期延误（concurrent delay）定义为"发包人风险事件和承包人风险事件的影响同时被感受到但不一定同时发生，且二者都导致工期延误"，即采用广义概念。

② 参见袁华之、邱闯主编：《建设工程工期争议解决指引》，法律出版社2021年版，第251~252页。

592 条对同一时间段内发生的两种以上的工期延误原因，按照其各自给总工期造成的影响来分摊责任。

第二，多个延误事件共同导致工期延误，且单一事件不足以导致工期延误的，应当结合当事人的过错程度和延误事件的原因力大小，分别认定发包、承包双方的工期延误责任。

第三，对于难以区分过错比例和延误事件原因力大小的，可以适用公平原则处理。实践中，适用公平原则的效果往往是双方互不承担工期延误责任，也就是工期顺延从宽，费用索赔从严。

此外，《建设工程工期延误量化分析标准》（T/CECS 1522—2024）引入了同步延误（pacing）概念，指一方当事人有意识地减少某一工作的资源配给，延缓其进展，使其与因另一方原因已经延误的工作进展相匹配。同步延误一方应当在进行同步延误前通知对方。同步延误的，由初始责任人承担全部工期延误责任。[①]

【规范指引】

《民法典》第 592 条。

## 问题 2：合同无效情形下的工期索赔

《民法典》第 157 条规定："民事法律行为无效、被撤销或者确定不发生效力后，行为人因该行为取得的财产，应当予以返还；不能返还或者没有必要返还的，应当折价补偿。有过错的一方应当赔偿对方由此所受到的损失；各方都有过错的，应当各自承担相应的责任。"主流观点认为，合同无效或者被撤销后，无过错的一方请求有过错的一方承担赔偿责任的基础是缔约过失责任，赔偿损失的范围限于因合同无效产生的信赖利益损失，一般不包括可得利益损失。

原《施工合同解释》第 2 条并没有规定工程价款以外的损失可以参照合同约定处理。实践中，对于建设工程施工合同被认定无效后的工期索赔存在不同观点。一种观点认为，《民法典》第 157 条所称"过错"特指造成合同无效的过错，所称"损失"特指无效合同造成的损失。合同无效后，合同关于

---

[①] 《建设工程工期延误量化分析标准》（T/CECS 1522—2024）第 3.2.9 条。

工期的约定也不能作为认定有无过错的依据。另一种观点认为，如果允许承包人请求参照合同约定支付工程价款，而不允许发包人参照合同关于工期、质量等约定请求承包人承担损失赔偿责任，会导致双方当事人利益失衡，且在合同无效的情况下，工期延误造成的损失只能参照合同约定确定，否则将无法计算损失，最终导致当事人请求赔偿损失的权利落空，故而倾向参照施工合同约定确定工期延误责任和索赔。《施工合同解释（一）》采纳了该观点，该解释第 6 条规定："建设工程施工合同无效，一方当事人请求对方赔偿损失的，应当就对方过错、损失大小、过错与损失之间的因果关系承担举证责任。损失大小无法确定，一方当事人请求参照合同约定的质量标准、建设工期、工程价款支付时间等内容确定损失大小的，人民法院可以结合双方过错程度、过错与损失之间的因果关系等因素作出裁判。"该规定可以视为在建设工程施工合同案件审理中，对《民法典》第 157 条的有限扩张解释，具体需要关注以下几个方面的问题。

第一，无效合同的工期索赔应当区分当事人过错与合同无效的因果关系。施工合同无效是承包人过错导致，但承包人停工、窝工是发包人原因造成的，停工、窝工损失与合同效力问题无关，停工、窝工损失应当由造成实际损失的过错方即发包人承担。反之，施工合同无效是发包人过错导致，但工期延误是承包人原因造成的，逾期竣工损失亦与合同效力问题无关，该损失应由造成实际损失的过错方即承包人承担。

第二，如果多种原因造成工期延误或停工、窝工，根据发承包双方在合同履行中的过错程度、原因力大小确定责任。①

【注意事项】

无效合同履行中，工期延误系不可抗力、意外事件导致，双方均无过错的，当事人的费用索赔请求一般不应予以支持。

第三，虽然合同无效，但基于诚信原则，当事人亦应及时采取措施减少损失。当事人对损失发生或扩大有过错的，由过错方自行承担相应损失。

第四，转包或违法分包合同的实际施工人主张工期索赔的，应当向与其直接订立合同的转包人或违法分包人行使权利，无权突破合同相对性向发包人主张。

---

① 参见最高人民法院民事审判第一庭编著：《最高人民法院新建设工程施工合同司法解释（一）理解与适用》，人民法院出版社 2021 年版，第 75 页。

**【案例】**王某某与郑州某实业有限公司建设工程施工合同纠纷案[①]

王某某借用案外人某公司资质与发包人郑州某实业有限公司（以下简称某实业公司）签订《建设工程施工合同》，约定工期为160天，应当在2018年1月1日前完成双方合同约定范围内工程的全部竣工验收。合同实际履行过程中，因某实业公司迟延支付工程进度款，王某某起诉请求某实业公司支付进度款，并赔偿因此导致的停工损失。二审判决认为，无施工资质的个人借用有资质企业的名义订立建设工程施工合同的，该合同应属无效。合同无效，可以参照合同约定认定工程款数额和停工、窝工损失。首先，参照合同约定，发包方应在主体封顶的节点支付工程款的70%，某实业公司未实际支付，其应当承担因此导致的停工损失。其次，监理例会记录显示，王某某进场后尚不具备开工条件，造成王某某窝工39天，该项窝工损失应由某实业公司承担。王某某请求的其他停工、窝工损失，证据不足，不予支持。

**【分析】**

就学理而言，无效施工合同实际履行并发生逾期竣工损失的，该损失并非合同无效导致，且性质通常属于可得利益损失，不属于《民法典》第157条规定的赔偿损失范围。然而，早在原《施工合同解释》第2条中，承包人即可以参照无效合同的约定请求发包人支付工程款。该规定被《民法典》第793条吸收。如因合同无效而使得承包人免除了工期延误赔偿责任，将导致发包人和承包人之间的利益失衡。因此，建设工程施工合同被认定为无效，合同约定的工期条款、违约条款等均为无效，并不意味着承包人不再承担工期延误责任。承包人原因导致工期延误给发包人造成的损失，应当基于公平原则和诚信原则予以赔偿。实践中，发包方对逾期竣工损失的举证往往较为困难，在发包方损失确实存在又难以举证的情形下，参照无效合同中约定的逾期竣工违约责任条款来确定发包方损失，并结合双方过错责任确定损失责任分担，符合公平及诚信原则。[②]同理，导致停工、窝工的原因来源于合同履行，并非合同无效导致的损失。基于公平原则的考量，对于因无效合同造成的损失，应当由造成合同无效的过错方承担。对于非因无效合同造成的损失，

---

[①] 参见河南省郑州市中级人民法院（2019）豫01民初1422号民事判决书、河南省高级人民法院（2021）豫民终395号民事判决书。

[②] 参见最高人民法院民事审判第一庭编著：《最高人民法院新建设工程施工合同司法解释（一）理解与适用》，人民法院出版社2021年版，第76页。

基于诚信原则，应当由造成实际损失的过错方承担。① 根据《施工合同解释（一）》第 6 条的规定，承包人因履行无效施工合同发生停工、窝工损失的，且停工、窝工原因可归责于发包人，则承包人可以请求发包人承担与其过错相当的赔偿责任。

【规范指引】

《民法典》第 157 条、第 591 条、第 592 条第 2 款；《施工合同解释（一）》第 6 条。

## 问题 3：甩项验收与拟制验收对承包人期间利益的影响

甩项验收，指基于当事人约定，在工程整体完工前对工程竣工进行确认。拟制验收，指发包人拖延验收或未经竣工验收擅自使用，基于发包人的不当行为，推定发包人放弃工期利益，产生竣工验收的法律效果。甩项验收、拟制验收均使得工期计算时的竣工日期早于工程实际整体竣工验收合格日期。在工期层面，发包人承担其不利后果。在质量层面，还是应当据实认定工程验收合格情况。然而，竣工时间一旦确定，合同约定的付款期限一般就能够确定，诉讼时效、工程价款优先受偿权的除斥期间继而起算，承包人也可能因此承担期间利益的减损。因此，司法实践中对于甩项验收、拟制验收是否影响承包人的期间利益，存在争议。

一种观点认为，拟制验收的基础是发包人不履行或怠于履行竣工验收义务，故拟制验收所确定的竣工日期仅产生对发包人不利的法律后果，承包人原则上不因该竣工日期的认定丧失民法上的期间利益。即使当事人约定以竣工之日作为工程款支付期限，推定的竣工日期亦不能作为诉讼时效或建设工程价款优先受偿权除斥期间的起算点。② 另一种观点认为，甩项验收通过后，代表已验收部分质量合格，竣工日期由此确定。对于已完成的施工部分，甩项验收即具有竣工验收的效果，主张相应的工程款、质保金、优先受偿权的

---

① 参见最高人民法院民事审判第一庭编著：《最高人民法院新建设工程施工合同司法解释（一）理解与适用》，人民法院出版社 2021 年版，第 77~78 页。

② 参见刘德权主编：《最高人民法院司法观点集成·民事卷》（第二版），人民法院出版社 2014 年版，第 1840 页。

期间起算均可据此确定。①

考虑到建设工程价款优先受偿权等制度的日趋完善，我们倾向后一种观点。承包人在享受工期层面的利益时，也应当承担诉讼时效和除斥期间层面的风险。如承包人怠于行使权利，则须承担期间经过的不利后果。尤其是甩项验收，需要承包人明确表示同意才能进行。承包人因甩项验收获得了工期利益，既可以避免工期延误责任的承担，还可以基于合同约定提前主张工程结算、取得工程结算价款，自然也应视为放弃了相应的期间利益。拟制验收的情况下，承包人通过主张拟制验收的方式行使权利，是以其行为确认竣工日期的提前，在获得工期利益的同时，也应当相应承担期间利益的压缩，否则发承包双方利益将失于公平。

## 问题4：工期鉴定的启动条件

工期鉴定，指鉴定机构受法院或仲裁机构委托，在诉讼或仲裁程序中，运用工程进度管理技术和专业知识，对工程工期争议中涉及的专门性问题进行鉴别、判断并提供专业意见的活动。工期鉴定在启动前，应当对鉴定的必要性、可行性进行审查。

第一，工期鉴定的必要性。工期鉴定固然可以提供精密定量分析方法，但无疑也增加了诉讼的经济成本和时间成本，并非在所有情况下都是必要的。对于工期延误原因单一、起讫时间明了、索赔数额计算依据充分的案件，通过一般经验和算术方法即可以作出判断的，无须委托鉴定。承包人不能就工期延误原因归责于发包人或其他因素提供初步证据的，根据证据规则，该工期延误原因即应归责于承包人，也不应启动鉴定。

第二，工期鉴定的可行性。工期鉴定需要当事人，尤其是承包人提供大量的现场资料和数据支持。鉴于我国建设工程市场现实情况，施工组织设计、施工进度计划文件、网络计划图等时常未经确认，实际进度记录、对延误事件的记录和索赔文件或有缺失，施工日志、监理日志、旁站记录完整度不足，往往导致鉴定机构难以确认延误事件的真实性和准确性，也难以基于关键线

---

① 参见周利明：《解构与重塑：建设工程合同纠纷审判思维与方法》，法律出版社2019年版，第214页。

路对延误事件的影响进行分析，最终退回鉴定或者保留大量争议项留待裁判机构抉择。在这种情况下，工期鉴定的可行性较低，即使启动鉴定，也很难获得准确的鉴定意见，通常不宜启动鉴定程序。

此外，工期鉴定还应遵循关联性和最小化原则。关联性原则，指鉴定事项应当与待证事实具有充分关联性，能够为查明待证事实提供依据。最小化原则，指应将鉴定事项限缩于争议事项，尽量排除无争议事项。本书将于第十二章对鉴定问题作更详细的分析。

# 第七章　建设工程施工合同案件质量纠纷和保修责任常见争点与法律适用

## 第一节　建设工程质量纠纷概述

### 一、概述

（一）基本情况

质量纠纷系建设工程施工合同纠纷中较为常见的纠纷类型。司法实践中，建设方常以建设工程存在质量问题为由，主张施工方承担维修责任、维修费用及赔偿其他损失，甚至解除合同。上述主张可体现为独立的诉讼请求、反诉请求，以及抵扣工程款或质量保证金的抗辩理由等。在建设方提出上述诉讼请求或抗辩理由之后，双方常见争议点为工程质量问题是否存在、存在范围、严重程度、问题成因、修复方案、修复费用等。因质量纠纷常涉及专业问题，法院认为有必要时，往往会启动鉴定程序，依法委托鉴定机构提出专业性意见。因此，建设工程质量纠纷案件存在证据判断较难、不确定性较大、审理周期较长等特点。本章将对建设工程质量纠纷常见争议问题进行逐项分析，总结该类纠纷的基本审理流程与审理原则。

（二）常见概念

1.工程质量标准。

（1）法定标准。为适应国际技术法规与技术标准通行规则，2016年以来，住房和城乡建设部提出政府制定强制标准、社会团体制定自愿采用性标准的目标，明确了逐步用全文强制性工程建设规范取代现行标准中分散的强制性条文的改革任务，逐步形成由法律、行政法规、部门规章中的技术性规定与全文强制性工程建设规范构成的"技术法规体系"。据此，工程质量标准行政管理法规体系由法律、行政法规、部门规章等一系列强制性工程建设标准、规范组成，具体包括《建筑法》（2019年4月23日修正）、《标准化法》（2017年11月4日修订）、《建设工程质量管理条例》（2019年4月23日修订）、《标准化法实施条例》（2024年3月10日修订）、《实施工程建设强制性标准监督规定》（2021年3月30日修正）、《建设工程质量检测管理办法》（2022年12月29日修正）等。

根据制定机构与适用范围的不同，工程建设标准又可分为政府主导制定的标准及市场自主制定的标准。政府主导制定的标准，即国家标准、行业标准、地方标准。其中，国家标准分为强制性标准、推荐性标准，行业标准、地方标准是推荐性标准。强制性标准必须执行；推荐性标准则系国家鼓励采用。市场自主制定的标准，即团体标准、企业标准，由市场主体自愿采用。

国家标准是指由国务院标准化行政主管部门统一编制、发布，在全国范围内使用的标准。强制性国家标准由国务院批准发布或者授权批准发布，旨在明确保障人身健康和生命财产安全、国家安全、生态环境安全以及满足经济社会管理基本需要的技术要求。工程建设强制性标准是指直接涉及工程质量、安全、卫生及环境保护等方面的工程建设标准强制性条文；同时各地方为了强化管理需要，也保留了部分地方强制性标准。在中华人民共和国境内从事新建、扩建、改建等工程建设活动，必须执行工程建设强制性标准。推荐性国家标准旨在制定满足基础通用、与强制性国家标准配套、对各有关行业起引领作用等需要的技术要求，由国务院标准化行政主管部门制定。行业标准旨在确定没有推荐性国家标准、需要在全国某个行业范围内统一的技术要求，国务院有关行政主管部门可以制定行业标准，并报国务院标准化行政主管部门备案。地方标准旨在确定满足地方自然条件、风俗习惯等特殊技术要求，由特定层级的地方标准化主管部门制定。团体标准则是由学会、协会、商会、联合会、产业技术联盟等社会团体协调相关市场主体共同制定，以满足市场和创新需要，由本团体成员约定采用或者按照本团体的规定供社会自愿采用。企业标准则是由企业根据其需要自行制定，或者与其他企业联合制定的技术要求。根据《标准化法》规定，推荐性国家标准、行业标准、地方标准、团体标准、企业标准的技术要求不得低于强制性国家标准的相关技术要求。

（2）约定标准。《民法典》第799条规定："建设工程竣工后，发包人应当根据施工图纸及说明书、国家颁发的施工验收规范和质量检验标准及时进行验收。验收合格的，发包人应当按照约定支付价款，并接收该建设工程。"因此，双方确定作为工程建设基本依据的施工图纸与说明书，是重要的约定质量标准。

除此之外，发包方与承包方还可以根据工程具体情况、特定使用目的，在合同中约定具体工程的质量标准。如《2017版施工合同范本》通用条款第5.1.1条约定，工程质量标准必须符合现行国家有关工程施工质量验收规范和标准的要求。有关工程质量的特殊标准或要求由合同当事人在专用合同条款中约定。专用条款第5.1.1条"特殊质量标准和要求"则未作填写，由当事人自行约定。值得注意的是，当事人约定的标准不得低于国家强制性标准；如双方约定工程质量标准低于国家强制性标准的，应当认定为无效。

如双方未约定具体质量规范、标准的，根据《民法典》第511条第1项规定，质量要求不明确的，按照强制性国家标准履行；没有强制性国家标准的，按照推荐性国家标准履行；没有推荐性国家标准的，按照行业标准履行；没有国家标准、行业标准的，按照通常标准或者符合合同目的的特定标准履行。如双方就某一标准的性质是否为强制性标准或就其他标准适用情况发生争议的，一般应由标准制定机构、鉴定机构或专家等主管部门、专业人员提供专业意见，以便人民法院进行判断。

实践中，发包人还会根据工程情况，在合同中约定工程需满足更高的工程质量与施工管理要求，如约定工程应获得国家级或省市级奖项。全国性的常见奖项有鲁班奖、国家优质工程奖、詹天佑奖、中国建筑装饰工程金奖、全国绿色建筑创新奖、优秀工程总承包项目金钥匙奖、中国建筑工程钢结构金奖；省市级的常见奖项有长城杯、白玉兰杯、海河杯、扬子杯等奖项。该等条款往往表述为获得奖项则可获得固定数额的奖金或工程款按一定比例上浮，不获得奖项则应扣除固定数额的款项或工程款按一定比例下浮。如未能获得相关奖项，双方往往会围绕应由谁申报、是否已经申报、申报不成是哪一方所致发生争议。需要注意的是，获得相应奖项亦不能推定工程无质量问题，当发包方提出工程具有质量问题时，仍应审查相应证据以资确定。

2. 工程质量验收程序。

（1）检验批质量验收。

①概念。检验批，是指按相同的生产条件或按规定的方式供抽样检验用的、由一定数量样本组成的检验体。检验批验收是工程验收的最小单位，系分项工程、分部工程、单位工程质量验收的基础。具体的检验批情况可根据施工、质量控制和专业验收的需要，按工程量、楼层、施工段、变形缝进行划分，在各分部分项工程中均有检验批验收流程。

②检验批验收基本要求。检验批验收包括资料检查、主控项目和一般项目的质量检验。主控项目，是指建设工程中对安全、卫生、环境保护和主要使用功能起决定性作用的检验项目，主控项目的验收必须从严要求；除主控项目以外的检验项目称为一般项目。主控项目的质量经抽样检验均应合格，一般项目的质量经抽样检验合格的，应当具有完整的施工操作依据与质量检查记录。

（2）隐蔽工程质量验收。

①概念。隐蔽工程，是指在下道工序施工后将被覆盖或掩盖，难以进行质量检查的工程。隐蔽工程验收通常是指在施工单位自行检查合格的基础上，由工程质量验收责任方组织，工程建设相关单位参加，对隐蔽工程质量进行抽样检验，对技术文件进行审核，并根据设计文件和相关标准以书面形式对工程质量是否达到合格标准进行检测。

②验收基本要求。《建设工程质量管理条例》《2013版建设工程监理规范》《2017版施工合同范本》等均对隐蔽工程的验收流程、承包人私自覆盖的责任等情况作出了详细规定与约定。一般而言，隐蔽工程在隐蔽前，施工单位应当通知建设单位和建设工程质量监督机构；项目监理机构应对施工单位报验的隐蔽工程进行验收，如验收不合格的，应要求施工单位在指定时间内进行整改。如承包人未通知监理人到场检查，私自将工程隐蔽部位覆盖的，监理人有权指示承包人钻孔探测或揭开检查，无论工程隐蔽部位质量是否合格，由此增加的费用和（或）延误的工期均由承包人承担。

（3）分部分项工程及单位工程质量验收。

①概念及基本分类。根据《2022版施工质量控制通用规范》第4.1.1条规定，分项工程应根据主要工种、材料、施工工艺、设备类别进行划分，分部工程应根据专业性质、工程部位划分；建筑工程分部分项工程划分应符合该规范附录A、附录B的规定，市政工程分部分项工程划分应符合该规范附录

C 的规定。单位工程应为具备独立使用功能的建筑物或构筑物，对市政道路、桥梁、管道、轨道交通、综合管廊等，应根据合同段，并结合使用功能划分单位工程。

《2022 版施工质量控制通用规范》附录 A、附录 B、附录 C 分别详细规定了建筑工程分部分项工程、室外工程的单位（子单位）工程与分部工程、市政工程的单位工程与分部分项工程的分类。附录 A 规定的 10 项分部工程为地基与基础、主体结构、建筑装饰装修、屋面、建筑给水排水及供暖、通风与空调、建筑电气、智能系统、建筑节能、电梯；每一分部工程由若干子分部工程组成，每一子分部工程则由若干分项工程组成。本书在此仅列明较重要的地基与基础、主体结构分部工程，其余可参见《2022 版施工质量控制通用规范》附录。

地基与基础包括地基、基础、基坑支护、地下水控制、土方、边坡、地下防水等子分部工程，其中地基是指建筑物下面支撑基础的土体或岩体，基础是指将结构所承受的各种作用传递到地基上的结构组成部分。地基子分部工程又可分为素土、灰土地基、砂和砂石地基等若干分项工程。

主体结构分部工程可分为混凝土结构、砌体结构、钢结构、钢管混凝土结构、型钢混凝土结构、铝合金结构、木结构等子分部工程，其中混凝土结构又可分为模板、钢筋、混凝土、预应力、现浇结构、装配式结构等多项分项工程。

附录 B 针对室外工程，规定的 2 项单位工程为室外设施、附属建筑及室外环境。室外设施的子单位工程为道路和边坡，道路的分部工程为路基、基层、面层、广场与停车场、人行道、人行室外设施地道、挡土墙、附属构筑物，边坡的分部工程为土石方、挡土墙、支护。附属建筑及室外环境的子单位工程为附属建筑与室外环境，附属建筑的分部工程为车棚、围墙、大门、挡土墙，室外环境的分部工程为建筑小品、亭台、水景、连廊、花坛、场坪绿化、景观桥。

附录 C 针对市政工程，规定的 6 项单位（子单位）工程为道路工程、桥梁工程、给水排水管道工程、给水排水构筑物工程、绿化工程与园林附属工程，其中每一项又分为若干分部工程，可详见《2022 版施工质量控制通用规范》，在此不再赘述。

②验收基本要求。根据《2022 版施工质量控制通用规范》第 4.1.2 条，施工单位在施工前应制定单位工程、分部工程、分项工程和检验批的划分方案，

并应由监理单位审核通过后实施。施工现场与附录不同时，应按实际情况进行分部、分项工程和检验批划分，由建设单位组织监理单位、施工单位共同确定。该规范第4.2条"验收要求"规定，检验顺序应按照检验批、分项工程、分部工程、单位工程的顺序进行，并规定了相应的具体要求。检验批、分项工程的检验要求为本流程或上一流程的施工部位质量验收合格、质量验收记录完整真实。分部工程、单位工程的验收要求则更高，分部工程的质量验收要求为分项工程质量验收合格，质量控制资料完整真实，有关安全、节能、环境保护和主要使用功能的抽样检验结果符合要求，观感质量符合要求；单位工程的验收合格要求在分部工程各项情况满足要求之外，还增加了主要使用功能的抽查结果应符合国家现行强制性工程建设规范的规定。

（4）工程竣工验收。

①竣工验收主体及基本流程。竣工验收手续由建设单位负责组织实施，由县级以上地方人民政府建设主管部门及工程质量监督机构进行监督管理。建设工程完工后，承包人应当向发包人提供完整的竣工资料和竣工验收（申请）报告，提请发包人组织竣工验收。发包人收到竣工验收（申请）报告后，应及时组织由勘察、设计、施工、监理等有关主体参加的竣工验收，检查整个工程项目是否已按照设计要求和合同约定全部建设完成，并符合竣工验收条件。对于符合竣工验收条件的，则形成竣工验收报告。

②竣工验收合格的条件。《建设工程质量管理条例》第16条第2款规定："建设工程竣工验收应当具备下列条件：（一）完成建设工程设计和合同约定的各项内容；（二）有完整的技术档案和施工管理资料；（三）有工程使用的主要建筑材料、建筑构配件和设备的进场试验报告；（四）有勘察、设计、施工、工程监理等单位分别签署的质量合格文件；（五）有施工单位签署的工程保修书。"单位工程竣工验收合格是工程竣工验收的基础条件，但并非充分条件；单位工程竣工验收合格不代表整体工程已竣工验收合格。

③竣工验收合格的法律后果。竣工验收合格是建设工程交付使用与发包方支付工程价款的前提条件，也是对工程质量进行整体把控、检测的关键环节。竣工验收合格之日即为竣工之日，亦为质量保修期与缺陷责任期的起算日。

④注意事项。证明竣工验收完成的文件为竣工验收报告。司法实践中，当事人还可能会提交单位工程质量竣工验收记录、建设工程竣工报告等证据。单位工程质量竣工验收记录记载的"完工日期"可能与竣工验收报告所列的竣工时间相同，也可能早于后者记载；若两者不一致的，应以竣工验收报告为准。

"建设工程竣工报告"则是施工单位在工程完工后对工程质量进行检查，确认工程质量符合有关法律、法规和工程建设强制性标准，符合设计文件及合同要求，并向发包人提出的报告，实质上相当于竣工验收申请书，但其效力不能等同于竣工验收报告。其他文件记载的完工日期如与竣工验收报告不一致的，竣工之日应以竣工验收报告记载的竣工日期为准。

（5）工程竣工验收备案。

根据《建设工程质量管理条例》第49条第1款的规定，建设单位应当自建设工程竣工验收合格之日起15日内，将建设工程竣工验收报告和规划、公安消防、环保等部门出具的认可文件或者准许使用文件报建设行政主管部门或者其他有关部门备案。

《房屋建筑和市政基础设施工程竣工验收备案管理办法》（2009年修正）第5条规定："建设单位办理工程竣工验收备案应当提交下列文件：（一）工程竣工验收备案表；（二）工程竣工验收报告。竣工验收报告应当包括工程报建日期，施工许可证号，施工图设计文件审查意见，勘察、设计、施工、工程监理等单位分别签署的质量合格文件及验收人员签署的竣工验收原始文件，市政基础设施的有关质量检测和功能性试验资料以及备案机关认为需要提供的有关资料；（三）法律、行政法规规定应当由规划、环保等部门出具的认可文件或者准许使用文件；（四）法律规定应当由公安消防部门出具的对大型的人员密集场所和其他特殊建设工程验收合格的证明文件；[①]（五）施工单位签署的工程质量保修书；（六）法规、规章规定必须提供的其他文件。住宅工程还应当提交《住宅质量保证书》和《住宅使用说明书》。"

需注意的是，根据上述流程，备案的时间一般会稍晚于竣工验收时间。合同约定的"竣工验收之日"即为竣工验收报告或竣工验收备案文件中载明的竣工验收时间，而非完成备案手续的时间。

【规范指引】

《建设工程质量管理条例》《房屋建筑和市政基础设施工程竣工验收备案管理办法》《2022版施工质量控制通用规范》《2013版建设工程监理规范》《2017版施工合同范本》等。

---

[①] 根据2021年4月29日第十三届全国人民代表大会常务委员会第二十八次会议《关于修改〈中华人民共和国道路交通安全法〉等八部法律的决定》，国务院住房和城乡建设主管部门规定应当申请消防验收的建设工程竣工，建设单位应当向住房和城乡建设主管部门申请消防验收。

3. 质量问题概念与分类。

建设工程质量问题，通常指某一项或多项工程质量不符合国家强制性规范标准，或不符合合同约定的标准。根据质量问题的严重程度、易见程度，质量问题可分为工程质量不合格、工程质量缺陷与工程质量通病。

（1）工程质量不合格。工程质量不合格一般指建设工程不符合国家建筑工程质量验收标准及相关验收规范的规定，通俗说法中的"工程质量不合格"是对工程整体或分部分项工程整体进行评价，即工程整体未能通过竣工验收，或分部分项工程存在严重质量问题未能通过验收。值得注意的是，实践中，如双方就工程质量是否合格发生争议时，专业鉴定机构通常不会作出是否合格的意见，而更倾向列明不符合法定标准或约定标准的具体质量问题情形及范围。

（2）工程质量缺陷。工程质量缺陷是指工程质量在结构安全性、功能适用性、耐久性等方面不符合法定标准及约定标准，与工程质量不合格相比，工程质量缺陷涵盖施工过程、验收阶段、保修期内或者保修期外的所有工程质量问题，且往往特指某一具体验收项或验收点存在问题。

（3）工程质量通病。工程质量通病是指建设工程中易发常见、难以完全避免、对使用功能和外观质量有一定影响的问题。一般情况下，工程质量不合格、工程质量缺陷多为隐性质量问题，需通过专业检测方能得知其具体情形；工程质量通病一般对结构安全性影响不大，往往表现为较易观察到、易于修复、较易确定责任方的显性问题。

4. 质量问题成因。

质量问题的成因包括勘察缺陷、设计缺陷、施工材料缺陷、施工方法缺陷、施工管理缺陷与发包人因素、自然因素等其他原因。

（1）勘察缺陷。勘察缺陷包括以下情况：①勘察报告、勘察方法、勘察原始数据记录等不符合法律法规强制性规定、建设工程强制性标准，或者不符合勘察合同约定或任务书要求；②勘察深度（一般指资料真实完整、详细合理、建议可行等）不符合相应勘察文件编制深度规定。

（2）设计缺陷。设计缺陷包括以下情况：①设计方案、设计说明、设计图纸等不符合法律法规的强制性规定、建设工程强制性标准，如遗漏设计按标准必须具备的部位、设计未满足强制性要求等；②设计存在标注错误、计算错误、结构设计不合理等缺陷；③设计文件编制深度（一般指设计图纸详细程度）不符合相应建设工程设计深度规定要求；④设计文件存在其他影响功能与使用的缺陷。

值得注意的是，因勘察、设计缺陷导致的质量问题往往具有滞后性、隐蔽性等特点，还可能与其他原因叠加造成质量问题，所以此类缺陷原因及原因力往往需要通过专业意见方可确定。

（3）施工缺陷。施工缺陷一般包括施工材料缺陷、施工方法缺陷与施工管理缺陷。常见施工材料缺陷为钢筋、水泥、混凝土、砂石等用于主体结构的材料性能指标、强度等不符合要求；墙体材料性能指标不符合要求；防水卷材、防水涂料、隔热隔音等功能性材料性能指标不符合要求。施工方法缺陷一般是指检验批和分部分项工程的施工工艺、方法不满足相应作业标准。施工管理缺陷是指施工管理流程不符合相关规定而导致质量问题发生。无论施工缺陷具体属于哪一种情形，由此导致的质量问题均应由施工方负责。

（4）发包人因素。发包人因素一般是指因发包人不当行为所导致的质量问题，或者与其他原因叠加而导致发生质量问题。《施工合同解释（一）》第13条明确规定了发包人应当承担过错责任的情形，即："发包人具有下列情形之一，造成建设工程质量缺陷，应当承担过错责任：（一）提供的设计有缺陷；（二）提供或者指定购买的建筑材料、建筑构配件、设备不符合强制性标准；（三）直接指定分包人分包专业工程。承包人有过错的，也应当承担相应的过错责任。"

实践中，导致发生质量问题的发包人不当行为一般可以分为不当干预与不当使用。不当干预通常表现为发包人出于降低成本等需要，选择无资质或资质低于法定要求的勘察、设计方，自行变更设计方案导致其提供的设计有缺陷，或直接指定分包人分包专业工程、指令施工方违规变更设计、降低标准或使用劣质材料等不当干预施工管理的行为。不当使用是指发包人等使用方对工程进行超出设计标准、通常使用目的的使用，从而造成工程质量发生问题。如发包人不当行为与质量问题存在直接因果关系的，发包人应根据原因力大小，承担相应的责任。

（5）自然因素。自然因素是指因自然环境条件等因素（如空气温度、湿度、暴雨、其他环境因素等）引发的质量问题。对于单纯因自然环境因素引发的质量问题，如发生在保修范围与保修期限内，施工方应承担法定和约定的保修义务。如质量问题系自然因素与其他原因叠加引发，则应根据因果关系、原因力大小判断施工方承担责任的比例。

5. 质量责任期。

工程竣工验收合格并交付给发包方之后，即进入使用阶段。对于相应责任期，可分为三个阶段进行分析。

（1）缺陷责任期。缺陷责任期见于《质量保证金管理办法》第2条、第8条、第9条规定，其本质为双方通过合同约定确定质量保证金返还的期限，以及发包人有权扣除质量保证金的情形。缺陷责任期自工程竣工验收合格之日起计算，在缺陷责任期内，由承包人原因造成的缺陷，承包人应负责维修，并承担鉴定及维修费用。

《质量保证金管理办法》第2条规定了缺陷责任期的初步概念，即："本办法所称建设工程质量保证金（以下简称保证金）是指发包人与承包人在建设工程承包合同中约定，从应付的工程款中预留，用以保证承包人在缺陷责任期内对建设工程出现的缺陷进行维修的资金。缺陷是指建设工程质量不符合工程建设强制性标准、设计文件，以及承包合同的约定。缺陷责任期一般为1年，最长不超过2年，由发、承包双方在合同中约定。"

该办法第8条规定了缺陷责任期的起算日，即"缺陷责任期从工程通过竣工验收之日起计。由于承包人原因导致工程无法按规定期限进行竣工验收的，缺陷责任期从实际通过竣工验收之日起计。由于发包人原因导致工程无法按规定期限进行竣工验收的，在承包人提交竣工验收报告90天后，工程自动进入缺陷责任期"。

该办法第9条规定了缺陷责任期内发生质量问题（缺陷）的后果，即"缺陷责任期内，由承包人原因造成的缺陷，承包人应负责维修，并承担鉴定及维修费用。如承包人不维修也不承担费用，发包人可按合同约定从保证金或银行保函中扣除，费用超出保证金额的，发包人可按合同约定向承包人进行索赔。承包人维修并承担相应费用后，不免除对工程的损失赔偿责任"。

（2）质量保修期。质量保修期是指承包人承担工程质量问题保修义务的期间，自竣工验收合格之日起计算，一般长于或等于缺陷责任期。缺陷责任期届满之后，如法律特别规定或合同另行约定的质量保修期尚未届满，承包方仍须承担保修义务。

质量保修期规定主要见于《建设工程质量管理条例》第六章。该条例第39条规定："建设工程实行质量保修制度。建设工程承包单位在向建设单位提交工程竣工验收报告时，应当向建设单位出具质量保修书。质量保修书中应当明确建设工程的保修范围、保修期限和保修责任等。"第40条规定了最低保修期限:"在正常使用条件下,建设工程的最低保修期限为:(一)基础设施工程、房屋建筑的地基基础工程和主体结构工程,为设计文件规定的该工程的合理使用年限;(二)屋面防水工程、有防水要求的卫生间、房间和外墙面的防渗漏,为5年;(三)供热与供冷系统,为2个采暖期、供冷期;(四)电气管线、给排水管道、设备安装和装修工程,为2年。其他项目的保修期限由发包方与承包方约定。建设工程的保修期,自竣工验收合格之日起计算。"第41条规定:"建设工程在保修范围和保修期限内发生质量问题的,施工单位应当履行保修义务,并对造成的损失承担赔偿责任。"

(3)合理使用期。《民法典》第802条规定:"因承包人的原因致使建设工程在合理使用期限内造成人身损害和财产损失的,承包人应当承担赔偿责任。"合理使用期限又称合理使用年限,是指从工程竣工验收合格之日起,工程的地基基础、主体结构能保证在正常情况下安全使用的年限。根据《民用建筑设计统一标准》(2019年10月1日实施)第3.2.1条规定,民用建筑的设计使用年限分为四类,即临时性建筑为5年,易于替换结构构件的建筑为25年,普通建筑和构筑物为50年,纪念性建筑和特别重要的建筑为100年。实践中常见的合理使用年限多为50年。在合理使用期限内,因承包人就地基基础、主体结构方面的施工质量问题造成人身损害或财产损失的,承包人均应承担赔偿责任。

6. 质量保证金。

《质量保证金管理办法》第2条第1款规定:"本办法所称建设工程质量保证金(以下简称保证金)是指发包人与承包人在建设工程承包合同中约定,从应付的工程款中预留,用以保证承包人在缺陷责任期内对建设工程出现的缺陷进行维修的资金。"该办法还规定了质量保证金的约定方式、退还条件、缺陷期内维修责任等内容。

值得注意的是,该办法第6条规定:"在工程项目竣工前,已经缴纳履约保证金的,发包人不得同时预留工程质量保证金。采用工程质量保证担保、工程质量保险等其他保证方式的,发包人不得再预留保证金。"但实践中,如双方约定竣工验收合格或完成结算时退还履约保证金的,不影响双方依法或依约预留质量保证金。

【规范指引】

《民法典》第802条;《建设工程质量管理条例》;《施工合同解释(一)》第13条;《质量保证金管理办法》。

## 二、常见诉请、抗辩及其处理原则

司法实践中，发包人如认为工程质量存在问题，会就此提起独立的诉讼请求，要求承包人进行维修或承担维修费用、赔偿损失、支付违约金，乃至主张解除合同。在承包人向发包人主张工程款（质量保证金）时，发包人也往往会以工程发生质量问题、承包人应承担维修费用为由，作为抵扣工程款（质量保证金）的抗辩理由，或就此提起反诉。

### （一）常见独立诉请及其处理原则

1. 维修、返工、改建。《民法典》第 801 条规定，因施工人的原因致使建设工程质量不符合约定的，发包人有权请求施工人在合理期限内无偿修理或者返工、改建。根据上述规定，发包人可作为原告，根据合同向总包人（或其他施工方）提出维修、返工、改建等请求，总包方亦可作为原告，根据分包合同向分包方提出该等请求。

如原告提出维修、返工、改建诉请，则法院需查明以下要素事实：（1）工程是否存在质量问题；（2）质量问题是否发生于质量保修期内；（3）质量问题是否由被告造成；（4）被告是否具备相应维修、返工、改建的资质；（5）各方就维修方案是否能够达成一致。

简言之，法院首先应查明工程是否存在质量问题，即判断工程质量是否符合法定标准（强制性规范、标准）及约定标准。就如何查证工程是否存在质量问题，将在本章第二节中进行详细阐述。如工程质量未违反法定标准（强制性规范、标准）及约定标准，或虽存在质量问题，但发生于质量保修期届满之后（地基基础、主体结构质量问题除外），则原告诉请不能成立。

如工程存在质量问题且发生于质量保修期之内，则需审查质量问题是否由被告造成。如上所述，工程质量问题可能存在"多因一果"情形；如现有证据可初步证明工程质量问题涉及被告之外的其他责任主体的，为查明事实、明晰责任，应根据《民事诉讼法》第 59 条之规定，由当事人申请追加所涉主体为第三人，或由法院依职权追加相关第三人，并结合专业意见，依法查明质量问题成因及原因力，以确定是否涉及多方主体责任。

在查明质量问题与责任主体的情况下，如施工方不具备相应施工资质的，亦不能通过维修、返工、改建等方式处理，应当向原告释明变更诉讼请求，提出主张维修费用、赔偿损失等诉请。如施工方具备相应施工资质，法院应当询问施工方是否同意维修、能否提供基本维修方案。如双方能够就维修及基本维修方案达成一致，或原告同意由施工方将工程维修至符合具体的法定标准、约定标准的，可根据案件情况进行相应判决或调解。如双方不能就维修方案达成一致意见，则需考虑进行质量问题范围鉴定及维修方案鉴定，并在鉴定方案作出后，及时向发包人进行释明，要求其明确诉讼请求，并根据明确后的诉讼请求予以裁判。

同时需注意的是，维修、返工、改建系不同的诉请。通常而言，维修是指对发生质量问题的部位进行修复，使之符合法定、约定标准，具备正常使用功能；返工是指对发生问题的部位难以维修，需拆除后重新施工；改建则是分部分项工程或整体发生重大问题，需整体加以改造。如原告同时提出上述三项行为诉请的，需向其释明应选择其中之一。司法实践中，应当根据成本合理性及质量问题的严重程度确定相应诉请能否得到支持。一般情况下，能够修复的，则无须采取返工、改建等方式。如有两种以上修复方案，在确保安全性能的情况下，应优先选择成本较为合理的修复方案，或视具体情况，作出减价处理。

2. 承担维修费用。从主体而言，发包人可作为原告，根据合同向总包人（或其他施工方）提出承担维修费用的诉请；总包方亦可作为原告，根据分包合同向分包方提出该请求。

如原告提出承担维修费用诉请，则法院需查明以下要素事实：（1）工程是否存在质量问题；（2）质量问题是否发生于质量保修期内；（3）质量问题是否由被告造成；（4）维修费用数额。前三项要素事实的查明方式与"主张维修、返工、改建"基本一致，兹不赘述。对于维修费用数额问题，如维修费用尚未发生，各方当事人又无法达成一致意见的，需根据案件情况，通过咨询专家、行业协会意见等方式，或进行质量问题范围鉴定、维修方案鉴定、维修方案造价鉴定，以确定修复费用。在修复方案造价鉴定意见作出后，应及时向发包人进行释明，要求其明确诉讼请求，以便裁判。如现有证据可证明质量问题系复合原因导致，应根据情况需要进行质量问题因果关系鉴定，并据此确定责任主体与原因力比例，以明晰各方承担的费用。如原告主张维修费用已经发生的，则需查明维修费用已实际支出的证据，并重点审查其必要性、合理性，以确定被告应当承担的数额。

值得注意的是，原告方有时会同时主张承担维修费用与减少价款，该情况将于本章第三节予以分析。

3. 赔偿其他损失。司法实践中，原告在主张被告承担维修责任或维修费用之外，往往还会一并主张其他直接损失与间接损失。前者包括逾期交付房屋损失、因质量问题直接导致的其他财产损失（如室内装修重置费用、修复费用等）；后者包括可得利益损失，如营业收入、租金等。对于以上损失的判断，除需查明工程是否存在质量问题、质量问题是否发生于质量保修期内、质量问题是否由被告造成等要素事实之外，更重要的是查明上述损失是否确实发生，以及质量问题与上述损失的因果关系、原因力大小等情况，根据具体情况综合谨慎认定。既要避免对于发包人的合法权益保护力度不够，也要避免让承包人承担不合理的损害赔偿责任。

4. 支付违约金。原告主张质量问题违约金的，其基本要素事实如前所述，不再赘述。此处需要注意：一是需审查合同是否为有效合同。如法院认为合同依法应当无效的，应当及时向原告进行释明，由其选择是否变更诉讼请求。如原告坚持不予变更的，在合同无效的情况下，应驳回相应的诉请。二是原告同时主张被告承担修复费用、赔偿损失与违约金的，法院应向其释明，以免重复主张。如经释明后原告仍坚持多项主张的，则需视其每项诉请的请求权基础，作出相应判断、裁决。

5. 解除合同。原告主张解除合同的，需重点审查工程质量问题是否严重到无法实现合同目的、施工方的施工义务是否已经基本履行完毕等要素事实。对于解除合同的诉请，应当慎重进行审查、判断。如工程质量问题仅为常见工程质量通病，或者可以通过修复后继续施工的方式解决的，在施工方不同意解除合同的情况下，原则上不应解除合同。如施工方施工义务已基本履行完毕，工程已经竣工验收，或虽未竣工验收但仅余零星工程、不存在严重质量问题需要整改的，亦不应解除合同。如施工中工程质量问题较为严重，基于现状可合理判断出双方信任基础丧失、继续履行合同的基础难以具备的，则可视具体情况组织双方当事人交接已施工界面，并判决解除合同。

（二）反诉与抗辩理由的区分及其处理方式

1. 常见反诉情形。司法实践中，反诉与抗辩的判断标准主要包括两方面：一是被告的主张是否超越原告诉讼请求范围；二是被告是否提出独立的请求给付内容。结合建设工程质量纠纷的实践，在施工方起诉主张工程款的情况下，发包人以质量问题主张抵扣工程款，但抵扣数额已超出原告诉讼请求的范围，或具有其他独立给付请求的（如前述"独立诉请"中相关主张），其诉求明确具体，具备《民事诉讼法》规定的"诉"的全部条件，属于独立的诉请，不应作为抗辩理由进行审理。法院应向当事人释明应就此提起反诉；发包人不提出反诉的，原则上不作为本诉的抗辩理由进行审查。

2. 常见抗辩理由。在施工方起诉主张工程款的情况下，发包人以质量不符合约定为由请求拒付或减付工程款，或在工程款中抵扣其已支出的维修费用、抵扣根据合同约定可在工程款中直接扣减的违约金的，如其主张扣减的款项并未超出原告诉讼请求的范围，亦无其他独立的请求给付内容（如单独主张违约金或赔偿维修费用之外的其他损失），则可视为抗辩理由。法院可以对该抗辩能否成立进行依法审查，而无须发包人提起反诉。发包人抗辩成立的，应当直接支持其意见。

如双方在合同中明确约定可以直接将工程质量违约金或赔偿金从应付工程款中扣减的，发包人提出扣减请求的，因双方已有了明确的约定，故该请求应视为抗辩，发包人也无须提起反诉。对于上述抗辩理由，法院应要求发包人充分提交证据、举行质证程序，并在判决中认定其能否成立。

【规范指引】

《民法典》第 801 条。

## 第二节　建设工程质量纠纷与保修责任常见争点

### 一、工程质量问题的举证

工程质量问题是否存在、存在的范围、严重程度，承包方是否需要承担责任、承担多少责任，均依赖于双方的举证。本部分将列明质量问题纠纷中常见证据的类型、情况，并阐明相应的审查重点。

(一)举证责任分配

### 争点1:就未完工或已完工未验收工程的质量问题,发包人、承包人应当就哪些事实承担举证责任

该等情形下的质量问题纠纷,司法实践中往往体现为承包人主张工程款,而发包人抗辩工程尚未验收,除非工程质量合格,否则不应当承担付款责任。在此情况下,应由承包人承担工程质量合格的初步举证责任。如果承包人能提供分部分项质量验收报告、单位工程质量验收报告等证据初步证明工程质量合格或仅有少量可修复的质量通病、质量瑕疵,则此时工程质量问题的举证责任就从承包人处转移至发包人处,发包人主张存在工程质量问题的,应当对相关要件事实负有举证责任,包括质量问题确实存在,质量问题的存在范围、严重程度是否足以对抗承包人的工程款诉请。

需注意的是,在案件审理中,举证责任在当事人之间的转移取决于法院对负有证明责任的一方当事人所提供证据的证明力的综合评价结果。如果在对一方当事人所提供证据进行审查判断后,认为其证明力具有明显优势并初步达到了相应的证明标准,此时可以不再要求该方当事人继续提供证据,而转由另一方当事人提供相反证据。

### 争点2:竣工验收合格工程中,发包人、承包人应当就哪些事实承担举证责任

在工程已竣工验收合格的情况下,发包人主张工程存在质量问题,承包人应当承担维修责任、维修费用的,应当就以下事实承担证明责任:质量问题确实存在;质量问题的存在范围、严重程度;质量问题发生于质量保修期内;承包人未尽到法定或约定的维修义务;维修费用的必要性及具体数额;其他根据法律规定应由其承担证明责任的事实。

如承包人抗辩其无须承担或仅需部分承担维修责任、维修费用的,应当就以下事实承担证明责任:质量问题的成因与承包人无关,或者为多种原因

导致；质量问题发生于质量保修期届满之后；对于发生于质量保修期内的质量问题，承包人已承担了法定或约定的维修义务；维修费用必要性不足或费用过高；其他根据法律规定应由其承担证明责任的事实。

若发包人能够证明系竣工验收之前即存在质量问题，则承包人需承担工程质量瑕疵担保责任；若系竣工验收之后出现的质量问题，则承包人需承担缺陷修复责任或质量保修责任。

（二）未竣工验收工程质量问题常见争议

未竣工工程包括未完工工程与已完工未验收工程。未完工工程，是指已经开工建设但尚未完工的工程，俗称"半拉子"工程；已完工未验收（已竣未验）工程，是指已经完工但尚未通过竣工验收的工程。未竣工工程质量问题纠纷多见于项目暂停、承包人退场等丧失合作基础的情形，司法实践中常表现为承包人起诉主张工程款，而发包人以工程存在质量问题、尚未竣工验收为由对抗工程款支付义务，或者反诉主张承包人承担维修费用。这一类型的纠纷具有审理难度大、周期长、有赖专业意见判断等特点，对裁判者的要求相对较高。

## 争点 3：哪些证据可以证明"半拉子"工程存在质量问题

施工处于停滞状态的未完工程俗称"半拉子"工程，此类工程一般情况下不具备项目基本使用功能，也不具备单位工程整体验收的条件。因承包人的义务为提供符合法定标准与约定标准的工程，故发包人就"半拉子"工程给付工程款的前提条件是已施工部分工程质量合格，证明工程质量合格的举证证明责任应分配给承包人。如"半拉子"工程存在质量问题，承包人主张"半拉子"工程质量问题系由发包人原因或其他原因叠加造成，承包人也应承担相应的举证证明责任。

一般情况下，承包人需提供以下证据以证明已施工部分工程质量初步合格：已施工部分的分部分项工程、单位工程检测验收合格证明及其他特定流程的验收合格证明文件；钢筋、混凝土等施工过程中各检验批的检验、检测合格的报告；建筑材料、构配件、设备入场时产品质量合格证明文件；施工技术规范、施工设计文件、合同约定施工过程质量检查检验合格（包括承包人自检，监理人根据监理规程、工程质量标准、技术规范或者施工合同约定要求进行的质量项目检验）的证明文件；监理日志、例会会议纪要、协商沟通记录等。如承包人不能提供上述证据，或提交的证据不足以证明已施工部分的地基基础、结构合格的，则应视为未完成其举证责任，不能证明工程质量合格。

如承包人能够提供上述证据的，则举证责任暂时发生转移，法院应重点审查发包人能否提供足以否认部分工程合格的证据或专业检测意见、会议纪要、监理日志、整改通知、停工通知等证据。如发包人提交的证据已可导致对上述检测、检验报告的结论产生合理怀疑，或人民法院认为基于建筑安全、公共利益等因素，需要对已施工部分的质量情况予以确定的，可向发包人释明，由其书面申请法院委托质量鉴定，或在特定情况下依职权依法委托鉴定机构对工程质量进行鉴定。

### 争点 4：哪些证据可以证明基本完工或已完工未验收工程存在质量问题

基本完工或已完工未验收工程需审查的证据与"半拉子"工程基本类似，但该类工程完成度较高，即使因为种种原因无法完成竣工验收工作，但正常施工中会按工序分步验收，如未经过分部分项验收则无法进入下一道工序，故应重点审查涉案工程是否具备已完工的各道工序的分部分项验收记录，特别是地基基础、主体结构的分部分项工程验收合格证明。如承包人未能提交或未能充分提交以上证据，或者发包人提供的相关证据导致对工程质量是否合格产生合理怀疑的，可通过鉴定程序查明相关事实。

如现有证据可证明工程已具备申请竣工验收的条件，且承包人已经提交建设工程竣工验收报告（相当于竣工验收申请书），但发包人无故拖延组织验收的，则相关情形应适用《施工合同解释（一）》第9条第2项的规定，即承包人已经提交竣工验收报告，发包人拖延验收的，以承包人提交验收报告之日为竣工日期。

### 争点 5：发包人可否以存在质量问题为由对抗未竣工工程款支付义务

对于"半拉子"工程，如承包人已经提交了较为充分的证明已施工工程质量初步合格的证据，发包人不能提交存在结构问题或严重质量问题的证据或证据不充分，其仅以未经竣工验收进行抗辩、未提起反诉的，可推定该部分工程施工质量合格，发包人不能拒付整体工程款项。

如发包人提交的证据能够证明已施工工程存在严重质量问题，或质量通病、质量瑕疵，需要扣减工程价款，或反诉主张承担修复责任、修复费用的，可根据案件情况，通过鉴定程序确定是否应当承担相应的责任及承担的数额。

对于已具备分项工程质量检测报告的已完工未验收工程，发包人如不能提交充分证据证明该部分工程存在严重的质量问题，可推定该部分工程施工整体质量合格，发包人不能以此理由拒付整体工程款项。

（三）已竣工验收工程质量问题常见争议

### 争点 6：竣工验收合格是否可以证明工程不存在质量问题

工程经竣工验收合格的，原则上应视为包括地基基础、主体结构等重要项目在内的工程整体质量合格，发包人仅泛泛提出工程质量抗辩，但不能提交明确证据的，不应予以支持。

但需注意的是，竣工验收合格仅仅是证明工程质量合格的初步证据，如现有证据已能证明确实存在质量问题的，不能仅以工程已经竣工验收合格为由，否定质量问题客观存在。实践中，很多竣工验收合格的工程，在后续使用过程中才发现在施工阶段即存在缺陷，只不过当时未能及时发现。承包人不能仅以案涉工程已经竣工验收作为免于承担工程质量责任的有效抗辩理由。

【案例】江苏南通某建集团有限公司与吴江某房地产开发有限公司建设工程施工合同纠纷案[①]

2004 年，江苏南通某建集团有限公司（以下简称某建公司）与吴江某房

---

① 载《最高人民法院公报》2014 年第 8 期。

地产开发有限公司（以下简称某房开公司）签订建设工程施工合同，约定由某建公司进行施工。涉案工程已竣工验收合格，但出现屋面渗漏问题。双方就工程款及质量问题发生争议，某建公司起诉主张欠付工程款及逾期付款违约金，某房开公司反诉主张渗漏问题修复费用及工程延误违约金。鉴定机构认为现有屋面板构造做法与原设计不符，局部修复方案不能保证屋面渗漏问题彻底有效解决，故应铲除原屋面防水层重新铺设，并出具了全面设计方案。

江苏省高级人民法院认为，屋面广泛性渗漏属客观存在并已经法院确认的事实，竣工验收合格证明及其他任何书面证明均不能对该客观事实形成有效对抗，故某建公司根据验收合格抗辩屋面广泛性渗漏，其理由不能成立。关于本案屋面渗漏应按何种方案修复的问题，双方当事人对涉案屋面所做的工序进行了明确约定，然某建公司在施工过程中，擅自减少多道工序，其交付的屋面不符合约定要求，导致屋面渗漏，其理应对此承担违约责任。鉴于某房开公司几经局部维修仍不能彻底解决屋面渗漏问题，双方当事人亦失去信任的合作基础，为彻底解决双方矛盾，应由某房开公司自行委托第三方参照全面设计方案对屋面渗漏予以整改，某建公司承担改建费用。

【分析】

承包人交付的建设工程应符合合同约定的交付条件及相关工程验收标准。工程实际存在明显的质量问题，承包人仅以工程竣工验收合格证明主张工程质量合格的，人民法院不予支持。在双方当事人已失去合作信任的情况下，为解决双方矛盾，人民法院可以判决由发包人自行委托第三方参照修复设计方案对工程质量予以整改，所需费用由承包人承担。

## 争点 7：哪些证据可以证明竣工验收合格工程存在质量问题

对于已竣工验收合格的工程，如发包人主张工程实体质量存在问题、承包人应履行保修义务或承担修复费用的，应承担举证证明责任。此时，人民法院应重点审查发包人提交的现场照片、视频等反映工程现状的证据，并对工程现状进行现场勘验，必要时应通过专家辅助人或委托鉴定方式查明是否存在质量问题。

针对工程竣工验收后的质量问题，人民法院需查明以下要件事实：质量问题是否存在；是否发生在保修期限内；发包人有无在保修期限内通知承包人进行维修；承包人是否实际进行维修。为查明上述事实，应重点审查发包人能否提交以下证据：证明工程质量问题情况的现场照片、视频、公证书；证明双方沟通协商情况的往来信件、手机短信记录、电子邮件、微信聊天记录、会议纪要等沟通协商记录；具备专业意见性质的专家意见书、一方或双方委托的专业机构作出的质量问题鉴定书、质量检验检测文件；证明针对质量问题进行维修及维修费用的维修合同、维修通知单、修复方案、维修记录、修复费用付款记录及发票、收据等。同时，法院也要审查施工方能否提交以下抗辩证据，包括但不限于：竣工验收合格报告；否认工程存在质量问题的沟通记录，如信件、手机短信记录、电子邮件、微信聊天记录等；证明已尽到维修义务的维修方案、实际维修记录等。

如现有证据可证明质量问题确实存在，且发生在保修期限内的，承包人应尽到维修义务。如承包人辩称其已实际维修，则应审查其提交的维修证据及维修方案是否合乎规范，是否能够达到维修效果；如承包人仅是进行表面修缮，其方案实际上不能达到维修效果的，则不应视为其已完成维修义务。在此情况下，如保修期内质量问题一直未能妥善解决，以致保修期之后仍然一再发生的，则不应仅以超过保修期为由免除施工方的维修义务。

（四）修复费用证据的审查要点

如发包人已自行或委托第三方进行修复，向施工方主张修复费用的，应着重审查发包人与施工方之间的通知、协商记录。如现有证据能够证明施工方经通知后未履行或未妥善履行保修义务的，才符合承包人承担修复费用的前提。

就具体修复费用数额问题，需重点审查发包方提交的维修合同、维修通知单、修复方案、维修记录、修复费用付款记录及发票、收据等，以确定修复费用是否已经实际支出，以及发包方主张的修复费用的关联性、合理性。如发包方过度修复或修复标准高于原合同约定标准的，则需对修复费用进行甄别，对于不合理部分的修复费用，应不予支持。

## 二、因工程质量问题启动鉴定

（一）鉴定启动

《民事诉讼法》第79条规定："当事人可以就查明事实的专门性问题向

人民法院申请鉴定。当事人申请鉴定的，由双方当事人协商确定具备资格的鉴定人；协商不成的，由人民法院指定。当事人未申请鉴定，人民法院对专门性问题认为需要鉴定的，应当委托具备资格的鉴定人进行鉴定。"根据该规定，对于鉴定有当事人申请与人民法院依职权启动两种模式。但民事诉讼基本举证责任分配原则为"谁主张、谁举证"，建设工程质量问题亦不属于《民事诉讼法》第67条第2款与《民事诉讼法解释》第94条第1款规定的"依职权调查收取证据"的情形。因此，《施工合同解释（一）》第32条明确规定："当事人对工程造价、质量、修复费用等专门性问题有争议，人民法院认为需要鉴定的，应当向负有举证责任的当事人释明。当事人经释明未申请鉴定，虽申请鉴定但未支付鉴定费用或者拒不提供相关材料的，应当承担举证不能的法律后果。"

如发包人提交的证据能够初步证明未验收工程具有需要修复的质量问题、已竣工验收合格工程具有质量问题且发生于质量保修期内，但就存在范围、严重程度、问题成因、修复方案、修复费用等事实囿于客观因素难以查明，且上述事实确有查明必要的，则应根据具体案情需要，向当事人释明启动鉴定程序的必要性，以及不申请鉴定的后果。原则上建设工程质量鉴定程序的启动应由当事人提出申请，法院依法对鉴定的必要性及可行性进行审查，对于确有必要性、可行性，当事人亦能够提交基本证据与预交鉴定费用的，法院可依法启动质量鉴定程序。

## 争点 8：质量鉴定基本适用范围

1. 质量问题范围及成因鉴定。

（1）质量问题范围鉴定。该类鉴定主要适用于现有证据已可初步证明工程存在质量问题，但质量问题的具体分布、范围、严重程度尚不能准确查明的情形。在此情况下，可根据当事人争议范围，将鉴定事项表述为对工程材料、构配件、设备、性能指标、工程部位的质量是否符合相关标准、是否满足可靠性及安全性进行鉴定。

在进行该类型的鉴定时，法院应根据当事人的争议点，结合鉴定机构的专业意见，对于鉴定范围进行科学、合理的确定，以免出现发包方任意扩大鉴定范围、拖延鉴定时间以对抗工程款支付义务的情形。

（2）质量问题成因鉴定。该类鉴定主要适用于现有证据可证明工程存在质量问题，或质量问题具体分布、范围、严重程度等事实已经基本查明，但对于成因存在争议的情形。如发包方存在擅自加建、改建，对工程的使用超出正常用途范围等行为，或者施工方能够初步证明工程质量问题可能因交叉施工、后续施工或其他混合原因所致，则有必要对质量问题的成因进行鉴定。待质量问题成因鉴定意见形成后，可根据意见情况，对施工方是否需要承担维修责任、维修费用承担比例等进行判断。

2. 修复方案鉴定。该类鉴定主要适用于工程质量问题的具体分布、范围、严重程度等事实已经基本查明，发包方主张承包方承担维修责任，但双方就维修方案难以达成一致，需要明确修复方案方可裁判的情况。委托修复方案鉴定时，应将经过各方当事人质证的工程质量问题鉴定报告等证据移交鉴定机构。

3. 修复费用鉴定。该类鉴定主要适用于工程质量问题的维修方案已经形成，发包方主张承包方承担维修责任，但双方就维修费用难以达成一致，需要明确修复费用方可裁判的情况。委托鉴定时，应将经过各方当事人质证的工程质量问题鉴定报告、修复方案鉴定报告等证据移交鉴定机构。

（二）鉴定必要性审查

一般而言，工程质量鉴定包括工程质量问题范围鉴定、质量问题成因鉴定、修复方案鉴定与修复费用鉴定。对于是否需要启动鉴定及进行何种鉴定，需根据当事人的诉请、答辩意见及案件具体情况进行综合审查。

## 争点 9：因质量问题启动鉴定的基本审查要点

1. 关联性审查。根据《民事诉讼法解释》第 121 条第 1 款及《最高人民法院关于人民法院民事诉讼中委托鉴定审查工作若干问题的规定》，鉴定事项与待证事实必须具备基本的关联性。如申请鉴定事项与待证事实、裁判结果无直接关联性的，不应启动鉴定程序。对于确有关联性的申请，亦应根据双方争点确定鉴定范围、鉴定事项，不应依发包方的申请随意扩大鉴定范围。

需注意的是，如发包方已经自行或委托第三方修复质量缺陷，仅要求承包人支付已支出的修复费用的，无论是发包方还是施工方提出申请，一般情况下不应启动鉴定程序。这是因为此时质量缺陷已经修复，现场情况无法还原，即使鉴定也难以得出准确的结论，反而会造成案件审理周期过长，徒增争议。此时对于发包方的相关主张，应审查双方协商记录，以确定发包方在质量保修期内是否尽到通知义务、施工方是否善尽维修义务，并审查发包方提交的维修方案、维修费用是否合理，维修费用是否实际支出，在此基础上根据案件事实，对于维修费用酌情予以全部或部分支持。

2. 现有证据情况。根据《民事诉讼法》《民事诉讼法解释》《民事诉讼证据规定》的相关规定，对于能够通过举证证明责任规则予以解决的问题，则无必要通过鉴定程序予以解决。在工程质量问题纠纷中，因发包方的诉请、抗辩理由多涉及修复方案与修复费用的确定，一般情况下仅仅鉴定工程质量问题范围尚不足以解决问题，鉴定程序一旦启动，则很可能至少需要进行工程质量问题范围、修复方案等两次鉴定，还可能视情况进行质量问题成因、修复费用鉴定。因此，鉴定程序的启动必须极为审慎，启动前应对现有证据的证明力进行审查。发包人不能提交初步证据证明质量问题存在，或即使存在亦不应由承包人承担责任的，原则上不应启动鉴定程序。

一般而言，在申请质量问题范围鉴定之前，现有证据应能够初步证明以下情况：（1）涉案工程地基基础、主体结构存在不正常情况；（2）涉案工程存在地基基础、主体结构之外超出正常自然损耗与合理容忍范围的质量问题，且通过常识或专业检测可知并非自然损耗、发包人使用等原因造成；（3）质量问题发生于质量保修期内，发包人已通知施工方承担维修责任，但施工方未能及时维修，或施工方虽然维修，但未能进行专业、合理的修复，同样的质量问题在质量保修期内反复发生，不能根本解决问题；（4）工程现场可以满足鉴定所需的基本要求。如因时间经过或质量问题已被修复等，难以还原质量保修期内工程状况，则原则上不应启动鉴定程序。

3. 有无替代方式。工程质量鉴定具有周期长、程序复杂、争议较大等客观情况，因此，如工程虽存在质量问题，但属于质量通病、一般瑕疵，且通过法庭勘验现场、询价、专家咨询等替代方式可以查明质量问题或修复费用，或双方能够就修复费用基本达成一致意见的，则应优先采取其他替代方式。

同时，如当事人就争议事项在诉讼前已共同委托有资质的鉴定机构进行鉴定，且双方在委托之前已明确表示接受该结论约束的，则亦无必要启动鉴定程序。

**【案例】黑龙江某投资集团有限责任公司与黑龙江省某建筑工程有限公司建设工程施工合同纠纷案**①

黑龙江某投资集团有限责任公司（以下简称某投资公司）与黑龙江省某建筑工程有限公司（以下简称某建筑公司）于 2001 年签订《建设工程施工合同》，约定某建筑公司作为施工方进行综合楼等施工。2004 年，工程经竣工验收合格。2014 年，建筑物发生墙砖脱落问题，某投资公司进行修复后，主张某建筑公司承担维修费用。某建筑公司辩称，墙砖脱落并非地基基础及主体结构质量问题，外墙砖已超过质量保修期，故其无义务承担该维修费用。该案一审、二审均驳回某投资公司诉请。后某投资公司向最高人民法院申请再审，最高人民法院作出（2018）最高法民申 6009 号民事裁定书，裁定驳回某投资公司的再审申请。

一审法院曾根据承包人申请，委托鉴定机构对案涉工程外墙砖脱落原因进行鉴定，但因该工程发生脱落情况的外墙砖均已被拆除，现场已完成修复，鉴定人无法勘验原施工情况，进而无法分析砖的脱落与工程主体结构间是否存在因果关系。鉴定机构无法鉴定，予以退回。案涉工程外墙砖脱落原因不具备鉴定条件，本案其他证据尚不足以证明案涉工程外墙砖脱落系当年承包人就地基基础和主体结构施工存在质量缺陷所致。据此，最高人民法院裁定驳回某投资公司的再审申请。

**【分析】**

从该案裁判理由可见，因时间经过或质量问题已被修复等难以还原质量保修期内工程状况，鉴定机构也难以分析因果关系的，不应启动鉴定程序。考虑到建筑物使用的安全性能，建设工程保修期届满，但仍在合理使用期限内，发包人有证据证明系承包人原因导致建设工程质量不符合工程建设强制性标准、设计文件、施工技术标准、合同约定等情形影响建设工程安全使用的，发包人要求承包人返工、修理并赔偿损失的，应予支持。

---

① 参见黑龙江省哈尔滨市中级人民法院（2015）哈民六民初字第 4 号民事判决书、黑龙江省高级人民法院（2018）黑民终 132 号民事判决书、最高人民法院（2018）最高法民申 6009 号民事裁定书。

### 三、质量保证金返还问题

### 争点 10：质量保证金的返还期限如何确定

《施工合同解释（一）》第 17 条规定："有下列情形之一，承包人请求发包人返还工程质量保证金的，人民法院应予支持：（一）当事人约定的工程质量保证金返还期限届满；（二）当事人未约定工程质量保证金返还期限的，自建设工程通过竣工验收之日起满二年；（三）因发包人原因建设工程未按约定期限进行竣工验收的，自承包人提交工程竣工验收报告九十日后当事人约定的工程质量保证金返还期限届满；当事人未约定工程质量保证金返还期限的，自承包人提交工程竣工验收报告九十日后起满二年。发包人返还工程质量保证金后，不影响承包人根据合同约定或者法律规定履行工程保修义务。"因此，质量保证金的返还期限应分以下情况予以确定。

1.约定返还期限。当事人如约定二年内返还工程质量保证金的，一般就期限问题无争议。但实践中，发包人与承包人往往会在"合同专用条款"与《工程质量保修书》中进行约定，将质量保证金返还的期限等同于质量保修期。如将质量保证金的返还期限定为最长 5 年（根据防水工程等质量保修期确定），或约定分期分批支付质量保证金，常见方式为保修期满 2 年后支付相当于 3% 工程款的质量保证金，保修期满 5 年后支付相当于 2% 工程款的质量保证金。承包人有时会抗辩应按《质量保证金管理办法》规定的缺陷责任期两年作为质量保证金返还期限，长于上述期限的约定应为无效；条款之间存在冲突、约定不明，则应根据"当事人未约定工程质量保证金返还期限的，自建设工程通过竣工验收之日起满二年"的规定，以两年作为质量保证金返还期限。

对此我们认为，《民法典》第 143 条规定："具备下列条件的民事法律行为有效：（一）行为人具有相应的民事行为能力；（二）意思表示真实；（三）不违反法律、行政法规的强制性规定，不违背公序良俗。"对返还期限如何确定，应考察工程质量保证金的相应规定情况，以及缺陷责任期、质量保修期的具体区分。

首先，根据《质量保证金管理办法》第 2 条、第 8 条、第 9 条、第 11 条、

第 12 条规定，质量保证金是指发包人与承包人在建设工程承包合同中约定，从应付的工程款中预留，用以保证承包人在缺陷责任期内对建设工程出现的缺陷进行维修的资金。缺陷责任期一般为 1 年，最长不超过 2 年，由发承包双方在合同中约定；缺陷责任期从工程竣工验收合格之日起计算，承包人原因导致工程无法按规定期限进行竣工验收的，缺陷责任期从实际通过竣工验收之日起计算。发包人和承包人对保证金预留、返还以及工程维修质量、费用有争议的，按承包合同约定的争议和纠纷解决程序处理。据此，可以认为返还质量保证金的期限为二年并非法律、行政法规的强制性效力性规定。如无证据证明发包人与承包人此种约定并非双方真实意思表示，发包人返还保证金的期限虽长于《质量保证金管理办法》规定，但并不违反法律、行政法规的强制性规定与公序良俗，亦有利于承包人积极提升工程质量，该约定应为有效。

其次，住房和城乡建设部、国家工商行政管理总局制定的《2017 版施工合同范本》第二部分"通用合同条款"第 15.2 条、第 15.3 条分别约定了"缺陷责任期"的概念、起算点与"质量保证金"的概念、返还条件，其内容与《质量保证金管理办法》相关规定基本接近。第 15.3.2 条"质量保证金的扣留"还约定，发包人累计扣留的质量保证金不得超过工程价款结算总额的 3%。如承包人在发包人签发竣工付款证书后 28 天内提交质量保证金保函，发包人应同时退还扣留的作为质量保证金的工程价款；保函金额不得超过工程价款结算总额的 3%。第三部分"专用合同条款"第 15.2 条"缺陷责任期"条款、第 15.3 条"质量保证金"条款则将缺陷责任期的具体期限、扣留质量保证金占工程款的比例作为空白，留由双方自行约定。附件 3《工程质量保修书》中第 2 条、第 3 条则分别对应质量保修期与缺陷责任期，并注明"缺陷责任期终止后，发包人应退还剩余的质量保证金"。

根据《2017 版施工合同范本》"说明"部分的意见，通用合同条款是合同当事人根据《建筑法》《合同法》①等法律法规的规定，就工程建设的实施及相关事项，对合同当事人的权利义务作出的原则性约定；专用合同条款是对通用合同条款原则性约定的细化、完善、补充、修改或另行约定的条款，合同当事人可以根据不同建设工程的特点及具体情况，通过双方的谈判、协商对相应的专用合同条款进行修改补充。合同当事人可以通过对专用合同条款的

---

① 《合同法》已于 2021 年 1 月 1 日废止，相关规定可参见《民法典》。

修改，满足具体建设工程的特殊要求，避免直接修改通用合同条款；在专用合同条款中有横道线的地方，合同当事人可针对相应的通用合同条款进行细化、完善、补充、修改或另行约定。因此，"合同专用条款"与《工程质量保修书》系发包人与承包人之间的特别约定，在与"合同通用条款"不一致的情况下，后两者的条款应优先于"合同通用条款"而适用。从"合同专用条款"与"合同通用条款"的关系而言，如"合同专用条款"与《工程质量保修书》中对质量保证金的返还期限与数额另有约定，则应以该约定作为确定质量保修金返还期限的依据。

2. 约定不明或由于发包人原因未进行竣工验收的情形。如确实出现质量保证金返还期限约定不明情形，根据《民法典》关于合同解释的相关规定依然难以确定的，则应按《施工合同解释（一）》第17条第1款第2项的规定，以建设工程通过竣工验收之日起满二年作为质量保证金返还期限。由于发包人原因建设工程未按约定期限进行竣工验收的，根据《质量保证金管理办法》的规定，在承包人提交竣工验收报告90天后，工程自动进入缺陷责任期。缺陷责任期到期后，承包人可向发包人申请返还保证金；发包人接到申请后，应在14日内会同承包人按合同约定审核是否有异议，如无异议，则应退还。因此，《施工合同解释（一）》第17条第1款第3项规定，在此情况下，自承包人提交工程竣工验收报告90日后起算约定的缺陷责任期，缺陷责任期满，发包人即有返还工程质量保证金的义务；如当事人对于缺陷责任期未约定，承包人自提交工程竣工验收报告90日后起满二年，即可主张返还保证金。

3. 承包人在质量保修期内仍需承担保修义务。基于前述，缺陷责任期往往短于质量保修期。因此，如发包人在缺陷责任期满后返还工程质量保证金，但法定或约定的质量保修期长于工程质量保证金返还期限的，不影响承包人根据合同约定或者法律规定履行工程保修义务。

【规范指引】

《施工合同解释（一）》第17条。

## 第三节　建设工程质量纠纷与保修责任疑难问题

### 问题1：建设工程质量纠纷涉及多个主体时如何认定各方责任

【案例】重庆市某建设集团有限公司与重庆某产业集团有限公司建设工程施工合同纠纷案[①]

发包人重庆某产业集团有限公司（以下简称某产业公司）起诉请求：判令承包人重庆市某建设集团有限公司（以下简称某建设公司）返还多收取的工程款3 541 549.12元，赔偿工程质量缺陷整改修复费用10 433 669.55元，赔偿工程延期完工损失16 394 193元，承担违约金100万元，退还担保金230万元。

法院经审理查明：2007年5月10日，某产业公司和某建设公司签订《工程施工合同书》，约定由某建设公司承建某产业公司厂房基础工程。合同签订后，某建设公司进行了施工。案涉工程于2008年1月25日停工，某建设公司于2008年4月30日撤场。某工程质量检验测试中心接受委托对乙厂房已完工程的现状进行了检测并对案涉工程质量作出了《司法鉴定书》。某建筑设计分院接受委托出具了案涉工程加固方案。依据上述质量鉴定报告和加固方案，2012年9月12日，某造价咨询公司出具鉴定报告，结论如下：乙厂房工程全部已施工工程费用合计2 061 541.30元；鉴定甲厂房基础和乙厂房基础及主体全部已施工部分的加固措施合计费用为10 433 669.55元。

重庆市第一中级人民法院于2012年12月27日作出（2008）渝一中法民初字第00172号民事判决：一、某建设公司于判决生效后十五日内返还某产业公司多支付的乙厂房工程款3 154 225.70元；二、某建设公司于判决生效后十五日内支付某产业公司工程质量缺陷整改修复费用10 433 669.55元；三、某建设公司于判决生效后十五日内赔偿某产业公司租金损失17 524 827元；四、某建设公司于判决生效后十五日内退还某产业公司保证金50万元；

---

[①] 参见重庆市第一中级人民法院（2008）渝一中法民初字第00172号民事判决书、重庆市高级人民法院（2013）渝高法民终字第00054号民事判决书、最高人民法院（2016）最高法民再367号民事判决书。

五、驳回某产业公司的其他诉讼请求。某建设公司不服，提起上诉。重庆市高级人民法院于2013年10月11日作出（2013）渝高法民终字第00054号民事判决：一、维持一审判决第一、二、四、五项；二、变更一审判决第三项为某建设公司于判决生效后十五日内赔偿某产业公司延期完工损失1 695 951元。某建设公司仍不服，向检察机关申请监督。最高人民检察院提出抗诉。最高人民法院于2017年12月27日作出（2016）最高法民再367号民事判决：一、撤销二审判决；二、维持一审判决第一、四、五项；三、变更一审判决第二项为某建设公司于判决生效后十五日内支付某产业公司工程质量缺陷整改修复费用6 457 114.79元；四、变更一审判决第三项为某建设公司于判决生效后十五日内赔偿某产业公司延期完工损失1 695 951元。

法院生效裁判认为：关于质量缺陷整改修复费用问题。某建设公司主张，鉴定的修复整改费用10 433 669.55元，比原本的建筑费用高出数倍，明显超出了当事人签订合同时可预见的范围，明显不公。某建设公司是专门的建筑公司，对于建筑工程质量不合格所可能造成的后果应当知道。本案案涉厂房因质量不合格需要整改修复的费用，原审法院根据鉴定意见认定为10 433 669.55元，超出了案涉工程的造价。已建的不合格工程的修复费用超出原造价，可能有多种理由，例如，整改修复本身的技术难度高于重新建造、整改修复时的建筑市场价格已发生变化等。因此，某建设公司仅以整改修复费用高于原工程造价为由主张原审判决存在错误，不能成立。从某造价咨询公司出具的修复整改费用鉴定报告看，修复整改费用10 433 669.55元中的绝大部分是用于"甲、乙厂房桩基础按批评定不合格"的具体加固措施，其费用高达9 941 386.90元。在诉讼中，某建设公司认可其施工质量只存在局部问题，而不认可基础工程部分存在重大的质量问题，并一直主张厂房基础施工经过六家单位分步验收，某建设公司对基础工程全部是按照设计施工，逐个工序提交某产业公司组织五家单位验收，上一个工序验收通过才进行下一个工序施工，并提交了会议纪要、验收记录等证据。某产业公司虽然在一审庭审中主张"没有相关单位签字盖章，会议纪要与签到表没有关系，验收报告不能说明工程没有问题，仍然可以鉴定，所以上述证据不能证明工程没有质量问题"，"我们仅是程序验收，不是质量验收"，但并没有否认分步验收的真实性，而是主张工程质量是否合格只能依据鉴定意见作出判断。法院认为，工程的质量是否合格，在当事人有争议并且已经进行了司法鉴定的情况下，应当依据鉴定意见作出判断。现依据鉴定意见，应认定工程质量不合格。但是，某建设公司在进行施工的过程中，每一道工序都已由建设单位、设计单位、勘察单位、监理单位、质检单位参与验收，且都是在上述单位认可其上一工序质量合格之后才进入下一工序施工的。现鉴定报告提出的基础工程存在桩底软弱夹层和夹泥裂隙影响主体结构的安全性、桩端扩底和嵌岩深度达不到设计要求等问题，与工程分步验收中的结论明显不符。应当认定，案涉厂房基础工程质量最终被鉴定为成批不合格，责任不完全在施工方某建设公司。根据《合同法》第281条[①]关于"因施工人的原因致使建设工程质量不符合约定的，发包人有权要求施工人在合理期限内无偿修理或者返工、改建"的规定，对甲、乙厂房基础加固措施费用 9 941 386.90 元，应由某建设公司承担部分费用，综合考虑本案具体事实，可酌定由其承担60%。而对于厂房基础加固费用之外的其他维修费用，则应由某建设公司全部承担。据此计算，某建设公司承担的费用应为 6 457 114.79 元。原审判决判令某建设公司承担全部维修整改费用不当，予以纠正。

【分析】

1.复合原因情形。质量问题可因为勘察阶段、设计阶段、施工阶段等多阶段存在的问题而引发，还可能是发包人不当使用及自然因素所导致。如勘察、设计不符合法律法规强制性规定、强制性标准、合同约定或方案有误，则会影响后续施工质量；但勘察、设计质量问题具有隐蔽性、滞后性，问题被发现的时间很可能迟于形成阶段。施工阶段因为施工材料缺陷、施工工艺缺陷等原因，亦容易产生质量问题，且可能涉及多个实际施工主体。因此，质量问题成因可能涉及勘察方、设计方、施工方、监理方、发包方等多个主体，即存在"多因一果"情形。

司法实践中，在程序上，如法院认为现有证据不能排除质量问题由其他主体原因导致，为查明事实、明晰责任，应当依照《民事诉讼法》第59条之规定，由当事人申请追加所涉主体为当事人，或依职权追加相关当事人。

在实体上，如法院认为现有证据难以确定质量问题成因或原因力情况，则应根据需要征询行政主管部门、行业协会意见，或依法委托专业机构进行鉴定。如专业意见确定质量问题成因涉及两个以上主体的，一般难以采取由某一主体进行维修的方式解决质量问题。在此情况下，法院更宜查明合理维修费用，再结合各个主体合同的约定情况、各方的承包范围、承包义务、过

---

[①] 现对应《民法典》第801条。

错程度、原因力比例大小等因素，对于各主体应负担的维修费用进行裁判。

如发包人实施了《施工合同解释（一）》第13条规定的过错行为，或实施了其他不当干预、不当使用行为，且与质量问题存在直接因果关系的，法院应通过专业意见审查原因力大小，并通过监理纪要、会议记录、双方往来协商情况等现有证据确定各方过错程度，以对责任作出合理认定与分担。

2. 借用资质施工情形。《施工合同解释（一）》第7条规定，缺乏资质的单位或者个人借用有资质的建筑施工企业名义签订建设工程施工合同，发包人请求出借方与借用方对建设工程质量不合格等因出借资质造成的损失承担连带赔偿责任的，人民法院应予支持。对该问题，《建筑法》第66条亦有类似规定。因此，在出借资质施工情形下，出借方、借用方需对发包人包括修复费用在内的损失承担连带赔偿责任。在处理该类纠纷时，法院可依当事人申请或依职权追加出借方或借用方为当事人，以便查清事实。对于借用资质关系双方内部责任的划分，可参考实际获得的费用、双方约定的管理费比例、过错程度等进行处理。发包人如明知承包人系向他人出借资质施工，与借用资质方构成事实上的施工合同关系的，亦存在一定过错，应在其过错责任范围内承担相应责任。

3. 转包、分包施工情形。《民法典》第791条第2款规定，经发包人同意，总承包人或者勘察、设计、施工承包人可以将自己承包的部分工作交由第三人完成，第三人就其完成的工作成果与总承包人向发包人承担连带责任。《建筑法》第29条第2款规定，建筑工程总承包单位按照总承包合同的约定对建设单位负责；分包单位按照分包合同的约定对总承包单位负责。总承包单位和分包单位就分包工程对建设单位承担连带责任。第55条规定，建筑工程实行总承包的，工程质量由工程总承包单位负责，总承包单位将建筑工程分包给其他单位的，应当对分包工程的质量与分包单位承担连带责任。分包单位应当接受总承包单位的质量管理。《招标投标法》第48条、《建设工程质量管理条例》第27条亦有类似规定。

基于此，《施工合同解释（一）》第15条规定，因建设工程质量发生争议的，发包人可以总承包人、分包人和实际施工人为共同被告提起诉讼。该条款不仅是对程序上的被告身份进行规定，同时根据以上法律、行政法规规定，亦可据以确定总承包人、分包人、实际施工人的责任情况。如果总承包人将工程分包给他人施工的，无论是否经由发包人同意，就分包工程质量问题造成的损失，总承包人应与分包人一起向发包人承担连带责任。如发包人仅起诉总承包人的，总承包人可以在向发包人承担责任后，再行向分包人追偿。如发包人指定分包人施工，而质量问题系该分包人施工造成的，则发包人可直接追究分包人的责任；总承包人如有过错的，亦应承担相应责任。在总承包人将工程转包、违法分包给实际施工人的情况下，基于双方对于合同无效的过错与"举重以明轻"的原理，实际施工人亦需就其造成的工程质量问题对发包人承担连带赔偿责任。

至于总承包人、分包人与实际施工人之间如何分担赔偿责任，可结合各个主体合同的约定情况、各方的承包范围、承包义务、管理能力、过错程度、原因力比例大小等因素，对于各主体应负担的维修费用进行裁判。

【规范指引】

《民法典》第791条；《建筑法》第29条第2款；《施工合同解释（一）》第13条、第15条。

## 问题2：发包人主张减少工程价款和/或修复费用，应如何处理

实践中，就工程质量问题引发的修复费用纠纷，发包人往往有以下几种主张方式：一是以减少工程价款为抗辩；二是以在工程款中冲抵修复费用为抗辩，或是反诉主张修复费用；三是既认为需减少工程价款，又主张在工程款中冲抵修复费用。

对发包人的减价诉请，可以按照下述方式处理：（1）对使用材料的材质、数量等不符合合同要求的，如能根据实际使用材料的材质、数量鉴定工程价款，可从应付工程款中扣减相应差价。（2）对于难以确定上述准确差价，或尚有其他原因造成质量问题的，可根据案件情况，通过市场询价、咨询专家意见、参考修复费用等方式，对价款予以酌情扣减。对于主张修复费用的诉请/抗辩如何审查，在本章第一节中已有详细阐述，此处不再赘述。

发包人同时主张减价与修复费用的，首先应明确，对同一质量问题造成的直接损失，不能重复主张。如发包人认为需减少工程价款，又主张在工程款中冲抵修复费用的，法院应向发包人释明需选择其中一种路径。需注意的是，对于质量问题客观上难以修复或经济上不合理的，应提倡、引导双方通过减少工程价款的方式解决费用争议。如发包人明确主张修复费用的，则应根据本章第一节、第二节关于修复费用的相关论述进行处理。如发包人还认为自

己遭受了其他损失，如预期利益损失等，则应通过反诉或另行起诉方式解决。

【案例】中国建筑某局有限公司与陕西某置业有限公司建设工程施工合同纠纷案①

中国建筑某局有限公司（以下简称中建某局）与陕西某置业有限公司（以下简称某置业公司）签订《建设工程施工合同》，约定由中建某局进行施工。后双方就工程款事宜发生纠纷，中建某局起诉某置业公司主张欠付工程款，某置业公司反诉中建某局修复加固案涉工程质量不合格的分部分项工程或承担修复加固费用。双方在诉讼中均认可工程未经竣工验收。一审判决某置业公司支付相应工程款、中建某局承担修复加固费用后，双方均提起上诉。某置业公司上诉理由之一为，部分案涉工程存在严重质量缺陷且至今尚未使用，故该部分工程价款 6194 万元不应当支付。

最高人民法院认为，对不合格的建设工程，发包人可以选择承包人承担修复费用或者减少支付工程价款，但两种权利只能选择其一行使。某置业公司在一审中已就请求中建某局支付质量修复费用提出反诉，一审也已经判决支持了部分修复费用，其不能再以质量不合格为由请求减少支付工程价款，故对于某置业公司以工程质量存在缺陷为由主张减少支付工程价款的上诉主张不予支持。

【分析】

该判决对于减少工程价款与承担修复费用的救济方式进行了明确界定，即两种权利只能择一行使，不得重复主张。在施工方已经承担修复费用的情况下，发包方不能再以质量不合格为由请求减少支付工程价款。

## 问题3：发包人未经竣工验收擅自使用工程，承包人是否需要就工程质量问题承担责任

1. "擅自使用未竣工验收工程"如何认定？

《民法典》第 799 条第 2 款、《建筑法》第 61 条第 2 款及《建设工程质量管理条例》第 16 条第 3 款均规定，建设工程未经验收或者验收不合格的，不

---

① 参见陕西省高级人民法院（2018）陕民初 114 号民事判决书、最高人民法院（2022）最高法民终 192 号民事判决书。

得交付使用。《施工合同解释（一）》第 14 条规定："建设工程未经竣工验收，发包人擅自使用后，又以使用部分质量不符合约定为由主张权利的，人民法院不予支持；但是承包人应当在建设工程的合理使用寿命内对地基基础工程和主体结构质量承担民事责任。"因此，发包人对未竣工验收工程擅自进行使用，违反上述法律法规的规定，将遭受法律上的否定性评价，并需承担因此产生的不利后果。

"未竣工验收工程"指未经竣工验收的工程，或竣工验收不合格的工程。就何为"擅自使用"的问题，司法实践中更多指向于客观行为，即发包人对未竣工验收工程进行实际使用的，一般情况下均可认定为"擅自使用"。但实际生产生活中的情况较为复杂多样，对于特定情形是否构成"擅自使用"及"擅自使用"的具体法律责任，亦存在一定争议。

承包人同意发包人使用的，能否认定为发包人擅自使用？实践中，发包人与承包人有时会在合同中约定工程在竣工验收前可以使用，或虽未竣工验收但双方已办理交付手续，或承包人以其他方式同意发包人使用，并约定风险责任自此转移。对于上述情况，我们认为，法律、行政法规之所以规定未经验收或者验收不合格的建设工程不得交付使用，是出于公共利益之考虑，即发包人"擅自使用"的判断标准并非取得承包人的同意与否，而是是否具备法律规定的竣工验收合格手续，否则即有架空上述法律法规规定之风险。如双方作出以上约定，应根据《民法典》第 143 条之规定，认定其因违反法律、行政法规的强制性规定而无效。

发包人被迫接收工程现场但无法达到使用目的的，能否视为"擅自使用"？"发包人擅自使用工程"应理解为发包人不顾工程尚未竣工验收的事实，对工程进行主动的、基本符合使用目的的利用。实践中，如双方在工程施工期间就质量问题发生争议，施工方退场后发包人不得已接收工程现场，但事实上无法达到工程使用目的，则不应视为"发包人擅自使用工程"。如厂房因钢结构施工质量问题无法实现生产功能，交涉无果后发包人只能接收工程，事实上却无法进行生产，仅作堆放货物使用的，则不宜认定为"擅自使用"。

在工程不可分割的情况下，发包人对部分工程进行使用，能否认定为对整体工程的擅自使用？工程在结构、空间上可以分割的，发包人对其中一部分工程（如某一楼栋）进行使用，不构成对另一部分工程的擅自使用（如独立的其他楼栋），自不待言。但在工程不可分割的情况下，发包人对其中部分工程进行使用，能否视为对整体工程的擅自使用，则具有一定争议。在此情况下，应考察未竣工验收合格的分部分项工程对于工程整体功能的影响、所占比例大小、严重程度等因素予以确定。

【案例】夏某某与浙江某建设集团有限公司建设工程施工合同纠纷案[①]

2010年11月17日，浙江某建设集团有限公司（以下简称某建设公司）与夏某某签订了一份抹灰工程承包合同，约定将某建设公司承建的如皋市某市场扩建工程综合楼主楼及裙房内外墙体抹灰、屋面工程、楼地面工程承包给夏某某施工。2012年1月3日，双方进行结算，并形成结算清单。双方确认案涉工程总工程款为1 324 176元，某建设公司已付总工程款的85%，尚欠夏某某总工程款的15%即198 626元。夏某某起诉要求某建设公司给付工程款198 626元并支付逾期利息（自2014年1月1日起至实际给付之日止按银行同期贷款利息计算利息）。某建设公司陈述称，该工程只有菜市场在部分使用，绝大部分都未使用，且工程未经竣工验收，使用不合法。一审法院判决某建设公司给付夏某某工程款198 626元及自起诉之日2015年3月23日起至实际给付之日止按照中国人民银行同期同种贷款利率计算本金198 626元的利息。某建设公司不服，提起上诉，二审法院驳回上诉并维持原判。

二审法院认为，根据原《施工合同解释》第14条[②]的规定，建设工程未竣工验收，发包人擅自使用的，以转移占有建设工程之日为竣工日期。即便案涉工程系部分交付使用，但因为建设工程的各部分之间密切联系，不能孤立存在，对一部分的使用必然也会影响其他部分的状态，且一旦部分投入使用，就不能保证建设工程在投入使用前的封闭状态。故案涉工程部分投入使用也应当按照原《施工合同解释》第14条规定视为已竣工验收。

【分析】

对于发包人使用部分的认定应结合建设工程的结构、使用功能、发包人使用情况等综合予以认定，对于与发包人使用部分不可明确分割的部分，虽然没有证据证明发包人使用，也应认定为发包人擅自使用部分。

【规范指引】

《民法典》第799条第2款；《建筑法》第61条第2款；《建设工程质量管理条例》第16条第3款；《施工合同解释（一）》第14条。

---

① 参见江苏省如皋市人民法院（2015）皋民初字第0264号民事判决书、江苏省南通市中级人民法院（2015）通中民终字第02712号民事判决书。

② 现对应《施工合同解释（一）》第9条。

2. 发包人擅自使用工程的，承包人是否需要承担工程质量责任？

《施工合同解释（一）》第 14 条规定："建设工程未经竣工验收，发包人擅自使用后，又以使用部分质量不符合约定为由主张权利的，人民法院不予支持；但是承包人应当在建设工程的合理使用寿命内对地基基础工程和主体结构质量承担民事责任。"因此，发包人未经竣工验收而擅自使用工程，又以使用部分质量不符合约定为由主张权利的，不应支持。但如发包人提交的证据能够初步证明建设工程地基基础工程和主体结构质量存在问题的，可通过鉴定程序查明是否存在上述质量问题及修复方案、修复费用。

如发包人提交的证据足以证明在质量保修期内发生一般质量通病、质量瑕疵的，承包人是否需要承担维修责任，实践中尚存在一定争议。我们倾向认为，《施工合同解释（一）》第 14 条是关于工程质量责任风险转移的规定，其既已明确了擅自使用工程的发包人承担的质量责任范围为除地基基础和主体结构质量以外的所有质量问题，故承包人对发包人擅自使用的部分不应再承担保修责任。

【规范指引】

《施工合同解释（一）》第 14 条。

## 问题 4：如何认定建筑装饰装修工程质量问题

1. 基本分类。

根据装修对象的区别，装饰装修可以分为家庭装饰装修与建筑装饰装修。家庭装饰装修纠纷具有装修目的为居住、金额不大、法律关系相对简单等特点，在性质上通常视为承揽合同而非建设工程施工合同，其纠纷一般依照《民法典》进行处理。建筑装饰装修则属于建设工程监管范畴，《2022 版施工质量控制通用规范》与《建筑装饰装修工程质量验收标准》中载明了详细的分部分项及验收合格标准。

2. 建筑装饰装修质量纠纷特点及其处理原则。

（1）建筑装饰装修基本概念。《建筑装饰装修工程质量验收标准》（GB 50210—2018）第 2.0.1 条规定，建筑装饰装修是"为保护建筑物的主体结构、完善建筑物的使用功能和美化建筑物，采用装饰装修材料或饰物，对建筑物的内外表面及空间进行的各种处理过程"。国家标准《建设工程分类标准》

（GB/T 50841—2013）第 3 章"建筑工程"第 3.1.2 条规定："建筑工程按照组成结构可分为地基与基础工程、主体结构工程、建筑屋面工程、建筑装饰装修工程和室外建筑工程。"据此，建筑装饰装修属于建设工程监管范畴，应当适用建设工程领域相关法律规定。

（2）建筑装饰装修分部分项及质量问题范围。建筑装饰装修子分部工程包括抹灰工程、外墙防水工程、门窗工程、吊顶工程、轻质隔墙工程、饰面板工程、饰面砖工程、幕墙工程、涂饰工程、裱糊与软包工程、细部工程（分项为橱柜制作与安装、窗帘盒和窗台板制作与安装、门窗套制作与安装、护栏与扶手制作与安装、花饰制作与安装）、建筑地面工程。因此，与建设工程施工相比，建筑装饰装修质量问题多发生于上述分部分项，一般不涉及地基基础与主体结构问题。

（3）建筑装饰装修质量标准。就法定标准而言，当前我国对建筑装饰装修监管方面的规定主要有《建筑法》《建设工程质量管理条例》《住宅室内装饰装修管理办法》等法律、行政法规、部门规章，以及《建筑装饰装修工程质量验收标准》《住宅装饰装修工程施工规范》《住宅设计规范》《室内空气质量标准》《民用建筑工程室内环境污染控制标准》等技术规范。就约定标准而言，装饰装修的美观化、个性化需求更高，实践中重要的约定标准包括装修合同条款、装饰装修标准确认书、双方确定的施工图纸等；效果图亦可视合同约定、协商与履行情况，作为约定依据。

（4）基本处理方式。建筑装饰装修工程质量纠纷整体查明方式与前述建设工程质量纠纷基本类似，未完工、已完工未竣工验收工程由承包人对质量合格承担举证责任，已竣工验收工程由发包人对存在质量问题承担举证责任。但因建筑装饰装修一般不涉及地基基础与主体结构，且除隐蔽工程外大部分质量问题属于肉眼可见的显性问题，如品牌、材质与约定不符，墙面、瓷砖空鼓，地面开裂等，故在查明质量是否存在问题时，人民法院在条件许可时应更侧重现场勘验。同时，因装饰装修暴露于外部，日常使用较多，故在查明质量问题时还应考虑发包人使用与自然损耗因素。因装饰装修质量问题具有上述显性特点，除涉及隐蔽工程外，对装饰装修质量问题及范围启动鉴定程序需较为慎重。

如现有证据可证明装饰装修工程在质量保修期内存在质量问题，由于装饰装修问题较易维修，故一般情况下应优先考虑由承包人采取维修方式予以弥补。如发包人坚持主张施工方承担维修费用的，除质量问题严重、所涉费用较高、双方争议较大等特殊情况外，一般情况下亦不需对维修方案、维修费用进行鉴定，而可以采取询价、专家咨询等替代方式，参考问题部分的造价，根据案件情况酌定费用。如涉及多方主体问题的，可参照本节有关多方主体的责任认定方法予以处理。

# 第八章　建设工程施工合同案件合同解除纠纷常见争点与法律适用

## 第一节　建设工程施工合同解除概述

合同解除，指合同有效成立后，当具备解除事由时，因当事人一方或双方的意思表示而使合同关系自始消灭或向将来消灭的一种行为。[①] 合同解除制度旨在解决有效成立的合同提前终止的问题。根据解除事由及发生原因的不同，合同解除分为协商解除和行使解除权解除两大类型。建设工程施工合同属于《民法典》合同编典型合同，其解除除适用第 562 条、第 563 条之一般性规定外，《民法典》第 806 条第 1 款、第 2 款还分别对发包人、承包人的法定解除事由进行了特别规定。

### 一、协商解除

协商解除，也称合意解除、协议解除，指合同生效后在履行过程中，当事人协商一致，订立一个以解除合同为目的的新协议来终止原合同的效力。《民法典》第 562 条第 1 款规定："当事人协商一致，可以解除合同。"在认定协商解除时，最重要的是判断双方是否已就解除合同达成一致意见。合意的方式可以明示，也可以默示；可以在诉讼外达成一致，也可以在诉讼中达成一致。

【注意事项】

第一，根据《合同编通则解释》第 52 条规定，从尊重当事人意思自治原

---

① 参见王利明：《合同编解除制度的完善》，载《法学杂志》2018 年第 3 期。

则出发，在建设工程施工合同的双方一致同意解除合同的情形下，对违约责任和结算清理的争议并不影响当事人解除合同的意愿，即使当事人未就承担违约责任和结算清理达成一致意见，仍可依照《民法典》第 566 条、第 567 条和有关违约责任的规定处理，除非双方约定协商解除的意思表示以对解除后果达成一致意见为前提。

第二，实践中还应当注意合意解除与约定解除、法定解除的衔接适用，必要时依职权加以释明，明确当事人的诉求是解除合同还是行使解除权，以免出现"所判非所请"的问题。一是对于一方行使解除权，对方也同意的，首先应当审查提出主张的一方是否享有解除权，不能直接适用协商解除的规定。若提出主张的一方不享有解除权，对方却明示或通过行为等方式同意解除合同的，比如就工程价款清理和结算事项提出要求的，可以认定合意解除成立，但也不排除提出主张的一方已构成《民法典》第 563 条第 1 款第 2 项规定的预期违约，此时对方可以选择行使法定解除权而不单单是同意解除合同。就此，对方应当有明确的行使解除权的意思，如果仅是同意相对方解除合同的主张，宜按照合意解除处理。换言之，若对方明确表明只是行使法定解除权的意思，则不宜认定构成协商解除，而应当认定构成法定解除。[①] 二是双方均主张解除合同的，同样应当审查当事人是否享有解除权。只要有一方的主张符合解除权的行使条件，就应当按照行使解除权的规定处理，而不能适用协商解除的规定。双方的主张都符合解除权行使条件的，原则上应当以先到达解除通知的到达时点认定合同解除。

【规范指引】

《民法典》第 562 条第 1 款、第 566 条、第 567 条；《合同编通则解释》第 52 条。

## 二、行使解除权解除

（一）约定解除

约定解除，指当事人事先以合同条款的形式，在合同生效后未履行或者未履行完毕前，由一方当事人在约定解除合同的事由发生时享有解除权，并

---

[①] 参见最高人民法院民事审判第二庭、研究室编著：《最高人民法院民法典合同编通则司法解释理解与适用》，人民法院出版社 2023 年版，第 574~577 页。

据此通过行使解除权使合同关系归于消灭。①《民法典》第562条第2款规定："当事人可以约定一方解除合同的事由。解除合同的事由发生时，解除权人可以解除合同。"

【注意事项】

解除并非合同履行之常态，对当事人利益影响重大，应当避免机械理解和僵硬恪守严格责任原则。在对方违约行为显著轻微，不足以影响守约方合同目的实现的情况下，应当遵循诚实信用，从维护合同正义、促进交易和避免诱发道德风险的角度对约定解除权的行使课以必要的限制，以防解除权滥用而导致双方利益失衡。故根据《九民纪要》第47条的规定，违约方的违约程度显著轻微，不影响守约方合同目的实现，守约方请求解除合同，人民法院不予支持；反之，则依法予以支持。②

【规范指引】

《民法典》第158条、第562条第2款；《九民纪要》第47条。

（二）法定解除

法定解除，指合同生效后未履行或者未履行完毕前，当事人在法律规定的解除事由出现时，通过行使解除权而使合同关系归于消灭。③与协商解除和约定解除实行意思自治，无须法律明确规定相比，法定解除赋予了当事人单方解除合同的权利，即只要发生法定解除事由，当事人即可主张解除合同而无须征得对方同意，因此要由法律明确规定解除的正当事由以示慎重。《民法典》第563条第1款采用"列举+概括"的立法技术，对法定解除权的行使规则作了一般性规定。根据该条规定，导致当事人享有法定解除权的原因有二：一是不可抗力；二是当事人违约。后者包括预期违约、迟延履行和其他违约行为三种情形。但是无论是不可抗力还是对方违约，都必须达到致己方不能实现合同目的的严重程度。"不能实现合同目的"是行使法定解除权的实质性要件，判断标准即看是否实际剥夺了己方的履行利益，使得己方订立合

---

① 参见最高人民法院民法典贯彻实施工作领导小组主编：《中华人民共和国民法典合同编理解与适用》，人民法院出版社2020年版，第633页。

② 参见最高人民法院民事审判第二庭编著：《〈全国法院民商事审判工作会议纪要〉理解与适用》，人民法院出版社2019年版，第313~315页。

③ 参见最高人民法院民法典贯彻实施工作领导小组主编：《中华人民共和国民法典合同编理解与适用》，人民法院出版社2020年版，第638页。

同所追求的履行利益不能实现。

1. 发包人法定解除权的行使。关于发包人的法定解除权，原《施工合同解释》第8条规定了四种情形："承包人具有下列情形之一，发包人请求解除建设工程施工合同的，应予支持：（一）明确表示或者以行为表明不履行合同主要义务的；（二）合同约定的期限内没有完工，且在发包人催告的合理期限内仍未完工的；（三）已经完成的建设工程质量不合格，并拒绝修复的；（四）将承包的建设工程非法转包、违法分包的。"其中，第1项、第2项、第3项源自原《合同法》第94条有关法定解除权的一般性规定，第4项源自该法第253条有关未经定作人同意，承揽人不得将主要工作交由第三人完成的规定。① 现《民法典》第563条第1款沿袭了原《合同法》第94条规定，还在建设工程合同一章增设了第806条第1款，吸纳了原司法解释第8条第4项规定。

2. 承包人法定解除权的行使。关于承包人的法定解除权，原《施工合同解释》第9条规定了三种情形："发包人具有下列情形之一，致使承包人无法施工，且在催告的合理期限内仍未履行相应义务，承包人请求解除建设工程施工合同的，应予支持：（一）未按约定支付工程价款的；（二）提供的主要建筑材料、建筑构配件和设备不符合强制性标准的；（三）不履行合同约定的协助义务的。"现《民法典》增设了第806条第2款，吸纳了原司法解释第9条第2项和第3项规定，明确发包人提供的主要建筑材料、建筑构配件和设备不符合强制性标准或者不履行协助义务，致使承包人无法施工，经催告后在合理期限内仍未履行相应义务的，承包人有权解除合同。

【规范指引】

《民法典》第563条、第806条。

（三）解除权的行使规则

1. 行使期限与失权效果。合同解除权系形成权。为保护交易安全和维护经济秩序稳定，《民法典》第564条规定，合同解除权与其他形成权一样，应当及时行使并受除斥期间的限制。除斥期间为不变期间，不适用中止、中断或延长的规定。行使期限既可法定，也可约定。法定或约定的期限届满，解

---

① 参见最高人民法院民事审判第一庭编著：《最高人民法院建设工程施工合同司法解释的理解与适用》，人民法院出版社2015年版，第79~80页。

除权人不行使的，解除权消灭；没有法定或约定期限的，解除权人应当在知道或者应当知道解除事由之日起一年内行使，或者在相对方催告后的合理期限内行使，否则经过除斥期间发生失权效果即解除权归于消灭。

【注意事项】

催告后的合理期限是一个不确定的时间概念，现行法律无统一的适用标准，仅在某些有名合同中作零散规定，但是究竟多长时间为合理，不能一概而论，应当视个案具体情况，由法官根据履行情况、交易习惯、合同标的、合同类型以及诚信原则等因素进行综合判断。

【规范指引】

《民法典》第 564 条。

2. 行使方式与解除时点。具备合同解除事由只是行使合同解除权的前提，欲发生合同解除的法律效果，还需实施解除合同的行为。根据《民法典》第 565 条规定，无论行使约定解除权还是法定解除权，都必须首先让对方知悉己方解除合同的意思表示。法律规定了两种行使方式：一是通知解除。解除权人可以选择以口头通知、纸质信件、电子邮件、微信或者手机短信等方式向对方作出解除合同的意思表示，而不以书面形式的通知为限。合同自通知到达对方时解除，但是若通知附自动解除期限而对方在该期限内又未履行债务的，合同则自该期限届满时解除。二是诉讼或仲裁解除。解除权人不通知对方，而是径直提起诉讼或申请仲裁，由法院或仲裁机构将起诉状副本或者仲裁申请书副本送达对方。合同自起诉状副本或者仲裁申请书副本送达对方时解除，但是解除权人撤诉后再次起诉主张解除合同的，合同则自再次起诉时的起诉状副本送达对方时解除。通知解除不是起诉或申请仲裁的前置程序。从性质上讲，法院的裁判仅是确认判决，而非形成判决。[①]

【注意事项】

第一，根据《合同编通则解释》第 53 条规定，只有享有解除权的一方才能以通知的方式解除合同。不享有解除权的一方向另一方发出解除通知，另一方即便未在约定的异议期限或者其他合理的期限内提出异议，也不发生合同解除的效果。故人民法院应当审查发出解除通知的一方是否享有解除权，不能仅以受通知一方未在约定或者法定的异议期限内提出异议这一事实即认定合同已经解除，况且《民法典》第 565 条明确规定合同双方均有权请求人

---

① 参见杜万华主编：《中华人民共和国民法典实施精要》，法律出版社 2021 年版，第 473~474 页。

民法院或者仲裁机构确认解除行为的效力。

第二，若解除权人先发出解除通知，后又向法院诉请解除合同，因通知作为解除意思表示在先，合同仍然自解除通知到达对方时解除。同理，解除权事由成就后，解除权人多次发出解除通知，应当认定合同自第一次通知到达对方时解除。若合同双方均起诉解除合同，经审查均享有解除权的，解除时间以解除权行使在先者为准。

【规范指引】

《民法典》第565条；《合同编通则解释》第53条、第54条。

3.解除后果。建设工程施工合同在性质上属于继续性合同，合同解除原则上没有溯及力，不发生恢复原状的法律后果，未履行的不再履行。除《民法典》第566条第1款一般性规定外，《民法典》第806条第3款还就建设工程合同解除后果作了特别规定，即已经完成的建设工程质量合格的，发包人应当按照约定支付相应的工程价款；已经完成的建设工程质量不合格的，参照《民法典》第793条规定处理，即修复后的建设工程经验收合格的，发包人应当按照约定支付相应的工程价款，同时可以请求承包人承担修复费用，修复后的建设工程经验收不合格的，承包人无权请求支付相应的工程价款。

【注意事项】

建设工程施工合同未履行完毕而解除的，承包人请求发包人支付工程价款的前提必须是工程质量合格。对于固定价格合同，首先可以由双方协商确定已完工的工程价款；协商不成的，对于合同约定按固定单价结算的，应根据固定单价核算出已完工的实际工程量，据实结算工程价款；如果合同约定按固定总价结算的，则可以采用"按比例折算"的方式。①具体计算方式可参考本书第十二章第三节"未完工程鉴定方法选择"相关内容。

【规范指引】

《民法典》第566条第1款、第793条、第806条第3款。

（四）其他特定情形下解除权的行使

1.不可抗力。建设工程施工合同履行周期长，履行过程中受自然环境、社会环境的影响较大，有可能出现不可抗力事件。根据《民法典》第563条第1款第1项规定，不可抗力致使不能实现合同目的的，当事人可以解除合

---

① 参见王勇：《建设工程施工合同纠纷实务解析》，法律出版社2019年版，第182页。

同。所谓不可抗力，是指不能预见、不能避免且不能克服的客观情况，通常包括自然灾害、疫情、战争、社会异常事件、政府行为等。关于对"不能预见"的理解，应是根据现有技术水平，以一般人的预见能力为标准，判断当事人在主观上对于某一客观情况的发生是否无法预测。关于对"不能避免且不能克服"的理解，应是指当事人已经尽到最大努力和采取一切可以采取的措施，仍然不能避免某种事件的发生或克服事件所造成的损害后果，表明某一事件的发生和事件造成后果具有必然性。虽然不可抗力是正常履行合同的一种障碍，但是不可抗力致使不能实现合同目的导致合同解除的落脚点在于"不能实现合同目的"而非"不可抗力"本身，因为不可抗力或暂时阻碍合同履行，或影响合同部分内容的履行，故只有在因不可抗力达到不能实现合同目的的程度时，当事人才有权行使合同解除权。

2. 情势变更。在工程价款结算时，合同双方均有可能以情势变更为由，主张对约定的工程价款予以调整。情势变更，根据《民法典》第533条规定，指合同生效后履行完毕前，由于不可归责于双方当事人的原因发生了缔约时不可预见的情势，致使缔约的基础动摇或者丧失，若继续履行合同明显不公的，得准许受不利影响的当事人请求人民法院或仲裁机构变更或解除合同。该制度旨在矫正契约严守原则可能产生的有违公平原则的情况，只有在继续履行合同造成交易双方利益严重失衡时，才有适用情势变更原则的必要。所谓情势，指合同赖以订立的客观基础事实，包括政治、经济、法律及商业上的各种客观情况，主要表现为自然灾害、政府行为、社会事件等。所谓变更，指"合同的基础条件"发生了当事人订立合同时无法预见的、不属于商业风险的重大变化。

【注意事项】

第一，《民法典》不再将不可抗力排除在情势变更事由之外，在发生不可抗力的情况下，究竟是适用情势变更规则还是适用合同解除规则解除合同，存在规范竞合。主流观点认为，两者并不存在根本冲突，适用何种规则取决于具体事件对合同交易产生的影响。"在发生不可抗力事件时，致使继续履行合同对于一方当事人明显不公的，得适用情势变更规则；不可抗力事件的发生，致使合同目的不能实现的，得适用法定解除制度。"[1]

---

[1] 王利明主编：《中国民法典释评·合同编·通则》，中国人民大学出版社2020年版，第480页。

第二，商业风险属于从事商业活动的固有风险，并非当事人不可预见、不能承受。工程价款实行固定价结算，在履行过程中钢材、木材、水泥、混凝土等对工程造价影响较大的主要建筑材料价格发生暴涨暴跌等重大变化，超出正常市场风险范围时，一概适用固定价对双方都不公平，应当考虑有条件地适用情势变更原则来平衡双方利益。合同对建材价格变动风险有约定的，依照其约定处理；没有约定或约定不明，当事人请求调整工程价款的，不应支持，但符合情势变更的除外。

第三，《民法典》第533条规定："合同成立后，合同的基础条件发生了当事人在订立合同时无法预见的、不属于商业风险的重大变化，继续履行合同对于当事人一方明显不公平的，受不利影响的当事人可以与对方重新协商；在合理期限内协商不成的，当事人可以请求人民法院或者仲裁机构变更或者解除合同。人民法院或者仲裁机构应当结合案件的实际情况，根据公平原则变更或者解除合同。"该条规定了受不利益方负有及时进行协商以及说明提出该要求理由的义务；在受不利影响的当事人向对方当事人提出重新协商请求时，对方当事人也有义务进行协助。在因情势变更等造成当事人之间利益严重失衡的情形下，应鼓励当事人优先依据诚信原则和公平原则，通过协商交涉，自主调整当事人之间失衡的权利义务关系；双方当事人交涉不成的，应综合考虑合同约定内容、履行中的具体状况以及当事人是否基于诚信原则进行交涉等因素，进行利益权衡后确定是否应当强制性对合同进行调整或解除。①

【规范指引】

《民法典》第533条、第564条。

（五）发包人是否享有任意解除权

虽然建设工程施工合同属于特殊的承揽合同，但发包人不享有承揽合同定作人的任意解除权。一是从体系解释看，《民法典》"建设工程合同"专章在第808条规定："本章没有规定的，适用承揽合同的有关规定。"《民法典》第806条第1款已就发包人在何种情况下享有解除权作出具体规定，因而《民法典》第787条关于定作人享有任意解除权的规定原则上不适用于建设工程施工合同。二是从立法目的看，赋予定作人任意解除权旨在减少损失、防止浪

---

① 参见杨晓蓉：《建筑工程合同的原理与实务——以关系契约理论为视角》，人民法院出版社2018年版，第158页。

费。若允许发包人随时解除建设工程施工合同，反而会造成更大损失，这明显与立法目的相悖。三是从公平角度看，目前我国建筑市场上承包人多处于弱势地位，若再赋予发包人任意解除权，双方的地位失衡将进一步加剧，使得承包人处于更加不利的地位，亦有违公平原则。[①]

【注意事项】

通说认为，除委托合同等基于人身信赖关系订立的合同，当事人可以约定任意解除权外，在其他类型的合同中，原则上不应允许当事人作出此类约定，否则既易造成社会资源浪费，也不符合当事人缔约的真实目的。[②]

【规范指引】

《民法典》第787条、第806条第1款、第808条。

（六）违约方能否请求终止合同权利义务关系

正常情况下，合同解除是守约方的救济方式，只有守约方才有权解除合同。但是在特定情形下，赋予违约方终止合同权利义务关系请求权，有利于破解合同履行僵局，实现实质正义，促进市场经济发展。《民法典》第580条在沿袭原《合同法》第110条有关非金钱债务不适用强制履行规定的基础上，增设第2款，规定在违约方不能履行合同以致合同目的不能实现的情况下，违约方可以请求人民法院或仲裁机构终止合同权利义务关系，且不影响其违约责任的承担。

【注意事项】

合同僵局情形下的司法终止制度，旨在纠正利益失衡现象，故在适用中应当从严把握条件，既要防止违约方实施机会主义行为而侵害守约方的利益，又要防止守约方违反诚信而造成合同履行严重不公。在具体适用条件上，可参照《九民纪要》第48条规定："符合下列条件，违约方起诉请求解除合同的，人民法院依法予以支持：（1）违约方不存在恶意违约的情形；（2）违约方继续履行合同，对其显失公平；（3）守约方拒绝解除合同，违反诚实信用原则。"关于合同终止时间如何确定，依据《合同编通则解释》第59条的规定，原则上为起诉状副本送达对方的时间，以其他时间作为合同权利义务关

---

[①] 参见贺小荣主编：《最高人民法院第二巡回法庭法官会议纪要（第三辑）》，人民法院出版社2022年版，第240页。

[②] 参见最高人民法院民事审判第二庭编著：《〈全国法院民商事审判工作会议纪要〉理解与适用》，人民法院出版社2019年版，第315页。

系终止的时间更加符合公平原则和诚信原则的，可以该时间作为合同权利义务终止的时间。

**【规范指引】**

《民法典》第 580 条；《合同编通则解释》第 59 条；《九民纪要》第 48 条。

### 三、建设工程施工合同解除案件审理理念

（一）审慎解除原则

依法成立的合同，对当事人具有约束力。双方应当按照约定全面、诚信履行自己的义务，不得擅自变更或解除合同。建设工程往往投资巨大，涉及主体众多，事关国计民生，为鼓励交易、限制权利滥用，应当秉持审慎解除理念，从严把握合同解除权的行使条件。即便发包人或承包人的解除事由明确具体且实际发生，人民法院也应当主动审查解除事由是否达到致使合同目的不能实现的程度。

（二）先行交接原则

为确保建设工程有序过渡，不因解除合同而影响整个施工的完成，发包人与承包人应当相互协助做好已完工程量的保护和移交工作。若双方就已完工程的工程量存在争议的，应当根据双方在撤场交接时签订的会议纪要、交接记录以及监理材料、后续施工资料等文件予以确定；不能确定的，应根据工程撤场时未能办理交接及工程未能完工的原因等因素合理分配举证责任。

（三）主动释明及一并处理原则

定分止争是当事人进行民事诉讼的重要目的，也是社会主义法治追求的重要价值目标。为了有效化解矛盾纠纷，减少当事人诉累，不宜机械、僵硬理解"不告不理"原则。发包人或承包人请求解除建设工程施工合同的，人民法院不应仅关注解除权的行使，还应当主动履行解释和引导职责，引导当事人一并处理解除后的责任承担等问题。

## 第二节 建设工程施工合同解除纠纷常见争点

根据合同解除主体的不同,建设工程施工合同解除主要分为发包人解除和承包人解除,发包人和承包人解除合同的方式包括协商解除、约定解除和法定解除。除双方当事人协商一致解除合同的,一方当事人要求解除合同,均应审查该当事人是否具有法定或约定的解除权,需要对当事人合同解除权的行使条件进行审查。

### 一、发包人合同解除权的行使

建设工程施工合同纠纷案件中,发包人要求行使解除权的主要情形为承包人逾期开工、逾期完工和承包人施工存在质量问题等。

#### (一)工期延误时发包人解除权的行使

如果承包人实际施工的工期超出合同约定的工期,则属于工期延误。承包人在合同约定的期限内没有开工或完工,且在发包人催告的合理期限内仍未继续开工或完工的,发包人请求解除合同,应予支持。实践中,承包人往往提出约定工期不合理,据此抗辩合同不应当解除,并要求承包人支付赶工费等。

**争点1:承包人在约定工期内未完工,发包人要求解除合同,承包人能否以约定工期不合理抗辩**

【案例】中国建筑某工程局有限公司与南宁某房地产有限责任公司建设工程施工合同纠纷案[①]

南宁某房地产有限责任公司(以下简称房产公司)作为发包人与中国建筑某工程局有限公司(以下简称中建某局)作为承包人签订建设工程施工合

---

① 参见广西壮族自治区南宁市中级人民法院(2014)南市民一初字第2号民事判决书、广西壮族自治区高级人民法院(2016)桂民终272号民事判决书、最高人民法院(2018)最高法民再163号民事判决书。

同，约定总工期不超过580天。中建某局实际施工790天。中建某局认为合同约定工期不合理，应当以定额工期计算，房产公司认为合同约定工期是双方真实意思表示，为合理工期。一审法院经鉴定合同的定额工期为1182天，二审法院与最高人民法院认为发包人不存在任意压缩工期情形，仍以约定工期为准。

中建某局主张，建设工程施工合同中580日历天的工期条款因违反行政法规"不得任意压缩合理工期"的强制性规定而无效。对此，最高人民法院认为，一方面，定额工期通常依据施工规范、典型工程设计、施工企业的平均水平等多方面因素制定，虽具有合理性，但在实际技术专长、管理水平和施工经验存在差异的情况下，并不能完全准确反映不同施工企业在不同工程项目的合理工期。另一方面，本案中，中建某局作为大型专业施工企业，基于对自身施工能力及市场等因素的综合考量，经与房产公司平等协商，在建设工程施工合同中约定580日历天的工期条款，系对自身权利的处分，亦为其真实意思表示，在无其他相反证据证明的情况下，不能当然推定房产公司迫使其压缩合理工期。中建某局的该项再审主张亦缺乏事实依据，不能成立，最高人民法院不予支持。

【分析】

承包人未在合同约定的期限内完工，并以合同约定工期不合理为由进行抗辩的，人民法院是否应对约定工期是否合理进行审查？对此，实践中存在两种观点：第一种观点认为，建设工程施工合同系发包人与承包人的真实意思表示，工期是双方合同主要条款，系承包人应当重点关注的事项，承包人接受该工期表明工期是合理的，该工期约定属于双方意思自治范围，且在机械化水平高度发展的现代社会，除混凝土凝固需要特定时间外，承包人均有能力就施工时间进行合理安排和调整，故对双方合同约定的工期应当予以确认，不应审查该约定工期是否合理。[①] 第二种观点认为，定额工期对于确定相同或者相似类型的建设工程的施工工期具有普遍指导意义。建设工期能否合理确定往往会影响工程质量的好坏。由于建筑市场供大于求的现状，合同洽谈过程中实际存在压缩合理工期的现象，承包人在签订合同过程中对可能出现的各种问题不能合理预测，如放任双方无限制压缩工期，容易产生工程质量隐患，进一步加深建

---

① 参见朱树英主编：《法院审理建设工程案件观点集成》，中国法制出版社2015年版，第719页。

筑行业恶性竞争。因此，对承包人提出的该项抗辩，应审查合同约定工期的合理性。一般来说，低于定额工期的 70% 视为工期不合理。①

《建设工程质量管理条例》第 10 条规定："建设工程发包单位，不得迫使承包方以低于成本的价格竞标，不得任意压缩合理工期。建设单位不得明示或者暗示设计单位或者施工单位违反工程建设强制性标准，降低建设工程质量。"因此，在当事人提出工期合理性抗辩时，应当结合工程实际情况进行审查。合理工期是国家及各地建筑行政主管部门根据建筑市场实际情况制定的，如果合同约定工期严重不合理，应当予以调整。定额工期通常依据施工规范、典型工程设计、施工企业的平均水平等多种因素制定，但是考虑到施工企业的实际施工专长、管理水平、机械化程度和施工经验等差异，定额工期并不能全面反映特定项目中施工企业所需的合理工期，而承包人在与发包人洽谈合同的过程中，基于对约定工期和自身情况的了解，其应当作出合理判断，故在发包人不存在任意压缩工期的情况下，不应轻易否定双方约定工期的合理性。合同约定的工期短于定额工期的，系承包人基于自身施工能力的考虑，在发包人不存在任意压缩合理工期的情况下，仍应以合同约定的工期为准。我们认为，上述两种观点均具有一定的合理性，但是审查的重点不应局限于与定额工期的比较，而应在于发包人有无迫使承包人压缩合理工期。

【规范指引】

《建设工程质量管理条例》第 10 条。

（二）工程质量不合格时发包人解除权的行使

## 争点 2：质量符合国家标准，但未达到合同约定的特殊标准，发包人是否可以要求解除合同

《2013 版质量验收统一标准》对于工程质量评定标准分为合格和不合格，

---

① 如北京市住建委《关于贯彻执行 2009 年〈北京市建设工程工期定额〉和 2009 年〈北京市房屋修缮工程工期定额〉有关问题的通知》(京建发〔2010〕255 号) 第 3 条规定："招标人应当依据工期定额计算施工工期，并在招标文件中注明。招标人要求施工工期小于定额工期时，必须在招标文件中明示增加费用，压缩的工期天数不得超过定额工期的 30%。超过 30%，视为发包人任意压缩合理工期，依照《建设工程质量管理条例》处理。"

工程竣工验收合格、符合设计要求及设计规范的即为合格工程，反之为不合格工程。但在建设工程施工领域还存在大量优良工程标准如"鲁班奖""詹天佑奖""国家优质工程奖"等。此类以工程质量为评奖对象的奖项标准不属于国家强制性标准，为行业鼓励表扬标准，通常高于国家标准。如建设工程施工合同约定应当获得何种奖项，但最终未能达到获奖标准的，施工人固然构成违约；但如果该工程质量合格，未能获奖并不影响工程的实际使用和安全，发包人一般不能据此行使合同解除权。但是如果建设工程施工合同约定应当达到的特殊标准是因发包人特定的安全生产需求而设定，而承包人施工未能达到该标准，则应视为发包人合同目的不能实现，在承包人拒绝整改或无力整改的情况下，发包人可以解除合同。

工程质量符合国家标准，但未达到合同约定的特殊标准，承包人应承担违约责任；在不影响工程的实际使用和安全的前提下，对发包人解除合同的诉讼请求一般不予支持。

【规范指引】

《民法典》第 563 条。

（三）承包人转包、违法分包时，发包人解除权的行使

## 争点 3：承包人违法分包时，发包人能否要求解除合同

【案例】江苏某置业有限公司与深圳市某建设有限公司建设工程施工合同纠纷案[1]

江苏某置业有限公司（以下简称某置业公司）与深圳市某建设有限公司（以下简称某建设公司）签订建设工程施工合同，约定"非经发包人同意，承包人不得将工程的任何部分分包""本工程发包人同意承包人分包的工程无"；"要求解除合同的，应以书面形式向对方发出解除合同的通知，并在发出通知前 7 天告知对方，通知到达对方时合同解除"。后某建设公司将工程主体结构的劳务分包给案外人，未经某置业公司认可，某置业公司要求解除合同。法院认为某建设公司的劳务分包违反合同的约定，某置业公司有权解除合同。

---

[1] 参见江苏省盐城市中级人民法院（2015）盐民初字第 00161 号民事判决书。

《建筑法》第 29 条第 1 款规定:"建筑工程总承包单位可以将承包工程中的部分工程发包给具有相应资质条件的分包单位;但是,除总承包合同中约定的分包外,必须经建设单位认可。施工总承包的,建筑工程主体结构的施工必须由总承包单位自行完成。"第 3 款规定:"禁止总承包单位将工程分包给不具备相应资质条件的单位。禁止分包单位将其承包的工程再分包。"某建设公司的劳务分包违反合同的约定,某置业公司有权解除合同。

【分析】

《民法典》第 806 条第 1 款规定:"承包人将建设工程转包、违法分包的,发包人可以解除合同。"建设工程施工对承包人的资质要求高,转包和违法分包不仅会拉长利益链条、层层剥利,导致实际用于工程建设的工程款低于建设工程合同约定的工程款,而且可能导致由不具有建筑施工资质的施工人进行施工,既损害建筑市场秩序,又影响建设工程质量安全,损害发包人的利益。[1] 建设工程施工合同本质上属于承揽合同,发包人基于对承包人自身条件、能力、设备等方面的信任,将工程交付给承包人施工,承包人应当自行组织施工,将工程转包和违法分包,损害了发包人的利益,发包人享有合同解除权。

【规范指引】

《建筑法》第 29 条;《民法典》第 806 条第 1 款。

## 二、承包人合同解除权的行使

建设工程施工合同履行过程中,发包人主要义务为支付工程款。此外,发包人还具有提供施工图纸、办理建设规划施工手续等辅助义务。在发包人不履行合同义务,导致承包人无法继续履行建设工程施工合同时,承包人有权要求解除合同。

(一)发包人不履行协助义务,承包人合同解除权的行使

发包人在履行合同过程中,具有配合承包人施工的义务,发包人不履行协助义务,导致合同不能继续履行,合同目的无法实现的,承包人请求解除合同,一般应予支持。

---

[1] 参见最高人民法院民法典贯彻实施工作领导小组主编:《中华人民共和国民法典合同编理解与适用》,人民法院出版社 2020 年版,第 2029 页。

## 争点 4：发包人不履行协助义务，导致承包人无法开工的，承包人能否要求解除合同

【案例】贵州某建筑工程有限责任公司与贵州某大学建设工程施工合同纠纷案[①]

2017 年 2 月，贵州某建筑工程有限责任公司（以下简称某建筑公司）通过招投标程序中标贵州某大学会堂景观工程施工项目，合同签订后，贵州某大学告知湖边 10 米内需要提升改造，重新设计，相关范围内暂停施工，并要求某建筑公司提供相应的地形资料、测量资料给贵州某大学，配合新的设计单位。某建筑公司提供相关资料给贵州某大学后，贵州某大学一直未能提供设计方案。某建筑公司起诉要求解除合同，贵州某大学抗辩合同应当继续履行。法院认为贵州某大学未履行配合义务，致合同无法继续履行，判决支持某建筑公司的诉讼请求。

根据原《施工合同解释》第 9 条之规定，发包人不履行合同约定的协助义务，致使承包人无法继续施工，经催告仍不履行的，承包人可以请求解除合同。在建设工程施工合同中，承包人的工作有时是需要发包人协助的，发包人对承包人的工作有相应的协助义务。发包人协助义务的发生，取决于合同的约定及施工工程本身的需要。发包人的协助义务视施工工程的内容不同而无法穷尽表述，如补足施工所需的建筑材料、提供施工场地、办理施工所需的相关手续、提供施工图纸等，如果发包人不履行有关协助义务，导致承包人无法施工或者继续施工，则是发包人违约。该违约行为经催告后没有有效改正的，承包人有权解除合同。此外，虽然该条是对发包人协助义务的规定，但并不是相对于主要义务和次要义务而言的，如果不履行协助义务致使承包人无法进行施工的，就可以认为发包人没有履行合同的主要义务，经承包人催告仍不履行的，承包人具有合同解除权。本案中，某建筑公司进场施工且完成了部分工作量后，贵州某大学自行决定湖区不按原合同施工，需要另行设计变更，对工作量及范围等均作出了调整，但未提供变更指令，也未提供变更后的图纸，贵州某大学的不作为导致某建筑公司不能及时完成余下的工作任务。即贵州某大学的不协助，导致某建筑公司享有了合同的解除权，且贵州某大学在庭审

---

① 参见贵州省贵阳市花溪区人民法院（2019）黔 0111 民初 710 号民事判决书。

中也认可"合同已事实终止",故对解除合同之诉请,予以支持。

【分析】

建设工程施工合同体量大、周期长、工程复杂,双方当事人需互相配合,发包人作为建设单位,除履行支付工程款的主要义务外,还需履行以下常见的配合义务:提供场地、技术资料,办理规划施工许可手续,对隐蔽工程进行检查,配合结算,组织竣工验收等。若因发包人不履行协助义务导致无法施工,如上述案件中,发包人不提供设计图纸,经承包人催告后,发包人在合理期限内仍不履行的,承包人可以据此解除合同。

【规范指引】

《民法典》第806条第2款。

(二)发包人提供的主要建筑材料等不符合国家强制性标准致使承包人无法施工,承包人法定解除权的行使

建筑材料、建筑构配件和设备如系发包人提供,发包人应确保其质量符合国家强制性标准,承包人也负有按照工程设计要求、施工技术标准和合同约定,对建筑材料、建筑构配件、设备和商品混凝土进行检验的义务,检验不合格的,不得使用。基于此,发包人提供的建筑材料、建筑构配件、设备不符合强制性标准的,承包人有权通知发包人进行更换,如发包人经催告后仍不更换,承包人事实上已经无法履行按质完成施工的义务,故承包人可行使法定解除权。

## 争点5:发包人提供的少量主要建筑材料不符合国家标准,承包人能否要求解除合同

《施工合同解释(一)》第13条规定:"发包人具有下列情形之一,造成建设工程质量缺陷,应当承担过错责任:(一)提供的设计有缺陷;(二)提供或者指定购买的建筑材料、建筑构配件、设备不符合强制性标准;(三)直接指定分包人分包专业工程。承包人有过错的,也应当承担相应的过错责任。"建设工程质量,一方面取决于有资质的专业承包人进行施工,另一方面取决于施工中使用的建筑材料、建筑构配件、设备等。建筑材料、建筑构配件、设备既可能是发包人提供,也可能是承包人提供,对于发包人提供的材

料，承包人负责验收，对于不合格的材料，承包人不得使用。发包人提供的少量主要建筑材料，承包人经检验认为不符合国家标准，应当告知发包人，要求发包人更换，发包人拒不更换，如果该部分材料数量少，不影响承包人继续施工，承包人要求解除合同应不予支持；如果该部分材料虽数量少，但对工程质量至关重要或影响承包人继续施工，承包人经催告后，发包人拒不更换的，承包人有权要求解除合同。

【规范指引】

《施工合同解释（一）》第 13 条。

## 第三节　建设工程施工合同解除纠纷疑难问题

### 问题 1：合同解除时间点的确定

建设工程合同解除时间点的确定，对建设工程施工合同法律关系是否存在、工程款利息、优先受偿权起算等均具有重要意义。关于合同解除时间点的确定，实践中主要有三种观点。观点一：一方行使单方解除权，另一方对是否解除有争议的，应以法院判决或仲裁裁决生效之日为解除时间。观点二：如生效的法院判决文书在本院认为部分已经认定了案涉合同的解除时间，则本案不应进行审查，应以生效文书确定的合同解除时间作为双方合同解除的时间。观点三：解除权是形成权，如一方行使解除权并通知对方时具有合同约定或法律规定的解除权，即使对方对该解除存有异议并诉至法院，仍应以解除通知到达对方时为解除合同的时点。①

---

① 参见吴晓芳：《法院判决解除合同后如何起算解除日期》，载最高人民法院民事审判第一庭编：《民事审判指导与参考》（总第 35 集），法律出版社 2008 年版，第 142~145 页；贺小荣主编：《最高人民法院民事审判第二庭法官会议纪要——追寻裁判背后的法理》，人民法院出版社 2018 年版，第 222 页。

我们倾向认为：协商解除合同的，以合意达成之日或双方在协议中约定的解除之日为合同解除之日；行使约定解除权和法定解除权的，自通知到达对方之日合同解除。实践中有所争议的是发出解除通知后又提起诉讼或仲裁时合同解除时点的确定。有观点认为，既然已经提起诉讼，说明通知解除并未得到对方的认可，双方之间存在争议，故应以判决或仲裁裁决生效之日为准。对此，《合同编通则解释》第53条规定："当事人一方以通知方式解除合同，并以对方未在约定的异议期限或者其他合理期限内提出异议为由主张合同已经解除的，人民法院应当对其是否享有法律规定或者合同约定的解除权进行审查。经审查，享有解除权的，合同自通知到达对方时解除；不享有解除权的，不发生合同解除的效力。"第54条规定："当事人一方未通知对方，直接以提起诉讼的方式主张解除合同，撤诉后再次起诉主张解除合同，人民法院经审理支持该主张的，合同自再次起诉的起诉状副本送达对方时解除。但是，当事人一方撤诉后又通知对方解除合同且该通知已经到达对方的除外。"解除方在起诉或仲裁前已经向对方发送了书面的解除合同的通知，起诉至法院或进行仲裁是因为双方对该通知能否达成解除的效果存在争议。如果一方当事人请求确认解除合同通知效力的，法院或仲裁机构经审查认为对方的异议不成立，则合同自通知到达对方时解除；如果一方当事人起诉或仲裁请求判令或裁决解除合同，因其在诉前已经通知过对方解除合同，其诉讼请求本质上应为确认解除效力，故如经审理解除权成立的，仍应以通知到达对方之日生效。解除权也可以不经通知，直接通过起诉或者申请仲裁的方式行使。《民法典》第565条第2款规定："当事人一方未通知对方，直接以提起诉讼或者申请仲裁的方式依法主张解除合同，人民法院或者仲裁机构确认该主张的，合同自起诉状副本或者仲裁申请书副本送达对方时解除。"另，生效文书中本院认为部分认定的双方合同解除的时间在有证据可以推翻的情况下，在后的裁判不受在先裁判的影响，人民法院可以根据当事人举证情况予以认定。

【规范指引】

《民法典》第565条；《合同编通则解释》第53条、第54条。

## 问题 2：合同解除后的下浮比例问题

**【案例】福建某建设集团有限公司与云南某实业有限公司建设工程施工合同纠纷案**[①]

2015年1月15日，福建某建设集团有限公司（以下简称某建设公司）与云南某实业有限公司（以下简称某实业公司）签订建设工程施工合同，约定合同价与合同价格形式为固定总价包干，约定下浮率为总价的5%。2014年10月8日，某建设公司垫资进场施工。2015年8月3日，某实业公司向某建设公司发出工作联系函，提出因出现质量问题，要求对部分房屋暂停施工，后一直未通知对三栋房屋再行恢复施工。2016年1月7日，某建设公司完成了除三栋停工栋号外的其他13栋房屋主体封顶工作，并经监理人验收确认。某建设公司向一审法院起诉要求解除双方于2015年1月15日签订的建设工程施工合同，并要求某实业公司向某建设公司支付工程价款及利息。

双方对已施工部分的工程价款是否应按合同约定的5%下浮率计算产生争议。一审判决依据合同约定5%下浮率计算工程价款，最高人民法院二审认为合同约定的是包干价格，双方达成下浮合意的前提条件为包干的价格基础，本案中改变了下浮合意的前提条件，故工程总造价不应下浮5%，对一审判决进行改判。

关于某实业公司是否应当支付工程款的问题。原《施工合同解释》第10条规定，建设工程施工合同解除后，已经完成的建设工程质量合格的，发包人应当按照约定支付相应的工程价款；已经完成的建设工程质量不合格的，参照本解释第3条规定处理。案涉工程系未完工程，对于已经完成的工程经验收合格的，发包人应当支付相应的工程价款。已经完成的建设工程质量合格包括修复后合格。关于工程总造价是否应当下浮5%。某建设公司认为，其5%的让利承诺是基于固定包干价作出的，鉴定机构按实际工程量的金额得出造价，改变计价基础，不应下浮5%。二审法院认为，双方签订的建设工程施工合同约定单栋包干价格为6 279 953.08元，在此总价下浮5%后单栋价格为5 965 955.43元；五标段共计16栋，总价为100 479 249.28元，下浮后总价为

---

[①] 参见云南省高级人民法院（2018）云民初180号民事判决书、最高人民法院（2020）最高法民终337号民事判决书。

954 552 86.82 元。该结算条款采用包干价格，双方达成下浮合意的前提条件为"在此总价"，即包干的价格基础上。本案通过司法鉴定确定工程价款，改变了下浮合意的前提条件，故对于某建设公司关于工程总造价不应下浮5%的主张，应予支持。

【分析】

建设工程施工合同解除后，已完工程经检验合格，应参照合同约定支付工程款。下浮条款性质上属于结算条款，亦应参照适用。但实践中对于合同解除后下浮比例是否应予调整，有不同观点。第一种观点认为，从区分责任角度出发，应当对下浮比例作出不利于违约方的调整。第二种观点认为，工程存在不平衡的利润结构，不同类型的工程在前期的投入是不一样的，对于前期投入较大但利润较少的工程，如按合同约定的下浮比例结算，可能会对承包人造成较大损失，故应按照工程的实际投入情况酌情对下浮率进行调整。第三种观点认为无须调整，因为当事人的违约行为导致合同解除可以通过违约责任的承担来处理。

我们倾向认为，对于下浮比例，就已完工程，除非合同对调整方式有明确约定，一般不作调整，但当事人有充分证据证明下浮比例过高导致合同显失公平的除外；就未完工程，从尊重当事人意思自治的角度来考虑，一般对下浮比例也不应作出调整，守约方的损失可以通过违约方承担违约责任的方式来处理。但是在具体案件处理中，考虑到工程存在不平衡的利润结构，合同约定的下浮率适用的情形确实可能发生变化，因此在确定工程价款时可以结合合同约定及履行情况对下浮率进行适当调整。

【规范指引】

《民法典》第806条第3款。

## 问题3：合同解除后工程款应付时间点的确定

建设工程施工合同解除后，如双方对已完工程价款进行了结算并明确了具体付款时间，则应按双方约定的时间履行。实践中经常出现的是已完工工程虽已交付，但双方未进行结算或虽经结算但未明确付款时间。在该情况下，对已完工工程款的应付时间则存在较大争议。观点一：承包人撤场时，承包人的已完工工程量已经确定，承包人撤场即表明工程已经交付，发包人在承包人撤场时即负有支付工程款的义务。观点二：应以已完工工程价款确定之日作为应付款之日并起算利息。观点三：工程款应以起诉之日作为应付款之日并起算利息。观点四：工程价款（包含质量保证金）应以合同解除之日作为应付款之日并起算利息。

我们倾向认为，在建设工程施工合同解除情形下，应区分具体情形认定应付工程款之日。《施工合同解释（一）》第27条规定："利息从应付工程价款之日开始计付。当事人对付款时间没有约定或者约定不明的，下列时间视为应付款时间：（一）建设工程已实际交付的，为交付之日；（二）建设工程没有交付的，为提交竣工结算文件之日；（三）建设工程未交付，工程价款也未结算的，为当事人起诉之日。"具体而言，当事人就工程价款支付事宜达成合意的，以双方约定的工程价款支付时间作为起算点；当事人就工程价款支付事宜未达成合意但工程已交付，以交付之日作为起算点；工程未交付且工程价款未结算的，以起诉之日作为起算点。

【规范指引】

《施工合同解释（一）》第27条。

## 问题4：合同解除后，承包人对已完工工程是否负有配合竣工验收的义务

【案例】焦作某房地产开发有限公司与上海某建设集团有限公司建设工程施工合同纠纷案[①]

焦作某房地产开发有限公司（以下简称某房地产公司）将案涉工程发包给上海某建设集团有限公司（以下简称某建设公司）建设。后因某建设公司迟延工期并中途撤场，某房地产公司通知解除合同，并起诉请求确认合同解除，要求某建设公司交付已完工工程的施工资料、给付违约金及赔偿损失等。某建设公司亦提起反诉，同意解除合同，并请求判令某房地产公司给付剩余工程价款等。

一、二审法院认为，在建设工程施工合同中，按时向发包人交付验收合

---

① 参见河南省焦作市中级人民法院（2016）豫08民初125号民事判决书、河南省高级人民法院（2018）豫民终1958号民事判决书、最高人民法院（2020）最高法民申3463号民事裁定书。

格的工程及有关施工资料，并配合工程验收备案，是承包人应当履行的主要义务。对于某房地产公司要求某建设公司交付已完工工程的施工资料的请求，予以支持。

最高人民法院认为，某房地产公司作为发包方提起诉讼，要求某建设公司向其交付已完工工程的施工资料，诉讼请求具体明确，某建设公司作为施工方，应当按照《合同法》第60条①规定，遵循诚实信用原则，按照便于某房地产公司办理案涉工程竣工验收备案的要求提供相关工程施工资料。某建设公司以某房地产公司未支付工程价款为由拒绝配合办理竣工验收备案缺乏依据，依法驳回再审申请。

【分析】

《民法典》第799条规定："建设工程竣工后，发包人应当根据施工图纸及说明书、国家颁发的施工验收规范和质量检验标准及时进行验收。验收合格的，发包人应当按照约定支付价款，并接收该建设工程。建设工程竣工经验收合格后，方可交付使用；未经验收或者验收不合格的，不得交付使用。"第806条第3款规定："合同解除后，已经完成的建设工程质量合格的，发包人应当按照约定支付相应的工程价款；已经完成的建设工程质量不合格的，参照本法第七百九十三条的规定处理。"可见，竣工验收是工程建设全过程的最后一道程序，是对工程质量实行控制的最后一个环节，也是发包人支付工程余款的前提条件，故无论建设工程施工合同是协商解除还是行使解除权解除，既然对于已完工程部分，只要质量验收合格的，承包人都有权要求发包人给付相应工程价款，那么发包人当然也有权要求承包人按照约定或国家规定交付已完工程部分的施工资料以配合其完成工程竣工验收备案。这不仅是工程验收的程序性要求，也是承包人基于诚信原则所应当履行的一项法定附随义务，更是承包人得以主张相应工程价款的必要条件。至于合同解除原因在所不问，不影响承包人履行配合竣工验收义务，而且即便是发包人原因致使合同解除，根据减损规则，承包人也应当依法采取适当措施防止损失扩大，其中当然包括配合发包人完成竣工验收备案，以便发包人及时将建设工程投入使用。

【规范指引】

《民法典》第509条、第793条、第799条、第806条第3款。

---

① 现对应《民法典》第509条。

## 问题5：建设工程施工合同纠纷案件适用先行判决问题

【案例】中国建筑某工程局有限公司与上海某科技园企业发展有限公司建设工程施工合同纠纷案[1]

2017年12月21日，上海某科技园企业发展有限公司（以下简称某科技园公司）作为发包人，与承包人中国建筑某工程局有限公司（以下简称中建某局）签订建设工程总承包施工合同，其中桩基工程由某科技园公司指定分包给其他单位。施工过程中，中建某局认为由于发包人指定分包桩基工程施工原因造成其工期延误，发生停窝工事实，要求某科技园公司签署其呈报的停窝工损失签证单，后因某科技园公司未签署，中建某局停工并全面封锁施工现场。后双方协商不成，某科技园公司诉至法院要求解除合同，中建某局不予认可，要求继续履行合同。

一审法院认为，在某科技园公司已经按约支付了进度款的情况下，即使双方存在增加费用的争议，也可以在工程结束后另行解决，中建某局自2019年7月29日停工的行为没有合同依据与法律依据，已经违反了上述合同约定。某科技园公司在此后两个月内连续发出了多份催促函件，均明确要求中建某局复工，如拒不复工，其将行使合同约定的解除权。在中建某局拒不复工，并且明确将拆除现场设施设备，某科技园公司最终于2019年9月28日发出解除函，并在9月30日送达中建某局。某科技园公司已经尽到了充分的催告义务，其解约函能够产生解除系争施工合同的法律效果。中建某局主张继续履行系争施工合同、某科技园公司无解除权，无事实与法律依据，不予支持。鉴于系争施工合同已经解除，且本案后续审理所需的司法鉴定工作已经完成现场勘验，中建某局继续占有施工场地已无必要，且系争工程项目已经停工达一年之久，只有尽快完成场地交接，才能启动后续施工，防止已完工程出现质量问题，防止双方的损失继续扩大。因此，一审法院认定系争施工合同解除原因的事实已经查明，完成场地交接有利于双方当事人，亦不会影响本案后续审理，应当进行先行判决。某科技园公司主张对于确认合同解除及场地返还的诉讼请求进行先行判决，具有事实与法律依据，予以支持。

---

[1] 参见上海市第一中级人民法院（2019）沪01民初351号民事判决书、上海市高级人民法院（2020）沪民终595号民事判决书、最高人民法院（2021）最高法民申5098号民事裁定书。

鉴于中建某局关于继续履行合同的反诉请求与某科技园公司确认合同解除的诉讼请求相对应，一并予以先行处理。在合同解除后，中建某局应当按约返还其所占用的场地。根据双方一致确认，中建某局现控制着系争工程施工现场并占用了部分邻近场地，故一审法院认定其应当从某科技园公司取得土地使用权的地块上整体撤离。一审法院遂作出先行判决，确认案涉建设工程总承包施工合同解除，中建某局于判决生效之日起三日内撤离案涉工程所在地块的施工现场及所占用的邻近场地；驳回中建某局主张继续履行建设工程总承包施工合同的反诉请求。

二审法院对上述判决予以维持。中建某局不服，向最高人民法院申请再审。最高人民法院认为，因中建某局自2019年7月29日起停工缺乏合同与法律依据，在某科技园公司已尽到催告义务的情况下，原审判决认定某科技园公司向中建某局发出的解约函能够产生解除案涉施工合同的法律效果，合同解除日为2019年9月30日，并无不当。关于先行判决问题。《民事诉讼法》第156条规定："人民法院审理案件，其中一部分事实已经清楚，可以就该部分先行判决。"根据前述分析，案涉施工合同解除的原因及日期已经查明，原审法院在本案一部分事实已经清楚的基础上作出先行判决，符合法律规定。

【分析】

建设工程施工合同纠纷案件争议问题众多，许多专业问题需要通过司法鉴定来处理，案件周期冗长是客观事实。建设工程施工合同纠纷案件诉诸司法的当事人都面临严峻的时间考验，可能会涉及部分案件发包人急需在停工后复产复工，急需交房、完成竣工验收备案手续，承包人面临节日支付大量农民工工资的情况，进而引发经济、民生、维稳等一系列问题。先行判决可以适当缓解上述矛盾。

《民事诉讼法》第156条规定："人民法院审理案件，其中一部分事实已经清楚，可以就该部分先行判决。"先行判决，是指相对于整体案件而言，对已经查清的部分事实和请求先行作出判决。先行判决在建设工程施工合同解除纠纷案件中可以适用，主要包括以下情形：（1）解除建设工程施工合同及要求承包人撤场；（2）无争议部分工程款的支付，保证农民工工资支付；（3）事关交房、竣工验收备案等涉及公共利益的事项。对先行判决的适用，不应只依据当事人的申请作出，人民法院应当根据案件审理的实际情况予以确定。

【规范指引】

《民事诉讼法》第156条。

# 第九章　建设工程施工合同案件工程价款纠纷常见争点与法律适用

## 第一节　建设工程价款纠纷概述

工程价款是承包人完成约定的全部或阶段性义务后,发包人支付给承包人的金钱对价。据统计,人民法院审理的建设工程合同纠纷中90%以上的案件均为承包人或者分包人(或者实际施工人)向发包人(或者其他合同相对人)主张工程价款的纠纷。目前,建设工程领域已经形成了较为完备的计价规范,这些计价规范成为我们解决工程价款纠纷的重要依据。

### 一、工程价款

《民法典》第788条规定,建设工程合同是承包人进行工程建设,发包人支付价款的合同。工程价款,是指建设工程中发包人应当支付给承包人的款项。当事人结算工程价款时,往往还会涉及工程款利息、违约金、工程奖励、损失赔偿等款项。所以工程价款的范围可以是根据施工合同确定的工程造价,也可以是建设费用的总和,即除工程造价外,还包括逾期支付工程价款利息、违约金、损害赔偿金等款项。施工合同有效,承包人主张工程价款,工程价款的范围不用过多关注,除工程造价之外,其自当有权按照合同约定主张其他款项。而施工合同无效,根据《民法典》第793条的规定,承包人可以参照合同关于工程价款的约定主张折价补偿款。此处工程价款的范围则应限于工程造价,不包括逾期支付工程价款利息、违约金、损害赔偿金等款项。另外,根据《施工合同解释(一)》第40条的规定,承包人可以行使优先受偿权的工程价款的范围也不包括逾期支付工程价款的利息、违约金、损害赔偿金等款项。

## 二、工程造价

工程造价是工程价款确定的前提。根据《工程造价术语标准》（GB/T 50875—2013）第 2.1.1 条的规定，工程造价是指工程项目在建设期内预计或实际支出的建设费用。对投资者和项目法人而言指工程投资费用，即为完成工程项目建设并达到使用要求或生产条件，从投资决策开始到竣工投产预计或实际投入的全部费用总和，包括建筑安装工程费用、设备及工器具购置费用、工程建设其他费用、预备费用、建设期贷款利息等。对发承包双方而言指工程价格，即建成一项工程预计或实际在土地市场、设备市场、技术劳务市场以及承包市场等交易活动中所形成的建筑安装工程的价格和建筑工程总价格。实践中，根据不同的工作需要，工程造价可以从不同角度进行分类。

（一）按工程建设阶段分

1. 投资估算造价。在项目建议书和可行性研究阶段，依据估算指标、类似工程等资料，对建设项目的投资额进行估算，是项目决策的重要依据，能帮助投资者判断项目是否可行。比如，建一个图书馆，在前期研究阶段估算大概需要投资多少钱。

2. 设计概算造价。在初步设计阶段，根据初步设计图纸、概算定额等编制，是确定建设项目投资额、编制固定资产投资计划的依据，它比投资估算更精确。例如，设计团队在初步设计完图书馆建筑结构、外观等后，计算出来的较为详细的造价。

3. 修正概算造价。当采用三阶段设计时，在技术设计阶段，随着设计内容的深化，对初步设计概算进行修正调整而形成的造价，使造价更接近实际。就像对图书馆初步设计后的一些细节，如内部的特殊装饰部分重新设计后，对之前的概算造价进行修正。

4. 施工图预算造价。在施工图设计完成后，根据施工图纸、预算定额、费用定额等编制，是确定建筑安装工程造价、实行招标控制价和投标报价的基础，它精确性较高。例如，施工方拿到图书馆的详细施工图后，计算出完成该工程所需的具体造价。

5. 合同价。包括招标工程的中标价格和直接发包工程的合同价格，是发承包双方签订合同时确定的工程造价，体现双方的经济关系。比如建筑公司和图书馆投资方签订合同时约定的工程价款。

6. 结算价。在工程竣工后，根据实际完成的工程量、施工过程中的变更签证等调整后的价格，是建设单位和施工单位结算工程价款的依据。就像图书馆工程结束后，根据实际施工情况进行结算的最终价格。

7. 竣工决算造价。这是建设项目竣工后，建设单位编制的综合反映建设项目从筹建到竣工交付使用全过程中各项资金实际使用情况和建设成果的总结性文件所体现的价格，包括建筑工程费用、安装工程费用、设备工器具购置费用等。例如，图书馆建设完成后，把所有的花费包括土地购置、设备采购、建筑安装等汇总后的最终造价。

（二）按费用构成要素分

1. 人工费。按工资总额构成规定，支付给从事建筑安装工程施工的生产工人和附属生产单位工人的各项费用，包括计时工资或计件工资、奖金、津贴补贴、加班加点工资、特殊情况下支付的工资等。

2. 材料费。施工过程中耗费的原材料、辅助材料、构配件、零件、半成品或成品、工程设备的费用等，包括材料原价、运杂费、运输损耗费、采购及保管费、工程设备费用等。

3. 施工机具使用费。施工作业所产生的施工机械、仪器仪表使用费或其租赁费。施工机械台班单价应由下列七项费用组成：折旧费、大修理费及经常修理费、安拆费及场外运费、人工费、燃料动力费、税费、仪器仪表使用费。

4. 企业管理费。建筑安装企业组织施工生产和经营管理所需的费用，包括管理人员工资、办公费、差旅交通费、固定资产使用费、工具用具使用费、劳动保险和职工福利费、劳动保护费、检验试验费、工会经费、职工教育经费、财产保险费、财务费、税金等。

5. 利润。施工企业完成所承包工程获得的盈利。

6. 规费。按国家法律、法规规定，由省级政府和省级有关权力部门规定必须缴纳或计取的费用，包括社会保险费、住房公积金、工程排污费、其他应列而未列入的规费，按实际发生计取。

7. 税金。国家税法规定的应计入建筑安装工程造价内的营业税、城市维护建设税、教育费附加以及地方教育附加。

### (三) 按造价形成顺序分

根据原《2013版清单计价规范》的规定，建设工程施工发承包造价由分部分项工程费、措施项目费、其他项目费、规费和税金组成。

1. 分部分项工程费。各专业工程的分部分项工程应予列支的各项费用。这是根据设计文件和有关计价依据，将工程项目分解为分部工程和分项工程，分别计算费用后汇总得到的费用。例如，在施工过程中，混凝土工程可以细分为混凝土柱、混凝土梁等分项工程，分别计算其工程量和价格，然后汇总成混凝土工程的分部分项工程费。

2. 措施项目费。又可以分为总价措施项目费和单价措施项目费。总价措施项目费，包括安全文明施工费（如施工现场的环境保护、文明施工、安全施工、临时设施等费用）、夜间施工增加费、二次搬运费等。这些费用是根据一定的计算基数乘以相应费率计算得出，或者按总价计算，用于保障施工过程中的一些综合措施实施。比如夜间施工增加的照明设备费用、材料因场地限制需要二次搬运的人工和机械费用等。单价措施项目费，如脚手架工程费、混凝土模板及支架（撑）费等。单价措施费是根据施工方案和实际工程量，按照工程量清单计价规范，套用相应的单价计算得出的费用。以脚手架工程为例，根据建筑物的高度、外形等确定脚手架的搭设方式和工程量，然后通过单价计算出脚手架工程费。

3. 其他项目费。暂列金额，是指建设单位在工程量清单中暂定并包括在合同价款中的一笔款项，用于施工合同签订时尚未确定或者不可预见的所需材料、设备、服务的采购，施工中可能发生的工程变更、合同约定调整因素出现时的工程价款调整以及发生的索赔、现场签证确认等的费用。例如，在建筑工程施工过程中，可能会出现一些意外情况，如地下障碍物的处理，就可以使用暂列金额来支付相关费用。暂估价，包括材料暂估价和专业工程暂估价。材料暂估价是指招标阶段必然发生但暂时不能确定价格，由招标人在工程量清单中给定的材料暂估价格；专业工程暂估价是对一些专业工程（如特殊的消防工程等），由于需要专业分包，暂时无法确定价格而给定的估价。计日工，是指在施工过程中，施工企业完成建设单位提出的施工图纸以外的零星项目或工作所需的费用。比如建设单位要求施工企业对某个小区域进行额外的清理工作，就可以通过计日工来计算费用。总承包服务费，是指总承包人为配合、协调建设单位进行的专业工程发包，对建设单位自行采购的材料、设备等进行保管以及施工现场管理、竣工资料汇总整理等服务所需的费用。例如，建设单位自行采购了一批高档装饰材料，总承包单位负责对这些材料进行保管和安装协调等工作，就可以收取总承包服务费。

4. 规费。同前述按费用构成要素分类中的规费，是按国家法律、法规规定，由省级政府和省级有关权力部门规定必须缴纳或计取的费用，包括社会保险费、住房公积金等，是工程造价中不可缺少的一部分。

5. 税金。同前述按费用构成要素分类中的税金，主要是指国家税法规定的应计入建筑安装工程造价内的增值税等，按照国家规定的税率计算，是工程造价的最后组成部分。

需注意的是，2025 年 9 月 1 日起实施的《2024 版清单计价标准》对以上工程造价组成进行了修改，包含分部分项工程费、措施项目费、其他项目费和增值税等。

### 三、工程计价

工程计价，是指按照法律法规及标准规范规定的依据、程序和方法，对工程项目实施建设的各个阶段的工程造价及其构成内容进行预测和估算的行为。

（一）工程计价依据

我国的工程造价管理体系可划分为工程造价管理的相关法律法规体系、工程造价管理标准体系、工程计价定额体系和工程计价信息体系四个主要部分。其中，工程造价管理标准体系、工程计价定额体系和工程计价信息体系是工程计价的主要依据。

1. 工程造价管理标准体系。工程造价管理标准泛指除应以法律、法规进行管理和规范的内容外，应以国家标准、行业标准进行规范的工程造价管理和工程造价咨询行为、质量的有关技术内容。[①] 工程造价管理的标准体系按照管理性质可分为基础标准，包括《工程造价术语标准》（GB/T 50875—2013）、《建设工程计价设备材料划分标准》（GB/T 50531—2009）等；管理规范，包括原《2013 版清单计价规范》及《2024 版清单计价标准》《2017 版造价鉴定

---

① 全国造价工程师职业资格考试培训教材编审委员会编：《建设工程计价》，中国计划出版社 2023 年版，第 38 页。

规范》等；团体标准与操作规程、质量管理标准、信息管理规范等。

2. 工程计价定额体系。工程定额包括工程消耗量定额、工程计价定额、工期定额等。工程计价定额泛指在工程建设不同阶段用于计算和确定工程造价的基础性计价依据，是中国特色的中国工程计价依据的核心内容，庞大的工程计价定额体系是我国工程管理的宝贵财富，工程计价定额是科学计价的基础材料。当前，我国编制发布了与清单计价配套的建筑、装饰、市政等全国统一定额，各行业、各地区编制发布了专业计价定额和地方计价定额。我国工程计价定额体系虽然比较系统完善，基本满足了各类建筑工程计价的需要，但在市场经济体制下，应厘清其定位和作用，明确其作用已经从政府指导性过渡到了市场参考性。工程计价定额在我国还将进一步完善和发展，但它将作为公共服务的产品提供给社会参考和适用，满足多方主体对其的依赖与要求。①

3. 工程计价信息体系。从广义上说，所有对工程造价的计价过程起作用的资料都可以被称为工程计价信息，如各种定额资料、标准规范、政策文件等。而最能体现信息动态性变化特征，并且在工程价格的市场机制中起重要作用的工程计价信息主要包括价格信息、工程造价指数和工程造价指标三类。价格信息包括各种建筑材料、装修材料、安装材料、人工工资、施工机具等的最新市场价格。这些信息是比较初级的，一般没有经过系统的加工处理，也可以称其为数据。工程造价指数是一定时期的建设工程造价相对于某一固定时期工程造价的比值，以某一设定值为参照得出的同比例数值，用来反映一定时期价格变化对工程造价的影响程度，它是调整工程造价价差的依据。工程造价指标是指建设工程整体或局部在某一时间、地域一定计量单位的造价水平或人、材、机消耗量的数值。它是对已完或在建工程进行造价分析的依据，是拟建类似工程计价的重要依据，也是反映同类工程造价变化规律的基础资料。经过多年的信息技术和工程造价管理制度的发展，《建设工程造价指标指数分类与测算标准》（GB/T 51290—2018）于 2018 年 7 月 1 日正式实施，中国建设工程造价管理协会于 2022 年编制发布了《工程造价指标分类及编制指南》，标志着我国建设工程造价指标体系构建和编制方法的基本成熟，为在宏观决策、行业监管中更好地服务建设工程相关主体发挥了重要作用。

---

① 全国造价工程师职业资格考试培训教材编审委员会编：《建设工程计价》，中国计划出版社 2023 年版，第 38~39 页。

## （二）工程计价基本程序

我国工程造价计价主要有工程定额计价和工程量清单计价两种模式。

1. 定额计价模式。定额计价是按照国家或各省级建设主管部门和行业主管部门发布的定额项目和工程量计算规则，计算出人工费、材料费、施工机具使用费、企业管理费、利润、规费和税金等数额，进而汇总确定建设工程造价的方式。具体程序是按照定额子目，逐项计算工程量，套用定额（或单位估价表）的单价确定直接费（包括人工费、材料费、施工机具使用费）。然后按规定的取费标准确定间接费（包括企业管理费、规费），再计算利润，加上材料价差后计算税金，经汇总后即为工程造价。

在定额计价模式下，工程造价是以建设主管部门颁布的预算定额和相应的配套文件作为计算工程造价的依据。定额体现了编制时间点的常规建筑物在合理的劳动组织、合理的材料消耗和机械使用量的前提下分部分项工程的直接费以及人工、材料、机械的社会平均水平消耗量。

2. 清单计价模式。清单计价是招标人依据统一的计价依据、标准和方法，工程计价信息等，工程特点等工程资料，常规的施工组织和施工技术方案等提供一套完整的实物量清单，投标人根据招标人提供的实物量清单中列明的项目名称、项目特征、计量单位和工程数量，依据企业定额、工程计价信息等、工程特点等工程资料、拟定的施工组织和施工技术方案等进行自主报价。根据不同的规范、标准或项目条件，可以有不同的项目名称设置要求、项目特征描述方式、计量单位的选择和工程数量的计算规则。招标人对各投标人的报价进行比较选择，最终择优选定中标人完成工程交易签订合同，并在后续的合同履约过程中根据约定进行价款调整、支付和结算。

3. 定额计价与清单计价的主要区别。从计价原理上看，定额计价与工程量清单计价均是根据一定的材料采用公式计算，即工程造价可以表示为工程量与单价乘积后的汇总。从这个意义上看，清单计价本质上也属于定额计价。但两者之间也存在明显的差别。定额计价本质上是由生产要素投入和消耗决定工程造价的计价方式，属于生产要素决定价格的成本法计价机制。清单计价则采用描述工程实体量的方式，要求企业自主选择施工方法、优化施工组织设计，建立起企业内部报价管理的定额和价格体系。

与定额计价相比，清单计价是在市场经济竞争背景下形成的，其核心理念是企业自主报价，由企业在良性竞争的环境中形成价格。定额计价的唯一依据就是政府或行业主管部门发布的定额，具有地方性、行业性特点；清单计价的主要依据是企业定额，是承包人以自身条件为依据在测算成本的基础上所形成的具有市场属性的计价方法。目前多数企业还没有成熟的企业定额，但随着工程量清单计价模式的推广，将促使施工企业逐步建立起自身的定额及相应的项目价格。

对比原《2013版清单计价规范》，2025年9月1日起实施的《2024版清单计价标准》更加强调市场化的计价方法和计价依据，增强了投标报价的自主性。根据《2024版清单计价标准》第5.2.8条的规定，最高投标限价清单项目价格可依据投标工程技术标准规范、交付标准和招标文件要求，并结合工程价格信息及造价资讯进行编制，比如依据招标工程技术标准、交付标准和招标文件要求，并结合"近期完成的类似工程最高投标限价、施工图预算、设计概算、成本估算的价格"等工程价格信息及造价资讯进行编制。相较原《2013版清单计价规范》以各地方定额作为当地行业公认标准，有了更加灵活的统一口径计价。

**四、合同价款调整**

在工程施工阶段，由于项目实际情况的变化，发承包双方在施工合同中约定的合同价款可能会出现变动。为合理分配双方的合同价款变动风险，有效控制工程造价，发承包双方应当在施工合同中明确约定合同价款的调整时间、调整方法及调整程序。根据原《2013版清单计价规范》第9.1.1条的规定，影响合同价款调整的因素可以分为以下几类：一是工程造价"价"的调整类，主要包括法律法规变化事件、物价变化、暂估价事件；二是工程"量"的变更类，主要包括工程变更、项目特征不符、工程量清单缺项、工程量偏差、计日工等事件；三是工程索赔类，主要包括不可抗力、提前竣工（赶工补偿）、误期赔偿、施工索赔等事件；四是其他类，主要包括现场签证以及发承包双方约定的其他调整事项，现场签证根据签证内容，有的可归于工程变更类，有的可归于索赔类，有的可能不涉及合同价款调整。

（一）法规变化类合同价款调整事项

根据原《2013版清单计价规范》第3.4.2条的规定，由于下列因素出现，影响合同价款调整的，风险应由发包人承担：因国家法律、法规、规章和政策发生变化；省级或行业建设主管部门发布的人工费调整，但承包人对人工费或人工单价的报价高于发布的除外；由政府定价或政府指导价管理的原材料等价格进行了调整。同时，第 9.1.2 条规定，出现合同价款调整事项（不含工程量偏差、计日工、现场签证、施工索赔）后的 14 天内，承包人应向发包人提交合同价款调增报告并附上相关材料，若承包人在 14 天内未提交合同价款调增报告的，视为承包人对该事项不存在调整价款请求。

1. 基准日的确定。为了合理划分发承包双方的合同风险，施工合同中应当约定一个基准日，对于基准日之后发生的，承包人在招投标阶段不可能合理预见的风险，应当由发包人承担。根据原《2013 版清单计价规范》第 9.2.1 条的规定，对于实行招标的建设工程，一般以投标截止时间前的第 28 天作为基准日；对于不实行招标的建设工程，一般以施工合同签订前的第 28 天作为基准日。

2. 合同价款的调整方法。施工合同履行期间，国家颁布的法律、法规、规章和有关政策在合同工程基准日之后发生变化，且因执行相应的法律、法规、规章和政策引起工程造价发生增减变化的，合同双方当事人应当依据法律、法规、规章和有关政策的规定调整合同价款。但是，如果有关价格（如人工、材料和工程设备等价格）的变化已经包含在物价波动事件的调价公式中，则不再予以考虑。

3. 工期延误期间的特殊处理。如果系承包人的原因导致工期延误，按不利于承包人的原则调整合同价款。在工程延误期间，国家的法律、行政法规和相关政策发生变化引起工程造价变化的，若合同价款增加，合同价款不予调整；若合同价款减少，合同价款予以调整。

4. 工程规费、税费变化对结算的影响。根据原《2013 版清单计价规范》第 3.1.6 条的规定，因工程规费、税费发生变化导致工程造价变更的，除非双方有特别约定，应当据实进行调整。因为规费和税费本身就是按国家或省级、行业建设主管部门的规定计算而来，一般不得作为竞争性的费用。而工程规费、税费发生变化是否导致工程造价变更则因当事人对价格方式约定的不同而异。对于可调单价合同，应根据合同约定和施工当期的政府信息价以及人工费调整文件进行调整。对于综合单价合同，因综合单价系由人工费、材料费、施工机具使用费、企业管理费、利润以及一定范围内的风险费组成，实行价税分离，故如无特别约定，税率应根据规定予以调整。而对于全费用固定综合单价以及固定总价合同，如施工合同无特别约定，增值税税率变化，全费用固定综合单价和固定总价均不应调整（适用情势变更的除外）。同样，规费调整规则亦应如此。

（二）物价波动类合同价款调整事项

1. 物价变化。根据原《2013版清单计价规范》第9.8.1条的规定，施工合同履行期间，因人工、材料、工程设备和施工机具台班等价格波动影响合同价款时，发承包双方可以根据合同约定的调整方法，对合同价款进行调整。因物价波动引起的合同价款调整方法有两种：一种是采用价格指数调整价格差额；另一种是采用造价信息调整差额。[①]承包人采购材料和工程设备的，应在合同中约定主要材料、工程设备价格变化的范围或幅度，如没有约定，则材料、工程设备单价变化超过5%，超过部分的价格按两种方法之一进行调整。

2. 暂估价。暂估价，是指招标人在工程量清单中提供的用于支付必然发生但暂时不能确定价格的材料、工程设备的单价以及专业工程的金额。

（三）工程变更类合同价款调整事项

1. 工程变更。工程变更是合同实施过程中由发包人提出或由承包人提出，经发包人批准的对合同工程的工作内容、工程数量、质量要求、施工顺序与时间、施工条件、施工工艺或其他特征及合同条件等的改变。按照《2017版施工合同范本》通用条款第10.1条，除专用合同条款另有约定外，合同履行过程中发生以下情形的，应按照本条约定进行变更：（1）增加或减少合同中任何工作，或追加额外的工作；（2）取消合同中任何工作，但转由他人实施的工作除外；（3）改变合同中任何工作的质量标准或其他特性；（4）改变工程的基线、标高、位置和尺寸；（5）改变工程的时间安排或实施顺序。

2. 项目特征不符。项目的特征描述是确定综合单价的重要依据之一，承包人在投标报价时应依据发包人提供的招标工程量清单中的项目特征描述，确定其清单项目的综合单价。承包人应按照发包人提供的设计图纸实施合同工程，若在合同履行期间，出现设计图纸（含设计变更）与招标工程量清单任一项目的特征描述不符，且该变化引起该项目的工程造价增减变化的，发承包双方应当按照实际施工的项目特征，重新确定相应工程量清单项目的综

---

[①] 全国造价工程师职业资格考试培训教材编审委员会编：《建设工程计价》，中国计划出版社2023年版，第251页。

合单价，调整合同价款。

3. 工程量清单缺项。根据《2017版施工合同范本》通用条款第1.13条，招标工程量清单必须作为招标文件的组成部分，其准确性和完整性由招标人负责。所以，招标工程量清单是否准确和完整，其责任应当由提供工程量清单的发包人负责，作为投标人的承包人不应承担因工程量清单的缺项以及计算错误带来的风险与损失。

4. 工程量偏差。工程量偏差，是指承包人根据发包人提供的图纸（包括由承包人提供的经发包人批准的图纸）进行施工，按照现行国家工程量计算规范规定的工程量计算规则，计算得到的完成合同工程项目应予计量的工程量与相应的招标工程量清单项目列出的工程量之间出现的量差。工程量偏差出现的原因，往往是施工过程中出现施工条件、地质水文等变化以及招标工程量清单编制人专业水平的差异，往往在合同履行期间，应予计量的工程量与招标工程量清单出现偏差。

5. 计日工。有的零星工作以计日工的方式实施。

（四）其他类合同价款调整事项

其他类合同价款调整事项主要指现场签证。现场签证，是指发包人或其授权现场代表（包括工程监理人、工程造价咨询人）与承包人或其授权现场代表就施工过程中涉及的责任事件所作的签认证明。

《2024版清单计价标准》通过"8 合同价款调整"将合同价格调整因素修订为工程量清单缺陷、暂列金额、暂估价、总承包服务费、计日工、物价变化、法律法规及政策性变化、工程变更、新增工程、工程索赔、发承包双方约定的其他调整事项等11种。此外，对比原《2013版清单计价规范》，《2024版清单计价标准》对于合同价款调整因素从定价直至结算均系统作了提示，有助于更为合理地对发承包双方的风险进行分配。举例说明如下。

一是增加"3.5 投标报价澄清或说明"，该说明有助于在招标过程中提前识别与发现投标报价文件的潜在风险，防范后续变更价格偏差，保证项目质量，推动项目的顺利进行。

二是在"4.2 工程量清单编制"部分，区分了单价合同和总价合同在价格调整上的不同适用条件。例如，《2024版清单计价标准》第4.1.4条规定：招标人根据工程实际情况编制的招标工程量清单应用于总价合同的，其清单项目和工程数量应视为与招标图纸和技术标准规范相符，存在工程量清单缺陷的，承包人应承担工程量缺陷的补充完善责任……编制的招标工程量清单应用于单价合同的，其清单项目列项、项目特征的工作内容及其工程数量应视为符合招标图纸和技术标准规范的要求，存在分部分项工程项目清单缺陷的，应由发包人承担清单缺陷责任……

**五、工程价款结算**

工程价款结算是发承包双方根据法律法规和合同约定，对合同工程实施中、终止时、已完工后的工程项目进行的合同价款计算、调整和确认，包括工程预付款、进度款、竣工结算、最终结清等活动。根据《建设工程价款结算暂行办法》（财建〔2004〕369号）第3条的规定，建设工程价款结算，是指对建设工程的发承包合同价款进行约定和依据合同约定进行工程预付款、工程进度款、工程竣工价款结算的活动。工程结算的一般程序是工程竣工验收之后，由承包人向发包人提交竣工验收结算资料和竣工结算申请报告，由发包人对此进行审核，经发包人和承包人协商，就工程价款的最终数额、已付款数额以及欠付款数额进行确定的过程。工程结算是确认双方之间债权债务关系的直接证据，可以分为单位工程竣工结算、单项工程竣工结算和建设项目竣工总结算，且往往包含索赔款项、其他费用及相应的已付款项。

（一）工程决算与工程结算

工程决算是与工程预算相对应的财务会计上的概念。工程预算，是指以施工图设计文件为依据，按照规定的程序、方法和依据，在工程施工前对工程项目的工程费用进行的预测与计算。工程决算又称基本建设项目竣工财务决算，是在建设工程竣工结算之后，由建设单位根据规定通过编制竣工决算书等文件计算建设工程项目从立项到竣工验收再到交付使用的全过程中实际支出费用的总和，是工程建设项目的最终成本。

工程结算和工程决算主要存在以下两个方面的不同：一是参与主体不同。工程结算是发承包双方协商确认最终应付款金额的过程，是外部、双方行为；工程决算是建设单位对于自身的建设项目作为新增固定资产的价值确认过程，是内部、单方行为。二是发生时间不同。一般而言，工程结算是工程决算的重要基础，工程结算发生在先，工程决算发生在后。

## （二）工程审计与工程审价

工程项目决算审计，是指国家机关对政府投资工程项目中，建设单位如何使用财政资金或国有资金，对建设项目的总预算或者概算的执行情况、年度预算的执行情况和年度决算、单项工程结算、项目竣工决算，依法进行审计监督，对直接有关的设计、施工、供货等单位取得建设项目资金的真实性、合法性进行调查，促进廉政建设，保障国民经济和社会健康发展的工作。而审核工程造价，仅是工程审计的一部分内容，且此工程造价是不可协商确定的。工程审价则是指发包人和承包人依据合同约定的计价方式和计价标准以及工程涉价结算资料，自行或者共同委托工程造价咨询机构对工程造价结算进行的审核工作。工程审价是民事法律行为，因此，发包人和承包人可以委托第三方造价咨询机构进行审价，也可以双方协商审核确定工程结算价款。

## （三）预付款、进度款、结算款

根据《2024版清单计价标准》的规定，预付款用于承包人为合同工程施工购置材料、工程设备，购置或租赁施工设备、修建临时设施以及组织施工队伍进场等所需的款项。进度款是施工过程中，发包人按照合同约定对付款周期内承包人在每个时间段或施工节点完成的工程量及各项费用予以支付的款项，也称合同价款期中结算支付款项。结算款是发承包双方根据合同约定，对合同工程在实施中、终止时及已完工后进行的合同价款计算、调整和确认后得出的款项。

## 六、工程价款的价格方式（合同示范文本）

《建设工程施工合同（示范文本）》（GF—1999—0201）中约定了三种确定合同价款的方式：一是固定价合同。双方在专用条款部分约定合同价款包含的风险范围和风险费用的计算方法，在约定的风险范围内合同价款不再调整。风险范围以外的合同价款调整方法，应当在专用条款部分约定。二是可调价合同。合同价款可根据双方的约定而调整，双方在专用条款部分约定合同价款调整方法。三是成本加酬金合同。合同价款包括成本和酬金两部分，双方在专用条款部分约定构成和酬金的计算方法。《建设工程价款结算暂行办法》（财建〔2004〕369号）第8条规定，发承包人在签订合同时对于工程价款的约定，可选用下列一种约定方式：（1）固定总价。

合同工期较短且工程合同总价较低的工程，可以采用固定总价合同方式。（2）固定单价。双方在合同中约定综合单价包含的风险范围和风险费用的计算方法，在约定的风险范围内综合单价不再调整。风险范围以外的综合单价调整方法，应当在合同中约定。（3）可调价格。可调价格包括可调综合单价和措施费等，双方应在合同中约定综合单价和措施费的调整方法。《建设工程施工合同（示范文本）》（GF—2013—0201）对合同价款的价格形式进行了修改，将合同价格分为单价合同、总价合同和其他价格形式，并被《2017版施工合同范本》所沿用。《2020版工程总承包合同范本》未涉及工程价款价格方式的具体内容。

（一）单价合同

单价合同，是指合同当事人约定以工程量清单及其综合单价进行合同价格计算、调整和确认的建设工程施工合同，在约定的范围内合同单价不作调整。合同当事人应在专用合同条款中约定综合单价包含的风险范围和风险费用的计算方法，并约定风险范围以外的合同价格的调整方法，其中因市场价格波动引起的调整按第 11.1 条（市场价格波动引起的调整）约定执行。若采用定额计价，因没有分部分项工程项目的单价，故无法采用单价合同。

（二）总价合同

总价合同，是指合同当事人约定以施工图、已标价工程量清单或预算书及有关条件进行合同价格计算、调整和确认的建设工程施工合同，在约定的范围内合同总价不作调整。合同当事人应在专用合同条款中约定总价包含的风险范围和风险费用的计算方法，并约定风险范围以外的合同价格的调整方法，其中因市场价格波动引起的调整按第 11.1 条（市场价格波动引起的调整）、因法律变化引起的调整按第 11.2 条（法律变化引起的调整）约定执行。

（三）其他价格形式

合同当事人可在专用合同条款中约定其他合同价格形式，如可调价形式、成本加酬金形式等。可调价合同又称"变动总价合同""开口合同"。合同仅对工程任务和内容进行了约定，合同金额为暂定价格，也是我们常说的可以按实结算的合同。它是一种相对固定的价格，在合同执行的过程中，市场变化、通货膨胀等不确定因素导致用工和材料成本增加时，可以按照合同约定对合同总价进行相应的调整。因此，对承包人而言其风险相对来说比较小，所有的风险是由业主来承担的。这种合同方式对业主而言不利于其进行投资标的的控制，突破投资的风险大大增加，一般正常情况下招标不会采用该种方式。成本加酬金计价方式是发承包双方约定以施工工程成本再加合同约定酬金计算、调整和确认的方法，往往适用于时间特别紧迫，来不及进行详细计划和商谈的项目，如救灾工程，或是工程特别复杂，工程技术、结构方案不能预先确定的大型项目。此种计价方式下，承包人不承担任何价格变化和工程量的变化，不利于发包人的成本控制。

## 第二节　建设工程价款纠纷常见争点

### 一、工程竣工结算相关争议

（一）结算依据的确定

同一建设工程施工合同关系，当事人之间的合同文本可能包含招投标文件、中标合同、另行订立的合同等文本。合同效力的认定以及产生争议时应以哪份合同为依据进行结算，是司法实践中较为常见的问题。尤其在多份合同均无效时，实际履行合同的认定，争议较大。

一般而言，采取招投标方式订立的合同，原则上应以中标合同为结算依据，当然，其前提是招投标活动合法，中标合同有效。如果招标人和中标人另行签订的建设工程施工合同约定的工程范围、建设工期、工程质量、工程价款等实质性内容与中标合同不一致，根据《施工合同解释（一）》第2条、第23条的规定，一方当事人请求按照中标合同确定权利义务的，应予支持；但对于非必须招标的建设工程，发包人与承包人因客观情况发生了在招标、投标时难以预见的变化而另行订立建设工程施工合同的除外。另外，如果当事人签订的建设工程施工合同与招标文件、投标文件、中标通知书载明的工程范围、工程质量、工程价款不一致，根据《施工合同解释（一）》第22条的规定，应将招标文件、投标文件、中标通知书作为结算工程价款的依据。

因为从合同成立的角度看，采取招标方式订立合同，合同自中标通知书到达中标人时即已成立。那么，合同成立后，即使当事人拒绝签订书面合同，人民法院也应当依据招标文件、投标文件和中标通知书等确定合同内容。

未采用招投标方式订立的合同，当事人就同一建设工程订立的多份合同均有效的情况下，根据《合同编通则解释》第 14 条第 3 款的规定，人民法院应当在查明各合同成立先后顺序和实际履行情况的基础上，认定合同内容是否发生变更。一般而言，应认定在后的合同为对在先合同的变更。此外，如果一方当事人按照在先的合同内容履行了相应义务，对方接受的，参照《民法典》第 490 条第 1 款"在签名、盖章或者按指印之前，当事人一方已经履行主要义务，对方接受时，该合同成立"的规定，按照当事人履行情况判断合同是否发生变更。

如果当事人就同一建设工程订立的数份建设工程施工合同均无效，但建设工程质量合格，根据《施工合同解释（一）》第 24 条的规定，一方当事人请求参照实际履行的合同关于工程价款的约定折价补偿承包人的，人民法院应予支持。实际履行的合同难以确定，当事人请求参照最后签订的合同关于工程价款的约定折价补偿承包人的，人民法院应予支持。

## 争点 1：多份合同无效，如何认定实际履行合同

【案例】重庆某建筑公司与重庆某置业公司、重庆某地产公司建设工程施工合同纠纷案[①]

2015 年 3 月 20 日，重庆某置业公司（以下简称某置业公司）、重庆某地产公司（以下简称某地产公司）与重庆某建筑公司（以下简称某建筑公司）签订建委备案合同，约定某置业公司、某地产公司将案涉工程发包给某建筑公司施工。2015 年 4 月 30 日，某置业公司与某建筑公司签订税务备案合同，同样约定某置业公司将案涉工程发包给某建筑公司施工，约定的施工范围、建设工期、工程价款支付方式等实质性内容与建委备案合同不同。案涉工程最终通过了竣工验收。某建筑公司以其完成了案涉工程的施工，且工程

---

① 参见重庆市第一中级人民法院（2020）渝 01 民初 402 号民事判决书、重庆市高级人民法院（2021）渝民终 796 号民事判决书。本案为人民法院案例库案例，入库编号：2024-07-2-115-003。

已经竣工验收合格，其未收到全部工程款为由起诉请求某置业公司、某地产公司立即支付某建筑公司工程款 97 572 109.87 元及利息。

重庆市第一中级人民法院一审判决驳回某建筑公司的诉讼请求。宣判后，某建筑公司不服提起上诉，认为其除了履行一审主张的建委备案合同外，还履行了税务备案合同，应当按照税务备案合同和案涉 22 份签证结算工程款。

重庆市高级人民法院二审判决：撤销一审判决，确认某建筑公司对某置业公司享有工程款债权 20 648 579.12 元。

案涉结算协议载明的原合同建筑面积、原合同单价等内容与建委备案合同内容可以相互印证；某建筑公司在一审中将结算协议作为主张工程款的依据之一，且始终以建委备案合同作为主张工程款的合同依据；税务备案合同约定某置业公司要向某建筑公司支付工程预付款，而某建筑公司无证据证明某置业公司向其支付了工程预付款；一审中某建筑公司对案涉税务备案合同质证认为，该合同是某建筑公司为了配合某置业公司贷款而签订，从未实际履行，不能作为结算工程价款的依据。某建筑公司在二审中主张实际履行了税务备案合同，改变其一审关于实际履行的施工合同的主张，缺乏合理解释。故二审法院认定案涉工程实际履行的是建委备案合同，应以该合同为案涉工程价款的结算依据。

【分析】

发包人、承包人就同一工程签订数份施工合同，在确定当事人实际履行的合同时，应当将工程价款支付情况、签证单据、往来函件、结算协议等实际履行因素，与约定的相应实质性内容比对，并考量当事人在诉讼中关于实际履行施工合同的不同主张等情况，以此作为结算工程价款的合同依据。面对实际履行合同难以判断的情形，应根据施工过程中发包人、承包人以及监理等的往来签证、会议纪要、通知、函件、工程款收支凭证等证据，对比几份建设工程施工合同约定的不同之处，综合判断当事人究竟履行的是哪份建设工程施工合同。这里的建设工程施工合同约定不同，主要表现在以下几方面：（1）不同建设工程施工合同可能存在施工范围的不同。这里的施工范围不同，多是后期设计变更、规划调整等导致。如果承包人对某份建设工程施工合同特别约定的施工范围工程进行了施工，即意味着实际履行的施工合同被锁定。（2）不同建设工程施工合同可能存在建设工期的不同。建设工期约定的变更意味着工程进度也要随之调整，故可根据当事人双方往来的建设工程进度签证情况来判断当事人究竟是按哪份施工合同约定的工期在履行。

（3）不同建设工程施工合同可能存在质量标准要求的不同。工程质量标准必须符合现行国家有关工程施工质量验收规范和标准的要求。有关工程质量的特殊标准或要求由合同当事人在专用合同条款中约定。如果承包人按某份施工合同约定的质量标准进行施工，发包人知道或应当知道但没有及时提出异议，则基本可以认定该份合同为实际履行的合同。（4）不同建设工程施工合同可能存在工程价款约定的不同。这里的不同主要表现为合同价格形式不同、付款方式和数额不同等。如果当事人提供的涉及合同价款的收付款凭证、会议纪要、签证等与特定建设工程施工合同约定保持一致，则可作为认定该特定建设工程施工合同为实际履行合同的证据。以上从建设工程施工合同常见主要条款的角度简述了如何确认实际履行的建设工程施工合同。考虑到建设工程施工领域的复杂性，在确定实际履行的建设工程施工合同时，不宜采用简单划一标准，直接单就某一个方面因素进行比较。

【规范指引】

《民法典》第119条、第793条第1款、第807条；《施工合同解释（一）》第1条第1款、第2条、第23条、第24条。

（二）结算条件的认定

《2017版施工合同范本》通用条款第14条约定，除专用合同条款另有约定外，承包人应在工程竣工验收合格后28天内向发包人和监理人提交竣工结算申请单，并提交完整的结算资料；监理人应在收到竣工结算申请单后14天内完成核查并报送发包人，发包人应在收到监理人提交的经审核的竣工结算申请单后14天内完成审批，并由监理人向承包人签发经发包人签认的竣工付款证书。发包人在收到承包人提交竣工结算申请书后28天内未完成审批且未提出异议的，视为发包人认可承包人提交的竣工结算申请单，并自发包人收到承包人提交的竣工结算申请单后第29天起视为已签发竣工付款证书。发包人要求甩项竣工的，合同当事人应签订甩项竣工协议。在甩项竣工协议中应明确，合同当事人按照第14.1条（竣工结算申请）及14.2条（竣工结算审核）的约定，对已完合格工程进行结算，并支付相应合同价款。由此可见，结算条件的认定首先应尊重当事人的意思自治，如无特别约定，工程竣工验收合格、合理期限内提交完整的结算资料等则是所需考量的重要条件。

## 争点 2：竣工验收对工程结算的影响

【案例】上海某建设公司与某医疗公司建设工程施工合同纠纷案[①]

2012 年 5 月 6 日，原告上海某建设公司与被告某医疗公司签订施工合同，工程未施工完毕即停工。2013 年 9 月 10 日，由于施工图纸修改等原因，双方对合同中未完成的部分工作进行签证结算，双方签订《工程甩项签证》。某医疗公司退还了上海某建设公司之前支付的履约保证金人民币 100 万元。2014 年 7 月 16 日，审价单位出具工程审价审定单，审定结算总造价为 18 710 294 元，上海某建设公司同意并盖章予以确认，但某医疗公司未予盖章确认。原告上海某建设公司起诉请求被告某医疗公司支付工程款 5 528 946 元及利息损失。

上海市金山区人民法院一审判决某医疗公司支付上海某建设公司工程价款 5 528 945 元及利息损失。

上海市第一中级人民法院二审判决维持原判。

甩项工程，是指某个单位工程因急于交付使用，把按照施工图要求还没有完成的某些工程细目甩下，对整个单位工程先行验收，甩下的工程细目称为甩项工程。首先，双方签署甩项签证的行为表明，原告上海某建设公司已将甩项工程外的案涉工程施工完毕并交付。其次，合同约定工程竣工后经双方内部验收通过退回剩余履约保证金，以及先行验收，其后结算。从被告已退还原告剩余的履约保证金、原告制作结算并送达被告，以及被告主动委托审价等情形可以看出，双方已经进入结算阶段。案涉工程仅为被告建设工程中的一期，且其中甩项工程至本案诉讼时仍未完工。因被告接收案涉工程，工程质量可视为合格，人民法院对被告以未经验收通过为由拒付工程价款的抗辩不予采纳。至于被告庭后提出的有关工程质量问题可依据合同约定及相关法律规定另行处理。

【分析】

一般情况下，竣工验收是工程款结算的前提。工程验收合格的承包人有权主张工程款，验收不合格则无权主张工程款。但在工程甩项的情况下，工程后续施工及最终的竣工验收超出了承包人所能支配的范围，以工程竣工验

---

① 参见上海市金山区人民法院（2015）金民三（民）初字第 2896 号民事判决书、上海市第一中级人民法院（2016）沪 01 民终 1538 号民事判决书。本案为人民法院案例库案例，入库编号：2023-07-2-115-001。

收作为工程款的支付条件将会无限期拖延工程款支付，给承包人造成较大损失。实践中，甩项工程的发包人往往以工程未竣工验收为由拖延支付工程款，承包人处于十分被动的地位。因此，对于甩项工程应当通过探究当事人的真实意思表示进行判断，而非仅以验收作为支付工程款的条件。

除甩项工程外，还有一些情形，虽然工程未竣工验收，仍应认为已经具备结算条件。例如，建设工程施工合同未解除，案涉工程未完工，发包人未按照约定支付工程款导致承包人退场的情形，对于已经施工完成、工程质量得到确认的部分应认为已经具备结算条件。又如，工程已完工，仅部分工程还存在质量争议，虽工程未整体竣工验收，也应认为工程无质量争议部分已具备结算条件，对存在质量问题部分可以在整改合格之后当事人双方再另行结算。

【规范指引】

《民法典》第793条；《施工合同解释（一）》第19条、第39条。

**二、合同价款的调整**

（一）"价"的调整及风险负担

## 争点3：按固定价结算的合同，材料价格大幅上涨，施工企业能否调整材料价格

【案例】江苏某烟草薄片有限公司与江苏某建设工程有限公司建设工程施工合同纠纷案[①]

2016年9月，江苏某烟草薄片有限公司（以下简称某烟草公司）与江苏某建设工程有限公司（以下简称某建设公司）签订建设工程施工合同，约定某烟草公司将该公司某项目生产工房钢格栅工程发包给某建设公司施工，合同价1 414 378.71元，计划开工时间2017年4月1日，计划竣工时间2017年6月29日，工程的计价方式为固定单价。该合同专用条款还约定：合同价中

---

① 参见江苏省淮安市清江浦区人民法院（2017）苏0812民初7343号民事判决书、江苏省淮安市中级人民法院（2018）苏08民终103号民事判决书、江苏省高级人民法院（2020）苏民再8号民事判决书。

包括了施工期间的政策性调整、建材市场风险、合同责任、人工单价、施工质量及安全的风险等，市场价格波动不予调整合同价格。2017年3月19日，某建设公司向某烟草公司发函，称钢材市场价格较签订合同时上涨了2倍多，要求某烟草公司将合同价格调整为2 957 394.99元。2017年3月21日，某建设公司向某烟草公司发函，称因钢材市场价格发生较大变动，无法履行合同，通知某烟草公司解除合同并退还保证金。2017年3月22日，某烟草公司向某建设公司发函，称某建设公司以材料价格上涨为由解除合同没有依据，并要求某建设公司确保2017年4月1日进场施工。因某建设公司未履行上述合同，某烟草公司就涉案工程再次招标，2017年5月，涿州某公司中标，中标价为3 105 698.34元。某烟草公司向法院起诉请求解除合同并要求某建设公司赔偿两次招标价格差1 850 038.63元等损失。

一审法院认为，钢材价格上涨是一个逐渐演变的过程，并非一个令市场主体猝不及防的突变过程，不属于情势变更，但某建筑公司非故意不履行合同，遂酌定支持违约损失142 000元。二审法院认为，某建筑公司单方解除合同违约，一审酌定142 000元损失额过低，遂判决酌定支持违约损失100万元。江苏高院再审认为，合同履行条件发生重大变化，某建筑公司要求将合同价格调整为2 957 394.99元的主张合理，但未经充分协商单方解除合同违约，改判维持一审判决。

案涉建设工程施工合同约定采用固定价格的计价方法，在正常的市场价格风险情况下，对于建筑材料价格变化不应调整合同价格。但是，本案中从某建设公司中标时的2016年8月至开工时的2017年4月间，工字钢价格从2016年8月的3130元/吨大幅上涨至2017年3月的4240元/吨，涨幅达35%以上。案涉工程总价为1 414 378.71元，材料费即占1 069 875.7元。而案涉工程系钢结构工程，钢材为主要材料，双方当事人也均认可钢材占工程造价比例在70%以上。上述钢材价格变化已显然超出市场价格的正常波动，极有可能导致合同约定价格低于承包人的实际施工成本，在这种情况下如苛求承包人按照原固定价格合同履行，极有可能导致承包人的亏损，将严重影响发包、承包双方对施工合同的正常履行，亦给工程施工带来潜在的质量安全隐患。

本案中，因第二类主要材料钢材价格出现大幅上涨，超出建材市场的正常价格波动水平，造成某建设公司按照原固定价格合同履行确实难以为继。在此情形下，某建设公司于2017年3月19日向某烟草公司发函，要求将合同价格调整为 2 957 394.99 元，其主张是合理的，该价格亦低于某烟草公司后来与涿州某公司签订的合同价格 3 105 698.34 元。双方本应依照公平和诚信的原则充分协商，以期达成补充协议，共同分担非正常市场风险，使合同得以妥善履行，然而某烟草公司拒绝调整价格，某建设公司也未尽最大努力继续进行沟通协商，而于 2017 年 3 月 21 日向某烟草公司发函解除合同，其行为构成违约，应承担相应的违约责任。根据公平原则和诚信原则，综合考量本案合同解除的原因、双方的合同履行情况、损失后果等因素，一审判决酌定某建筑公司向某烟草公司赔偿损失 142 000 元，较为恰当。

【分析】

在固定价款合同纠纷中，建筑材料价格剧烈波动时，常有一方当事人提出，当初签订建设工程施工合同时约定的固定价格的条件已经发生了重大变化，如果继续按照合同约定的固定价格结算工程款，明显不公平。那么，人民法院能否基于上述原因，对合同约定的固定价格进行调整，有不同的观点。

前文已经述及，我们倾向认为，当事人在建设工程施工合同中约定的固定价格条款，实际上是起着分配风险的作用，由此决定着谁在实际上防御风险和承担风险。所以，建设工程施工合同约定按照固定价结算工程价款，当事人以约定的履行期限内人工费、主要建筑材料价格发生重大变化为由要求调整工程价款的，人民法院不应予以支持，但符合《民法典》第 533 条关于情势变更规定的情形除外。这样处理，可以最大限度地防止和限制不正当竞争行为的发生和蔓延，有利于建立和发展健康的建筑市场制度。承包人、发包人作为民事主体，从事民事活动，应当遵循公平原则，公正、合理确定相互之间的权利和义务。当建筑材料价格发生不属于商业风险范围内的大幅上涨，若仍然依据固定总价进行结算，将对承包人明显不公，可以认定为情势变更。此时，法院可以考虑从公平原则出发，在商业风险范围之外，结合地方性政策文件[①]和鉴定意见，考量市场变化等因素对合同价款酌情予以调整，以此来平衡承包人、发包人的权利义务。

---

① 例如，《江苏省建设厅关于加强建筑材料价格风险控制的指导意见》（苏建价〔2008〕67号）提出："依法必须招标的房屋建筑及市政基础设施工程，招标人应在招标文件中明确工程计价中的风险范围、控制和处理原则。发承包双方应当在施工合同中约定：1. 工程主要建筑材料包含的材料范围；2. 承包方的投标价格中包含的材料价格风险的幅度（一般风险包干幅度不应大于 10%）；3. 当主要建筑材料的价格波动超过投标价格中的风险幅度时的材料价格调整办法。"

【规范指引】

《民法典》第533条。

（二）"量"的调整及风险负担

## 争点4：当事人约定以固定价结算，合同履行中发生设计变更，合同价款如何调整

【案例1】陈某某与肖某某等建设工程分包合同纠纷案[①]

肖某某以某建设公司名义与陈某某签订了射击场旋挖钻桩施工劳务协议，约定包干总工程量为射击场旋挖钻桩176根，包干总价为126万元整。合同约定合同内工程量不增加造价。后陈某某组织对桩基进行了施工，因发包方设计变更，工程仅需施工148根桩基，陈某某实际完成148根桩基施工。

江西省吉安市中级人民法院二审认为，肖某某在没有证据证明合同变更系陈某某的施工原因时，应以合同总包干价与陈某某结算。肖某某不服，申请再审。江西省高级人民法院再审改判认为，应按陈某某实际完成的工程量予以计付。

根据再审期间各方提供的证据，可以证实涉案工程确实进行了设计变更，变更后的实际施工量148根少于原设计图纸和合同约定的施工量176根，故肖某某主张涉案项目工程款应按陈某某实际完成的工程量予以计付，应予支持。二审法院认为，肖某某在没有证据证明合同变更系陈某某的施工原因时，应以合同总包干价与陈某某结算，缺乏依据，予以纠正。涉案合同约定的工程价款是固定价，且未对设计变更导致工程量减少的情况进行约定，现涉案项目受施工现场地势因素的影响，规划和设计发生变更，而肖某某和陈某某对实际施工工程量的变化均不存在过错，且双方都无法提供证据证实每根基桩单价及已完成工程量的价款。因此，在固定价合同中，承包人未完成合同约定工程量，但已完工部分经验收质量合格的情况下，可以采用"按比例折算"的方式，计算已完工部分的工程量和整个合同约定的总工程量，两者对

---

[①] 参见江西省井冈山市人民法院（2020）赣0881民初388号民事判决书、江西省吉安市中级人民法院（2021）赣08民终410号民事判决书、江西省高级人民法院（2022）赣民再74号民事判决书。本案为人民法院案例库案例，入库编号：2023-16-2-115-003。

比计算出相应系数,再用合同约定的固定价乘以该系数确定应付的工程价款。

【分析】

建设工程施工合同约定按照固定总价结算工程价款,因工程设计变更导致承包人未完成合同约定的工程量时,已完工部分经验收质量合格,当事人就价款不能协商一致,价款结算存在以下几种情况:(1)合同内工程量的增减。对于这种情况,法院应当审查该增减部分是否属于计价规则的可调整范围,对此可以采取司法鉴定的方式解决。如果是建设工程子项目施工的工艺发生变化导致工程量增减,一般不予调整价款,但如果是设计变更、增加或者取消某子项目导致工程量的增减,则根据增减项目所对应的合同报价在总价中予以调整,如无此对应报价,则可参照当地建设行政主管部门发布的计价方法和标准处理。(2)合同外工程量的增加。对于这种情况,由于超出了固定总价的范围,所以应当另行计算。关于如何计算,有观点认为,可采取"按比例折算"的方式,即由鉴定机构在同一取费标准下计算出增加工程量占合同内工程量的比重,再乘以合同的总价确定;也有观点认为,可参照合同约定的相同或类似报价和标准计算;还有观点认为,应参照当地建设行政主管部门发布的价款结算计价方法和标准处理。对于合同外工程量的增加,可以依据财政部、原建设部发布的《建设工程价款结算暂行办法》的规定,首先应参照其他相似工程部分价款结算的合同约定处理,如果合同中无约定或者约定不明的,可以参照当地建设行政主管部门发布的价款结算计价方法和标准处理。①

【规范指引】

《施工合同解释(一)》第19条。

【案例2】曾某某与清远市清新区某房地产开发有限公司等建设工程施工合同纠纷案②

当事人签订《建设施工合同补充协议》约定,案涉工程以固定单价方式进行结算,但直至诉讼发生时,各方当事人均认可案涉工程项目处于尚未完工的状态。曾某某将清远市清新区某房地产开发有限公司(以下简称某房产公司)等诉至法院,要求结算工程款。一、二审法院判决某房产公司按《工

---

① 最高人民法院民事审判第一庭编著:《最高人民法院新建设工程施工合同司法解释(一)理解与适用》,人民法院出版社2021年版,第194页。

② 参见广东省高级人民法院(2015)粤高法民终字第19号民事判决书、最高人民法院(2017)最高法民申1340号民事裁定书。

程造价鉴定意见书（定稿）》向曾某某支付工程款。最高人民法院经审查亦认可一、二审裁判结果。

关于案涉工程的质量认定问题。虽然工程未能完工，但对于施工方而言，其已经进行了工程施工，投入了相当的劳力、物力，其工作价值应当得到体现，故对未完工的工程依然要结算工程款。基于此，某房产公司主张案涉工程存在质量问题，其享有拒付工程款的权利，则应当对工程存在质量问题承担相应的举证责任。从本案一、二审的审理情况来看，某房产公司未能对案涉工程存在施工质量问题充分举证，其拒付工程款的主张不能成立。

关于案涉工程造价结算数额的确定问题。本案有关施工合同因曾某某不具有承包经营资质，应当确认无效。如前所述，未完工的工程依然要结算工程款。故依照原《施工合同解释》第2条之规定，案涉工程价款亦可参照合同计算。建设工程合同价款的确定一般有三种方式：一是固定总价；二是固定单价；三是可调价格。通常约定固定价款结算的，其固定价款确定的依据应当是工程全部完工。本案《建设施工合同补充协议》中约定案涉工程以固定单价方式进行结算，倘若工程正常竣工全部完成，毫无疑问当以双方约定的固定价款方式进行结算，但在本案工程没有完工的情况下，以合同约定的单价结算既不客观也不合理。对此，《工程造价鉴定意见书（定稿）》以2010"定额"套价确定工程价款符合本案工程施工的实际情况。至于某房产公司申请再审理由中提出鉴定意见书存在几处错误的问题，最高人民法院认为，案涉工程参照2010"定额"进行结算且包含利润，符合双方事先在合同中对结算作出的约定；鉴定部门参照《清远市工程造价信息》规定的材料价格平均值确定案涉工程的取费标准并无不当；安全文明施工费用属于定额收费，施工单位保证安全施工即应计收。况且，以上问题在诉讼过程中鉴定部门已经作出回复，某房产公司虽然仍认为鉴定意见书存在错误，在其没有提供相应证据推翻鉴定意见书的情况下，原判决以该鉴定意见书作为确定案涉工程造价结算数额的依据于法有据。

【分析】

原《施工合同解释》第22条规定，当事人约定按照固定价结算工程价款，一方当事人请求对建设工程造价进行鉴定的，不予支持。该规则被《施工合同解释（一）》第28条保留。按照固定价结算工程款价款，可以不通过中介机构的鉴定或者评估就可以确定出工程的总价款。承包人和发包人在履行建设工程施工合同过程中，如果没有发生合同修改或者变更等导致工程量发生变化的情况，就应该按照合同约定的包干总价格结算工程款。但是，如果出现双方当事人在合同中约定了按照固定价格结算工程价款，但工程尚未完工双方发生纠纷致使合同无法继续履行的情况，则无法直接适用固定价款。如在约定每平方米包干的情形下，对于已完工程部分，无法采取直接测量面积再乘以单价的方式确定工程款，此时，对工程价款的确定只有通过鉴定进行。实践中，存在三种不同的鉴定及计算方式：一是根据实际完成的工程量，以建设行政管理部门颁发的定额取费核定工程价款；二是通过鉴定确定已完工程的工程量占全部工程量的比例，再乘以合同约定的固定总价款得出已完工程的工程价款；三是通过鉴定确定同一取费标准下已完工程部分的价款和整个合同约定工程的总价款，确定已完工程的价款占总价款的比例，再乘以合同约定的固定总价。这三种确定工程价款的方式所产生的结果是不同的，可以结合当事人的诉求及具体案情确定。

【规范指引】

《民法典》第 793 条；《施工合同解释（一）》第 28 条。

## 争点 5：招标清单工程量与实际施工图纸工程量的差距较大时，如何处理

【案例】金某与株洲某房地产开发有限公司、浙江某建设集团有限公司建设工程施工合同纠纷案[①]

浙江某建设集团有限公司（以下简称某建设公司）与金某签订《内部协议书》，约定金某联系承接某财富广场的土建项目工程，由某建设公司出面承包给金某。后某建设公司中标该项目，并与株洲某房地产开发有限公司（以下简称某房产公司）签订《建设工程施工合同》，合同价款采用固定价格合同，合同价款 156 245 967.55 元。2010 年 5 月，建设、设计、监理、施工单位进行图纸会审，形成《图纸会审记录》，其中涉及明确或调整项目 212 项。2011 年 6 月 11 日，某建设公司向某房产公司出具土建主体工程设计变更及联系单增加工程结算报告，增加造价 62 699 525 元，某房产公司签收。同年 12

---

① 参见湖南省高级人民法院（2017）湘民初 45 号民事判决书、最高人民法院（2019）最高法民终 379 号民事判决书。

月 27 日，工程质量验收合格。现金某起诉请求两公司支付工程款及利息，三方对工程结算计量计价方法存在争议，主要为变更部分的工程量争议、招标清单工程量与某房产公司提供图纸工程量的差额争议和市场价格（人、材、机）波动调整争议三个方面。

金某申请司法鉴定，关于变更部分的工程量争议，鉴定意见载明：可以确定部分的造价中包括图纸会审记录增加 11 963 712.40 元，设计变更增加 789 108.37 元，建设方工程联系单增加 247 474.41 元，施工方联系单及签证 8 802 302.78 元，设计图纸更改 4 296 125.76 元等项目。另外，根据鉴定某房产公司提供的工程量清单与图纸之间差额巨大，合同约定价款 156 245 967.55 元，工程量清单与图纸之间的差距达到 54 800 877.12 元，已完成部分差距达 35 885 509.09 元。

湖南省高级人民法院一审对于变更部分的工程量争议予以支持；对于招标清单工程量与某房产公司提供图纸工程量的差额，酌定支持已完工部分差额 35 885 509.09 元中的 80%；对市场价格（人、材、机）波动不予调整。最高人民法院二审判决维持原判。

案涉合同系固定总价合同，但案涉合同价款并非完全不可调整。本案应以固定总价为基数，非设计变更的部分，工程量与价款均不予调整；设计变更部分（具有有效的变更签证部分）采取按合同约定进行造价鉴定，并根据实际情况对部分争议款项进行调整的计算方法。

关于变更部分的工程量争议，因实际施工工程与约定施工范围不一致，应当按照合同约定，结合鉴定意见，对增加的工程量相应工程价款予以认定。

关于招标清单工程量与某房产公司提供图纸工程量的差额。如果完全按照合同约定计价，则实质上免除了发包方对工程量清单准确性和完整性负责的法定义务，也不符合诚信与公平原则。本案中，某房产公司在招标工程中没有发放工程图纸，而施工方在负有核对工程量清单与图纸一致性义务的情况下，未就图纸发放问题提出异议，也未与建设单位协商，收到图纸后，也未就工程量清单与图纸之间的差异进行核对，亦应承担相应责任。因此，酌情确定已完工部分差额 35 885 509.09 元中 20% 的部分属于清单工程量与图纸不符的合理误差，该部分由施工方承担责任。

关于市场价格（人、材、机）波动是否应当调整的问题。本案对招标清单与图纸不符的价差 35 885 509.09 元 80% 的部分，已作对实际施工人更有利的处理，如再行对市场价格波动进行调差，事实上无异于据实鉴定，并将使以固定总价为基础的承包结算方式名存实亡，导致发包人设定固定总价的合同目的无法实现，双方当事人利益有所失衡。因此，对案涉工程价款涉及市场价格（人、材、机）波动部分，不予调整。

【分析】

固定总价合同履行中，发生清单漏项等实际施工工程与约定施工范围不一致的情况，人民法院能否依当事人申请，对工程价款进行调整，实践中存在争议。

观点一：依据原《2013版清单计价规范》第4.1.2条的规定，"招标工程量清单必须作为招标文件的组成部分，其准确性和完整性应由招标人负责"，发生招标清单漏项时，应由发包人承担风险，承包人可以就增加的工程量计取相对应的工程价款。即使当事人在合同中约定，对于工程量漏项及其他方面错误不得调增造价，但该约定免除了工程量清单招标人应提供准确及完整工程量清单的义务，人民法院也可以酌情对工程价款进行调整。

观点二：发生招标清单漏项，若承包人存在未核对工程量清单与图纸一致性，未就图纸发放问题提出异议，也未就工程量清单与图纸之间的差异进行核对并与发包人协商等情形，应就漏项部分承担相应责任（本案）。

观点三：招标工程量清单虽存在漏项，但施工合同明确约定不因该情形调整合同价款的，应以合同约定为准。

我们倾向认为，工程量清单存在漏项、缺项时，是否能够调整工程价款，需要综合工程量清单计价的一般规定①、施工合同的特殊约定、漏项的过错责任以及民法的公平、诚信原则进行确定。尤其是在工程量清单漏项导致的招标工程清单与实际完工工程价款差距较大，继续履行会对承包人或实际施工人明显不公平时，人民法院应当从公平原则出发，结合上述各因素对工程价款进行调整。

【规范指引】

《民法典》第6条、第7条；《建设工程价款结算暂行办法》第8条；《建筑工程施工发包与承包计价管理办法》第13条；原《2013版清单计价规范》第4.1.2条、第9.5.1条、第9.5.2条；《2024版清单计价标准》第4.1.5条、第

---

① 《2024版清单计价标准》第4.1.6条规定："采用总价合同的工程量清单，如工程量清单存在缺陷的，清单缺陷引起的价款变化应视为已包含在合同总价内，合同履行中不予调整；但分部分项工程项目清单内说明是暂定数量的清单项目及其工程数量，应按本标准单价计价的规定重新计量确定，并对相关清单项目的合同价格及合同总价进行相应调整。"

4.1.6 条、第 8.2.1 条、第 8.2.2 条、第 8.2.3 条。

## 争点 6：现场签证的审查和认定问题

**【案例】**张某与河南省某建设有限公司、某置业有限公司建设工程施工合同纠纷案[①]

2016 年 3 月，某置业有限公司（以下简称某置业公司）与河南省某建设有限公司（以下简称某建设公司）签订《工程施工合同书》，将其开发的某项目以包工包料方式承包给某建设公司进行施工，合同金额为 10 057 211.09 元。2016 年 8 月 27 日，某建设公司与张某签订《协议书》，约定张某按照某建设公司与某置业公司签订的《工程施工合同书》约定的工程款 1.2% 支付给某建设公司承包费。合同签订后张某组织人员进行施工，并于 2016 年 12 月交付使用。2018 年 12 月 18 日，某置业公司与某建设公司对工程款进行结算，结算金额为 10 003 865.07 元。张某、某建设公司就签证变更增加工程款 592 400 元均予以认可。后张某起诉请求判令支付工程款 2 142 000 元及设计变更签证单增加费用 592 400 元。

青海省西宁市城西区人民法院一审判决，某建设公司支付张某工程款 2 105 184.41 元及设计变更签证单增加工程款 592 400 元。宣判后，某建设公司、张某不服，提起上诉。青海省西宁市中级人民法院二审判决驳回上诉，维持原判。某建设公司申请再审，青海省高级人民法院判决撤销二审判决，变更某建设公司支付张某工程款 1 756 153.41 元及设计变更签证单增加工程款 585 291.2 元。

关于设计变更签证单增加工程款 592 400 元。虽然张某与某建设公司签订的《项目合作协议书》未约定增加部分工程如何处理，但张某提交的《现场工程签证单》上均有某置业公司、监理单位某工程监理有限公司、施工单位某建设公司某公馆项目室外景观绿化及安装工程（二标段）项目部的盖章签字予以确认。一审庭审中，某建设公司明确陈述对 592 400 元的数额没有异议。对于该增加部分应否支持，结合唐某某的证言以及张某、杨某翔的短信

---

[①] 参见青海省西宁市城西区人民法院（2019）青 0104 民初 228 号民事判决书、青海省西宁市中级人民法院（2019）青 01 民终 1006 号民事判决书、青海省高级人民法院（2020）青民再 13 号民事判决书。本案为人民法院案例库案例，入库编号：2023-16-2-115-001。

聊天记录，可以证明张某对增加部分工程实际施工的事实，而且，张某已经要求将签证单增加部分工程款计入结算，某建设公司未在结算时将增加部分工程纳入结算范围，现又主张增加部分工程不在合同约定范围之内，延期申报的责任在实际施工人张某的理由不能成立。因此，张某基于其与某建设公司之间的合同关系主张签证单增加工程款 592 400 元符合法律规定。按《项目合作协议书》约定扣除管理费 7108.8 元，某建设公司应向张某支付设计变更签证单增加工程款 585 291.2 元。

【分析】

工程签证，是工程发承包双方在建设工程施工合同履行过程中按合同就施工调整、顺延工期、造价调整、赔偿损失等所达成的双方意思表示一致的书面文件，具有补充协议的性质，可以作为工程结算、增减工程量及工程造价的依据。现场签证的内容不包含在施工合同和图纸中，具有临时性、复杂性等特征，在对其进行审查认定时，应当注重审查签证形式的完整性、签证主体的适格性、签证内容的合理性，以及签证能否与其他施工资料证据相互印证等，防范虚构签证、重复签证、倒签签证等现象。当施工范围发生变更，虽施工主体均无法提供签证、工程进度表等证据直接证明对工程实际进行施工，但提供了施工合同、工程款支付凭证、缴纳税费凭证等其他证据的，应根据合同内容、工程款支付情况、税费缴纳情况等证据，运用证据规则，对证据有无证明力和证明力大小进行判断，合理作出认定。一要准确查明案件事实，确定当事人之间的法律关系；二要根据案件事实和当事人主张，合理公平地确定举证责任，由当事人对自己的主张分别提供相应的证据；三要运用逻辑推理和日常生活经验法则，对当事人提供证据的证明力有无和大小独立地、自主地进行判断，确定待证事实是否具有高度可能性，使认定的法律事实尽可能接近客观事实。

【规范指引】

《民事诉讼法解释》第 90 条、第 105 条、第 108 条；《施工合同解释（一）》第 20 条。

### 三、工程价款利息的结算

施工合同纠纷中，大量争议聚焦于工程价款的支付以及欠付工程价款逾期利息如何认定，尤其是工程价款利息的性质及数额的确定，成为司法实践中一个较为棘手的问题。关于工程价款利息的计算，主要涉及三个问题：一是建设工程价款利息的性质;二是建设工程价款利息计付起息时间点的确定;三是欠付工程价款利息的计息标准或者计息利率。施工合同履行中,涉及的工程价款利息主要包括两种类型:一是工程价款的利息,包括预付款利息、进度款利息与结算价款利息;二是垫资款利息。其中,发包人迟延支付工程价款利息是比较常见的争议。

### 争点 7:欠付工程款利息的性质以及人民法院是否能够依当事人申请予以调整

【案例】四川省某建筑工程有限公司与昭通市某房地产开发经营有限公司建设工程施工合同纠纷案①

2013 年 1 月 23 日,四川省某建筑工程有限公司(以下简称某建筑公司)与昭通市某房地产开发经营有限公司(以下简称某房产公司)通过招投标方式签订了关于某项目的《建设工程施工合同》。该合同约定了进度款支付时间节点及支付比例。合同履行至 2015 年 7 月 29 日,某房产公司和某建筑公司签订《7 月 29 日补充协议》,将工程进度款支付变更为按照月进度报表 80% 支付,如某房产公司不能按约支付,应按年 18% 的利率计取所有未支付的工程进度款的利息;工程内容完工前,某房产公司须支付累计完成工程量的 90%,所欠工程款的利息必须支付完毕;工程竣工验收后 15 日内,某房产公司须支付累计完成工程量的 93%。某房产公司在收到某建筑公司报送的齐全有效资料 30 个工作日内审核完毕,并在审核完毕 30 个工作日内支付至工程结算总额的 97%,预留工程结算总额的 3% 作为工程保修金。案涉工程的竣工日期为 2016 年 12 月 9 日,某建筑公司尚不符合要求某房产公司返还工程保修金的条件。某房产公司已付工程款共计 138 205 261.54 元,双方委托工程审核结果为工程总价款 274 523 575.23 元。

某建筑公司以其完成了案涉工程的施工,且工程已经竣工,但某房产公司未按照约定支付工程进度款为由起诉,请求某房产公司支付工程欠款 198 005 277.43 元,并按约定支付工程欠款利息。

---

① 参见云南省高级人民法院(2017)云民初 79 号民事判决书、最高人民法院(2019)最高法民终 557 号民事判决书。

云南省高级人民法院一审判决某房产公司向某建筑公司支付工程款128 082 606.43元及利息（其中，截至2016年12月6日的利息为5 486 789元；自2016年12月7日起至2016年12月24日止，以108 865 956.17元为本金，按18%年利率计息；自2016年12月25日起至款清之日止，以117 101 663.42元为本金，按18%年利率计息）；驳回某建筑公司要求某房产公司支付违约金的诉讼请求。一审宣判后，某建筑公司、某房产公司均不服，提起上诉。某房产公司认为欠付工程款数额为81 394 359.16元及以此金额按银行同期贷款利率支付利息；某建筑公司认为某房产公司存在违约行为，应支付违约金274.5万元。最高人民法院二审判决维持原判。

案涉工程已于2016年12月9日竣工，目前已结算完毕。按照《7月29日补充协议》，某房产公司应向某建筑公司支付的工程价款为266 287 867.97元（274 523 575.23元×97%），故某房产公司还需向某建筑公司支付工程价款128 082 606.43元（266 287 867.97元-138 205 261.54元）。

关于工程款利息的计算。根据某建筑公司提交的有某建筑公司和某房产公司的签字及盖章的《项目欠款利息计算表》，以及《7月29日补充协议》，应按照约定的18%年利率标准计算欠付工程款利息。关于案涉工程完工后欠付工程款项利息的计算，应依照原《施工合同解释》第18条的规定，结合某房产公司应付款时点、欠付金额及利率标准计算。某房产公司认为18%的利率标准过高，要求从判决生效之日按同期银行贷款利率主张工程款利息没有事实依据，不予支持。

关于某建筑公司主张某房产公司应支付的违约金。违约金具有补偿性和惩罚性双重性质，但违约金的性质仍以补偿性为主，以填补守约方的损失为主要功能，而不以严厉惩罚违约方为目的。虽然《7月29日补充协议》约定，如一方违反该协议约定，需按工程结算总价的1%支付守约方违约金，客观上某房产公司也的确存在未按时支付工程款等违约行为，但某建筑公司主张的年利率18%的工程款利息以及部分索赔费用已得到支持，足以填补某建筑公司损失，某建筑公司再上诉请求支付工程结算总价1%的违约金，不予支持。

【分析】

《施工合同解释（一）》第26条规定的利息，从性质上看是金钱债权的履行期届满后，发生的迟延损害赔偿金，与借款合同中的逾期利息类似。有观点认为逾期利息是法定孳息；也有观点认为是迟延付款的违约金；还有观点认为它是用以弥补迟延付款造成的损失。① 我们倾向认为，逾期支付工程款的利息与工程款具有附随性，应当作为法定孳息对待。

在施工合同有效的情况下，人民法院应当尊重当事人的意思表示，按照双方约定确定欠付工程款利息的计算标准，但是利息标准超过法律、司法解释规定的，人民法院应当依法进行调整。例如，在咸阳某建筑公司与宁夏某房产公司建设工程施工合同纠纷案中，最高人民法院认为当事人约定的利率不能违反国家规定，超出部分不受保护，咸阳某建筑公司主张月利率3%过高，一审法院对涉案欠付工程款利息调整为按照月利率2%予以计算，在其裁量范围之内。

当施工合同无效且当事人并未另行达成结算协议或结算协议无效的情况下，因为欠付工程款利息为法定孳息，不论是否约定均应支付，但支付标准有着较大争议。实践中，人民法院参照金融机构借款、民间借贷中的国家有关规定，结合具体案情，确定利息支付标准有日万分之三、日万分之五、年6%、4倍银行贷款利率、2倍银行贷款利率、1.95倍银行贷款利率、1.3~1.5倍银行贷款利率、1倍银行贷款利率等多种情形。② 施工合同被认定无效后，考虑到建设工程施工合同纠纷案件在审判实践中呈现出的复杂情况，确实不宜采取"一刀切"的模式，简单按照合同有效前提下对利息没有约定的标准计算，应参照银行贷款利率、结合具体案情、综合相关因素认定欠付工程款利息。

至于当发包人按照法定或约定标准向承包人支付欠付工程款利息后，承包人是否还能向发包人主张逾期付款违约金，本书将在第十一章第二节争点2予以详细评述。

【规范指引】

《民法典》第157条、第585条；《施工合同解释（一）》第26条、第27条；《合同编通则解释》第65条；《九民纪要》第50条。

---

① 刘勇：《〈民法典〉第676条（逾期利息支付义务）评注》，载《清华法学》2023年第4期。
② 参见《最高人民法院关于逾期付款的违约金应依何种标准计算问题的复函》（法函〔1994〕10号）、《最高人民法院关于逾期付款违约金应当依据何种标准计算问题的批复》（法复〔1996〕7号）、《最高人民法院关于审理民间借贷案件适用法律若干问题的规定》（法释〔2015〕18号，已被修改）第29条、《最高人民法院关于审理民间借贷案件适用法律若干问题的规定》（法释〔2015〕18号，2020年12月29日第二次修正）第25条等。

## 争点 8：发包人支付工程款数额不足以覆盖工程价款，同时当事人约定工程进度款支付条件及欠付利息的，如何认定已付工程款抵扣顺序

【案例】甘肃某建筑工程有限责任公司与甘肃某房地产开发有限公司建设工程施工合同纠纷案[①]

甘肃某建筑工程有限责任公司（以下简称某建筑公司）总承包甘肃某房地产开发有限公司（以下简称某房产公司）建设开发的某项目，双方一致同意案涉工程的总造价为 185 703 773.9 元。根据双方合同约定，某房产公司应根据某建筑公司的工程进度支付相应的工程款，但因资金紧张，某房产公司并未按约支付相应款项。后经双方协商，某房产公司从 2011 年 12 月 29 日至 2012 年 5 月 15 日，就欠付的工程款分别向某建筑公司出具 5 张借条，共计 2193.5 万元，以此作为支付某建筑公司的工程款，双方约定的借款利息有月息 4%、6% 不等。2013 年 11 月 11 日，双方当事人达成《借款偿还协议书》，约定：因案涉工程用款，某房产公司向某建筑公司借贷 5180 万元（包括 2013 年 10 月 31 日前本金和利息）。之后，某房产公司分三笔各 1000 万元向某建筑公司支付款项，共计 3000 万元，付款凭证上均载明，支付 11 月 11 日协议中双方约定 2013 年 10 月 31 日前的 5180 万元中的款项，不计入工程款。现双方对该 3000 万元抵扣工程款及利息顺序发生争议。

甘肃省高级人民法院一审认为，该 3000 万元属某房产公司支付由上述 2193.5 万元借款及利息转而形成的《借款偿还协议书》中最终确定的借款 5180 万元的相应利息，按照年利率 36% 计算，并将该款先用于支付利息。二审法院认为，上述 2193.5 万元款项实际系某房产公司欠付某建筑公司的工程进度款，属某建筑公司为案涉工程进行施工所垫付的资金，并非借款，应按同期同类贷款利率计息。遂改判该 3000 万元先后到账的已付款项，应依次优先冲抵 2193.5 万元工程欠款分段产生的利息，剩余款项首先用于折抵双方约定应支付利息的 2193.5 万元工程欠款部分，再折抵其他未约定支付利息的工程欠款。

---

[①] 参见甘肃省高级人民法院（2017）甘民初 94 号民事判决书、最高人民法院（2018）最高法民终 397 号民事判决书。

关于已付款 3000 万元。前述 2193.5 万元虽由某房产公司向某建筑公司先后出具的 5 张借条构成，但该部分款项实际系某房产公司欠付某建筑公司的工程进度款，属某建筑公司为案涉工程进行施工所垫付的资金，并非借款。根据原《施工合同解释》第 6 条的规定，就该 2193.5 万元款项，双方约定的利率有月息 4%、6% 不等，该约定明显高于中国人民银行发布的同期同类贷款利率，仅对人民银行同期同类贷款利率范围内的利息给予保护，对于高出部分不予支持。该 3000 万元先后到账的已付款项，应依次优先冲抵 2193.5 万元工程欠款分段产生的利息，剩余款项首先用于折抵双方约定应支付利息的 2193.5 万元工程欠款部分，再折抵其他未约定支付利息的工程欠款。即，第一笔 1000 万元到账后，应首先用于支付 2193.5 万元自每张借条出具之日起至 1000 万元到账之日止的同期银行贷款利息，剩余款项用于折抵 2193.5 万元工程欠款本金；当第二笔 1000 万元到账后，亦首先用于支付两笔款项到账日期间的利息，剩余款项同样用于折抵 2193.5 万元工程欠款在上一笔剩余款项折抵后的下余款项；以此类推，当第三笔 1000 万元到账后，先用于支付第二笔与第三笔 1000 万元到账日期间的利息，再折抵 2193.5 万元工程欠款的下余本金；最后剩余的款项，用于折抵其余未约定利息的工程欠款。

【分析】

建设工程价款支付方式分为预付工程款、工程进度款、工程竣工结算款。在工程采用发包人分期支付工程进度款的情形下，发包人迟延履行付款义务的状况时有发生，但相对于每个付款节点，欠付和超付均有可能。那么在迟延支付工程进度款的案件中，发包人未按期支付的多余款项，在欠款分段产生的利息、各段欠付工程款中应该以何种顺序进行抵扣，实践中存在较大争议，主要有以下两种情况。

情形一，建设工程领域法律、司法解释、行政法规等均未规定款项抵扣顺序的问题，当事人亦未约定抵扣顺序，可以参照适用原《合同法解释（二）》第 21 条（现《民法典》第 561 条）的规定，冲抵顺序如下：实现债权的有关费用、利息、主债务。

情形二，当发包人支付款项时明确标注为"工程款"，承包人出具的收据亦注明为工程款，承包人在申请付款和收款的过程中并未向发包人主张过"先息后本"，也未主张过将所收款项用于抵偿前期款项，那么先息后本的主张与双方当事人之间请款、付款的实际情况不符，也没有合同约定，则不应予以支持。

建设工程施工合同法律关系中，应尊重当事人意思自治，若当事人在有效的合同中约定当支付款项不足以覆盖应付工程进度款时的抵扣顺序，那么人民法院应按照当事人约定进行抵扣。而当双方当事人没有约定时，可以参照原《合同法解释（二）》第21条（现《民法典》第561条）的规定，冲抵顺序为先息后本，同时要注意分段计算利息和本金。

【规范指引】

《民法典》第561条。

## 第三节 建设工程价款纠纷疑难问题

### 问题1："背靠背"条款问题

1. "背靠背"条款的效力。

【案例】中国建筑某局（集团）有限公司与沈阳某城市开发建设投资有限公司、沈阳某市政工程有限公司建设工程施工合同纠纷案[①]

沈阳某城市开发建设投资有限公司（以下简称某城建公司）与中国建筑某局（集团）有限公司（以下简称中建某局）签订施工总承包合同后，中建某局将部分工程分包给沈阳某市政工程有限公司（以下简称某市政公司），双方签订的分包合同约定单价以某城建公司最终委托的审计单位审核价下浮7%。无预付款。每月25日前，由某市政公司向中建某局提交工程进度款申请资料，经中建某局审核同意且收到某城建公司相应进度款后15个工作日内支付上个审核周期已完工程进度款的40%……竣工结算且经某城建公司委托的最终审计合格后45个工作日内（且中建某局已收到某城建公司相应工程款满15个工作日）支付至本分包工程竣工结算额的60%。

---

[①] 参见辽宁省高级人民法院（2017）辽民初19号民事判决书、最高人民法院（2020）最高法民终106号民事判决书。

2019年6月20日，某市政公司以中建某局、某城建公司为被告提起诉讼，主张中建某局支付欠款及利息等。

最高人民法院二审认为，关于本案工程款是否具备支付条件的问题，该问题的争议主要在于三个方面：一是案涉工程是否已经竣工；二是中建某局主张的工程款支付所附审计条件是否成就；三是中建某局主张的工程款支付所附"背靠背"条件是否成就。最高人民法院认为，案涉工程款已经具备支付条件。关于"背靠背"付款条件是否已经成就，中建某局提出双方约定了在某城建公司未支付工程款的情况下，中建某局不负有付款义务。但是，中建某局该项抗辩事由应以其正常履行协助验收、协助结算、协助催款等义务为前提，作为某城建公司工程款的催收义务人，中建某局并未提供有效证据证明其在盖章确认案涉工程竣工后至本案诉讼前，已积极履行上述义务，对某城建公司予以催告验收、审计、结算、收款等，相反，中建某局工作人员房某的证言证实中建某局主观上怠于履行职责，拒绝某市政公司的要求，始终未积极向某城建公司主张权利，属于附条件的合同中当事人为自己的利益不正当阻止条件成就的，视为条件已成就的情形，故中建某局关于"背靠背"条件未成就、中建某局不负有支付义务的主张，理由不成立。一审法院认定案涉工程款已经具备支付条件，并无不当，应予维持。

【分析】

我国建设工程分包实践中存在的以发包人支付款项为付款前提类条款最早来源于国际工程分包实践。1994年国际咨询工程师联合会（以下简称FIDIC）编制的第一版《FIDIC土木工程施工分包合同条件》中，第16.3条第2款约定当发包人未向总包人支付时（非因总包人引起），总包人可以向分包人扣发或缓发。后随着全球经济发展形势的变化，我国建筑业越来越多地参与国际工程分包实践。1996年，我国正式加入FIDIC，FIDIC合同文本在我国建设工程实践中逐步推广。我国建设工程分包实践逐渐形成该类条款。该类条款约定的核心是以业主支付为前提，最常见的表述如：按甲方（总承包方）与业主签订的支付周期支付、甲方（总承包方）收到发包人支付的款项后按比例支付……根据我国目前建设工程领域的相关规定及建设工程领域的实践现状，总体而言，我国建设工程转包合同、分包合同无效情形居多，此与国际工程分包实践存在一定差异，故我国司法实践对该类条款的把握，要做到既顺应国际交易惯例，又尊重我国实践及相关规定。

对于该类条款的效力问题，应区分建设工程施工合同有效还是无效两种情形分析。建设工程施工合同有效情形下，应从严审查该类条款的效力，而不能仅以当事人意思自治为由认定该类条款的有效性，经审查如果发现该类条款属于《民法典》第153条规定的无效情形的，应认定该类条款无效；经审查该类条款确实有效的情况下，也应从严把握适用条件。建设工程施工合同无效情形下，该类条款相应无效，自无适用空间。

在建设工程施工合同有效的情况下该类条款的效力问题，主要有以下三种观点。

观点一，无效。主要理由：业主与总包方之间的合同、总包方与分包方之间的合同分属不同的合同关系，分包方并非总包合同当事人，不应受总包合同约束，该类条款实质突破了合同相对性规则，且将本应由总包方承担的业主支付风险不合理地转嫁给与业主并无合同关系的分包方，损害分包方合法利益，有违公平原则和诚信原则。

观点二，有效。主要理由：以发包方支付款项为总包人付款的前提实际是合同双方对合同风险的分配。从理论上看，整个民法体系中，合同风险的负担系任意性规范，当事人有权在合同中对风险负担规则进行约定，私法领域法无禁止即可为，该类条款属于当事人意思自治，应认定有效。

观点三，应区别不同情形。如果当事人的约定违反法律、行政法规的强制性规定，或具有其他无效情形，应认定该类条款无效；如果当事人的约定不违反法律、行政法规的强制性规定，不具有其他无效情形，应认定该类条款有效。

我们倾向第三种观点。2024年8月27日，最高人民法院发布《关于大型企业与中小企业约定以第三方支付款项为付款前提条款效力问题的批复》（法释〔2024〕11号）规定，对大型企业与中小企业约定以第三方向大型企业支付款项作为大型企业向中小企业付款前提的，因其内容违反《保障中小企业款项支付条例》第6条、第8条的规定，人民法院应当根据《民法典》第153条第1款的规定，认定该约定条款无效。《保障中小企业款项支付条例》第6条规定："机关、事业单位和大型企业不得要求中小企业接受不合理的付款期限、方式、条件和违约责任等交易条件，不得违约拖欠中小企业的货物、工程、服务款项。中小企业应当依法经营，诚实守信，按照合同约定提供合格的货物、工程和服务。"第8条规定："机关、事业单位从中小企业采购货物、工程、服务，应当自货物、工程、服务交付之日起30日内支付款项；合同另有约定的，付款期限最长不得超过60日……"上述规定属于行政法规，且中小企业（含中型企业、小型企业、微型企业）相对于大型企业，市场竞争力普遍不强，交易过程中往往处于弱势地位，缺乏与大型企业平等协商谈判的能力，往往出于生存考虑不得不同意此类付款约定，难以体现中小企业真实意愿。故最高人民法院对于该类主体之间的该类约定，在效力上予以否定性评价。

司法实践中，我们要认真把握最高人民法院上述批复的精神，对于大型企业与中小企业约定以第三方向大型企业支付款项作为大型企业向中小企业付款前提的，应认定该约定无效。对于其他主体之间是否适用上述批复精神，我们认为，上述批复对于适用主体范围的规定明确具体，在并未有其他相应规定的情况下，司法实践对于适用上述批复的主体范围不应扩大。若其他主体之间以发包人支付款项为付款前提类条款符合其他合同无效情形的，则另当别论。与最高人民法院上述批复精神相适应，我们在适用以发包人支付款项为付款前提类条款时，尤其需要关注对于施工方合法权益的公平保护。

在建设工程施工合同无效的情况下该类条款的效力问题。《民法典》第567条规定："合同的权利义务关系终止，不影响合同中结算和清理条款的效力。"从本条文义看，结算和清理条款的效力不受影响仅限于合同有效情况下合同权利义务关系终止的情形。一般认为，合同无效情况下，结算和清理条款相应无效。"结算和清理条款"的具体范围，相关法律及司法解释未作出规定。通说认为，结算方式、结算标准、违约金等属"结算和清理条款"。当然，实践中合同无效、被撤销时也会发生结算、清理的问题，如果当事人约定了合同无效时的结算和清理条款，合同最终被确认无效的，可考虑援引《民法典》第156条的规定，按照民事法律行为部分无效、部分有效处理，结算和清理条款本身也是无效原因的除外。《民法典》第793条第1款规定："建设工程施工合同无效，但是建设工程经验收合格的，可以参照合同关于工程价款的约定折价补偿承包人。"根据该规定，建设工程施工合同无效的情况下，"合同关于工程价款的约定"仍发挥作用。其作用在于，参照合同关于工程价款的约定得出的款项作为施工合同无效后折价补偿的主要参考依据。当然，最终确定的折价补偿的数额未必仅依据该款项，还需要结合案件各种因素，根据公平原则予以确定。该条款与《民法典》第567条规定并不冲突。通说认为，"合同关于工程价款的约定"主要指建设工程施工合同确定的总金额、工程款计价方法、计价标准、价格调整等与工程价款有关的约定。本书探讨的该类条款不属于"关于工程价款的约定"。

故在建设工程施工合同无效的情况下，该类条款相应无效，且不可参照适用。

【注意事项】

分包合同约定"双方结算以总包方与业主的结算依据和条款为准"，该条款属于价款确定方式的约定，不属于以发包方支付款项为付款前提的条款。总包方怠于向业主主张到期债权或拖延结算的，可参照总包方与业主的合同确定分包方应得价款。总包方与业主正在结算的，一般应驳回分包方的诉讼请求或中止审理。分包方能证明总包方与业主的结算结果损害其合法权益的，可根据分包方的申请，依据总包方与业主之间的合同及相关签证确定分包方应得的价款。

【规范指引】

《民法典》第793条。

2."背靠背"条款适用时应注意的问题。

该类条款有效的情况下，司法实践对该类条款的适用条件应从严把握，以充分保障施工方合法权益。（2020）最高法民终106号生效民事判决的说理过程即反映了从严审查的原则。具体而言，应注意以下几点。

第一，分包合同约定"业主向总包方付款后，总包方才向分包方付款"的，不应将"业主向总包方付款"扩大解释为"业主向总包方支付全部款项"，即只要业主向总包方支付部分款项，总包方向分包方付款的条件即成就。

第二，总包方抗辩业主未付款的情况下，总包方应提供证据证明其与业主的结算情况、付款情况等证据，供法院核查业主未付款的事实是否确实存在，且法院还应重点审查总包方是否积极地向业主主张债权、业主未付款是否系总包方所致，若总包方怠于与业主办理结算、怠于向业主主张到期债权导致分包人不能及时获得工程款，或总包方原因致使业主未付款，分包方要求总包方支付欠付工程款的，应予支持。

第三，总包方以实际履约行为变更了该类约定条款的，在工程竣工验收合格后，分包方有权随时主张工程款，总包方再以原合同约定的条款提出抗辩的，不应支持。

第四，总包方在分包合同中设置该类条款的目的是分散风险争取时间利益，但分包方的时间利益同样应得到保护，若分包方已通过分包工程竣工验收，再让其陷入漫长的付款等待期，是以剥夺分包方的时间利益为代价换取总包方的时间利益，显失公平，不利于建筑市场良性发展。在分包方已将分包工程交付的情况下，再要求分包人漫长等待不具合理性。若业主破产，

"收到业主支付的工程款"实际已无法成就,继续允许总包方以该类条款作为抗辩事由,会将分包方推入无限期的付款等待,有碍建筑市场良性发展,总包方不能以该类条款主张付款条件未成就。若分包工程竣工交付后,总包方与业主因结算事宜产生纠纷久拖不决,即便非因总包方原因,总包方也不能以该类条款主张付款条件未成就。

## 问题 2：默示条款问题

1. 默示条款的适用前提。

【案例 1】阜阳某房地产开发有限公司与某建工集团有限责任公司建设工程施工合同纠纷案[①]

阜阳某房地产开发有限公司（以下简称某房开公司）作为发包人与某建工集团有限责任公司（以下简称某建工公司）作为承包人签订《建设工程施工合同》,合同专用条款约定,某房开公司的代表为韦某林,某建工公司在工程竣工后 1 个月内向某房开公司提交竣工结算报告,某房开公司应在收到某建工公司提交的竣工结算报告后 2 个月内提交给第三方审核并完成竣工结算审核工作,逾期视为某房开公司认可某建工公司提交的竣工结算报告,并以此为依据按协议约定期限向某建工公司支付相应款项。双方一致确认案涉工程竣工日期为 2017 年 8 月 9 日。2017 年 9 月 6 日,某建工公司向某房开公司报送《工程结算书》。《工程结算书》载明：建筑工程造价 122 033 396.62 元,安装工程造价 17 689 905.19 元,合计 139 723 301.81 元。当日,某房开公司的韦某林对《工程结算书》予以签收。某房开公司为证明其已按协议约定将某建工公司报送的《工程结算书》提交第三方审核,向一审法院举证了载明签订时间为 2017 年 9 月 19 日的《建设工程造价咨询合同》、载明出具时间为 2017 年 11 月 6 日的《竣工决算表》,但审核单位安徽某项目管理有限公司否认其 2017 年接受某房开公司的审核委托。针对安徽某项目管理有限公司的质证意见,某房开公司称其提交的《建设工程造价咨询合同》实际于 2018 年 6 月补签,2017 年 9 月 19 日签订的《建设工程造价咨询合同》原件已丢失,但

---

① 参见安徽省高级人民法院（2018）皖民初 9 号民事判决书、最高人民法院（2019）最高法民终 523 号民事判决书、（2020）最高法民申 1127 号民事裁定书。

没有证据证明该事实存在，且《竣工决算表》反映的是某房开公司自行委托审核单位对案涉工程造价进行审计的内容，无法反映出是委托审核单位对某建工公司报送的《工程结算书》进行审查的内容。

安徽高院一审认为，关于案涉工程造价如何确定的问题，双方明确约定"某建工公司在工程竣工后1个月内向某房开公司提交竣工结算报告，某房开公司应在收到某建工公司提交的竣工结算报告后2个月内提交给第三方审核并完成竣工结算审核工作，逾期视为某房开公司认可某建工公司提交的竣工结算报告"，某建工公司已按约报送《工程结算书》，某房开公司提交的证据不足以证明其按约将某建工公司报送的《工程结算书》提交第三方审核，依据现有证据，可以认定某房开公司收到某建工公司报送的《工程结算书》后2个月内既未提出异议，亦未将该结算书提交第三方审核，更未在2个月内完成竣工结算审核，视为某房开公司认可某建工公司提交的《工程结算书》，案涉工程造价为139 723 301.81元。最高人民法院二审赞同一审法院观点。

【案例2】大庆某房地产开发有限责任公司与江苏某建集团有限公司建设工程施工合同纠纷案[①]

大庆某房地产开发有限责任公司（以下简称某房开公司）作为建设单位，就案涉工程与江苏某建集团有限公司（以下简称某建集团）共签署5份《建设工程施工合同》，5份合同约定的主要条款基本一致。其中，《建设工程施工合同》通用条款第64.1条约定，双方应按计价管理办法规定的时限办理竣工结算。在办理竣工结算期间，按第59条约定的支付不停止。专用条款约定结算的程序和时限按通用条款办理。后案涉工程陆续完成竣工验收，某建集团将案涉工程结算资料陆续报送第三方审计，某房开公司、某建集团与审计单位共同在结算委托审查表上签字盖章。后因工程款支付纠纷诉至法院。

黑龙江高院一审认为，适用原《施工合同解释》第20条[②]规定的前提是双方应在专用条款中约定"发包人对承包人报送的竣工结算文件在一定期限内不答复便视为认可"等明确的意思表示内容、明确的结算时间和答复日期，而发包人具有在约定的期限内不予答复的情形。本案双方以黑龙江省住房和城乡建设厅制定的建设工程施工合同格式文本为基础签订合同，通用

---

① 参见黑龙江省高级人民法院（2018）黑民初85号民事判决书、最高人民法院（2021）最高法民终706号民事判决书。

② 现对应《施工合同解释（一）》第21条。

条款约定按计价管理办法规定的时限办理竣工结算，专用条款约定结算的程序和时限按通用条款办理，而在工程完工后，某建集团将结算资料直接报送第三方审计，并与某房开公司、审计单位共同在结算委托审查表上签字确认，视为双方在实践中变更了合同约定的原结算程序，以某房开公司委托第三方审计作为结算方式。从本案合同约定及双方结算过程看，某建集团提交单方竣工结算文件，其同意由某房开公司委托的第三方机构核实，核实时间虽晚于计价管理办法规定的 50 天，但并不能直接推定该逾期事实等同于应"认可结算报告"。最高人民法院二审认为，结合对重庆高院的复函[①]内容，本案中，某建集团提出上诉主张的合同依据为案涉《建设工程施工合同》格式文本中的通用条款。根据复函规定，人民法院不能简单地以该格式文本的约定推定双方已就如发包人对竣工结算文件逾期不答复即视为认可的结算方式达成了合意。据此，某房开公司对某建集团提交的竣工结算文件未作出答复，不能视为其认可该结算文件。一审判决认定某建集团提交的竣工结算文件不能作为案涉工程款的结算依据，事实和法律依据充分，并无不当。

【分析】

《施工合同解释（一）》第 21 条规定："当事人约定，发包人收到竣工结算文件后，在约定期限内不予答复，视为认可竣工结算文件的，按照约定处理。承包人请求按照竣工结算文件结算工程价款的，人民法院应予支持。"该条系对发包人应及时结算工程价款的原则性规定，规定了发包人逾期不答复又不结算的法律后果，即按照双方当事人的约定，以承包人提交的竣工结算文件为计算工程价款的依据。该条确立的规则称默示条款规则，默示条款来源于 FIDIC 示范文本，系国际通行规则，有利于敦促发包人及时履行结算审核义务，保护承包人合法权利。在我国，当事人双方一般采用建设工程施工合同示范文本签订合同，建设工程施工合同示范文本包括合同协议书、通用合同条款、专

---

[①] 《最高人民法院关于如何理解和适用〈最高人民法院关于审理建设工程施工合同纠纷案件适用法律问题的解释〉第二十条的复函》（〔2005〕民一他字第 23 号）明确："你院渝高法〔2005〕154 号《关于如何理解和适用最高人民法院〈关于审理建设工程施工合同纠纷案件适用法律问题的解释〉第二十条的请示》收悉。经研究，答复如下：同意你院审委会的第二种意见，即：适用该司法解释第二十条的前提条件是当事人之间约定了发包人收到竣工结算文件后，在约定期限内不予答复，则视为认可竣工结算文件。承包人提交的竣工结算文件可以作为工程款结算的依据。建设部制定的建设工程施工合同格式文本中的通用条款第 33 条第 3 款的规定，不能简单地推论出，双方当事人具有发包人收到竣工结算文件一定期限内不予答复，则视为认可承包人提交的竣工结算文件的一致意思表示，承包人提交的竣工结算文件不能作为工程款结算的依据。"

用合同条款，其中，通用合同条款往往会约定"发包人在收到承包人提交的竣工结算申请书后 28 天内未完成审批且提出异议的，视为认可"。这是行政部门对发包人拖延结算，以维护承包人合法权益为出发点而作出的规制，意在敦促发包人及时审核竣工结算文件，及时支付工程价款，防止其通过拖延结算达到拖延支付工程款的目的。但示范文本内容繁多，当事人未必全部关注到，而结算程序与结算依据对双方当事人利益影响巨大，且实践中，承包人报送的结算价往往可能虚高，按报审价结算对发包人利益也影响巨大。故司法实践中应审慎适用默示条款，以兼顾双方合法利益。结合《施工合同解释（一）》第 21 条规定及司法实践，适用默示条款应注意以下几点。

第一，只有当事人明确约定"发包人收到竣工结算文件后，在约定期限内不予答复，视为认可竣工结算文件"的情况下，才适用默示条款。承包人提交结算报告在性质上属于要约，根据民法原理，在承诺期限内未答复的，视为对要约的拒绝。一般认为，沉默不具有意思表示的价值，不构成承诺，只有在狭义法律明确规定的情况下，沉默才可以构成承诺，法律对默示沉默的规定往往基于诚信原则。

第二，双方约定默示条款后，实际履行中就工程结算达成合意的，该合意相当于双方变更了原默示条款的约定，此情形下，不再适用默示条款。

第三，承包方未有效送达竣工结算文件，如未书面送达或送交的签收人不是发包方的有权代表，发包方又不予追认的，不适用默示条款。递交竣工结算文件不适用留置送达的方式。

第四，承包人提交的竣工结算资料不完整，且缺失的资料影响结算审核，如结算书缺页、变更资料不完整等，发包方及时提出异议，要求其补交，承包方不补交或虽予以补交但因补交资料导致未达到合同约定报送时间条件的，不适用默示条款。实践中存在争议的是有证据证明承包人提交的竣工结算文件不符合要求，发包人未予答复的，是否适用默示条款？我们倾向认为，在有证据证明承包人提交的竣工结算文件不符合要求影响结算审核的情况下，不应适用默示条款。

2. 建设工程施工合同无效，默示条款的效力问题。

建设工程施工合同无效情况下，关于默示条款的效力问题，主要有以下两种观点：观点一，建设工程施工合同无效，该条款也无效；观点二，该条款属结算条款，建设工程施工合同无效，参照适用。

我们倾向观点一。主要理由：建设工程施工合同无效情况下，"合同关于工程价款的约定"仍发挥作用，此处"合同关于工程价款的约定"主要指建设工程施工合同确定的总金额、工程款计价方法、计价标准、价格调整等与工程价款有关的约定。默示条款不属于上述条款。

【规范指引】

《民法典》第 807 条；《施工合同解释（一）》第 21 条。

## 问题 3：结算协议签订后，能否主张索赔事项

【案例 1】内蒙古某房地产开发有限公司与某城市建设发展有限公司建设工程施工合同纠纷案[①]

2014 年内蒙古某房地产开发有限公司（以下简称某房开公司）作为发包方与某城市建设发展有限公司（以下简称某城建公司）作为承包方签订了三份《工程施工合同》。合同签订后，某城建公司进行施工。但某房开公司长期拖延支付工程款，导致工程自 2014 年 11 月起一直处于停工状态。2016 年 12 月 2 日，某城建公司以特快专递的形式向某房开公司发出《关于解除某项目相关施工合同的函》。

一审法院受理本案后，2017 年 3 月 18 日，某房开公司与某城建公司形成了会议纪要和结算协议，结算协议内容如下：关于由某城建公司承建的某国际社区一期别墅区工程，双方已解除合同，已完工程经验收合格。双方就三份施工合同进行了结算工作，就结算事宜达成一致，特订立协议明确如下：（1）以上三份合同最终结算总金额为 99 801 600 元。（2）上述结算金额为含税金额，且为某城建公司完成本工程应获得的全部和最终的结算总额。结算协议签订后，双方承诺放弃对彼此其他任何形式的费用请求或索赔。现某房开公司主张，其实际代扣代缴的建设工程社会保障费、农民工工资保障金、招标代理费、垫付的煤款以及水费和应代扣代缴尚未缴纳的建设社会保障费、安全措施费、工程交易费、总包配合费等相关费用 6 848 666.5 元应作为已付工程款，虽然施工合同解除，但仍应按照合同约定在剩余应付工程款中相应抵扣。

---

① 参见内蒙古自治区高级人民法院（2017）内民初 12 号民事判决书、最高人民法院（2017）最高法民终 883 号民事判决书。

一审法院认为，本案诉讼过程中，某房开公司与某城建公司就结算事宜形成会议纪要和结算协议，该金额包括但不限于以下内容：已完工程造价、剩余材料、合同约定的预期利润、资金利息、违约金、停工索赔等一切与本项目相关的所有费用，故某房开公司抗辩主张在此结算基础之上，再扣除农民工工资保障金、招标代理费等费用的主张不予支持。

最高人民法院二审判决维持原判。最高人民法院二审认为，某房开公司与某城建公司就最终结算总金额形成会议纪要并达成结算协议，明确约定"三份合同已经解除，最终结算总金额为 99 801 600 元，上述结算金额为含税金额，且为某城建公司完成本工程应获得的全部和最终的结算总额，亦是双方结算争议事项的最终解决"。双方承诺"放弃对彼此其他任何形式的费用请求或索赔"。从合同文义和目的来看，该结算协议是有关施工合同解除后为解决双方纠纷而订立，是对有关纠纷的"一揽子"解决。"放弃对彼此其他任何形式的费用请求或索赔"的表述表明了这一结算金额是各方磋商、互谅的最终结果，不应再有任何扣减。某房开公司关于扣减有关费用的主张，不予支持。

**【案例 2】中国某局（集团）有限公司、大连某房地产开发有限公司等建设工程施工合同纠纷案**[①]

中国某局（集团）有限公司（以下简称中建某局）不服辽宁省高级人民法院（2020）辽民终 893 号民事判决，向最高人民法院申请再审。中建某局称，二审法院关于案涉《工程（结）算书总表》不能证明大连某房地产开发有限公司（以下简称某房开公司）已放弃主张中建某局承担逾期竣工违约责任的权利这一认定没有事实和法律依据，某房开公司已不具备再向中建某局主张工程逾期竣工违约金的请求权基础。（1）竣工结算书是经双方审核确认后的结算意见，属于合同双方进行工程价款清结的最终依据，是双方对包括逾期竣工违约责任在内的全部债权债务作出的最终处理约定。（2）以房抵款协议书是履行双方之间全部债权债务的体现。从双方在 2019 年年初签订的以房抵款协议书可以看出，该协议书是履行结算的方式。在该协议书及第一次抵房协议书中，某房开公司均未提出延误工期违约的问题，且 2019 年年初签订的协议书中亦明确了"甲方、乙方之间的结算已完成"，应视为某房开公司

---

[①] 参见辽宁省高级人民法院（2020）辽民终 893 号民事判决书、最高人民法院（2021）最高法民申 4117 号民事裁定书。

认可工期顺延，已放弃主张中建某局承担逾期竣工违约责任的权利。(3) 假使中建某局对案涉工程工期延误负一定责任，则根据权利义务对等原则，某房开公司亦应对其造成延误工期180天承担违约赔偿责任。中建某局之所以未主张这部分损失，也是基于双方在签订《工程（结）算书总表》过程中已协商互不追究违约责任的终局性约定。

某房开公司辩称，关于某房开公司是否已经放弃逾期竣工违约金请求权的问题。双方在《总承包工程施工合同》第10.4条明确约定了工程逾期竣工的违约责任。根据一、二审法院查明的事实，中建某局逾期竣工197天属实。基于此，某房开公司有权要求中建某局承担逾期竣工违约责任。中建某局主张某房开公司已经放弃该请求权没有事实和法律依据。权利的放弃应该明示作出，并且竣工决算（结算）是对整个工程价值的确定，是相对于工程预算而言，决算过程不涉及应付款、已付款、未付款的处理，也不涉及相关合同权利的处分。中建某局认为某房开公司未在工程决算时主张即视为放弃，欠缺必要的法律逻辑。因此，不管是工程决算还是之后以房抵顶工程款的协议中，虽未提及逾期竣工的违约责任问题，某房开公司亦未明确放弃，随时可以主张。

最高人民法院经审查，驳回中建某局的再审申请。

最高人民法院认为，中建某局应否在本案中承担逾期竣工违约责任，关键在于案涉《工程（结）算书总表》能否被视为双方最终结算协议。工程竣工结算协议作为双方终结建设工程施工合同法律关系的重要依据，原则上应能体现双方对于终结合同权利义务关系的洽商过程，包括对施工合同履行情况进行的总结和评价，以及各自在施工合同中权利义务的检视和妥协，原则上内容应当包括工程结算范围、工程结算造价、权利义务的保留或放弃及监理单位确认等主要条款。而案涉《工程（结）算书总表》仅是双方以表格形式对案涉工程量及对应价款进行的简单罗列和确认，没有以文字形式对双方总体权利义务进行清理，亦没有特别标注逾期施工责任，仅是结算协议的重要依据或组成部分，并不是完整的权利义务清理文件。因双方未签订终局性的结算协议，双方在《工程（结）算书总表》上盖章，不影响任何一方后续主张该表未载明的责任。二审法院认定中建某局应当承担逾期竣工违约责任，有所依据，中建某局该项申请再审理由不能成立。

【分析】

建设工程施工过程中，受施工现场条件、施工进度、物价变化、施工图纸的变更等因素影响，不可避免会出现工期延误、窝工损失等索赔事项，索赔是工程承包中的普遍现象。但发承包方为尽快完成项目工作，当发生上述行为时难以做到及时索赔。项目工程竣工后，双方达成结算协议，若该结算协议中对索赔事项进行了明确约定或另行达成补充协议，一方据此提出请求，自无他异。但若结算协议中未就上述事项明确约定且无其他补充协议，发承包方能否再主张索赔？目前相关法律对此问题尚无明确规定。实践中存在以下观点。

观点一：结算协议具有终局性，是发承包方共同参与、审核后确定的结果，结算协议中未确认的事项，应视为在协商过程中予以放弃，故除非约定保留索赔权利，否则不可再主张索赔事项。

观点二：权利放弃应有明确声明，未声明放弃索赔权利的情况下，即便结算协议是最终结算协议，也应允许当事人再主张索赔事项。

我们倾向认为，结算协议中未就上述事项明确约定且无其他补充协议，发承包方还能否再主张索赔事项，应从结算协议的内涵着手，区分结算协议是否具有终局性而定。《建设工程价款结算暂行办法》第3条规定，建设工程价款结算，是指对建设工程的发承包合同价款进行约定和依据合同约定进行工程预付款、进度款、竣工款结算的活动。第14条规定，工程完工后，双方应按照约定的合同价款及合同价款调整内容以及索赔事项，进行工程竣工结算。故工程结算包括工程价款结算和索赔结算两个部分，是发包方与承包方就工程建设项目的工程造价、其他应付款（含保证金、索赔款、奖励款等）及已付款、应扣款、质保金、付款计划等各方面内容进行协商，据以确定最终欠付金额及后续履行的过程。通常意义的结算协议应指工程项目竣工后就工程价款、垫资利息、奖罚款、违约金、索赔等与施工合同相关的全部债权债务达成的"一揽子"协议，俗称"大结算"。但由于发承包双方主客观原因，项目工程竣工后，双方达成的结算协议有时仅涉及工程实体的价款结算，并不涉及索赔等其他事项，俗称"小结算"。如果结算协议是包含合同价款、合同价款调整内容以及索赔事项等在内的"大结算"，该结算协议具有终局性，原则上不允许当事人再主张索赔事项；如果结算协议仅针对工程实体的价款结算，该结算协议不具有终局性，除非结算协议明确双方就其他事项没有争议，否则发包人、承包人达成的工程价款结算协议，只是明确了双方当事人对工程实体的价款并无争议，不等于对其他事项已经达成一致，故原则上应允许当事人主张索赔事项。这一观点亦符合最高人民法院在上述两个案例判决中体现的裁判思路。

"大结算"情形下,当事人不得主张索赔事项的理论考量如下:"一揽子"结算协议实质上是当事人之间形成的新的债权债务关系,是对既存债权债务的结算与清理的法律行为,对双方均有约束力。因此,即便该结算协议中未明确声明放弃此前已经存在的索赔事项,一方当事人事后以遗漏等为由主张索赔事项的,应按照法律行为的规则进行审查,如可以依据《民法典》第147条的规定,以重大误解为由主张撤销。

在判断结算协议是否具有终局性时,应审慎审查签订结算协议的时间、背景、过程,结算协议内容,签订结算协议时有无主张索赔以及未涉及索赔事项的原因等,具体案情具体分析,实事求是地探求当事人在签订结算协议时的真实意思。一般情况下,以下情形应视为具有终局性的结算协议。

1. 若结算协议中约定"双方承诺放弃对彼此其他任何形式的费用请求或索赔""双方互不追究违约责任""双方均同意无论任何时候都不再因为本工程工期、质量及本协议签订之日以前延期付款利息提出任何异议及费用主张""除非补充合同另有约定,双方就本工程的工期、质量互不向对方另行主张违约或赔偿责任"等,应视为具有终局性的结算协议,发承包人在结算后再主张索赔事项,不予支持。前述最高人民法院(2017)最高法民终883号民事判决书即持此观点。

2. 若发承包方曾经向对方提出索赔事项,但事后达成的结算协议中未涉及索赔事项或只涉及部分索赔事项,应视为发承包方对未涉及的索赔事项予以放弃,发承包方在结算后再主张索赔事项,不予支持。

3. 建设工程施工合同条款约定较为简单,结算协议也仅载明"发包方欠付工程款若干元",此情形下,除非主张索赔一方能够证明该欠付金额仅为工程实体价款部分,否则视为包括索赔争议在内的具有终局性的结算协议。

## 问题 4:约定以行政审计为工程款结算依据的问题

1. 建设工程施工合同约定以行政审计为工程款结算依据的,按约定处理。但行政审计于提交结算材料后非因承包人原因未在合理时间内出具,承包人主张支付工程款的,人民法院应予支持;承包人申请司法鉴定确定工程价款的,人民法院应予以准许。

**【案例 1】唐山某旅游区旅游开发建设有限公司与北京某港口工程有限公司建设工程施工合同纠纷案**①

2011 年 9 月 15 日，北京某港口工程有限公司（以下简称某港口工程公司）与唐山某旅游区旅游开发建设有限公司（以下简称某旅游开发公司）签订了《某客运码头 BT 项目合同》及《某道 BT 项目合同》，合同约定某旅游开发公司将某旅游区内的某景观道和某客运码头项目委托某港口工程公司以 BT 方式融资进行建设并最终移交某旅游开发公司。合同同时明确约定某景观道工程暂定为 287 948 473 元，某客运码头暂定为 2.53 亿元，以审计部门报告金额确定最终回购价款。同时，合同明确约定工程竣工之日起第 1 个月某旅游开发公司支付第一笔款，审计结束后第 12 个月付第二笔款，第 24 个月支付第三笔款，支付比例分别是合同价款的 40%、30%、30% 加合同价款乘以融资费率之和等。

2016 年 5 月，某港口工程公司将全部工程结算资料交某旅游开发公司委托行政审计，至今未出具正式审计结果。现某港口工程公司请求司法鉴定确认双方争议部分工程款为 6.6 亿元（以司法鉴定意见为准）并依法判令某旅游开发公司给付某港口工程公司工程欠款 6.6 亿元（以司法鉴定意见为准）。双方通过一审法院进行工程造价鉴定。鉴定单位出具初步意见后，双方提出异议，鉴定单位复核后出具了意见书，并到庭接受了质询。双方对鉴定意见予以认可，一审法院对鉴定意见予以采信，涉案工程款数额为 149 793 073.987 元。

河北高院一审认为，虽然双方约定审计结束后第 12 个月付第二笔款，第 24 个月支付第三笔款。但是 2016 年 5 月某旅游开发公司对涉案全部工程进行审计，至今未出具正式审计结果。现在工程款数额已经司法鉴定确定，某旅游开发公司使用全部工程 3 年多，某港口工程公司要求某旅游开发公司支付全部工程款合乎情理，一审法院予以支持。

最高人民法院二审认为，某旅游开发公司虽认为，即便将鉴定意见视为审计报告完成，根据双方合同约定，剩余第二笔、第三笔款项的付款时间节点应当是在判决生效之后的第 12 个月和第 24 个月，现在还没到应当支付的时间。但因工程施工资料不全等，涉案工程的审计工作进展缓慢，自 2016 年

---

① 参见河北省高级人民法院（2018）冀民初 29 号民事判决书、最高人民法院（2019）最高法民终 136 号民事判决书。

5月某港口工程公司将结算资料交付某旅游开发公司开始，截至本案诉讼发生时，已历经两年多，审计结论一直无法形成。一审法院虽未对造成无法正常审计问题在双方当事人之间作出明确的责任认定，但是如果采信某旅游开发公司关于支付款项必须严格依照合同约定以审计结论形成后才能确定时间节点的抗辩主张，在本案审计结论长期无法形成的特殊情况下，对某港口工程公司明显有失公允。鉴于某旅游开发公司自2014年11月接收项目投入使用起，已经长达数年，一审法院判令其一次性全部支付剩余尚欠工程款，并无不妥，二审判决维持原判。

【案例2】黄某某、郴州市某投资集团有限公司与湖南某某建设工程（集团）有限公司、湖南某建筑工程有限公司建设工程施工合同纠纷案[①]

2010年4月26日，黄某某与湖南某某建设工程（集团）有限公司（以下简称某建设公司）签订协议书，约定郴州市苏仙湖、王仙湖提质建设工程项目（以下简称两湖建设项目）的投标以某建设公司的名义进行，并以某建设公司的名义对外享有相关权益，项目的资金投入、实际施工等均由黄某某负担和实施，实际权益由黄某某享有。同日，黄某某与某建设公司、湖南某建筑工程有限公司（以下简称某建筑公司）签订《联合承建某投资公司苏仙湖、王仙湖提质建设工程协议书》，约定某建设公司和某建筑公司组成联合体公司投标两湖建设项目，项目前期工程由某建设公司和某建筑公司统一办理，项目中标后两公司收取黄某某管理费。2010年9月20日，联合体公司与郴州市某投资集团有限公司（以下简称某投资公司）签订施工合同，约定合同价款为62 417 655.62元。合同专用条款第25.2条约定，本工程实行按实结算，结算造价以郴州市政府审计部门按合同约定并根据省政府192号文件规定的期限内完成审核确定的结算数额为准。2013年11月20日，王仙湖项目通过综合竣工验收。2014年4月2日，苏仙湖项目通过综合竣工验收。

2014年7月，联合体公司向某投资公司递交竣工结算书，称两湖建设项目及增补工程总结算金额为27 119.112 213 6万元。2014年1月7日，某投资公司向郴州市审计局出具《关于郴州市苏仙湖、王仙湖项目竣工结算报送审计的函》，该函相关资料显示某投资公司对两湖建设项目及增补工程审定金额为24 390.062 733万元，请求郴州市审计局进行审计。

---

① 参见湖南省高级人民法院（2017）湘民初38号民事判决书、最高人民法院（2020）最高法民终630号民事判决书。

截至黄某某起诉之日,审计报告仍未出具,现黄某某要求某投资公司支付工程款及利息。经黄某某申请,一审法院委托鉴定机构出具工程造价鉴定意见书和会计鉴定意见书。一审审理过程中,郴州市审计局于2018年2月2日出具郴审报〔2018〕26号审计报告。

一审法院认为,审计报告未完全依照合同约定的计价方式进行审计,如依据审计报告将违反合同约定,故不予采纳。另,本案司法鉴定程序合法,司法鉴定意见书翔实、客观,应作为本案工程结算的依据。某投资公司不服一审判决,上诉称应以郴审报〔2018〕26号审计报告为结算依据。

最高人民法院二审判决维持原判。最高人民法院二审认为,王仙湖项目于2013年11月20日竣工验收,苏仙湖项目于2014年4月2日竣工验收,原审认定案涉工程于2014年4月2日整体验收交付使用,并以该日作为支付欠付工程款之日,并无不当。某投资公司主张至起诉时,政府审计报告尚未作出,付款条件未成就,原审以案涉工程竣工验收之日作为利息起算点没有依据。本案为普通建设工程项目,并非必须由政府审计,且政府审计报告于工程竣工验收、施工方提交结算材料后三年多仍未出具,本身已有违合同约定和相关规定,某投资公司的该项主张没有法律依据,法院不予采信。

【分析】

对于一些政府投资的建设工程,一般需要行政审计。建设工程施工合同价款结算应否以行政审计结论为依据的问题,早年各地存在不同做法。随着法治建设的深入推进,目前对该问题已经有了统一的观点:行政审计是国家对建设单位基本建设资金的监督管理,属纵向的行政管理关系,而发包人、承包人之间建设工程施工合同的履行是平等主体之间的民事关系,二者不属于同一法律关系,发承包双方之间应遵循民事法律规范中的意思自治原则。在建设工程施工合同没有明确约定的情况下,发包人不得主张以行政审计作为工程价款结算的依据;建设工程施工合同约定以行政审计为工程款结算依据的,按约定处理。实践中遇到一类问题,合同虽约定以行政审计作为工程款结算依据,但行政审计久拖不决,导致承包人在竣工验收后很长时间内无法拿到工程款,承包人起诉主张支付工程款,此情形下,法院该如何处理?主要有以下两种观点。

观点一,应遵循合同约定,行政审计未有结论的情况下,承包人主张付款的条件不具备,法院不应支持承包人主张。

观点二,法院应审查行政审计久拖不决的原因,如果非因承包人原因未在合理时间内出具，此时任由承包人在竣工验收后很长时间内拿不到工程款，对承包人不公平，法院应在查清事实的基础上，支持承包人主张支付工程款的诉讼请求。承包人主张通过司法鉴定确定工程价款并主张支付工程款的，应予支持。

我们倾向第二种观点。

2. 行政审计报告存在明显不合理、不客观之处，该行政审计结论可以不作为结算依据。

【案例】海南某开发有限公司与海南某建设工程有限公司建设工程施工合同纠纷案[①]

海南某开发有限公司（以下简称某开发公司）不服原审法院根据《鉴定意见书》确定的案涉工程价款，向最高人民法院申请再审，请求改判原判决第一项为按照海南省三亚市审计局出具的《审计报告》（三审投报〔2018〕86号）确定工程结算价款，并在此基础上判决某开发公司仅应向海南某建设工程有限公司（以下简称某建公司）支付剩余工程款 6 776 458.03 元；或者，对案涉工程造价重新鉴定，并根据该结果改判某开发公司应向某建公司支付的工程款数额。

某开发公司申请再审称，原审法院"以鉴代审"。本案鉴定过程中，《施工合同》和财评单价明细均已作为送鉴材料提交给鉴定机构。然而，鉴定机构却未按照合同约定的"预算单价"（财评单价）进行工程造价鉴定，而按照定额方式另行组价并据此出具了《鉴定意见书》。原审判决认定某开发公司与某建公司签订的《施工合同》合法有效，即应按照双方约定的计价和结算方式确定案涉工程的工程价款。双方当事人已经明确在《施工合同》中约定以财评单价计算工程结算价款，并应以政府审计部门的评审结果作为结算依据，故应当尊重当事人的意思自治，以行政审计结果作为竣工结算的依据，不应以鉴定意见作为依据，更不应在鉴定过程中另行组价。因此，在三亚审计局已经就案涉工程出具《审计报告》的情况下，根据《施工合同》的约定，应当将《审计报告》作为结算依据。

某建公司提交意见称，原审法院与鉴定机构各司其职，不存在"以鉴代审"情形。原审期间，某开发公司有充分的时间，包括《鉴定意见书》作

---

① 参见海南省三亚市中级人民法院（2019）琼02民初4号民事判决书、海南省高级人民法院（2020）琼民终134号民事判决书、最高人民法院（2021）最高法民申1739号民事裁定书。

出后及一审判决后，但未提交带有附件2"工程预算清单"的《施工合同》。"财评单价"不等于预算单价，某开发公司在施工过程中亦并未同意将其作为结算价格使用。即使"财评单价"确实是作为合同附件2存在，但根据合同的约定，仍然无法得出"财评单价＝预算单价"的结论。鉴定报告对工程量及价格的确认均有合法依据。

经查，原审中某开发公司曾质询鉴定机构并认为其并未采取合同约定的定价标准，鉴定人员回复称送鉴的财评文件"未与合同装订成一本""未加盖骑缝章""并非合同附件"。送鉴材料系由某建公司送鉴、经过双方质证确认；又因《施工合同》属于认定本案基本事实的核心证据，且合同副本在送至鉴定机构前已经双方质证确认，某开发公司并未提出异议。故某开发公司于申请再审期间主张《鉴定意见书》未依据合同附件2中的财评单价明细和签证项目单价出具鉴定意见、原审法院因采信《鉴定意见书》导致认定事实有误等，理据不足，最高人民法院不予支持，驳回某开发公司的再审申请。

最高人民法院认为，一般而言，人民法院审理工程价款结算纠纷案件时，如果当事人明确约定"竣工结算以审计部门评审结果为准"，则应尊重当事人的意思自由，按照约定处理；这并不影响人民法院对行政审计机构出具报告的合法性、合理性负有审查义务及权力，实践中不宜不经审查就直接予以采纳。如经审查，确有证据证明行政审计意见存在明显不真实、不客观、不合理之处，该行政审计意见则不应作为认定案涉工程价款结算的依据。

【分析】

人民法院审理工程价款结算纠纷案件时，如果当事人明确约定以审计机关出具的审计意见作为工程价款结算依据的，原则上应尊重当事人的意思自由，按照约定处理。但人民法院仍应依职权对财政审计意见的合理性、客观性进行审查，不应不经审查直接采纳。如确有证据证明财政审计意见存在明显不真实、不客观、不合理之处，导致行政审计结算价与客观事实严重不符的，该审计意见不应作为认定案涉工程结算价款的依据，人民法院可以准许当事人以补充鉴定、重新质证或者补充质证等方法纠正审计意见存在的缺陷。上述方法不能解决的，应当准许当事人申请对工程造价进行鉴定。

## 问题 5：发包人与承包人在工程款已届清偿期时约定以房屋折抵工程价款问题的处理

发包人与承包人在工程款已届清偿期时约定以房屋折抵工程价款，承包人主张发包人交付房屋的，人民法院应着重审查该抵债协议是否存在恶意损害第三人合法权益等情形，避免虚假诉讼的发生。经审查不存在上述情况，且无其他无效事由的，人民法院应予以支持，并抵销相应工程款。依照《合同编通则解释》第 27 条第 2 款的规定，债务人或者第三人履行以物抵债协议后，人民法院应当认定相应的原债务同时消灭；债务人或者第三人未按照约定履行以物抵债协议，经催告后在合理期限内仍不履行，债权人选择请求履行原债务或者以物抵债协议的，人民法院应予支持，但是法律另有规定或者当事人另有约定的除外。从解释本意上看，当事人在债务履行期限届满后达成以物抵债协议的，抵债物未依约交付债权人时，债权人可以请求债务人交付抵债物或者请求债务人履行原债务，即对于违约尚未履行的以物抵债采用新债、旧债并存的新债清偿制度，债权人有选择权利。

【规范指引】

《合同编通则解释》第 27 条、第 28 条；《九民纪要》第 44 条。

## 问题 6：管理费问题

根据《工程造价术语标准》(GB/T 50875—2013) 的规定，管理费是指施工企业为组织施工生产和经营管理所发生的费用。一般而言，对于有效合同的管理费认定和收取问题没有争议，但是对于无效合同管理费如何认定的问题，我国法律法规以及相关司法解释均未作出明确规定。实践中，各地法院关于无效合同管理费的性质及裁判尺度并不统一，故有必要对管理费相关问题予以澄清。

**【案例 1】重庆市某基础工程有限公司与新疆生产建设兵团某建设工程（集团）有限公司等建设工程施工合同纠纷案**[①]

2011 年 5 月，乌苏市某房地产开发有限公司（以下简称某房开公司）与新疆生产建设兵团某建设工程（集团）有限公司（以下简称某建设公司）签订《建筑（安装）施工执行协议书》，约定某建设公司承建乌苏市四季花城项目工程。2011 年 6 月 14 日，某建设公司与重庆市某基础工程有限公司（以下简称某基础工程公司）签订《乌苏市四季花城建设项目分包合同》（以下简称《分包合同》），约定："某建设公司将某房开公司开发的乌苏市四季花城项目工程按全部合同责任转移的方式将实施主合同即某建设公司与某房开公司签订的合同的责任充分地完全地转移给某基础工程公司，某基础工程公司应以某建设公司名义履行主合同并执行主合同中约定的某建设公司全部责任和义务……某基础工程公司向某建设公司交纳管理费，小高层按工程结算价的 2% 缴纳，多层按工程结算价的 3% 缴纳（逐月按完成产值比例缴纳）……某建设公司为工程派出人员五名，其薪酬由某基础工程公司承担；某基础工程公司负责以某建设公司名义与业主某房开公司进行结算工作，按工程进度逐月及时提出工程结算单，经某建设公司审核、加盖印章后提交某房开公司审核批准，同时应报某建设公司备案。"

2013 年 12 月，某基础工程公司将已完案涉工程交付某房开公司。2016 年 4 月，某基础工程公司向某房开公司、某建设公司移交案涉工程的施工技术材料。某房开公司单方委托第三方对某基础工程公司已完工程作出《建设工程造价咨询审核定案书》，审定造价为 126 618 821.09 元，某基础工程公司提出应增加部分费用。就某建设公司已支付某基础工程公司工程款情况，某建设公司主张共计 148 849 978.01 元，某基础工程公司仅认可 106 180 591.78 元，某建设公司主张差额中有 3 154 158 元为代扣的管理费，某基础工程公司不认可该金额，并认为某建设公司对工程项目并未实施管理，也未参与结算和工程量申报工作，无权收取管理费。现某基础工程公司起诉要求某建设公司支付工程款（以鉴定意见为准）及利息并要求退还已收取的管理费 2 313 249.38 元。

一审法院认为，虽然案涉《分包合同》无效，但对于某基础工程公司已

---

[①] 参见新疆维吾尔自治区高级人民法院（2017）新民初 72 号民事判决书、最高人民法院（2020）最高法民终 860 号民事判决书。

完成的案涉工程造价的确定，可以参照《分包合同》中的结算条款。而《分包合同》中对于管理费的约定属于结算条款内容，且合同中约定了某建设公司向某基础工程公司案涉工程派出工作人员实施监督和管理。从实际履行看，根据双方举证情况，某建设公司实际派出工作人员对案涉工程施工进行了管理，且在双方对账过程中，某基础工程公司对某建设公司扣缴的管理费亦无异议。因此，某基础工程公司主张某建设公司返还已扣收管理费缺乏依据。一审法院在案涉工程造价中扣减了管理费 2 313 249.38 元及税金剩余部分 2 426 855.72 元，并查明欠付工程款后判决某建设公司支付某基础工程公司工程款 5 747 986.18 元及利息。

某基础工程公司不服一审法院对工程造价的认定，上诉至最高人民法院，要求改判某建设公司退还管理费 2 313 249.38 元。最高人民法院二审判决维持原判。

根据某建设公司与某基础工程公司签订的《分包合同》的约定，某基础工程公司需按照工程价款的一定比例向某建设公司支付管理费，其中小高层比例为 2%，多层为 3%。虽然《分包合同》无效，但某建设公司在某基础工程公司施工过程中配合其与发包方、材料供应商、劳务单位等各方进行资金、施工资料的调配和结算，并安排工作人员参与案涉工程现场管理，其要求某基础工程公司参照原约定支付管理费，并无不当。

【案例2】王某某、江某某、大庆某房地产开发有限责任公司等建设工程施工合同纠纷案①

2011 年 9 月，大庆某房地产开发有限责任公司（以下简称某房开公司）与某建设集团股份有限公司（以下简称某建设公司）签订《建设工程施工合同》，由某建设公司承建创业城二期续建项目十八标段工程。2011 年 9 月 19 日，某建设公司大庆分公司与王某某签订内部承包合同，江某某为某建设公司大庆分公司负责人。该合同约定：王某某按工程结算价款的 7% 上交管理费，王某某每年 12 月 20 日前按当年应交纳管理费 100% 上交。2011 年 11 月 2 日，某建设公司与江某某签订《建设工程施工承包合同》，约定：某建设公司将其承包的十八标段工程交由江某某施工，合同价款暂定为 17 988 万元；工程结算由某建设公司配合江某某在规定时间内与某房开公司结算，按某建

---

① 参见黑龙江省高级人民法院（2015）黑民初字第 12 号民事判决书、最高人民法院（2020）最高法民终 79 号民事判决书。

设公司与某房开公司签订的合同执行。

施工过程中，某房开公司、管理局向某建设公司支付工程价款，某建设公司已全额转付给江某某。江某某自 2011 年 11 月 19 日至 2013 年 10 月 14 日将工程价款陆续支付给王某某。江某某计算付款数额为 30 985 495.67 元，王某某不认可其中的 3 743 879.67 元。王某某现起诉要求江某某、某房开公司、管理局、某建设公司支付工程款合计 68 580 589.15 元及利息。

一审法院查明，王某某施工部分工程总价款为 57 645 515.1 元。依据王某某已出具的收到上述款项的收条确认案涉工程已付款数额为 30 985 495.67 元。某房开公司承担直接给付王某某工程欠款 1 959 272.42 元的义务。江某某对余款提出抗辩称，王某某应承担 6.35% 的税金与 7% 的管理费。

因王某某不具备建设工程施工资质，内部承包合同无效。但江某某提供了其在施工现场项目部雇佣人员、组织会议、对上对下协调、购买团体保险、签订相关合同等证据，体现其对案涉工程履行了一定的管理义务，江某某参照内部承包合同主张 7% 的管理费，标准过高，一审法院依据公平原则，酌定按工程价款的 2% 计算管理费为 1 113 724.85 元。故王某某取得工程价款应承担相应的税金与管理费共计 4 649 801.26 元，江某某应给付王某某工程欠款 20 050 945.75 元。

江某某不服一审法院判决，上诉至最高人民法院。江某某认为，其是案涉工程的实际施工人，其与王某某在内部承包合同中约定了江某某收取案涉工程价款的 7% 作为管理费，对各方均有拘束力。二审查明，某房开公司应当向王某某支付的工程价款，也应当计取江某某的管理费。最高人民法院二审撤销原判，改判江某某支付工程款金额 20 011 760.3 元。

最高人民法院认为，关于江某某应否收取管理费及管理费比例问题，江某某提供证据证明其为案涉工程的施工建设雇佣管理人员、组织会议、上下协调、购买保险，江某某对案涉工程履行了管理义务，一审法院判决王某某向其支付一定的管理费，并无不当。因江某某并不具有建筑工程施工和管理的资质，一审法院认为内部承包合同中约定江某某收取工程造价 7% 的管理费标准过高，酌定将管理费率降低至 2%，并无不当，予以维持。

【分析】

司法实践中，对管理费问题如何处理存在以下几种观点。

观点一，挂靠情形下，因挂靠行为无效，被挂靠人主张的管理费属于自然之债，挂靠人主张被挂靠人返还已支付的挂靠费，或被挂靠人主张挂靠人支付挂靠费的，人民法院均不应支持。

观点二，挂靠情形下，因挂靠行为无效，被挂靠人无权收取挂靠费，对已收取的挂靠费也应予以退还。

观点三，挂靠情形下，被挂靠人实际参与组织管理协调的，被挂靠人参照合同约定主张管理费的，可酌情予以支持。

我们倾向观点三，即实际参与管理说，被挂靠人就案涉工程实际参与组织管理协调的，被挂靠人参照合同约定主张管理费的，可以按照被挂靠人实际参与管理的情况，酌情予以支持。若合同约定费率过高，与被挂靠人就案涉工程实际参与管理之付出程度不匹配的，可酌情对双方约定的管理费比例进行调整和认定。需要说明的是，如果只是借用资质，未实际参与管理的，管理费如何处理？我们认为，在出借资质情形下，通常表现为出借资质人收取借用资质人一定管理费的有偿借用，在法律性质上更类似于资质租赁法律关系，利用国家授权的资质进行非法牟利，该行为严重扰乱了建筑市场秩序，本质上为不法原因给付，不应予以支持。同时参照《违法发承包认定查处办法》第14条的规定，应将违法线索移交行政机关并建议由行政机关将管理费予以收缴。

管理费应否收缴的问题。根据原《民法通则》第134条的规定，人民法院审理民事案件，可以收缴进行非法活动的财物和非法所得，故在《民法通则》有效施行的情况下，各地法院不乏直接作出收缴或发司法建议给建设行政主管部门予以收缴的做法。但《民法典》施行后，收缴非法所得的条款已经被删除，因为民法是调整平等主体之间人身、财产关系的法律规定，制裁性法律规定应当由行政法、刑法等其他法律解决。随着《民法典》的颁布施行，《施工合同解释（一）》随之删除了原先的收缴非法所得的规定，对管理费应否收缴的问题自无疑义。

# 第十章　建设工程施工合同案件工程价款优先受偿权纠纷常见争点与法律适用

## 第一节　建设工程价款优先受偿权纠纷概述

### 一、建设工程价款优先受偿权制度的立法沿革

《民法典》第807条规定了建设工程价款优先受偿权:"发包人未按照约定支付价款的,承包人可以催告发包人在合理期限内支付价款。发包人逾期不支付的,除根据建设工程的性质不宜折价、拍卖外,承包人可以与发包人协议将该工程折价,也可以请求人民法院将该工程依法拍卖。建设工程的价款就该工程折价或者拍卖的价款优先受偿。"该权利优先于抵押权和其他债权,以其强大的优先性使得承包人的合法权益得以最大限度地保障。

建设工程价款优先受偿权制度最早规定在《合同法》第286条,《民法典》第807条继受了该条规定,仅对个别用语进行了修改。2002年6月27日施行的原《工程款优先权批复》明确建筑工程的承包人的优先受偿权优于抵押权和其他债权;在行使范围上,建筑工程价款包括承包人为建设工程应当支付的工作人员报酬、材料款等实际支出的费用,不包括承包人因发包人违约所造成的损失;在行使期限上,期限为六个月,自建设工程竣工之日或者建设工程合同约定的竣工之日起计算。《最高人民法院关于装修装饰工程款是否享有合同法第二百八十六条规定的优先受偿权的函复》则指出,装修装饰工程属于建设工程,可以适用《合同法》第286条关于优先受偿权的规定等。2004年10月25日公布的原《施工合同解释》未对该问题进行规定。2018年

12月29日公布的原《施工合同解释（二）》第17~23条对建设工程价款优先受偿权作出了详细的规定，明确了优先受偿权的权利主体、行使条件、范围、行使期限等。2020年12月29日公布的《施工合同解释（一）》在吸收原《施工合同解释（二）》相关规定的基础上，在第35~42条对建设工程价款优先受偿权作出了翔实的规定，形成现行规范体系，条文对照如下（见表1），其中在建设工程价款优先受偿权的法定保护期限及起算点方面存在较大调整（见表2）。

表1 司法解释关于建设工程价款优先受偿权的条文对比

| 条文要旨 | 《施工合同解释（一）》相关规定 | 原《施工合同解释（二）》相关规定 |
| --- | --- | --- |
| 优先受偿权的权利主体 | 第三十五条 与发包人订立建设工程施工合同的承包人，依据民法典第八百零七条的规定请求其承建工程的价款就工程折价或者拍卖的价款优先受偿的，人民法院应予支持。 | 第十七条 与发包人订立建设工程施工合同的承包人，根据合同法第二百八十六条规定请求其承建工程的价款就工程折价或者拍卖的价款优先受偿的，人民法院应予支持。 |
| 优先权顺位 | 第三十六条 承包人根据民法典第八百零七条规定享有的建设工程价款优先受偿权优于抵押权和其他债权。 | 无相关规定。 |
| 装饰装修工程承包人优先受偿权的行使条件 | 第三十七条 装饰装修工程具备折价或者拍卖条件，装饰装修工程的承包人请求工程价款就该装饰装修工程折价或者拍卖的价款优先受偿的，人民法院应予支持。 | 第十八条 装饰装修工程的承包人，请求装饰装修工程价款就该装饰装修工程折价或者拍卖的价款优先受偿的，人民法院应予支持，但装饰装修工程的发包人不是该建筑物的所有权人的除外。 |
| 承包人优先受偿权的行使条件 | 第三十八条 建设工程质量合格，承包人请求其承建工程的价款就工程折价或者拍卖的价款优先受偿的，人民法院应予支持。 | 第十九条 建设工程质量合格，承包人请求其承建工程的价款就工程折价或者拍卖的价款优先受偿的，人民法院应予支持。 |
| 未竣工工程承包人优先受偿权的行使条件 | 第三十九条 未竣工的建设工程质量合格，承包人请求其承建工程的价款就其承建工程部分折价或者拍卖的价款优先受偿的，人民法院应予支持。 | 第二十条 未竣工的建设工程质量合格，承包人请求其承建工程的价款就其承建工程部分折价或者拍卖的价款优先受偿的，人民法院应予支持。 |

| 条文要旨 | 《施工合同解释（一）》相关规定 | 原《施工合同解释（二）》相关规定 |
| --- | --- | --- |
| 建设工程价款优先受偿的范围 | 第四十条　承包人建设工程价款优先受偿的范围依照国务院有关行政主管部门关于建设工程价款范围的规定确定。<br>承包人就逾期支付建设工程价款的利息、违约金、损害赔偿金等主张优先受偿的，人民法院不予支持。 | 第二十一条　承包人建设工程价款优先受偿的范围依照国务院有关行政主管部门关于建设工程价款范围的规定确定。<br>承包人就逾期支付建设工程价款的利息、违约金、损害赔偿金等主张优先受偿的，人民法院不予支持。 |
| 优先受偿权的行使期限 | 第四十一条　承包人应当在合理期限内行使建设工程价款优先受偿权，但最长不得超过十八个月，自发包人应当给付建设工程价款之日起算。 | 第二十二条　承包人行使建设工程价款优先受偿权的期限为六个月，自发包人应当给付建设工程价款之日起算。 |
| 优先受偿权事前放弃的效力 | 第四十二条　发包人与承包人约定放弃或者限制建设工程价款优先受偿权，损害建筑工人利益，发包人根据该约定主张承包人不享有建设工程价款优先受偿权的，人民法院不予支持。 | 第二十三条　发包人与承包人约定放弃或者限制建设工程价款优先受偿权，损害建筑工人利益，发包人根据该约定主张承包人不享有建设工程价款优先受偿权的，人民法院不予支持。 |

表2　优先受偿权保护期限及起算点条文变化对比

| 优先受偿权保护期限及起算点 | 原《工程款优先权批复》相关规定 | 原《施工合同解释（二）》相关规定 | 《施工合同解释（一）》相关规定 |
| --- | --- | --- | --- |
| 法定保护期限 | 六个月 | 六个月 | 合理期限，最长不得超过十八个月 |
| 保护期限起算点 | 建设工程竣工之日或者建设工程合同约定的竣工之日 | 发包人应当给付建设工程价款之日 | 发包人应当给付建设工程价款之日 |

## 二、建设工程价款优先受偿权的制度价值及法律性质

### （一）制度价值

"优先受偿权来自罗马法，其后为法国民法、日本民法及其他大陆法系国家所继受。"[①] 设定优先受偿权，乃是法律赋予债权人的法定性权利，债权人与债务人虽未约定对债权设定某种担保性权利，但享有该特定权利的债权人在实现债权内容之时，直接依据法律规定，得以突破债的平等性，享有在受偿顺位上优先于其他债权人的权利。赋予承包人就工程折价、拍卖价款优先受偿的权利，具有显著的制度价值。

一是保障工程价款的及时清偿，提高经济流转效率。承包人通过建造行为，将劳务、材料等物化为建设工程，赋予优先受偿权可以激励其投入该项事业并充分保障其利益，有效解决拖欠工程款问题。在发包人怠于清偿债务之时，以工程本身作为折价拍卖并优先受偿的对象，有利于资源的合理利用，平衡各方群体在整个工程中的利益分配，从经济学的角度看符合"增值理论"（也称"物化理论"），是各方利益的最优解。[②]

二是保护建筑工人等弱势群体利益。法律将建设工程价款优先受偿权的主体明文规定为"承包人"，意在保障承包人雇用的下游建筑工人的劳动报酬，建筑工人的劳动价值已经物化在工程实体中，劳动力价格是工程款的组成部分，取得工程款是支付劳动报酬的前提条件。保障承包人的权益能够间接保护建筑工人的合法权益，对于促进社会的和谐稳定具有积极作用。

### （二）法律性质

对于建设工程价款优先受偿权的性质，理论上具有一定争议。比较主流的学说有三种：留置权说、法定抵押权说及法定优先权说。

1. 留置权说。留置权作为法定担保权，与建设工程价款优先受偿权在权利结构及法律效果上具有相似性。《民法典》第447条第1款对留置权定义如下："债务人不履行到期债务，债权人可以留置已经合法占有的债务人的动产，并有权就该动产优先受偿。"将建设工程价款优先受偿权置于上述留置权

---

[①] 谢在全：《承揽人抵押权之研究》，载我国台湾地区《月旦法学杂志》2001年第69期。

[②] 参见最高人民法院民事审判第一庭编著：《最高人民法院新建设工程施工合同司法解释（一）理解与适用》，人民法院出版社2021年版，第391页。

的特性之下进行比对分析，不难发现二者之间的显著差异：首先，将建设工程价款优先受偿权等同于留置权，无疑是对留置权客体范围的重大突破，因为建设工程作为不动产，显然不符合留置权仅针对动产的要求。更兼留置权以债权人合法占有债务人财产为前提，而建设工程作为优先受偿权的标的，其占有状态对于承包人而言并不具备现实性。其次，从权利行使与抗辩的角度来看，留置权的行使逻辑在于，债务人欲取回留置物，必先清偿债务；若经催告仍不履行，则留置权人有权对留置物进行变价并优先受偿。然而，建设工程价款优先受偿权并不赋予承包方对建设工程的直接占有权，其行使方式显然与留置权大相径庭。最后，在权利消灭的层面，留置权可以因债权人丧失占有或接受债务人提供的替代担保而归于消灭，但建设工程价款优先受偿权则因其法定性而独具一格，其存续并不受债权人是否占有标的物或接受其他担保的影响。

2. 法定抵押权说。法定抵押权，是指当事人根据法律的规定而直接取得的抵押权。司法实践中，支持该观点的曾占多数，因为该观点能够将建设工程价款优先受偿权这一独特权利融入既有的抵押权及担保物权框架之中，保留了其作为担保手段的核心价值，便于理解、运用。然而，将建设工程价款优先受偿权解释为法定抵押权可能会存在一些问题：一是现行法律体系中，抵押权被明确界定为意定担保物权，其设立与运作均遵循当事人意思自治的原则。法定抵押权的引入，无疑是对这一既定格局的突破。更为关键的是，建设工程价款优先受偿权在清偿顺位上的优先性，直接挑战了抵押权顺位确定的传统逻辑，即依据登记与否、设立时间先后等因素综合判定，这种优先性的无因赋予，难以在现有体系内找到合理的解释与归位。二是权利成立要件的显著差异。一般而言，不动产抵押权的设立以登记为必要条件，这是法律对物权变动公示公信原则的坚守。而建设工程价款优先受偿权则不然，其作为法定权利，无须经过登记程序，仅凭法定要件的满足即可主张，这种"无登记即生效"的特殊性，使得其在权利外观上与典型抵押权大相径庭。三是我国物权法在抵押权的设立上，主要聚焦于法律行为引起的物权变动，而对于因事实行为直接产生的抵押权情形，则缺乏明确的规范指引。如将建设工程价款优先受偿权归入法定抵押权，对于规范适用存在基础障碍。

3. 法定优先权说。在我国法律体系中，法定优先权这一概念广泛散布于《民法典》及多部民商事单行法的具体条文中，诸如《海商法》关于船舶优先权的细致规定，以及《民用航空法》中民用航空优先权的明确条款，均为其典型体现。此类法定优先权的设立，深植于立法者对于特定社会群体利益保护的深切考量之中，它们作为法律对常规权利顺位原则的超越性安排，直接赋予了部分主体以优先受偿的特权地位。值得注意的是，《最高人民法院关于对人民法院调解书中未写明建设工程款有优先受偿权应如何适用法律问题的请示的复函》（〔2007〕执他字第11号）将建设工程价款优先受偿权正式确认为一种法定优先受偿权，该观点亦在司法实践中为大多数人所接受。当前，以《民法典》第807条为核心，围绕建设工程价款优先受偿权构建的特别规则体系已日渐完善，形成了一个内容丰富、结构严谨的法律框架，为实践中的操作与适用提供了坚实的法律支撑与指导。

在理解和适用建设工程价款优先受偿权的法律规则时，我们须把握其两大核心特性：法定性与优先性。前者强调了该权利的来源与依据，即它是由法律直接赋予承包人的一项特权，无须当事人之间的特别约定；后者则揭示了该权利在清偿顺序上的特殊地位，即在特定条件下，其优先于其他债权乃至抵押权得到清偿。

同时，我们还应深刻领会相关法律规定背后的立法智慧与价值取向。这些规定不仅旨在通过赋予承包人建设工程价款优先受偿权，确保建筑工人的辛勤付出能够获得应有的经济回报，进而维护社会稳定与公平正义；同时，也兼顾了与其他合法权利人之间的利益平衡，力求在多元利益冲突中寻求合理的解决方案，促进社会的和谐共生与可持续发展。

## 第二节　建设工程价款优先受偿权纠纷常见争点

### 一、优先受偿权的行使主体

（一）概述

建设工程价款优先受偿权的行使主体为承包人，须为直接与发包人订立建设工程施工合同的承包人。《施工合同解释（一）》在第35条规定："与发包人订立建设工程施工合同的承包人，依据民法典第八百零七条的规定请求其承建工程的价款就工程折价或者拍卖的价款优先受偿的，人民法院应予支持。"从文义解释可知，只有与发包人订立建设工程施工合同的承包人，才可以行使建设工程价款优先受偿权。如本书第五章施工合同主体中所述，承包人在工程建设实践中是相对宽泛的概念，有时也称承包单位、施工企业或者施工人，包括总包人与分包人等，而其中有权作为建设工程价款优先受偿权行使主体的，必须是与发包人具有直接合同关系的承包人。因建设工程价款优先受偿权制度的目的是通过赋予承包人优先权，达到对农民工等建筑工人工资权益的优先保护，故而建设工程价款优先受偿权制度仅适用于建设工程施工合同。虽然建设工程勘察合同、设计合同、监理合同均属于建设工程合同，适用同一法律规则，但是该合同的相对方工程勘察人、设计人或监理人，均不属于建设工程价款优先受偿权的主体。另外，《施工合同解释（一）》第37条规定："装饰装修工程具备折价或者拍卖条件，装饰装修工程的承包人请求工程价款就该装饰装修工程折价或者拍卖的价款优先受偿的，人民法院应予支持。"因装饰装修施工合同属于具有施工内容的类型化合同，与建设工程施工合同无异，该合同的承包人亦应为建设工程价款优先权的行使主体。

（二）常见争点

## 争点1：合同效力对于承包人作为建设工程价款优先受偿权的权利主体有无影响

在审判实践中，发包人及其债权人，如抵押权人，常以施工合同无效为由，主张承包人无权依据无效合同来主张工程价款的优先受偿权。对此，存在两种主要观点：一种观点认为，即使施工合同无效，但建设工程经验收合格的，承包人仍有权参照合同主张工程款，并相应地主张建设工程价款优先受偿权；另一种观点则坚持，建设工程价款优先受偿权应以合同有效为前提，合同无效时，承包人享有的是折价补偿请求权，而非工程款债权，因此在合同无效的情形下，承包人不得作为优先受偿权的权利主体。

我们倾向支持第一种观点，即合同效力不应影响承包人作为建设工程价款优先受偿权的权利主体。首先，施工合同无效的原因多种多样，其中不乏由发包人责任导致的情形，如因发包人未取得建设工程规划许可证而导致合同无效。在此类情况下，若将合同效力作为优先受偿权主体主张权利的前提，无疑是将合同无效的不利后果全部归于承包人，这显然对承包人并不公平。其次，从制度设立的目的来看，赋予承包人工程价款优先受偿的权利，旨在保护建筑工人的工资权益。然而，司法实践中发现，建设工程领域仍存在相当比例的施工合同无效的情形。若将合同效力作为承包人主张权利的前提，将导致大量承包人无法行使权利，从而难以实现该制度设立的目的。[①] 最后，尽管施工合同可能无效，但如果建设工程质量经验收合格，承包人有权参照施工合同的约定向发包人主张工程折价补偿款。在此情形下，赋予其建设工程价款优先受偿权，既符合法律、司法解释的规定，也体现了影响承包人是否享有主张工程款债权的关键在于其施工的工程是否经验收合格，而非合同效力。因此，我们更倾向认为，合同无效并不影响承包人依法享有建设工程价款优先受偿权。

## 争点2：实际施工人是否享有建设工程价款优先受偿权

既然合同无效不影响承包人作为建设工程价款优先受偿权的主体，那么对于转包、违法分包等情形下，基于无效合同进行工程施工的实际施工人能否作为建设工程价款优先受偿权的权利主体，司法实践长期以来存有争议。一种观点认为，实际施工人属于优先受偿权的主体。其理由在于，施工合同虽然无效，但是实际施工人是建设工程真正的建造者，建设工程经验收合格，实际施工人可以主张相应工程价款。基于类推原则，既然施工合同无效不影响实际施工人主张工程价款，那么同样不应影响其主张优先受偿权。另一种观点认为，实际施工人不属于优先受偿权的主体。这一观点的依据是，《民法典》及《施工合同解释（一）》有明确规定，享有优先受偿权的主体是承包人，而非实际施工人。若允许实际施工人享有优先受偿权，可能会鼓励其违法行为，因此不应予以支持。

我们倾向第二种观点，即实际施工人一般不属于建设工程价款优先受偿权的行使主体。首先，司法解释赋予实际施工人有条件地向发包人主张工程价款的权利，但这与建设工程价款优先受偿权并无必然联系。其次，原《工程款优先权批复》时代，有观点曾认为可对原《合同法》第286条规定的

---

[①] 该观点亦是多地法院审判实践或司法文件所采观点。

"承包人"从广义上理解，应包括基于无效合同进行建设工程施工的实际施工人。但原《施工合同解释（二）》和《施工合同解释（一）》已有明确规定，只有与发包人订立施工合同的承包人才能行使工程价款优先受偿权。而实际施工人与发包人之间并不存在合同关系，在转包或违法分包的情形下，其合同相对方并非发包人，因此不符合司法解释规定的权利主体条件。最后，从实际操作层面来看，实际施工人难以实现建设工程价款优先受偿权的行使条件。"无论是转包还是违法分包，多数情况均未经过发包人同意，发包人不可能认可实际施工人这一主体的存在，更不会同意与之协议将工程折价。在肢解转包或者违法分包的情形下，实际施工人因折价所得款项只占全部工程价款的一部分，其请求拍卖工程不具有合理性。即使全部转包，由于转包人即承包人形式上仍维持与发包人之间的承包关系，实际施工人难以履行行使优先受偿权应有的催告、协商等程序。"[①] 从平衡建筑工人权益的保护与交易安全的角度出发，我们认为实际施工人一般不属于建设工程价款优先受偿权的行使主体。

关于总承包人或者转包人怠于行使建设工程价款优先受偿权时，实际施工人能否在代位权诉讼中，主张代位行使转包人、违法分包人的优先受偿权，本书第五章第三节已有述及，在此不再赘述。

## 争点 3：分包人是否享有建设工程价款优先受偿权

分包人，特别是劳务分包人能否成为建设工程价款优先受偿权的主体？我们认为，依据《施工合同解释（一）》之规定，建设工程价款优先受偿权的行使主体，通常不涵盖分包人。此乃因分包人并未与发包人直接签订施工合同，故其与发包人之间缺乏直接的权利义务关系。相较于承建整体工程的承包人，分包人所完成的仅为工程之部分，其权益亦仅限于部分工程价款。在此情形下，若使分包人跨越承包人直接与发包人就工程折价或拍卖价款享有优先受偿之权利，则对承包人而言，显然有失公平与合理，因为承包人本就对整个工程的工程价款享有优先受偿权。然而，若承包人疏于行使其权利，分包人则可依法提起代位权诉讼，借此途径成为主张建设工程价款优先受偿

---

[①] 最高人民法院民事审判第一庭编著：《最高人民法院新建设工程施工合同司法解释（一）理解与适用》，人民法院出版社 2021 年版，第 364 页。

权的主体。至于实践中存在的发包人指定分包之情形，即便发包人对此明知，分包人是否可因此而被视为权利主体，《施工合同解释（一）》仍持否定的态度，理由仍是"承包人承担了建设工程的主体结构的施工任务，被指定的分包人仅承担部分施工任务"[1]。

还需要厘清的一个概念是，"甲方分包""甲方直接分包"，是实践中口语化的一种表述，易造成误解，分包是相对于总承包存在，分包是工程总承包人将所承包的工程一部分依法发包给具有相应施工资质的承包单位的行为，总承包人并不退出与发包人的合同关系。在实行施工总承包制度前，实践中曾大量存在工程项目的发包人将其中的钢结构、门窗、防水等另行发包出去，并与专业承包单位签订合同，但是这与承建工程主体结构施工的承包人是平行关系，系平行发包。

## 争点 4：同一工程存在多个承包人是否均可主张建设工程价款优先受偿权

【案例】四川某建设（集团）有限公司与成都某房地产有限公司建设工程施工合同纠纷案[2]

2010 年，成都某房地产有限公司（以下简称某房地产公司）作为建设方，与承包方四川某建设（集团）有限公司（以下简称某建设公司）签署了《设计、施工合同》，将位于成都市南部新区某大厦项目范围内全部的基坑支护、降水、土石方挖运工程的设计、施工交由某建设公司完成，后又将原合同项目基坑支护工程的补充部分即基坑护壁加固施工委托某建设公司施工。某建设公司施工的土石方挖运、基坑支护、降水工程获得了建筑工程施工许可证。就案涉工程的主体工程，某房地产公司另发包给成都某建工集团有限公司施工。案涉工程后已停工，处于已经完成地下四层以及地上四层封顶、五层开始初步施工的状况。

某建设公司诉至法院，请求解除《设计、施工合同》等合同、某房地产公司支付工程款，并就其施工内容范围的工程款享有优先受偿权。一审、

---

[1] 最高人民法院民事审判第一庭编著：《最高人民法院新建设工程施工合同司法解释（一）理解与适用》，人民法院出版社 2021 年版，第 365 页。

[2] 参见最高人民法院（2021）最高法民再 188 号民事判决书。

二审法院认定合同应解除,确认某建设公司对某房地产公司(已被受理破产)的工程款债权,但对某建设公司诉请的建设工程价款优先受偿权不予支持。最高人民法院再审改判:某建设公司在其工程款范围内就案涉工程折价或者拍卖的价款享有优先受偿权。

最高人民法院再审认为,某建设公司施工的基坑支护、降水、土石方挖运工程,从设计到具体施工,均与总包方密切联系,与主体工程的施工严密配合,交叉进行,属于案涉项目建设工程不可缺少的内容。在整个施工过程中,某建设公司投入的建筑材料和劳动力已经物化到案涉项目整个建筑物之中,与建筑物不可分割。某建设公司作为与发包方订立建设工程施工合同的承包人,在未受偿工程款范围内有权就案涉工程折价或者拍卖的价款优先受偿。

【分析】

《民法典》第807条规定的享有优先受偿权的所完成的工程并不局限于单独的建筑物或构筑物。对于同一建设工程,由于工程技术内容不同、需要多方投资等原因,可能存在多个承包人,如装饰装修工程的承包人也享有优先受偿权。只要承包人完成的工程属于建设工程,且共同完成的建设工程易于折价、拍卖的,就应当依法保障承包人的优先受偿权。

另外需要注意的是,根据《建筑法》第24条第1款、《建设工程质量管理条例》第7条之规定,提倡对建筑工程实行总承包,禁止将建筑工程肢解发包。《建筑工程施工发包与承包违法行为认定查处管理办法》(建市规〔2019〕1号)第6条第5项规定,建设单位将一个单位工程的施工分解成若干部分发包给不同的施工总承包或专业承包单位的,属于违法发包。对于建设工程中的基坑工程,住建部《关于基坑工程单独发包问题的复函》(建市施函〔2017〕35号)规定:"按照《建筑工程分类标准》(GB/T 50841—2013)分类,基坑工程(桩基、土方等)属于地基与基础分部工程的分项工程。鉴于基坑工程属于建筑工程单位工程的分项工程,建设单位将非单独立项的基坑工程单独发包属于肢解发包行为。"本案认可基坑单独发包行为,是因本案施工合同签订于2010年,符合当时《成都市建筑工程深基坑施工管理办法》的规定[①]。

【规范指引】

《民法典》第807条。

---

① 《成都市建筑工程深基坑施工管理办法》第5条规定,深基坑工程原则上实行建筑工程施工总承包管理。建设单位确需对深度超过五米的基坑工程实行单独发包的,应办理建筑工程(深基坑)施工许可证。

## 二、优先受偿的工程价款范围

### （一）概述

关于承包人优先受偿的工程价款范围，曾存在争议。原《工程款优先权批复》第3条规定："建筑工程价款包括承包人为建设工程应当支付的工作人员报酬、材料款等实际支出的费用，不包括承包人因发包人违约所造成的损失。"鉴于建设工程价款中实际支出费用的范畴尚欠明晰，譬如是否仅限于实际支出，利润是否亦应纳入其中，仍存在争议。自原《施工合同解释（二）》施行以来，对于工程价款的范围已有明确界定，即依照国务院有关行政主管部门关于建设工程价款范围的规定确定。具体而言，国务院相关行政主管部门关于建设工程价款范围之规定主要有住建部、财政部印发的《建筑安装工程费用项目组成》（建标〔2013〕44号）及原建设部《建设工程施工发包与承包价格管理暂行规定》等。根据上述规定，建设工程价款优先受偿的范围以工程造价管理的基本规范为依据，主要包括人工费、材料费、施工机具使用费、企业管理费、利润、规费和税金等。

### （二）常见争点

### 争点5：工程价款中的垫资款是否属于建设工程价款优先受偿权的范围

【案例】浙江某建设集团有限公司与泰州某发展有限公司、上海某投资（集团）有限公司建设工程施工合同纠纷案[①]

泰州某发展有限公司（以下简称某发展公司）、浙江某建设集团有限公司（以下简称某建设公司）、上海某投资（集团）有限公司（以下简称某投资公司）三方签订《某工程承发包框架协议》，约定某发展公司将其开发建设的某小区建设项目交某建设公司总承包，某建设公司垫资8000万元实物施工工程量，垫资期间为进场施工完成该施工项目合格工程量达到8000万元满

---

① 参见江苏省泰州市中级人民法院（2016）苏12民初10号民事判决书、江苏省高级人民法院（2017）苏民终223号民事判决书。

两年，8000万元垫资款期满后一周内一次性返还，垫资款不计利息；合同还约定了某投资公司为某发展公司在合同项下的义务和责任提供连带保证。框架协议签订后，某发展公司向某建设公司发出中标通知书；同日，某发展公司、某建设公司签订《建设工程施工合同》，其中约定了某建设公司垫资施工8000万元相关内容，专用条款第26条明确约定承包人施工的合格工作量经施工监理、发包人审核满8000万元之日起满两年，发包人于一周内一次性向承包人支付该笔8000万元工程款。双方后又签订了备案施工合同，其中未约定垫资施工相关内容。案涉工程施工过程中，三方还曾签订《施工补充协议》《施工补充协议（二）》，对已完成工程量、应付工程进度款、已付款、支付期限等进行约定，其中确认于2015年10月14日前付清8000万元垫资工程款。2015年12月18日案涉工程全部竣工验收合格。

某建设公司提出诉讼请求：某发展公司支付工程款垫资款8000万元并在该范围内对案涉工程折价或者拍卖、变卖所得价款享有优先受偿的权利等，并就剩余工程结算款另案提起诉讼。泰州中院一审判决：某发展公司支付某建设公司案涉工程垫资款8000万元及利息，某建设公司在上述工程垫资款8000万元范围内对案涉工程折价或拍卖价款享有优先受偿权等。某发展公司提起上诉，二审驳回上诉，维持原判。

生效裁判认为，某发展公司与某建设公司在招投标程序中存在串标行为，违反法律的禁止性规定，故两份《建设工程施工合同》均为无效合同。双方在施工过程中形成的《施工补充协议》及《施工补充协议（二）》，其主要内容具有结算性质，具有相对独立性，不违反法律、行政法规强制性规定，合法有效。合同中对某建设公司需垫资施工8000万元工程款以及返还垫资款相关事项进行了约定，反映了案涉工程存在某建设公司垫资8000万元施工的事实，且施工过程中双方对于8000万元垫资施工工程量、垫资款及利息结算支付进行了结算确认，故应以上述合同为工程款结算的依据。建设工程施工合同的效力，并非排除适用《合同法》第286条[①]的条件。只要工程款得以确定且不违反法律规定，施工人的合法权益即受法律保护，案涉工程已经竣工验收合格，某建设公司在上述工程垫资款等已查实的欠付工程款范围内主张的建设工程价款优先受偿权依法应予支持。

---

① 现对应《民法典》第807条。

**【分析】**

实践中，承包人为确保工程施工顺利进行，常与发包人订立垫资协议，即由承包人先行垫付部分资金，以资项目推进。对于垫资及其利息之处理，《施工合同解释（一）》第25条规定："当事人对垫资和垫资利息有约定，承包人请求按照约定返还垫资及其利息的，人民法院应予支持，但是约定的利息计算标准高于垫资时的同类贷款利率或者同期贷款市场报价利率的部分除外。当事人对垫资没有约定的，按照工程欠款处理。"由此可见，无论双方是否对垫资有所约定，垫资所形成的债权均受法律保护。然而，垫资款是否应纳入建设工程价款优先受偿的范围，则需依据具体情况进行分析。若垫资的约定本质上是承包人代发包人预付工程款，则垫资部分所形成的工程款债权，应视为发包人应付给承包人工程款的一部分，故属于建设工程价款优先受偿权的范畴。此判断的依据在于，承包人工程价款优先受偿之范围，根据国务院相关行政主管部门关于建设工程价款范围之规定而确定。只要符合该规定，建设工程价款之全部内容均享有就建设工程折价或拍卖价款之优先受偿权。

需注意的是，若双方约定工程款结算与垫资款及利息的返还分别进行，或垫资款项并未实际用于涉案工程，而是转变为发包人向承包人之借款，则垫资款便不再属于工程价款的组成部分，因此不享有建设工程价款优先受偿权。垫资款究竟是否属于优先受偿权之范围，需结合双方的约定、垫资款项的实际用途、结算方式等进行综合分析判断。

**【规范指引】**

《民法典》第807条；《施工合同解释（一）》第25条。

## 争点6：赶工措施费是否属于建设工程价款优先受偿权的范围

赶工措施费，顾名思义，是指在工程项目中，由于发包方所要求的工期短于合理工期，或由于自然、地质以及外部环境等不可预见之因素，工期延误时，承包方为满足工期的要求所采取之技术与组织措施所产生的额外费用。此费用包括但不限于为赶工而增加的人工费、材料费、机械费、劳务损失、加班班次奖金以及相应的规费和税金等。关于赶工措施费是否属于建设工程价款优先受偿权之范围，存有争议。我们认为，首先，需明确赶工措施费之性质。从其定义及组成看，赶工措施费显然与工程建设的直接成本密切相关，是承包方为完成工程任务而必须支出的费用。此费用并非因发包方违约或其他原因所造成的间接损失，而是直接用于工程建设的实际支出。其次，参照国务院相关行政主管部门关于建设工程价款范围之规定，可以发现，工程价款不仅包括直接用于工程建设的成本，还包括一些与工程建设直接相关的额外费用。赶工措施费作为因工期调整而产生的直接支出，自然应纳入工程价款的范畴。既然赶工措施费属于工程价款的组成部分，那么其应属于建设工程价款优先受偿权之范围。

## 争点 7：工程价款的利息、违约金、损害赔偿金是否属于优先受偿范围

关于工程价款利息是否属于优先受偿范围的问题，理论界与实务界存有不同观点。有观点曾提出，利息作为法定孳息，与承包人的其他损失性质迥异，因此应当与本金视为一体，纳入优先受偿权的范畴。然而，从现行司法解释来看，利息明确不属于建设工程价款优先受偿权的保护范围。这一司法立场主要基于以下考虑：从实践层面出发，建设工程价款优先受偿权之行使，不仅直接关系发包人之切身利益，更对抵押权人等第三方权益产生显著的影响。在建设工程价款优先受偿权的保护范围内，已然涵盖了承包人的利润部分，此一安排本身即为在一定程度上保障承包人的合法权益。然而，若将逾期支付工程价款之利息亦纳入优先受偿范围，则可能导致优先受偿权的行使范围过于宽泛，进而对发包人及其他利益相关方的权益造成过度之挤压。因此，为平衡各方利益，《施工合同解释（一）》第 40 条规定，逾期支付建设工程价款的利息不属于工程价款优先受偿权的保护范围。鉴于建设工程价款优先受偿权之性质与担保物权存在显著差异，因此，不能简单地适用《民法典》第 389 条关于担保物权担保范围之规定，即主债权及其利息、违约金、损害赔偿金、保管担保财产和实现担保物权的费用。违约金、损害赔偿金，属于因违约行为或特定事件导致之损失赔偿。此损失虽与建设工程价款有一定的关联性，但它们与建设工程价款本身在性质上存在本质之区别。而设立建设工程价款优先受偿权之立法初衷，主要是为了保障建筑工人之工资权益，违约金、损害赔偿金等损失赔偿，更多的是体现了合同双方对违约行为之惩罚和补偿，与保护建筑工人工资并无直接、特别之关联。因此，《施工合同解释

（一）》第 40 条规定，违约金、损害赔偿金亦不属于建设工程价款优先受偿之范围。

【规范指引】

《施工合同解释（一）》第 40 条。

## 争点 8：发包人从建设工程价款中预扣的质量保证金是否属于优先受偿权范围

司法实践中，对于发包人抗辩质量保证金不属于工程价款，故不属于优先受偿权范围的问题，我们认为，首先应明确工程质量保证金的本质属性与其所承载的功能。工程质量保证金，乃是发包人与承包人在缔结建设工程施工合同时所共同约定，从本应付给承包人的工程款中预留出的一笔特定资金，旨在确保承包人在约定的缺陷责任期限内，能够对建设工程可能出现的质量问题进行及时且有效的维修。从根本性质上剖析，工程质量保证金是基于双方约定对工程价款进行附条件支付，因此，预扣的工程质量保证金在本质上仍然属于建设工程价款的一部分，自然应当被纳入优先受偿权的保护范畴之内。然而，需要特别指出的是，工程质量保证金的支付与使用受到一系列特定条件的严格限制。在缺陷责任期内，如果承包人未能按照约定履行其维修义务，发包人则有权动用这部分预留资金来进行缺陷的修复工作。此外，质量保证金的付款时间与其余工程款不一致，故质量保证金部分工程价款优先受偿权的行使期限起算点不同，需在审判实践中予以注意。

## 争点 9：承包方单独另行交纳的保证金能否优先受偿

在发包人与承包人达成约定，由承包人单独另行支付一笔保证金的情况下，该保证金可能被用作担保合同的顺利履行，抑或可能被明确约定为质量保证金。具体来说，若该保证金是作为确保工程质量的一种特别措施而设立的，其核心目的在于保障工程质量，而非工程价款的组成部分。若此笔保证金并未被计入工程价款之中，即它并不属于从工程价款中预留出的保证金范畴，那么其性质不属于工程价款的组成部分，因此，也不属于优先受偿的范围。

### 三、优先受偿权的行使期限

关于建设工程价款优先受偿权的行使期限问题，相关规则有一定的变化。根据原《工程款优先权批复》的规定，承包人行使优先权的期限为六个月，自工程竣工之日或建设工程合同约定的竣工之日起计算。原《施工合同解释（二）》继受了该规定。实践中，因建设工程结算周期较长，流程较为复杂，工程竣工后六个月的时间内往往难以完成结算，如按原《工程款优先权批复》规定的起算日开始计算，承包人可能尚未完成结算就已经超过了优先受偿权的行使期限，明显不公。[①] 因此，《施工合同解释（一）》规定了十八个月的最长权利行使期间，同时赋予了当事人在最长权利行使期间内约定合理期限的权利。首先，它明确了起算点为发包人应当给付工程价款之日，这一规定更加符合建设工程价款优先受偿权的本质属性。其次，"合理期限"为倡导督促性条款，允许当事人另行约定，但不能超过十八个月的最长期限。如果当事人对约定的期限合理性存在争议，应当充分说明理由并提供相应依据。"如果约定损害了建筑工人利益的，则该约定应为无效。"[②]

### 争点 10：建设工程价款优先受偿权行使期限的起算点应如何认定

关于建设工程价款优先受偿权行使期限的起算点，历来是司法实践中关注的焦点。《施工合同解释（一）》第 41 条明确规定，建设工程价款优先受偿权行使期限起算点为"发包人应当给付建设工程价款之日"。建设工程施工合同中通常会对工程价款支付期限进行详尽且明确的约定，究竟应当以哪一时间点作为建设工程价款优先受偿权的起算点？例如，典型的建设工程施工合同专用条款关于工程款支付的约定如下：承包人从基础施工至工程主体砼结构十层封顶一周内，发包人支付工程合同价（指合同暂定工程总价，下同）20% 的工程款；工程主体砼结构封顶一周内发包人支付工程合同价 15%

---

[①] 肖峰、严慧勇、徐宽宝：《关于审理建设工程施工合同纠纷案件适用法律问题的解释（二）》解读与探索》，载《法律适用》2019 年第 7 期。

[②] 最高人民法院民事审判第一庭编著：《最高人民法院新建设工程施工合同司法解释（一）理解与适用》，人民法院出版社 2021 年版，第 421 页。

的工程款；工程外脚手架拆除后一周内发包人支付工程合同价 5% 的工程款；工程竣工验收合格 15 天内发包人支付工程合同价 20% 的工程款；工程竣工验收合格施工资料交齐后（以签收单为准）发包人 3 个月内完成结算审计，工程结算后一个月内支付至工程结算总价的 95%；剩余 5% 作为质量保证金于工程竣工验收合格后二年后返还。上述约定既包括了工程进度款还包括了工程结算款、质量保证金的应付款时间。一般情况下，应当以"工程结算款"的付款时间作为建设工程价款优先受偿权行使期限的起算点，即上述合同约定中"工程竣工验收合格施工资料交齐后（以签收单为准）发包人 3 个月内完成结算审计，工程结算后一个月内支付至工程结算总价的 95%"为行使期限的起算点。因工程尚在施工过程中，工程质量是否合格、是否具备折价或拍卖的条件尚不清晰，故一般不宜认定工程进度款的付款时间为起算点，在工程竣工验收后或工程停工后确定不再施工，欠付的工程进度款自然作为工程结算款的一部分在工程结算过程中主张。对属于工程价款组成部分的质量保证金，其应付款时间一般晚于大部分工程结算款，可根据合同约定，分别确定相对应的建设工程价款优先受偿权行使期限的起算点，例如上述合同约定中的质量保证金对应的建设工程价款优先受偿权的行使期限起算点为竣工验收合格后满两年的第二天。

此外，在合同无效但建设工程经竣工验收合格的情况下，承包人有权请求参照合同约定支付工程折价补偿款。此时，可参照合同中关于工程款支付时间的约定，确定发包人应当给付工程价款之日。

## 争点 11：在付款期限没有约定或者约定不明的情况下，发包人应付工程价款之日如何确定

司法实践中，当事人对付款时间没有约定或者约定不明的情形比较复杂，往往并非没有关于工程款结算时间的约定，而是发生了实际完成结算与约定结算时间不一致甚至是无法确定的情形，比如直到诉讼中双方也未实际完成结算，导致合同约定的应付款时间无法确定。对此，第一种观点认为，工程价款最终通过工程造价鉴定确定的，应当以工程造价鉴定意见作出时为应付款时间。第二种观点认为，以法院裁判文书确定的支付工程价款之日为应付款时间，优先受偿权从该日起算。第三种观点认为，以当事人起诉之日作为

应付款时间。《施工合同解释（一）》第27条对没有约定或者约定不明的建设工程价款优先受偿权的行使期限起算点区分不同情形认定：当双方对付款时间没有约定或者约定不明时，若建设工程已经实际交付使用，则应以建设工程交付之日作为应付款时间。这是因为在实际交付后，发包人已经实际占有并使用了建设工程，理应支付相应价款。若建设工程未交付，但提交了竣工结算文件的，以提交竣工结算文件之日作为应付工程价款之日。若建设工程未交付，工程价款也未结算的，以当事人起诉之日作为应付工程价款之日。以前述时间作为确定"应当给付工程价款"之日，可以兼顾多种价值，主要考量是与确定工程款利息计算的时间保持一致性与协调性，且相对容易确定。①

【案例】重庆某建工公司与重庆某装备公司建设工程施工合同纠纷案②

2012年10月9日，重庆某装备公司与重庆某建工公司签订了《施工合同》，将重庆某铸钢项目一期工程发包给重庆某建工公司施工。工程于2013年12月30日竣工，2014年5月27日前交付并投入使用。2014年7月25日，重庆某建工公司提交工程结算书。2014年8月27日，两公司召开工程结算工作会，就工程结算及工程款支付等达成意见，"从工程结算完，报告数据出来之日起，重庆某装备公司在2015年1月31日前支付结算总价95%，并承担结算完毕后至支付之日止剩余工程款的年息10%"。2015年9月24日，重庆市武隆区人民法院裁定重庆某装备公司进入破产重整程序。2016年1月29日，重庆某建工公司向重庆某装备公司的破产重整管理人申报债权55 470 547元。2016年7月11日，武隆区法院作出（2015）武法民破第00003-3号决定：临时确定重庆某建工公司的债权数额为55 470 547元。2016年7月22日，重庆某建工公司向破产管理人发函，要求确认其对案涉工程价款享有优先受偿权。2018年4月8日，武隆区法院批准通过了重庆某装备公司的《重整计划》，载明"经审查，确认普通债权768 119 868.09元，其中包含临时确定的重庆某建工公司等四家债权人共计9272.2422万元表决权金额，待其债权正式确定后参照同类债权清偿"。2018年4月11日，重庆某建工公司、重庆某装备公司签署《建设工程结算审核定案表》，审定金额为62 000 006.89元。同日，重庆某建工公司向重庆某装备公司的破产管理人再次申报工程款价款

---

① 参见最高人民法院（2019）最高法民终第442号民事判决书。
② 参见重庆市第三中级人民法院（2019）渝03民初1587号民事判决书、重庆市高级人民法院（2020）渝民终1023号民事判决书、最高人民法院（2022）最高法民再114号民事判决书。

优先受偿权。2018年10月22日，破产管理人出具《异议复审通知书》，认为重庆某建工公司不享有涉案建设工程价款优先受偿权。因两公司就重庆某建工公司是否对案涉工程享有优先受偿权等未能形成一致意见，重庆某建工公司提起本案诉讼，要求重庆某装备公司支付工程款及逾期付款利息，并主张享有建设工程价款优先受偿权。

  生效判决认为：重庆某建工公司对案涉工程款不享有优先受偿权。首先，关于建设工程价款优先受偿权行使期限的起算点。2014年8月27日召开的工程结算工作会明确："工程结算款的约定从工程结算完，报告数据出来之日起，重庆某装备公司在2015年1月31日前支付结算总价95%，并承担结算完毕后至支付之日止剩余工程款的年息10%。"由此足以认定2015年1月31日为双方明确约定的应付工程款时间，即为案涉建设工程价款优先受偿权行使期限的起算点，其不以工程款结算为前提。重庆某装备公司应当支付工程款的时间不晚于2015年1月31日，重庆某建工公司应当在6个月内[①]即2015年7月31日前向重庆某装备公司行使优先受偿权。其次，即使认为工程结算工作会关于工程款支付的约定为付款时间约定不明，重庆某建工公司亦无权享有建设工程价款优先受偿权。原《施工合同解释》第18条[②]虽然针对利息计付，但同样适用于建设工程价款优先受偿权行使期间。案涉工程竣工验收、交付并投入使用、提交工程结算书的日期均早于2015年1月31日，重庆某建工公司并未在此后的六个月内行使优先受偿权。最后，本案不能以《建设工程结算审核定案表》签订日即2018年4月11日为建设工程价款优先受偿权行使期限的起算日。武隆区法院于2015年9月24日受理了重庆某装备公司破产重整申请，即使破产受理前未到应付工程款时间，进入破产程序后，该债权也应加速到期。重庆某建工公司在2016年1月29日向管理人申报债权，但未主张建设工程价款优先受偿权，虽于2016年7月22日向管理人主张优先受偿权，但未得到确认，故该日期不能认定为重庆某建工公司行权时间。概言之，在发包人进入破产程序的情形下，承包人的工程款债权加速到期，优先受偿权的行使期间以承包人债权申报时间为起算点，而不以工程款

---

  ① 《施工合同解释（一）》已修改为18个月。
  ② 原《施工合同解释》第18条规定："利息从应付工程价款之日计付。当事人对付款时间没有约定或者约定不明的，下列时间视为应付款时间：（一）建设工程已实际交付的，为交付之日；（二）建设工程没有交付的，为提交竣工结算文件之日；（三）建设工程未交付，工程价款也未结算的，为当事人起诉之日。"现对应《施工合同解释（一）》第27条。

结算为必要。优先受偿权的行使期间为除斥期间，一旦经过即消灭实体权利，故审定债权金额及再次申报优先受偿权的行为并不能使重庆某建工公司的优先受偿权失而复得。

【分析】

本案实际上对于应付款时间已经达成协议有明确约定。即便根据当时的司法解释规定的期限较短的实践需要，对于期限从宽认定，仍然已经超过了法定期限。另外需要注意的是，《企业破产法》第46条第1款规定，未到期的债权，在破产申请受理时视为到期。故在发包人进入破产程序的情形下，承包人的工程款债权加速到期，优先受偿权的行使期间最迟以承包人债权申报时间为起算点。

【规范指引】

《企业破产法》第46条第1款；《施工合同解释（一）》第27条、第41条。

## 争点12：同一合同项下约定分期付款、分期结算的，优先受偿权行使期限的起算点如何确定

分期履行债务是根据当事人约定分批次完成一个债务履行的情况，建设工程价款虽可以约定分期给付，但具有整体性和唯一性，故在本质上仍是同一债务，如前所述，工程进度款的应付款时间不应作为行使期限的起算点。《民法典》第189条规定："当事人约定同一债务分期履行的，诉讼时效期间自最后一期履行期限届满之日起计算。"因此，对于行使建设工程价款优先受偿权的起算时间也应从整体性上进行把握，以最后一期债权起算时效而不是分段计算。但如果双方约定的分期施工、分期结算是针对同一工程的各单体工程，例如施工合同约定某商品房楼盘工程的10幢住宅分两期施工、分别独立结算的，应按合同约定的分别结算时间确定相应的起算点。如果合同约定的同一工程，虽然分批开工建设，但是整体结算的，则应当以工程最终竣工结算后确定的工程结算款的应付款时间作为建设工程价款优先受偿权的起算点。

## 四、建设工程价款优先受偿权的行使

（一）行使条件

根据《民法典》第807条及《施工合同解释（一）》的相关规定，承包人得以主张建设工程价款优先受偿权的条件如下。

1. 发包人欠付工程款。若发包人不存在欠付工程款情形，则无行使建设工程价款优先受偿权的前提条件。

2. 承包人承建的建设工程质量合格。在建设工程领域，确保工程质量合格是首要且核心的要求，它构成了承包人行使建设工程价款优先受偿权不可或缺的先决条件。对尚未竣工的工程，承包人是否仍享有优先受偿权的问题，司法实践中曾存有争议，原《施工合同解释（二）》第20条对此作出了明确界定，即便工程尚未竣工，只要其建设质量符合标准，承包人即有权就该工程价款主张优先受偿。《施工合同解释（一）》第39条进一步巩固了这一立场，明确规定承包人就未竣工但建设工程质量合格工程享有建设工程价款优先受偿权。

3. 工程不存在不宜折价、拍卖的情形。建设工程价款优先受偿权行使，是对工程的变价享受优先受偿权，故依据该工程固有的性质与既定用途，必须满足可流转的基本条件。具体而言，那些被普遍视为不宜折价或拍卖的情况，包括但不限于违法建筑物，非营利性法人组织下用于教育、医疗卫生等公益目的之设施，以及其他具有显著公益性质的设施，因技术或功能上的不可分割性，而不适宜独立进行折价或拍卖的分部、分项工程等。针对这些情形，我们将在本章第三节中进一步探讨。

## 争点13：承包人可否就未完工程行使优先受偿权

【案例】泸州某建设集团有限公司新疆分公司、泸州某建设集团有限公司、胥某某与新疆某房地产开发有限公司建设工程施工合同纠纷案[①]

胥某某系泸州某建设集团有限公司新疆分公司（以下简称某建设集团新

---

① 参见新疆维吾尔自治区昌吉回族自治州中级人民法院（2020）新23民初14号民事判决书、新疆维吾尔自治区高级人民法院（2021）新民终285号民事判决书。

疆分公司）的负责人，代表某建设集团新疆分公司与新疆某房地产开发有限公司（以下简称某房地产公司）签订建设工程施工合同，承建某房地产公司商贸中心2号楼工程。2015年年初，工程开工建设，2015年年底，主体工程施工结束，后工程因故停工。某建设集团新疆分公司、某房地产公司于2017年9月15日对已完工程进行了交接。某房地产公司委托质量检验部门对已施工工程进行质量检测，施工质量满足设计图纸及施工验收规范要求。后某房地产公司将未完工工程另行发包。因未能就工程款结算达成一致意见，泸州某建设集团有限公司、某建设集团新疆分公司、胥某某提起本案诉讼，要求解除施工合同、支付工程款，并主张享有建设工程价款优先受偿权。

生效判决认为，原《施工合同解释（二）》第20条[①]规定，未竣工的建设工程质量合格，承包人请求其承建工程的价款就其承建工程部分折价或者拍卖的价款优先受偿的，人民法院应予支持。案涉工程虽然未经竣工验收，但针对某建设集团新疆分公司已施工部分，某房地产公司委托新疆建设工程质量安全检测中心进行了质量检测，检测意见是施工质量满足设计图纸及施工验收规范要求。故某建设集团新疆分公司主张其承建工程的价款就其承建工程部分折价或者拍卖的价款优先受偿的请求于法有据。

【分析】

一般而言，在建设工程施工合同解除后，承包人的施工行为并未履行完毕，也即建设工程通常处于未竣工、未完工状态。工程完工并经竣工验收并不是承包人建设工程价款优先受偿权的先决条件，只要符合法定的条件，承包人即对未完工程享有建设工程价款优先受偿权。

【规范指引】

《施工合同解释（一）》第39条。

(二) 行使方式

1. 催告。《民法典》第807条明确了建设工程价款优先受偿权的行使条件，首先可以进行催告，催告不成的，再另行决定与发包人协议折价或者提起诉讼或仲裁。

关于催告行为是否为行使建设工程价款优先受偿权的前置程序。从催告的性质来看，一方面，如果"催告"作为某些权利和义务实施的前提条

---

[①] 现对应《施工合同解释（一）》第39条。

件,在法律规定必须有催告的前置程序,未经催告,权利人不得行使相应权利。在此情况下,催告是行使优先受偿权的前置程序、必经程序,全国人大常委会法工委民法室、最高人民法院的观点即是如此。①背后的考量可能是《民法典》第807条作为专门保护承包人工程价款的条款,如未经催告程序即请求诉讼或仲裁对发包人影响颇大,且要求承包人对发包人进行催告亦非过重义务,故此种解释无可厚非。另一方面,"催告"是作为一种方式,提示相关权利义务人及时行使权利和履行义务,也在权利相对方迟迟未作意思表示时帮助其确认。从文义解释来看也说得通。然而,司法实践中,一个不容忽视的现象是,承包人往往因难以提供书面催告证据,而直接诉诸法律,请求发包人支付工程款并主张优先受偿权。面对此情形,若发包人确已违约未支付工程款,司法机关倾向不单纯因催告程序的缺失而剥夺承包人的优先受偿权。

2. 协议折价。折价是指债权人与债务人之间协议约定特定物品的价值后,折抵债权或者其他权利的款额。《民法典》把"折价"作为对部分债或者其他权利之履行方式的补充方式加以规定。承包人与发包人以协议折价的方式行使建设工程价款优先受偿权时,除满足优先受偿权的其他条件外,因涉及发包人其他债权人的利益,协议折价的价格亦应公平合理,需在充分协商与符合市场行情合理评估的基础上。

3. 诉讼或仲裁。若承包人与发包人无法对协议折价达成一致,承包人可通过诉讼或仲裁的方式,取得执行依据后,在执行程序中依法申请对建设工程进行拍卖,实现优先受偿。

4. 其他方式。实践中较为复杂的是建设工程价款优先受偿权能否通过其他方式主张。

## 争点14:可否通过调解确认建设工程价款优先受偿权

关于发包人与承包人在就债权债务进行调解时一并确认建设工程价款优先受偿权。我们认为,在现行法律并未禁止的情况下,可以以调解书的方式

---

① 参见黄薇主编:《中华人民共和国民法典合同编释义》,法律出版社2020年版,第693页;最高人民法院民事审判第一庭编著:《最高人民法院新建设工程施工合同司法解释(一)理解与适用》,人民法院出版社2021年版,第420页。

对承包人的优先受偿权予以确认。但为了防止当事人通过虚增工程价款或者伪造相关书面文件将明明已经逾期失权的情形更改为未失权，损害案外人利益，故应从严进行实体审查，防止虚假诉讼。重点查明建设工程价款优先受偿权的行使主体、行使期限、欠付范围（结算情况、价款支付情况）、有无抵押权人等劣位债权人等，是否存在故意侵犯他人合法权益的情形，未进行实体审查或者实体审查不符合建设工程价款优先受偿权行使条件的，不得在调解书中以双方均无异议为由予以确认。

## 争点15：可否在执行分配中主张行使建设工程价款优先受偿权

【案例】某建设集团有限公司与河南某置业有限公司建设工程施工合同纠纷案①

2013年6月26日，河南某置业有限公司（以下简称某置业公司）与某建设集团有限公司（以下简称某建设公司）签订《建设工程施工合同》。合同签订后，某建设公司进场施工。施工期间，因某置业公司拖欠工程款，某建设公司多次向某置业公司送达联系函，请求某置业公司立即支付拖欠的工程款，按合同约定支付违约金并承担相应损失。某置业公司和某建设公司共同委托的造价机构某工程管理（北京）有限公司于2014年11月3日对案涉工程价款出具《审核报告》。2014年11月24日，某建设公司收到通知，河南省焦作市中级人民法院依据某置业公司其他债权人的申请将对案涉工程进行拍卖。2014年12月1日，某建设公司第九建设公司向河南省焦作市中级人民法院提交《关于某国际商务会展中心在建工程拍卖联系函》载明，某建设公司系某国际商务会展中心在建工程承包方，自项目开工，某建设公司已完成产值2.87亿元工程，请求依法确认优先受偿权并参与整个拍卖过程。2015年2月5日，某建设公司对案涉工程停止施工。2018年1月31日，河南省高级人民法院立案受理某建设公司对某置业公司的起诉，某建设公司请求解除双方签订的《建设工程施工合同》并请求确认某置业公司欠付某建设公司工程价款及优先受偿权。

---

① 参见河南省高级人民法院（2018）豫民初3号民事判决书、最高人民法院（2019）最高法民终255号民事判决书。

关于某建设公司行使案涉建设工程价款优先受偿权是否超过法律规定的期限问题，最高人民法院认为：人民法院依据发包人的其他债权人或抵押权人申请对建设工程采取强制执行行为，会对承包人的建设工程价款优先受偿权产生影响。此时，如承包人向执行法院主张其对建设工程享有建设工程价款优先受偿权的，属于行使建设工程价款优先受偿权的合法方式。2015年8月4日，某建设公司向某置业公司发送《关于主张某国际商务会展中心建设工程价款优先受偿权的工作联系单》，要求对案涉工程价款享有优先受偿权。2016年5月5日，某建设公司第九建设公司又向河南省洛阳市中级人民法院提交《优先受偿权参与分配申请书》，依法确认并保障其对案涉建设工程价款享有的优先受偿权。因此，某建设公司行使建设工程价款优先受偿权并未超过法定期限。

【分析】

关于在执行分配中主张行使建设工程价款优先受偿权的问题，最高人民法院的态度是未取得生效法律文书确认建设工程价款优先受偿权的承包人在执行程序中主张优先受偿权的，人民法院有权对优先受偿权能否成立作形式审查，并非只要是存在建设工程价款债权就当然享有建设工程价款优先受偿权。承包人直接向执行法院通过发函等形式主张其对建设工程享有建设工程价款优先受偿权，最高人民法院认可是一种权利行使方式。此外，如果行使优先受偿权的主体、期限以及优先受偿权范围等问题存在争议，最终应通过诉讼经审判程序予以确认。

【规范指引】

《民法典》第807条；《施工合同解释（一）》第41条。

## 争点16：可否以以物抵债的方式行使建设工程价款优先受偿权

【案例】海某建设集团有限公司与山西丰某房地产开发公司建设工程施工合同纠纷案[①]

2012年12月10日，承包人海某建设集团有限公司（以下简称海某建

---

① 参见山西省运城市中级人民法院（2019）晋08民初104号民事判决书、山西省高级人民法院（2020）晋民终710号民事判决书、最高人民法院（2021）最高法民申6178号民事裁定书、山西省高级人民法院（2022）晋民再123号民事判决书。

设公司）与发包人山西丰某房地产开发公司（以下简称丰某房开公司）签订了建设工程施工承包协议。海某建设公司按协议进场施工完工后，对案涉项目 1# 楼、2# 楼、C 区商铺进行了验收，竣工验收证明书由五方单位盖章确认。2015 年 12 月，海某建设公司、丰某房开公司进行了工程结算，双方确认最终工程结算总价为 7096 万元。2016 年 1 月 9 日，双方达成协议，主要约定：丰某房开公司于 2016 年元月支付 300 万元，2016 年 8 月 1 日前支付 100 万元；其余 2689.31 万元抵房，预留工程保证金 359.8 万元全部抵房，抵房价格 2770 元 / 平方米，C 区商铺 4300 元 / 平方米；2016 年 9 月 30 日起算保修期，保修时间及支付按原合同执行；工程款抵房部分，详见明细表。2016 年 1 月 10 日抵房明细表具体载明：以 79 套住宅按 2770 元 / 平方米、7 套商铺按 4300 元 / 平方米的单价，抵顶部分工程款。后来，海某建设公司因工程款给付问题诉至一审法院，请求判决确认海某建设公司就丰某房开公司开发的案涉工程 1# 楼、2# 楼、B 区、C 区项目的折价或拍卖的价款在 3219.11 万元内享有优先受偿权。

最高人民法院再审审查认为：根据当时有效的原《施工合同解释（二）》第 19 条、第 22 条①规定，建设工程质量合格的，承包人可自发包人应付工程价款之日起 6 个月内行使建设工程价款优先受偿权，行使的方式包含协议折价或申请人民法院拍卖。本案一审中，海某建设公司提交了五方主体盖章确认的 1# 楼、2# 楼、C 区商铺验收记录及竣工验收证明书，证明其具备行使建设工程价款优先受偿权的条件。同时，提交了 2016 年 1 月 9 日达成的协议和 2016 年 1 月 10 日的抵房明细表。从上述协议约定可知，对于下欠的工程款，双方实质上作了两种约定，一种是现金支付，另一种是以部分房屋协议折价抵债。原审判决遗漏 2016 年 1 月 10 日抵房明细表未予审查，对于协议及抵房明细表中约定的以部分房屋折价支付工程价款的约定，是否构成建设工程价款优先受偿权的行使，未予审理认定，属于认定事实不清。承包方与发包方在结算协议中约定以承包人施工的部分房屋折价支付工程价款的，该约定构成建设工程价款优先受偿权的行使。

【分析】

关于以物抵债主张行使建设工程价款优先受偿权的问题。实践中，不乏相当一部分的承包人会以与发包人签订以房抵债协议的方式行使建设工程

---

① 现对应《施工合同解释（一）》第 38 条、第 41 条。

价款优先受偿权。该协议内容是否属于《民法典》第807条规定的承包人可以通过与发包人协商的方式将建设工程折价抵偿，最高人民法院的态度是，以冲抵工程款的方式购买案涉房屋的实质是通过协商折价抵偿实现承包人享有的建设工程价款优先受偿权，符合法定的建设工程价款优先受偿权实现方式。①

【规范指引】

《施工合同解释（一）》第38条、第41条。

## 第三节　建设工程价款优先受偿权纠纷疑难问题

### 问题1：借用资质与发包人签订合同的实际施工人能否主张建设工程价款优先受偿权

　　转包或违法分包情形下的实际施工人，向发包人主张建设工程价款优先受偿权的，如本书前文所述，不予支持。这是因为工程价款优先受偿权作为法律赋予承包人的特定权利，其设立初衷在于保障承包人的合法权益，促进建筑行业的健康发展。如果将优先受偿权赋予实际施工人，可能会引发一系列问题，如资质管理混乱、工程质量难以保证等。而对于借用资质与发包人签订施工合同的实际施工人，特别是在发包人明知的情况下，实际施工人与发包人形成事实上的施工合同关系，是否可向发包人主张建设工程价款优先受偿权，实践中存有争议。一种观点认为，借用资质签订施工合同的实际施工人投入资金、组织人员进行了建设活动，完成了合同中约定的承包人义务，挂靠人作为没有资质的实际施工人借用有资质的建筑施工企业（被挂靠人）的名义与发包人订立了建设工程施工合同，虽然该合同应当依法认定为无效，但在发包人同意或者认可挂靠存在的情形下，实际施工人与发包人形

---

① 参见最高人民法院（2020）最高法民再352号民事判决书。

成事实合同关系,在此情形下实际施工人可以向发包人主张工程价款。既然实际施工人与发包人具有施工合同关系,认定实际施工人享有建设工程价款优先受偿权,并不违反建设工程价款优先受偿权的规定。另一种观点则坚持,享有建设工程价款优先受偿权的主体是与发包人订立建设工程施工合同的相对方,即承包人,法律并未赋予实际施工人该项权利。因此,在发包人明知存在挂靠的情形下,实际施工人有权依照事实合同关系向发包人主张工程价款,但仍无权主张建设工程价款优先受偿权。

我们倾向认为,建设工程价款优先受偿权的主体应严格限定为与发包人直接订立合同的承包人范畴,借用资质的实际施工人不享有建设工程价款优先受偿权,该观点主要基于以下几点理由:首先,尽管在发包人明知的情形下,实际施工人通过借用资质与发包人之间实质上构建了建设工程施工合同的法律关系,并据此可向发包人主张工程款项,然而,现行法律规定并未特别赋予此类实际施工人以工程价款优先受偿的特权。其次,建设工程价款优先受偿权作为一项法定权利,其存在不依赖于发包人的主观认知或态度,即便是发包人知晓并接受实际施工人的资质借用行为,亦不因此改变优先权本身的成立条件与性质。再次,鉴于建设工程价款优先受偿权具有强大的效力且缺乏公示方式,其适用范围应严格界定,以免不当扩张而损害发包人其他债权人的合法权益,维护法律秩序的稳定与公平。最后,借用资质签订施工合同的行为,与转包、违法分包等均违反了《建筑法》及《民法典》的规定,这些法律规范不仅规范承包人,发包人亦应遵守,若以发包人是否明知作为是否赋予实际施工人建设工程价款优先受偿权的判断条件,其潜在后果是对此类不法行为的变相纵容与鼓励。因此,为了维护建筑市场秩序、保障合同双方合法权益及促进建筑业健康发展,在发包人明知实际施工人借用资质的情形下,实际施工人同样不能向发包人主张建设工程价款优先受偿权。

## 问题 2：如何认定不宜折价、拍卖的工程

**【案例 1】中国水利水电某工程局与敦煌市某旅游文化开发有限公司、四川省某房地产开发有限公司、敦煌市某实业有限公司建设工程施工合同纠纷案**[①]

敦煌市某实业有限公司（以下简称某实业公司）与四川省某房地产开发有限公司（以下简称某房开公司）自 2014 年起合作开发某生态园项目。2015 年 7 月 9 日，某房开公司与中国水利水电某工程局（以下简称某工程局）签订《建设工程施工合同》，约定由某工程局承建该项目。2016 年 3 月 30 日，该项目发包人变更为敦煌市某旅游文化开发有限公司（以下简称某旅游公司）。案涉项目自 2015 年 9 月 8 日开工，2017 年 8 月以后长期停工。

就案涉项目，原敦煌市城乡规划局曾于 2016 年 5 月向某旅游公司核发了建设用地规划许可证及建设工程规划许可证，后均已作废。2017 年 5 月 10 日，原敦煌市城乡规划局就该项目未取得建设工程规划许可证向某旅游公司下发处罚决定书，处罚款并责令及时取得建设工程规划许可证。截至本案一审审理终结，案涉项目仍未能取得建设工程规划许可证。

某工程局向一审法院提出确认《建设工程施工合同》无效，某旅游公司支付工程价款、赔偿损失，某房开公司、某实业公司承担连带责任等诉讼请求，并请求在欠付工程价款范围内对案涉建设工程折价或拍卖价款享有优先受偿权。经审理，一审法院判决：某房开公司与某工程局签订的《建设工程施工合同》无效，某旅游公司向某工程局支付 2613 万余元及利息、赔偿停工及其他各项工程损失费等，但驳回了关于建设工程价款优先受偿权的诉讼请求。一审判决作出后，某工程局、某旅游公司提出上诉。最高人民法院判决：驳回上诉，维持原判。

最高人民法院认为：依照原《合同法》第 286 条[②]以及其他有关规定，承包人就工程折价或者拍卖变卖的价款享有优先受偿权的基础为案涉工程不存在"按照建设工程的性质不宜折价、拍卖"情形。本案工程直至某工程局起诉前仍未取得建设工程规划许可证等行政许可手续。根据《土地管理法》《城

---

[①] 参见甘肃省高级人民法院（2019）甘民初 55 号民事判决书、最高人民法院（2022）最高法民终 341 号民事判决书。

[②] 现对应《民法典》第 807 条。

乡规划法》的相关规定，为违法建筑。《城乡规划法》第 64 条规定，违法建筑"尚可采取改正措施消除对规划实施的影响的，限期改正，处建设工程造价百分之五以上百分之十以下的罚款；无法采取改正措施消除影响的，限期拆除，不能拆除的，没收实物或者违法收入，可以并处建设工程造价百分之十以下的罚款"。某工程局虽然认为案涉工程属于违法建筑"尚可采取改正措施消除对规划实施的影响"情形，据此主张享有建设工程价款优先受偿权。但案涉项目因未取得建设工程规划许可证，尚未被城乡规划主管部门处理，仍属违法建筑，不宜被拍卖变卖，某工程局不享有建设工程价款优先受偿权。

【分析】

关于"不宜折价、拍卖的工程"的界定，当前法律规定尚未作出明确而详尽的规范，然而，通过司法实践的积累与提炼，对于常见的"不宜折价、拍卖的工程"情形，已逐步形成了类型化的划分体系。

第一，违法建筑。根据《城乡规划法》第 64 条的规定，未取得建设工程规划许可证或者未按照建设工程规划许可证的规定进行建设的，责令停止建设；尚可采取改正措施消除对规划实施的影响的，限期改正，并处罚款；无法采取改正措施消除影响的，限期拆除，不能拆除的，没收实物或者违法收入，并处罚款。违法建筑即为违反《城乡规划法》《土地管理法》等强制性规定而建造的建筑物，[①]具体分为实体违法和程序违法，实体违法是指工程本身违反了相关规划，直接损害了公共利益，因此导致违法建筑无法完成初始登记，且无法对其进行处分，亦无法通过折价、拍卖的方式予以转让。但若导致建筑违法的事宜得以消除，违法建筑转为合法建筑时，则具备折价、拍卖的条件，承包人能够行使优先受偿权。

第二，具有公益性的建设工程。实务中，发包人或业主单位常以建设工程属于社会公益设施而不宜折价、拍卖为由抗辩承包人建设工程价款优先权。根据《民法典》第 399 条的规定，具有公益性的设施属于不得抵押的财产。比如事业单位和社会团体的公益建筑，以及国家机关的办公用房和军事建筑。抵押权设立的目的是担保特定债权人债权的实现，而建设工程价款优先受偿权是为了担保承包人工程款实现而设立，因此，对于公益性建设工程这类不适合抵押的财产，参照上述设立目的，其也不宜通过折价、拍卖的方式进

---

[①] 参见常设中国建设工程法律论坛第八工作组：《中国建设工程施工合同法律全书：词条释义与实务指引》，法律出版社 2021 年版，第 478~479 页。

行流转。

第三，不宜单独折价、拍卖工程。典型如装饰装修工程，其依附于主体工程之上，唯有与主体工程协同运作，方能充分展现其效用与价值，因而建设工程价款优先受偿权以装饰装修工程具备折价或者拍卖条件为前提，承包人不得仅因装饰装修工程价款未按照合同约定支付便要求对建设工程整体进行处分。只有在工程整体需要折价或者拍卖，且不可避免地涵盖了装饰装修工程的价值时，承包人方可就其工程款债权在装饰装修工程的折价或者拍卖的价款范围内享有优先受偿权。

【案例2】北京某房地产开发有限公司与苏州某园林设计工程有限公司建设工程施工合同纠纷案[①]

2021年4月7日，北京某房地产开发有限公司（以下简称某房开公司）与苏州某园林设计工程有限公司（以下简称某园林公司）签订《施工合同》，约定由某园林公司承建门头沟某项目9#楼及1#楼、4#楼东单元外立面装饰工程。上述合同签订后，某园林公司组织工人进行施工。双方均认可某房开公司是诉争项目的所有权人，诉争工程已经交付某房开公司使用。

某园林公司向一审法院起诉请求某房开公司支付工程款及逾期付款利息、返还履约保证金等，并请求某园林公司对涉案工程享有建设工程价款优先受偿权。一审法院对某房开公司应给付某园林公司工程款及对应利息部分予以支持，并确认工程款债权在门头沟某项目9#楼及1#楼、4#楼东单元外立面因装修装饰而增加价值的范围内享有先于抵押权和其他债权的优先受偿权。

一审法院认为，《施工合同解释（一）》第37条规定："装饰装修工程具备折价或者拍卖条件，装饰装修工程的承包人请求工程价款就该装饰装修工程折价或者拍卖的价款优先受偿的，人民法院应予支持。"某房开公司系案涉项目的所有权人，某园林公司对该项目部分楼宇进行了装饰装修，其主张行使优先权的日期亦未超过法律规定时限，故某园林公司可在案涉项目9#楼及1#楼、4#楼东单元外立面因装修装饰而增加价值的范围内优先受偿。

【分析】

"装饰装修工程具备折价或者拍卖条件"是装饰装修工程的承包人享有优先受偿权的前提条件。在对装饰装修工程具备折价、拍卖条件的判定上，一

---

① 参见北京市门头沟区人民法院（2021）京0109民初6749号民事判决书、北京市第一中级人民法院（2023）京01民终875号民事判决书。

方面，需要排除"不宜折价、拍卖"建筑的一般情形，如属于违法建筑、公益性建筑、质量不合格且无法修复的建筑等；另一方面，需要结合装饰装修工程的特殊属性，着重考虑下列因素。第一，工程标的为家装抑或工装。对于家庭居室装修工程，如本书第一章述及，本质上属于承揽合同，因家庭装修合同引发的纠纷适用法律对承揽合同的相关规定，因而不适用建设工程中优先受偿权的相关规定。① 第二，装饰装修工程是否导致工程增值。装饰装修工程价款的优先受偿权仅限于因装饰装修而使该建筑物增加的价值范围，对于装饰装修工程为建筑物增加的价值为零或已不复存在的，则相应不具备行使条件。第三，装饰装修工程是否与建筑物形成附合。如水晶吊顶灯安装、中央空调外机安装等相对具备独立性的装饰装修工程，承包人的工程价款债权可就未形成附合的动产优先受偿。但对大多数装饰装修工程而言，因其已紧密附合于建筑物之上，只有在建筑物整体具备折价、拍卖条件时，承包人方可主张就建筑物折价或者拍卖的价款在因装修装饰增值部分范围内优先受偿。

总之，关于不宜折价、拍卖的工程，应当是指建筑工程的性质及其用途特殊，不适合以折价或者拍卖的方式加以转让，但是不能因此否定承包人的优先受偿权。在某银行股份有限公司江门分行、广东某集团建设有限公司等执行分配方案异议之诉中，最高人民法院认为，涉案工程为公路建设工程，属于特殊建设工程，无法直接拍卖或折价，该工程的主要经济价值体现在其通行费上，故以其收益即年票补偿款作为优先受偿权的行使对象符合实际情况。② 在审理涉及单独不宜直接折价或拍卖工程的案件时，需要查明其依附的主体工程是否已经具备可折价、拍卖等情形，例如发包人已经被裁定破产、主体工程的承包人已经起诉发包人并主张建设工程价款优先受偿权等，如查明不属于不宜单独折价、拍卖的工程已经具备与主体工程整体作价转让的条件，我们认为可以支持其享有相应的建设工程价款优先受偿权。

---

① 参见李建星：《〈民法典〉第 807 条（建工价款的优先受偿权）评注》，载《南京大学学报（哲学·人文科学·社会科学）》2021 年第 4 期。

② 参见最高人民法院（2016）最高法民申 1281 号民事裁定书。

## 问题3：建设工程价款优先受偿权与商品房消费者优先权之间的关系

1. 争议观点。在建设工程价款优先受偿权与商品房消费者优先权之间的关系问题上，存在多种不同的学术和实务观点。

一种观点认为，商品房消费者的权利应当优先。这一立场根植于商品房消费权利作为生存权本质的认识，认为其优先性应当受到法律的明确与强化。若将承包人的优先受偿权凌驾于消费者之上，实质上是将消费者的资金用作开发商债务清偿的杠杆，这种安排无疑违背了公平原则，难以令人信服。

另一种观点则认为，承包人的建设工程价款优先受偿权应当优先。此观点基于承包人工程款中工人工资的组成部分，指出工人工资同样承载着生存权益，其重要性不逊色于商品房消费者的生存权。加之承包人优先受偿权所具有的担保物权特性，根据物权优先于债权的基本原理，该权利在逻辑上应优先于基于合同债权的消费者权利，从而确保工人工资的及时偿付。

还有一种平衡双方利益的折中观点认为，通常情况下，商品房消费者的权益应当被优先考虑。然而，在特殊情境下，若承包人的优先受偿权因故无法实现，进而威胁到工人工资的发放，此时，为保障工人的基本生存需求，工人工资部分应获得优先于消费者权利的保障。同时，若消费者在购房时已充分了解并接受该商品房存在建设工程价款未清偿的情况，那么其权益在此情况下便不再享有优先地位，体现了权利与义务相统一的法律精神。

2. 司法解释的解读。最高人民法院通过相关批复对商品房消费者与承包人之间的权益冲突问题作出了清晰界定。根据原《工程款优先权批复》第2条的规定，消费者在购买商品房并支付全部或大部分款项后，承包人就该商品房享有的建设工程价款优先受偿权不得对抗买受人。此规定体现了法律对消费者生存权的关怀，并明确了在消费者已履行主要付款义务的情形下，承包人的优先权需退居其后。实践中，这一司法导向已渐成共识，承包人在采取财产保全措施时，对于已售予消费者的房产多持审慎态度，避免无谓的查封，因明知其权利主张在未来可能无法对抗消费者的合法权益。但该条既然是基于对生存权的保护，在有些情况下，特别是发包人可能存在资不抵债风险的情况下，何种消费者属于因其生存权而应优先保护的范围仍存在争议。

《最高人民法院关于商品房消费者权利保护问题的批复》（法释〔2023〕1

号）进一步细化了商品房消费者权利的保护范围。该批复规定，以居住为目的购买房屋并已支付全部价款的商品房消费者，其房屋交付请求权优先于建设工程价款优先受偿权、抵押权以及其他债权。对于只支付了部分价款的消费者，只要在一审法庭辩论终结前已实际支付剩余价款，同样适用上述规定。此外，在房屋交付无望的情况下，消费者的价款返还请求权亦被置于优先序列，确保其在经济上的损失得到及时弥补。这些规定进一步明确了商品房消费者优先权的适用范围和条件，还强化了对于支付了大部分房款的消费者的保护力度，要求其在特定时间节点前完成剩余款项的支付，以充分保障其合法权益的优先实现。

3.商品房消费者的认定标准。在认定商品房消费者是否享有优先权时，需要明确其范围和条件。根据《消费者权益保护法》第2条的规定，消费者是为生活消费需要购买、使用商品或接受服务的自然人。因此，在建设工程价款优先受偿权与商品房消费者优先权的关系中，能够优先于承包人优先受偿权的商品房消费者应当具备两个条件：一是主体上应为自然人；二是购房应以居住为目的。值得注意的是，公司、法人及其他组织因多出于经营考量而购置房产，故不应纳入享有优先权的消费者范畴之内。同样，购房亦应严格限定于住宅及住宅式公寓等居住性质明确的商品房，而写字楼、商铺等商业用途的房产购买者，则不应被视作《消费者权益保护法》的保护对象。《最高人民法院关于商品房消费者权利保护问题的批复》更是将"以居住为目的"确立为商品房消费者认定的核心标准，摒弃了单纯以房屋数量、地域等外在因素作为判断依据的片面做法。只要购房行为非出于投机炒房目的，而是基于刚性或改善性居住需求的，均应视为商品房消费者。司法实践中，应紧密围绕"以居住为目的"这一核心原则进行审查，既要充分保障消费者的居住权这一基本生存权利，也要兼顾对承包人合法权益的合理平衡，确保两者关系得到妥善处理。

# 第十一章 建设工程施工合同案件违约责任纠纷常见争点与法律适用

## 第一节 建设工程施工合同违约责任纠纷概述

建设工程施工合同依法成立生效后，当事人应当按照约定全面履行自己的义务。承包人的主要义务是按照合同约定的期限、质量标准完成其承包的建设工程；发包人的主要义务是按照合同约定及时足额支付工程价款。承包人或发包人未履行合同义务，或履行合同义务不符合合同约定的，应当承担违约责任。

### 一、建设工程施工合同违约责任的特点

建设工程施工合同作为一类特殊的承揽合同，《民法典》《民事诉讼法》等法律及相关司法解释对其进行了专门规制，确定了一些建设工程施工合同的"专属"规范。《民法典》第577条是关于违约形式和违约责任承担方式的总括规定，是各类合同认定和承担违约责任的主要依据条款；《建筑法》第15条第2款从行业规范的角度对建设工程施工合同的违约责任承担提出了概括性要求。建设工程施工合同中的违约责任不仅具有一般违约责任的特点，还具有自己的特殊之处，体现在以下方面。

（一）违约情形的复杂性

建设工程施工合同履行周期长、主体法律关系复杂，导致违反合同约定的相关违约责任也存在一定的复杂性。建设工程施工合同从订立到履行完毕，历经招投标、开工入场、施工、竣工验收、结算、质保等多个环节，每个环

节需要发承包人之间互相配合、通力协作，违约概率和违约行为的复杂程度在双方长时间频繁的接触中不断增加。此外，实践中实际施工人、挂靠人等主体的参与，也增加了建设工程施工合同履行过程中出现违约情况的复杂性。

### （二）违约行为的混合性

建设工程施工合同的当事人违反合同约定的行为，既属于民事意义上的违约行为，也有可能属于违反国家相关规定的违法行为。当事人在承担违约责任的同时，还将面临行政和刑事法律的制裁。这种违约行为的混合性，体现了建设工程本身的特殊性，表明其承载的公共利益与公法所维护的公共秩序与安全具有一致性。例如，建设工程因施工产生质量问题进而引发安全事故的，相关单位及直接责任人员将被追责；发包人或分包人拖欠工程款中含农民工工资的，相关单位需要承担缴纳罚款等不利后果。

### （三）违约后果的严峻性

建设工程关系国计民生，建设工程施工合同承载着社会公共利益，相较于一般合同违约责任，建设工程施工合同的违约责任更加不容忽视。建设工程施工合同一方主体出现违约行为既会导致合同相对方利益受损，同时也会对第三方甚至公共利益造成不良影响。例如，工程质量不符合条件造成人员伤亡和财产损失、商品房"烂尾"导致购房者无家可归等，而违反一般类型合同，往往不会造成上述难以估量的损失。

## 二、建设工程施工合同违约责任纠纷的审理原则

### （一）遵守民法基本原则

建设工程施工合同作为《民法典》合同编规定的有名合同，其签订与履行均应遵循民法基本原则。审理建设工程施工合同违约责任纠纷时，应遵守包括合同自由和公平原则、诚信原则以及绿色原则在内的民法基本原则，尊重当事人的真实意思表示。

### （二）维护经济发展秩序

违约责任纠纷案件处理的是因一方当事人未按合同约定履行产生的矛盾，而合同是社会经济活动的桥梁纽带，守约关系着交易的安全和可靠，违约将

造成利益的失衡，严重的甚至会阻碍所涉及的行业发展，破坏社会经济秩序。在建设工程施工合同纠纷中更是如此，其标的物承载的公共利益较为特殊，甚至可能涉及轨道交通、桥梁道路、城镇房建等关系国计民生的重要项目。因此，在审理建设工程施工合同违约责任纠纷时应考虑判决结果对社会的影响，维护经济发展秩序，如引导当事人在不损害自身利益的同时选择对社会公共利益影响较小的违约责任承担方式。

（三）防范控制社会风险

建设工程施工合同履行既涉及合同主体的财产利益，还涉及主体背后建筑工人的生存利益，更涉及工程本身承载的公共利益，各方当事人的矛盾激化和利益冲突在违约责任纠纷案件审理时集中体现。面对这类案件，既要处理好合同主体的利益平衡，更要注意社会风险的防范和化解，做到裁判法律效果和社会效果相统一。

## 第二节　建设工程施工合同违约责任纠纷常见争点

虽然建设工程施工合同纠纷中合同无效情形十分常见，但因履行有效合同产生的争议也不在少数。其中，有关建设工程施工合同当事人违约责任的案件一直存在较大争议。双方往往针对当事人的行为是否构成违约、合同中违约责任的约定是否有效以及违约方应当如何承担违约责任发生争议，本节围绕上述三个问题，展开分析建设工程施工合同违约责任纠纷审理过程中的常见争点。需要说明的是，本节的争点系以建设工程施工合同纠纷的共性问题为基础归纳而来，工期违约、质量违约等特殊违约情形因已在其他章节专门分析，不再赘述。

### 一、违约情形

本部分论述的违约情形指的是合同主体违反建设工程施工合同的表现形式。实践中，认定是否存在违约行为是判断应否承担违约责任的基础，结合

《民法典》《建筑法》等规定的发包人、承包人的权利义务可知，发包人的主要违约情形如下：（1）未按合同约定及时、足额支付工程价款；（2）未按合同约定为承包人提供必要的施工条件；（3）不履行施工合同约定的协助义务。承包人的主要违约情形如下：（1）未按合同约定的工期竣工；（2）施工的工程质量存在缺陷，包括未达到合同约定的质量标准或国家规定的最低质量标准；（3）非法转包或违法分包；（4）不履行合同约定的协助义务，如不配合协助和参与工程竣工验收、提供竣工验收材料等。

## 争点1：发包方能否以承包方未开具发票作为拒绝支付工程款的先履行抗辩事由

**【案例】**山某公司与智某公司、晶某公司建设工程施工合同纠纷案[①]

山某公司与智某公司、晶某公司于2001年3月至2003年8月间签订12份《建设工程施工合同》，约定山某公司为晶某公司承建厂房等十个项目的工程，为智某公司承建喷砂房等工程。2005年9月6日，山某公司与晶某公司签订《办理房产证合同》，约定山某公司第一期应当向晶某公司开具金额为还款金额500万元合法的工程发票，以后晶某公司还款应先开发票。同年9月19日，山某公司（乙方）与智某公司、晶某公司（甲方）签订《还款协议》，约定甲方在向银行借到款以后，按照双方于2005年9月6日签署的《办理房产证合同》的约定偿还工程款给乙方，乙方收款后应当按照《办理房产证合同》的约定开具工程发票给甲方；乙方应当在2006年6月前向甲方开具全部欠开的工程发票。完工后，晶某公司、智某公司尚欠山某公司的工程款为12 135 178.22元，山某公司已开具发票的金额为32 769 200元，双方确认未开发票的金额合计为15 190 789.04元。山某公司起诉至一审法院，请求判令智某公司、晶某公司立即清偿所欠工程款，智某公司、晶某公司提出应当先开发票的抗辩。一、二审法院均未采纳智某公司、晶某公司的该项抗辩。

一审法院认为，山某公司开具发票是收取工程款的附随义务，其开具发票的行为并不是智某公司、晶某公司支付工程款的前提条件，两者之间不具

---

[①] 参见最高人民法院民事审判第一庭编：《民事审判指导与参考》（总第39集），法律出版社2010年版，第147页。

有对价。二审法院认为，从民事权利义务的角度讲，付款是智某公司、晶某公司的主要义务，而开具发票仅是山某公司的附随义务，二者之间没有对价关系，智某公司、晶某公司以此作出的抗辩不成立。

【分析】

《发票管理办法》第 18 条规定："销售商品、提供服务以及从事其他经营活动的单位和个人，对外发生经营业务收取款项，收款方应当向付款方开具发票；特殊情况下，由付款方向收款方开具发票。"第 19 条规定："所有单位和从事生产、经营活动的个人在购买商品、接受服务以及从事其他经营活动支付款项，应当向收款方取得发票。取得发票时，不得要求变更品名和金额。"上述规定表明，承包人向发包人开具发票是法定义务，发包人从承包人处取得发票是权利也是义务。建设工程施工合同纠纷中，承包人作为原告请求发包人支付工程价款时，发包人往往以承包人未开具发票作为其拒付工程价款的抗辩理由。

关于建设工程施工合同纠纷中经常出现的支付工程款与开具发票的争论，实践中存在两种意见：第一种意见认为，承包人未开具发票，发包人有权行使先履行抗辩权，有权拒绝支付工程款。第二种意见认为，开具发票不是承包人的主给付义务，发包人不能以此为由行使先履行抗辩权。①

我们倾向认为，发包人以承包人未提供发票为由拒绝支付工程款的，不予支持，但合同另有约定的除外。《合同编通则解释》第 31 条第 1 款规定："当事人互负债务，一方以对方没有履行非主要债务为由拒绝履行自己的主要债务的，人民法院不予支持。但是，对方不履行非主要债务致使不能实现合同目的或者当事人另有约定的除外。"因此，双务合同中同时履行抗辩的范围仅限于对价义务。如果一方不履行其依据合同所负有的主要义务，另一方有权行使抗辩权拒绝履行己方义务，并不构成违约。如果仅仅是非主要义务没有履行，除非影响合同目的的实现，否则对方不能行使同时履行抗辩权。所谓主要义务，是指根据合同性质决定的直接影响合同成立及当事人订约目的实现的义务。《民法典》第 788 条规定："建设工程合同是承包人进行工程建设，发包人支付价款的合同。建设工程合同包括工程勘察、设计、施工合同。"根据该条规定，一般而言，建设工程施工合同中的主要义务就是一方完

---

① 参见曹鹏：《发包人以承包人未开发票为由拒付工程款的处断》，载《人民司法》2021 年第 2 期；最高人民法院民事审判第一庭编：《民事审判实务问答》，法律出版社 2021 年版，第 77 页。

成合同项下的建设工程，另一方依约支付工程款项。其中，发包人的付款义务系合同约定的主要义务，是承包人订立合同的最主要目的；而承包人的开票义务源于行政法律规定，在建设工程施工合同中并非主要义务，二者在性质上存在根本差异，不具有对等关系，故一方不能仅以另一方未开具发票为由拒绝履行付款义务。

关于发包人的合法权利保护问题。发包人无法获取发票会导致其不能按规定抵扣税款，进而遭受损失，其合法权利如何保护？2023年12月5日起施行的《合同编通则解释》第26条对未履行开具发票等非主要债务的救济作出了明确规定，据此，发包人可通过以下方式主张权利。

第一，主张承包人应按生效裁判确定的欠付工程价款金额开具发票。《合同编通则解释》施行前，实务中存在另一种观点和做法，认为承包人开具发票属于税务管理范畴事项，法院不宜处理。《合同编通则解释》施行后，该观点应予以纠正。

第二，主张承包人未开具发票的违约责任。若合同未约定违约责任，可主张承包人赔偿因未对其开具发票给其造成的实际损失。如果建设工程施工合同明确约定将承包人履行开票义务作为发包人支付工程款的条件以及履行抗辩事由，意味着双方自愿将开具发票与支付工程款作为同等义务，该约定不违反法律规定，应当予以支持。义务之间的对价关系不强调客观上的等值，只要双方当事人主观上认为等值即可。故基于该约定，发包人具备履行抗辩的事由，其不履行付款义务不视为违约行为。法院在确定能否支持发包人该抗辩主张时，需审查承包人未履行开票义务的责任事由，如果工程未结算完毕或发包人怠于审核确定支付工程价款数额，承包人开具发票的义务不具备履行条件，此时发包人不能以此为由拒绝支付工程价款。

支付工程款义务和开具发票义务是两种不同性质的义务，不具有对等关系。除非当事人明确约定，发包人以承包人违反约定未开具发票为抗辩理由拒付工程款的，人民法院不予支持。

【规范指引】

《合同编通则解释》第26条、第31条。

## 二、违约责任的承担方式

### 争点 2：违约金的金额如何调整

【案例】普定县某房地产开发有限公司与黑龙江省某建工有限公司、普定县某酒店有限公司建设工程施工合同纠纷案[①]

普定县某房地产开发有限公司（以下简称某房产公司）将一商品房开发项目交黑龙江省某建工有限公司（以下简称某建工公司）承建。施工过程中双方产生争议，后在当地政府主持下达成《纠纷处理协议》对后续工作进行了约定并明确："以上协议已经甲、乙双方同意，甲、乙双方承诺若任何一方违反调解约定，违约方须向守约方承担该项目住宅及酒店工程总价款百分之二十的违约金。"后某房产公司欠付某建工公司工程款，违反了《纠纷处理协议》关于剩余工程款支付时限的约定，构成违约。某建工公司起诉要求某房产公司按照合同约定支付违约金等。某房产公司辩称违约金数额明显过高，请求调减。一、二审法院采纳《纠纷处理协议》约定的违约金计算方式，未予调整。

二审法院认为，《纠纷处理协议》中违约金数额的约定，是在双方当事人就案涉工程施工已经发生较大矛盾并造成停工的情况下，在当地政府主持下达成的高额违约金约定，其主要目的在于预防双方再次出现违约行为，激化双方矛盾。该违约金约定的适用条件，对双方当事人公平一致，即任何一方违约均应适用；并且在签订《纠纷处理协议》时，双方当事人对于工程总造价应当具有合理预期，任何一方违约承担的支付违约金的数额，并未超出双方当事人签订该协议时应当预见的范围。现某房产公司主张违约金数额明显过高，一方面并未就该主张提供证据证明约定的违约金数额明显高于某建工公司实际遭受的损失，另一方面该违约金调减请求与双方当事人签订上述协议时约定高额违约金的目的明显不符。

【分析】

实践中，违约责任承担方式中较为常见且重要的是由违约方支付违约金。

---

[①] 参见贵州省高级人民法院（2015）黔高民初字第 1 号民事判决书、最高人民法院（2016）最高法民终 106 号民事判决书。

一般而言，建设工程施工合同标的额较大，而建筑行业系利润率较低的行业，故司法实践中对于建设工程施工合同纠纷中违约金的认定和调整向来争议较大。关于如何判断约定违约金是否过高以及调低的幅度，《民法典》及最高人民法院相关司法解释均规定，对于违约金的调整以守约方的实际损失为参照。结合《合同编通则解释》第 65 条的规定，在建设工程施工合同纠纷案件中，违约金金额如何调整，在参照守约方实际损失之外，应当综合合同主体、交易类型、合同的履行情况、当事人的过错程度、履约背景、建筑行业微利性特点等，并结合以下方面来判断。

一是根据约定的违约金数额与当事人实际损失之间的比例判断。《合同编通则解释》第 65 条规定："当事人主张约定的违约金过分高于违约造成的损失，请求予以适当减少的，人民法院应当以民法典第五百八十四条规定的损失为基础，兼顾合同主体、交易类型、合同的履行情况、当事人的过错程度、履约背景等因素，遵循公平原则和诚信原则进行衡量，并作出裁判。约定的违约金超过造成损失的百分之三十的，人民法院一般可以认定为过分高于造成的损失。恶意违约的当事人一方请求减少违约金的，人民法院一般不予支持。"根据该条规定，在审理相关纠纷时，应先根据合同约定的违约金比例计算出具体的违约金金额，对比守约方因违约方违约而遭受的实际损失，再结合 30% 的标准判断建设工程施工合同约定的违约金是否过高，进而判断是否需要调整违约金。另外，《合同编通则解释》第 64 条第 2 款规定："违约方主张约定的违约金过分高于违约造成的损失，请求予以适当减少的，应当承担举证责任。非违约方主张约定的违约金合理的，也应当提供相应的证据。"因此，违约方应对其抗辩的违约金过高承担举证责任，而在违约方举证证明约定的违约金过分高于造成的损失具有较大可能性的情况下，守约方也应提交相应证据证明违约行为给其造成的具体损失情况。[①]

二是根据合同总价款与当事人未履行价款之间的比例判断。因现实中守约方当事人的实际损失很难确定，认定违约金金额是否过高，从利益衡平角度来看，还可对比当事人未履行价款与合同总价款，通过二者之间的比例作判断。例如，建设工程施工合同中约定，对于发包人迟延付款，按照合同总价款一定比例支付违约金。在合同履行过程中，发包人拖欠支付承包人的工

---

① 参见最高人民法院民事审判第二庭、研究室编著：《最高人民法院民法典合同编通则司法解释理解与适用》，人民法院出版社 2023 年版，第 720 页。

程款数额较小，而根据合同约定计算出的违约金金额大于未付款金额或与未付款金额相差不大，在此情形下，根据二者比例对违约金进行调整，则能够避免利益失衡。

三是兼顾合同履行情况、当事人过错程度以及违约方获利等因素判断。就合同履行情况而言，守约方的损失与合同的履行程度呈负相关，也即合同履行程度越低，守约方的损失越大，故调整违约金的幅度也就越小。就当事人的过错程度而言，若违约方主观过错程度较小或者守约方自身也存在过错时，可以适当调整违约金的金额，此种情形下违约金的调整不应体现浓重的惩罚色彩。在调整违约金时还应考量违约方获益情况，防止违约方因违约而获得不当利益，此种情形下的违约金调整应体现一定的惩罚色彩。

四是对于纠纷处理过程中约定的违约金一般不宜再作调整。如建设工程施工合同双方当事人因合同履行发生争议时，为避免双方再次出现违约行为而激化矛盾，自行或在当地政府主持下达成了高额违约金约定，该违约金约定的适用条件对双方当事人公平一致，即任何一方违约均应适用。在达成违约金数额约定时，双方当事人对于工程总造价应当具有合理预期，任何一方违约承担的支付违约金的数额，并未超出双方当事人签订该违约金条款时应当预见的范围。

【规范指引】

《民法典》第584条、第585条；《合同编通则解释》第65条；《最高人民法院关于审理买卖合同纠纷案件适用法律问题的解释》第18条；《九民纪要》第50条；《全国法院贯彻实施民法典工作会议纪要》第11条。

## 争点3：发包人逾期支付工程款，承包人能否同时主张工程款利息和违约金

【案例】某装备制造集团有限公司与某投资管理有限公司建设工程施工合同纠纷案[①]

2010年4月11日，某装备制造集团有限公司（以下简称某制造公司）与某投资管理有限公司（以下简称某投资公司）签订《建设工程施工合同》，约

---

① 参见最高人民法院（2020）最高法民再67号民事判决书。

定：某制造公司承建某投资公司位于长春市某某路新建厂房的钢构、彩板及门窗制作安装；合同价款采用固定价格，合同工程固定造价为366万元；某投资公司支付工程款每拖延一天，支付合同金额1%的违约金。合同签订后，某制造公司于2010年5月中旬将钢构部分制作完成，在对彩板进行剪裁后准备安装时，得知某投资公司在办理开工许可证过程中因政府告知计划对包括某投资公司施工修建的厂房区域在内的土地进行收储而未能取得开工许可证，导致合同不能继续履行。因此，某制造公司将某投资公司诉至法院，要求偿还工程款300万元及利息20万元、给付违约金40万元及支付保管费20万元。经鉴定及法院认定，最终确认某制造公司已完成的工程量价款为1 975 977元，其中利润为115 742元。最高人民法院撤销原一审、二审及再审判决并予以改判，最终判决支持某制造公司所主张的40万元违约金的诉请，驳回关于利息的诉请。

最高人民法院认为，某投资公司解除合同应当负相应的违约责任，某制造公司在履约过程中并不存在过错，并在得到停工通知后立即停工，防止了损失的进一步扩大。根据《建设工程施工合同》约定，某投资公司支付工程款每拖延一天，就要支付合同金额1%的违约金，结合某投资公司逾期支付工程款的时间，某制造公司主张40万元违约金有事实和法律依据，且相对于双方约定的固定造价及经鉴定确定的实际造价，该违约金未明显过高。关于某制造公司诉请的拖欠工程款利息20万元，因双方订有违约金条款，且40万元的违约金已经能够填补某制造公司因对方违约造成的损失，故不再予以单独计算。

【分析】

关于发包人逾期支付工程款，承包人能否同时主张工程款利息和违约金，实践中存在三种意见：第一种意见认为，不能同时主张。如《浙江省高级人民法院民事审判第一庭关于审理建设工程施工合同纠纷案件若干疑难问题的解答》第21条规定："承包人不能按照建设工程施工合同的约定，既请求发包人承担逾期支付工程款的违约金，又同时请求支付相应利息。"第二种意见认为，原则上可以同时主张。如《安徽省高级人民法院关于审理建设工程施工合同纠纷案件适用法律问题的指导意见（二）》第16条规定："当事人同时主张违约金和利息的，可予支持。"第三种意见认为，能否同时主张违约金和利息，需考察合同约定，如果有约定，则可同时主张，如果无约定，原则上只能选择其一主张。① 但在有约定的情况下，若发包人主张的违约金与利息之和过分高于实际损失，承包人有权请求予以适当减少。

我们倾向认为，建设工程施工合同系双务有偿合同，发包人的主要义务在于支付工程款。若发包人未按照合同约定支付工程款，则其构成违约，理应承担合同所约定的违约责任。但就发包人逾期支付工程款，承包人能否同时主张工程款利息和违约金，需要根据实践中的个案区分情形：一是如果合同约定既可以主张逾期付款违约金，也可以主张工程款利息，在此种情形下，承包人在请求发包人承担约定的违约责任的同时还请求支付相应约定利息的，应当按照约定。二是如果当事人仅就欠付工程价款约定支付违约金，而未约定支付欠付工程价款利息的，则此时发包人支付违约金即为承担了赔偿损失的违约责任，承包人无权请求发包人额外支付欠付工程价款利息。②

逾期付款违约金和工程款利息原则上只能择一主张，也即如果当事人在建设工程施工合同中仅约定了违约金，因违约方迟延付款时，确实会给守约方造成资金占用的损失，故在衡量守约方因违约行为受到损失的基础上调整违约金数额即可，而不必就利息再单独予以计算；但若建设工程施工合同约定可以同时主张或者约定的违约金低于实际损失的除外。

【规范指引】

《民法典》第 585 条。

## 争点 4：发包人欠付工程款，承包人是否有权拒绝交付建设工程

【案例】巴东某公路大桥管理局与巴东县某建设有限公司建设工程施工合同纠纷案③

2004 年 4 月 8 日，巴东某公路大桥管理局（以下简称某大桥管理局）与巴东县某建设有限公司（以下简称某建设公司）签订《建设工程施工合同》，

---

① 参见王毓莹、史智军：《建设工程施工合同纠纷疑难问题和裁判规则解析》，法律出版社 2022 年版，第 327~328 页。

② 参见最高人民法院民事审判第一庭编：《民事审判实务问答》，法律出版社 2021 年版，第 86~87 页。

③ 参见湖北省恩施土家族苗族自治州巴东县人民法院（2015）鄂巴东民初字第 01195 号民事判决书、湖北省恩施土家族苗族自治州中级人民法院（2016）鄂 28 民终 143 号民事判决书、湖北省高级人民法院（2016）鄂民申 1320 号民事裁定书。

合同约定某建设公司承包某综合楼的基础工程等工程施工。案涉工程于 2006 年 1 月 10 日竣工并通过竣工验收，2006 年 11 月 30 日，某大桥管理局依法取得该综合楼的《房屋所有权证》。双方就工程款结算金额产生纠纷，某建设公司在工程竣工验收后，未将该综合楼一楼的门面房屋交付给某大桥管理局并自行占据使用。2015 年，某大桥管理局向人民法院起诉要求法院判令某建设公司交付属某大桥管理局的上述综合楼一楼全部门面房屋。某建设公司辩称双方在施工和前期结算中曾有相关约定，房屋的全部交付要在工程完工及工程款结算完成后，现某大桥管理局提出的门面房交付条件尚未成就。审理此案的三级法院均认为某建设公司向某大桥管理局交付门面房的条件早已成就，支持某大桥管理局要求某建设公司交付门面房的诉请。

再审法院认为，无论怠于结算和超期结算的责任人是哪一方，本案中，依据双方合同约定，涉案工程门面房交付的条件早在 2006 年业已成就，某建设公司占用涉案工程一楼门面房近十年，既不符合双方订立《建设工程施工合同》的合同目的，亦构成违约，该占用行为不受法律保护。某建设公司如对工程款数额持有异议，既可以通过协商方式解决，也可以通过诉讼或仲裁等合法方式救济自己的权利，但占用门面房不交付没有依据。

【分析】

建设工程施工合同是承揽合同的一种特殊形态，建设工程施工合同的标的物为不动产。基于物权法定原则，《民法典》第 447 条第 2 款规定的可以留置的标的物为动产，不适用于工程。另，建设工程承载不特定第三人利益与社会公共利益，承包人实现权益不能影响他人利益与社会公共利益，即使承发包双方在合同中明确约定承包人可以留置建设工程也不发生相应效力，承包人也无法因约定取得留置权。《民法典》第 807 条规定承包人在发包人未按约定支付工程价款时，可以与发包人协商对工程进行折价、拍卖并就相应价款优先受偿，承包人不应获得法律规定之外更多的权利救济。承包人扣留建设工程拒绝交付属严重违约行为，不符合法律规定。

【规范指引】

《民法典》第 447 条、第 509 条、第 807 条。

## 三、违约责任条款的认定和效力审查

### 争点5：无效合同情形下违约金责任条款能否直接适用

【案例】朱某某与公主岭市某培训学校、长春某建设有限公司、长春某建设有限公司某分公司、王某某建设工程施工合同纠纷案[①]

2014年7月29日，长春某建设有限公司（以下简称某建设公司）中标学校培训基地建设工程。2014年3月26日，公主岭市某培训学校（以下简称某学校）与长春某建设有限公司某分公司（以下简称某建设公司分公司）签订《总承包协议书》，将涉案工程发包给某建设公司分公司承建。后由王某某以某建设公司分公司的名义又将涉案工程转包给不具有施工资质的朱某某，为此双方签订《工程施工补充协议》，其中第8条约定："所欠工程款按每日千分之二计息……"之后各方因工程款支付事宜产生纠纷，朱某某诉至法院，要求某学校、某建设公司、某建设公司分公司支付工程款及利息。一审、二审法院均判决认定应支付的工程款利息按照中国人民银行同期同类贷款利率的标准计算。朱某某向最高人民法院申请再审称：《工程施工补充协议》约定，某建设公司分公司未按期支付工程款时，对所欠工程款按每日千分之二计息，该《工程施工补充协议》虽无效，但合同中约定的清算条款有效，应当据此认定工程款的利息。

一、二审法院认为，《工程施工补充协议》因转包而属无效合同，虽然第8条约定"所欠工程款按每日千分之二计息"，因该合同无效，其中的违约条款亦不能适用，关于欠付工程款利息计算标准应按照原《施工合同解释》第17条[②]确定。最高人民法院再审审查认为，《合同法》第98条[③]关于"合同的权利义务终止，不影响合同中结算和清理条款的效力"的规定，并不涵盖合同无效情形。朱某某关于该《工程施工补充协议》虽无效但其中清算条款有效的主张，没有法律依据。《工程施工补充协议》关于迟延支付工程款需要承

---

① 参见吉林省四平市中级人民法院（2017）吉03民初100号民事判决书、吉林省高级人民法院（2019）吉民终140号民事判决书、最高人民法院（2020）最高法民申331号民事裁定书。
② 现对应《施工合同解释（一）》第26条。
③ 现对应《民法典》第567条。

担的违约金责任计算方式的约定,也因合同无效而无约束力。在案涉《工程施工补充协议》无效的情况下,一、二审法院酌定某建设公司按照中国人民银行同期同类贷款利率计算工程款利息,并无不当。朱某某的此项申请再审理由,不能成立。

【分析】

关于建设工程施工合同无效情形下,能否直接适用合同中约定的违约金条款,存在一定争议。第一种意见认为,违约金条款属于清理和结算条款,根据《民法典》第 567 条的规定,"合同的权利义务关系终止,不影响合同中结算和清理条款的效力"。合同虽然无效,但违约金条款属于清算条款,所以在无效合同中仍可以适用。第二种意见认为,合同权利义务关系终止的情形并不包括合同无效情形,合同无效,违约责任条款应当一并归于无效。[①] 我们倾向认为,第二种意见更为合理。首先,《民法典》第 567 条适用的前提是"合同的权利义务关系终止",《民法典》第 557 条明确了合同解除的,该合同的权利义务关系终止,权利义务关系终止的情形不应当包含合同无效。合同无效时,自始缺乏生效要件,也自始没有法律约束力,不存在权利义务关系终止的前提。其次,违约金条款是指在合同一方违反约定的情形下追究违约责任,其适用前提是存在"约定"。在合同无效导致"约定"无效的情形下,不存在违约行为,自然也无法适用违约金条款。因此,我们认为,在合同无效的情形下,违约责任条款应当一并归于无效,违约责任条款不能直接适用,当事人主张违约金的请求权基础自始不存在。

【规范指引】

《民法典》第 567 条。

---

[①] 参见王利明:《合同法研究·第一卷》(第三版),中国人民大学出版社 2015 年版,第 659 页;张成东:《建设工程施工合同无效情况下参照适用的范围》,载《人民法院报》2024 年 2 月 22 日,第 7 版。

## 争点 6：对承包人违约行为处以"罚款"条款的性质及效力认定

【案例】甘肃某酒钢冶金建设公司与嘉峪关某房地产开发有限公司建设工程施工合同纠纷案①

2014 年 6 月 3 日，甘肃某酒钢冶金建设公司（以下简称某建设公司）与嘉峪关某房地产开发有限公司（以下简称某房产公司）就某小区采暖、土方的建设签订多份建设工程施工合同。双方及监理方甘肃某建设监理有限公司（以下简称某监理单位）于 2014 年 5 月 10 日签订了《某小区施工管理考核制度》对罚款事项进行了约定。后某建设公司起诉要求某房产公司支付工程款、利息以及保证金等款项。该案审理中，某房产公司提交罚款明细及工程罚款通知单 57 份，欲证实因某建设公司违反合同约定，由某监理单位及某房产公司对某建设公司的违约行为作出 182 346.24 元罚款，上述罚款应计入已付工程款。某建设公司对上述证据的真实性及证明目的均不予认可，并认为房产公司无权对其罚款。一审法院将上述罚款中属于《某小区施工管理考核制度》约定情形的 21 303.12 元计入已付工程款，二审法院维持了该项认定。

一审法院认为，三方签订《某小区施工管理考核制度》是为了确保案涉工程施工质量、进度及安全文明施工，罚款约定属于违约责任范畴，罚款具有违约金的性质。某房产公司提供的罚款通知单中有 21 303.12 元罚款属于《某小区施工管理考核制度》约定的可以罚款的具体情形，其他罚款通知单中虽载明依据《某小区施工管理考核制度》进行罚款，但并未载明具体条款，具有笼统性及模糊性，不属于当事人协商一致可以罚款的情形。二审法院认为，《某小区施工管理考核制度》对"罚款"事项进行了明确约定，某建设公司违反该考核制度，应承担由此产生的惩罚性违约金即罚款。

【分析】

根据《行政处罚法》第 9 条的规定，罚款属于行政处罚的一个种类，由国家法律、法规设定。罚款多出现于行政法领域，应当由有权的行政执法部门依照法定程序作出，并赋予行政相对人救济的权利。然而，在建筑行业中

---

① 参见甘肃省嘉峪关市中级人民法院（2021）甘 02 民初 12 号民事判决书、甘肃省高级人民法院（2021）甘民终 723 号民事判决书。

经常出现发包人基于强势地位在合同或补充协议等文件中约定发包人可以因工期、质量、转包或违法分包等违约情形对承包人处以"罚款"。

对于上述"罚款"条款的效力，司法实践中存在不同的观点。第一种观点认为，"罚款"应当由行政执法部门依照法定程序作出，工程的发包方不具有行政执法部门的职能，无权对承包方进行"罚款"，因此"罚款"条款应属无效；第二种观点认为，建设工程施工合同中的"罚款"约定系平等民事主体之间的真实意思表示，究其内心真意应当认定为违约金条款。[1] 我们倾向第二种观点，理由如下：由于当事人法律知识的有限性或是惯性使然，往往将合同文本中约定承包方如出现特定违约行为应当支付一定款项的条款表述为"罚款"，对于上述条款的认定应当从合同主体的真实意思表示出发，不能因为有"罚款"字样而当然认为条款无效。

对于建设工程施工合同中"罚款"的定性，多地高院在相关指导意见中都进行过明确。[2] 和其他地区法院对于"罚款"条款的定性有所区别的是，山东高院在《山东省高级人民法院关于审理建设工程施工合同纠纷案件若干问题的解答》中对于"罚款"的类型进行了区分，其第13条第1款将针对承包人履行合同过程中违约行为的罚款约定认定为"违约金"条款，第2款则是针对发包人滥用优势地位对承包人实施非合同义务范围内的行为予以罚款的约定剔除在法律保护范围之外。[3] 我们认为，该条解答对于司法实践具有较大的参考意义。

首先，名为"罚款"、实为"违约金"条款的效力应当得到确认。在建设工程施工合同中，合同主体系平等的民事主体。从民法角度分析，因在合同履行过程中出现工期延误、质量瑕疵、转包、违法分包等可归责于承包人的违约事

---

[1] 参见李玉生主编：《建设工程施工合同案件审理指南》，人民法院出版社2019年版，第267~268页。

[2] 如《陕西省高级人民法院关于审理建设工程施工合同纠纷案件若干问题的解答》第6条规定："建设工程施工合同约定承包人存在工期迟延、质量缺陷或者未达到合同约定的工程质量标准、转包或违法分包等违约行为，发包人可对承包人处以罚款的，该约定可以视为当事人在合同中约定的违约金条款。"《北京市高级人民法院关于审理建设工程施工合同纠纷案件若干疑难问题的解答》(京高法发〔2012〕245号)第37条、《江苏省高级人民法院关于审理建设工程施工合同纠纷案件若干问题的意见》(苏高法审委〔2008〕26号，已失效)第27条等对此也作出了类似规定。

[3] 《山东省高级人民法院关于审理建设工程施工合同纠纷案件若干问题的解答》第13条规定："建设工程施工合同约定对承包人的违约行为罚款的，应按照具体约定内容，对罚款的性质作出区分：(1)建设工程施工合同约定承包人存在工期迟延、工程质量缺陷或未达到合同约定的工程质量标准、转包或违法分包等违约行为，发包人可对承包人罚款的，该约定可以视为当事人在合同中约定的违约金条款。(2)建设工程施工合同约定对承包人实施除履行合同义务之外的行为进行罚款的，不予支持。"

由而设定一定数额或一定标准的罚款条款的，其本质应当是承包人因实施了特定的违约行为而承担的补偿性或惩罚性违约金。相应地，罚款条款的有效与否应当依照违约金条款的性质来认定：如果罚款条款不违反法律和行政法规的强制性规定，且属于民事权利处分范畴之内的，应当认定为有效；如果当事人约定的"罚款"数额过高的，法院可以按照《民法典》第585条的规定予以调整。

其次，对于滥用合同优势地位、单方任意罚款的做法不应予以支持。在认定"罚款"条款实为违约金条款的前提下，其生效还应当经过合同主体的确认，如果在合同中并没有进行过关于罚款事由和罚款标准的相关约定，发包人却在实际履行过程中随意开处"罚单"，其效力不应得到认可，但是如果有证据证明承包人愿意接受"罚款"的除外。

实践中，有的建设工程施工合同条款里还存在"闹事罚款"条款，即约定如发生农民工上访等特定情况，发包人可以对承包人予以罚款。我们认为，"闹事罚款"条款的目的是避免因承包人的行为导致农民工"闹事"或上访，从而对发包人和工程本身造成负面影响。对于合同中明确约定的此类"罚款"条款，应当同样按照违约金条款的效力进行认定。相应地，对于最终是否能够适用相关条款认定违约责任，应当首先考虑违约行为的实施主体。农民工并不是建设工程施工合同的主体，其行为并不受合同约束。因此，在违约责任的认定上，需要明确"闹事上访"情形产生的原因，即是否因承包人出现拖欠工资、管理不善等过错而导致，如果因承包人过错导致了"闹事上访"的产生，那么可以认定由其承担违约责任。反之，如果"闹事上访"行为系由发包人未付工程款等原因导致，在承包人无过错的情形下，要求其承担违约责任没有依据。

审查"罚款"条款时应当注意以下事项：（1）审查施工合同的效力，以"罚款"形式约定的违约金条款有效的前提应当是施工合同有效，否则"罚款"条款应当随施工合同一并归于无效。但若承包人对于发包人提出的罚款事由予以认可并且同意在工程款项中予以扣除的，应当尊重双方意思自治。（2）审查"罚款"条款本身的效力，应判断其内容是否违反法律、行政法规的强制性规定，以及是否违反公序良俗等。（3）还需确认"罚款"事由是否真实发生、是否可归责于承包人、是否属于发包人不正当转移风险的情形。（4）应当审查"罚款"的数额是否合理，如果承包人提出约定罚款金额过高，如"工期每延误一日，按照合同总价的万分之五"，应结合案件实际情况判断是否应当予以调整。

【规范指引】
《民法典》第 577 条。

## 第三节 建设工程施工合同违约责任纠纷疑难问题

### 问题 1：承包人逾期竣工，发包人能否要求承包人承担赔付购房者的逾期交房违约金

【案例】辽宁某房地产开发有限公司与江苏某建工集团有限公司建设工程施工合同纠纷案[①]

2011 年 3 月 15 日，辽宁某房地产开发有限公司（以下简称某房产公司）与江苏某建工集团有限公司（以下简称某建工公司）签订《建设工程施工合同》，约定某建工公司承接某房产公司开发的某住宅楼工程。其中，合同违约责任条款约定，逾期付款违约金与逾期竣工违约金计算标准为每日按中国人民银行同期商业流动资金贷款一年期利率的双倍支付违约金。2011 年 7 月 16 日，某建工公司与某房产公司签订《补充协议》，约定了案涉工程五个阶段的完工时间节点，另约定"如承包人未能按本合同约定任一时间节点完成任一合同义务的，发包人均有权要求承包人对其违约行为承担违约责任。承包人每次违约均须向发包人支付违约金人民币 100 万元。如因承包人的任一违约行为造成发包人实际损失超过违约金金额的，承包人须据实承担赔偿责任"。合同签订后，某建工公司进场施工。后工程未按合同约定工期完工。2013 年 1 月 10 日至 11 日，双方进行现场工程形象进度盘点，某建工公司仍有部分工程未完成。2013 年 1 月 27 日，某建工公司退场。某建工公司向法院提起诉讼，要求某房产公司支付工程款。某房产公司提出反诉，要求某建工

---

① 参见辽宁省高级人民法院（2015）辽民一初字第 19 号民事判决书、最高人民法院（2020）最高法民终 927 号民事判决书。

公司支付逾期竣工等违约金 3500 万元。

　　一审法院认为，某建工公司在《补充协议》中承诺了施工进度时间但未按期完工，故其应承担工程延期、不能按时交付工程的违约责任。双方约定"违约金计算标准为每日按中国人民银行同期商业流动资金贷款一年期利率的双倍支付违约金"，某房产公司据此要求违约金达 12 502 349.54 元。某房产公司又主张某建工公司未按《补充协议》约定的施工节点施工，每个节点扣 100 万元违约金，共要求 500 万元违约金。上述两项违约金约定均是对延误工期的违约约定，约定的违约金数额明显过高，某建工公司要求予以减少的主张合理，应予支持。因工程延期势必会造成相关损失，如业主索赔、人工费用增加致使工程造价增加、借款的资金占用费用等，故酌定逾期竣工违约金 500 万元。

　　二审法院认为，某建工公司应承担未按期交付工程的违约责任。关于违约金的计算问题，首先，《建设工程施工合同》签订后，双方在实际履行过程中，已另行签订《补充协议》，对整个工程分五个时间节点约定了违约金。《建设工程施工合同》和《补充协议》中关于逾期完工违约金的约定，内容上均是针对整个工程逾期完工的全部违约后果约定，在性质上同一，应视为后者对前者作出了实质性变更。其次，在某建工公司违约后，某房产公司多次发函索要违约金时，亦是主张《补充协议》约定的五个节点的违约金 500 万元，该行为印证了双方对于违约责任的认同。最后，关于某房产公司上诉主要针对逾期交房支付业主违约金损失 3 389 759.14 元。因某房产公司在一审中已认可逾期交工赔偿业主金额仅为 1 753 769.10 元，二审上诉另行主张人工费动态调整费损失 2 640 772.05 元，其主张某建工公司逾期竣工的全部损失亦不超过 500 万元。一审法院认定的逾期竣工 500 万元违约金较为合理，亦能够涵盖某房产公司因逾期交房支付给业主的违约金损失。某房产公司主张另行再支持其逾期竣工赔偿业主的损失理据不足，不能成立。

【分析】

　　按照合同约定的工期完成工程施工内容是承包人的基本合同义务。承包人未在合同约定的工期内竣工，应当承担违约责任。发承包双方一般会在专用合同条款中约定逾期竣工违约金的计算方法和逾期竣工违约金的上限。[①]但在房地产项目开发过程中，承包人逾期竣工，往往导致作为发包人的开发商

---

① 参见《2017 版施工合同范本》第二部分合同通用条款第 7.5.2 条。

逾期向购房者交房进而按照逾期天数赔付违约金。审判实务中，发包人据此要求承包人承担其赔偿给购房者的逾期交房违约金，能否支持？对此存在两种观点：第一种观点认为，承包人只需按照建设工程施工合同的约定承担逾期竣工违约金，不应承担发包人赔偿给购房者的逾期交房违约金。因为逾期交房违约金是发包人与购房者之间商品房买卖合同的约定，对承包人不具有约束力。而在商品房预售模式下，商品房买卖合同一般签订在建设工程施工合同之后，其约定的逾期交房违约金不属于承包人在订立合同时能够预见或者应当预见到的因逾期竣工可能造成的损失范围。第二种观点认为，发包人赔偿给购房者的逾期交房违约金属于因承包人逾期竣工给发包人造成的损失，应由承包人赔偿。如果建设工程施工合同已经约定了逾期竣工违约金，当逾期竣工违约金不足以填补发包人因逾期竣工所遭受的包括已赔付购房者的逾期交房违约金损失时，发包人有权要求承包人承担超出逾期竣工违约金部分的损失。①

我们倾向认为，第二种观点更为合理。建设工程项目为房地产开发项目的，工程竣工时间必然影响开发商向购房者实际交付房屋的时间。开发商与购房者之间商品房买卖合同约定的交房时间，通常会以工程项目竣工时间作为重要参考。在房地产开发项目中，承包人与发包人订立合同时，能够预见到若其延期竣工会影响发包人如约向购房者交付房屋。因此，因承包人逾期竣工导致作为发包人的开发商延期交房，开发商需向购房者赔付逾期交房违约金的，该部分损失为承包人逾期竣工造成的发包人损失，发包人有权要求承包人承担。

承包人逾期竣工导致发包人逾期交房的，如果建设工程施工合同中没有约定逾期竣工违约金，而发包人赔付了购房者逾期交房违约金，发包人有权向承包人主张该部分实际损失。如果建设工程施工合同约定了逾期竣工违约金，原则上发包人应按合同约定向承包人主张违约金，但如果合同约定的逾期交房违约金明显低于发包人因逾期竣工导致逾期交房而赔付给购房者的逾期交房违约金，发包人可以要求承包人按照实际损失（包括已赔付的逾期交房违约金）增加赔付违约金。

【注意事项】

房地产开发建设周期长，影响因素较多，逾期交房可能既有承包方延期

---

① 参见李玉生主编：《建设工程施工合同案件审理指南》，人民法院出版社2019年版，第266页。

完工的原因，也有发包方延迟办理相关手续的原因。在审理该类案件时，需要判断承包人逾期竣工与发包人逾期交房之间的因果关系，承包人只承担其造成的逾期交房天数的违约赔偿金损失。另外，因为逾期交房违约金是发包人与购房者在商品房买卖合同中约定的，如果双方约定的违约金明显过高，即使发包人予以了赔偿，该部分损失也不能完全转嫁给承包人。在审理具体案件时，需要进行综合考虑，酌情予以认定。

【规范指引】

《民法典》第 585 条。

## 问题 2：建工合同中承包人的可得利益损失如何认定

【案例】重庆市某建设（集团）有限公司与巫溪县某建设开发有限公司建设工程施工合同纠纷案①

2012 年 2 月 19 日，重庆市某建设（集团）有限公司（以下简称某建设公司）与巫溪县某建设开发有限公司（以下简称某开发公司）签订《整体承包建设合同》，约定某开发公司将巫溪县职教园区工程通过"BT"模式发包给某建设公司进行整体承包建设。其中，合同第 13.1 条约定，未经某建设公司同意，某开发公司将合同内的工程发包给其他单位的，某开发公司应当按单项工程造价的 30% 赔偿损失。合同签订后，某建设公司进行了一期工程的施工并经竣工验收合格。二期工程进行部分施工后，某开发公司发函称因政府决定不再实施工程项目，请求解除《整体承包建设合同》。某建设公司遂提起本案诉讼，请求支付欠付的工程款及利息，并根据合同约定按未实施工程造价的 30% 赔偿可得利益损失 33 342 629.7 元。法院综合各种因素，酌情确定某开发公司应当赔偿某建设公司可得利益损失 200 万元。

重庆市高级人民法院认为，《整体承包建设合同》第 13.1 条系对某开发公司将发包给某建设公司施工的工程另行发包给其他单位如何承担违约责任作出的约定。本案中，某开发公司因政府决定不再实施案涉项目而解除《整体承包建设合同》，不符合上述约定情形，不应适用上述约定确定某开发公司

---

① 参见重庆法院 2022 年度民事审判十大典型案例：重庆市高级人民法院（2022）渝民终 117 号民事判决书。

的违约责任。根据《合同法》第 121 条①之规定，某开发公司虽非因自身原因解除合同，但仍应向某建设公司承担违约责任，某建设公司请求某开发公司赔偿未实施部分工程的可得利益损失，符合《合同法》第 123 条之规定，应当予以支持。对于可得利益损失金额，应当以未实施部分工程的合理利润为基础，综合考虑合同实际履行情况、双方当事人的过错程度、建筑行业的平均产值利润率、建筑市场行情等因素，并综合运用可预见规则、减损规则、损益相抵规则等进行合理确定。本案中，鉴定单位在二审中出具的《补充鉴定意见书》载明案涉工程未实施部分预算金额中包含的利润为 2 046 938.61 元，但该利润系以定额基价直接工程费为基数计算，而未包括材料价差、人工价差、按实计算费用等，实际利润将高于该利润金额；《整体承包建设合同》系因政府决定不再继续实施而解除，某开发公司过错程度较小；某建设公司继续完成案涉项目施工尚须支付相应的资金成本并承担市场风险；我国近年来建筑行业的平均产值利润率长期在 3.5% 左右，近年来还存在逐年降低趋势。鉴于以上因素，法院酌情确定某开发公司应当赔偿某建设公司可得利益损失 200 万元。

【分析】

合同法上赔偿损失的范围包括直接损失和间接损失，直接损失指财产上的直接减少，间接损失又称所失利益，指失去的可以预期的利益。可得利益是典型的间接损失，属于违约损失的必要组成部分，系指合同履行后债权人所能获得的纯利润，不包括履行本身的利益，体现了合同全面履行原则。《民法典》第 584 条、《合同编通则解释》第 60 条至第 63 条均系关于守约方可得利益损失的规定。虽然建设工程施工合同相较于一般合同可变性更强，建设工程施工合同领域当事人预期利润的实现程度也具有较大的不确定性，但从法理角度，建设工程施工合同并不具有不能适用可得利益损失条款的特殊性。建设工程施工合同作为《民法典》合同编的典型合同当然适用《民法典》合同编通则规定，当事人据此主张可得利益损失具有法律依据。

实践中不乏建设工程施工合同承包人主张可得利益损失的案例，但如何认定建设工程施工合同中承包人的可得利益损失尚未形成统一的裁判规则。

《合同编通则解释》第 60 条第 1 款规定："人民法院依据民法典第五百八十四条的规定确定合同履行后可以获得的利益时，可以在扣除非违约方为订

---

① 现对应《民法典》第 593 条。

立、履行合同支出的费用等合理成本后，按照非违约方能够获得的生产利润、经营利润或者转售利润等计算。"建设工程施工合同中承包人的可得利益损失属于经营利润损失。①因此，确定建设工程施工合同中承包人的可得利益损失首要的是确定承包人的利润损失。

有效建设工程履行完毕后，承包人有权依据合同获得工程价款。工程价款通常由直接费用、间接费用、利润和税金四部分组成。其中，直接费用、间接费用和税金属于建设成本，利润属于承包人进行施工所获得的增值部分。有效建设工程施工合同中发包人违约给承包人造成的可得利益损失主要体现为利润的损失，利润如何确定直接影响着可得利益损失的确定。承包人主张可得利益损失通常发生在建设工程施工合同未开始履行或未履行完毕的情况下，因建设工程本身的特殊性，在履行过程中容易受到市场、政策等多种因素影响，承包人履行所获得的利润具有较大的不确定性，履行周期较长，工程变更较多，企业管理水平不等、个体差异较大，客观上举证困难。实践中，就如何认定承包人就未施工部分的应获利润存在不同观点：一是必须通过司法鉴定确定利润金额；二是参照建筑行业平均产值利润率或者守约方近年来的平均营业利润率的项目利润率计算；三是以合同约定的项目利润率作为计算标准。②

关于第一种观点，我们认为，利润可以通过司法鉴定方式确定，但司法鉴定并非确定利润的唯一途径。根据《建设工程司法鉴定程序规范》（SF/Z JD0500001—2014）、《2017版造价鉴定规范》等规范性文件的规定，施工合同因发包人违约导致终止或者解除的，承包人可以申请司法鉴定的范围包括"受鉴项目未施工部分承包人的可得利益"。因此，承包人就已施工和未施工部分的可得利润申请鉴定属于司法鉴定的范畴，通过司法鉴定方式确定利润具有可行性、科学性、客观性。但司法鉴定通常存在耗时长、费用高等弊端，申请司法鉴定系当事人的权利而非义务，实践中经常出现当事人均不申请进行鉴定的情况，这并不意味着利润无法确定。最高人民法院组织编写的《最高人民法院民法典合同编通则司法解释理解与适用》一书中指出，对于可预见的损失数额问题，不宜对守约方的举证要求过于苛刻。守约方应当举证有关损失的存在，但是在具体数额难以举证的情况下，不能简单认定守约方举证不能而判决败诉，对此应当根据已有的证据材料，结合具体案情依法行使

---

① 参见全奕颖等：《建设工程施工合同领域的可得利益损失》，载《人民司法》2023年第16期。
② 参见朱继鹏：《论建设工程合同违约的预期利益损害赔偿》，载《福建工程学院学报》2021年第5期；李坤、王朝雨：《建设工程"可得利益损失"的认定》，载《法人》2024年第6期。

裁量权，酌定违约方的损失赔偿额。①

对于其他两种观点，我们认为，建筑行业平均产值利润率或守约方近年来的平均营业利润率的项目利润率对于确定未施工工程的利润具有一定的借鉴意义。如不通过司法鉴定确定承包人利润，人民法院应当根据案件情况进行酌定。行业平均产值利润率系国家权威机关发布，具有通常性、一般性，为法院裁判提供了相对客观的依据，在一定程度上避免了法官的裁量权过大导致双方利益失衡、裁判尺度不统一，应当在认定承包人可得利润时加以参考。但是，如守约方能够举证证明其在近年来的项目利润率远高于行业平均值的，或建设工程施工合同中约定的利润率远高于行业平均值的，应当针对个案具体问题具体分析。守约方自身近年来的项目利润率高于平均水平体现出守约方在管理水平、施工工艺等方面具有一定优势，一概采用行业标准确定利润损失对守约方而言有失公平。此外，合同中约定的利润率对于确定承包人的利润损失具有较大参考价值。建设工程施工合同生效后对双方当事人均应具有约束力，故应推定当事人在订立合同时已就案涉项目的风险和利润进行过充分评估，合同中约定的利润率系经过当事人反复磋商后的真实意思表示、接近案涉项目的情况。在不受订立合同时不能预见因素影响的情况下，判断利润率时应当尽可能尊重合同的约定，但直接适用会导致双方利益严重失衡的除外。②

守约承包人未实施部分建设工程的合理利润是判断承包人可得利益损失的基础，除此之外，还需运用可预见规则、减损规则、损益相抵规则以及过失相抵规则，综合考量合同履行情况、当事人过错程度等因素。根据《合同编通则解释》第 63 条第 1 款的规定，适用可预见规则时应根据当事人订立合同的目的，综合考虑合同主体、合同内容等因素，按照与违约方处于相同或者类似情况的民事主体在订立合同时预见到或者应当预见到的损失予以确定。故在判断建设工程施工合同中守约承包人的可得利益损失是否超过违约方的预见范围时，应以违约方同境况下的理性人的预见能力为标准。综上所述，在计算可得利益损失时可以参考以下公式：可得利益的法定损失赔偿数额＝可得利益损失总额－不可预见的损失－扩大的损失－受害方自己过错造成的损失－受害方因违约获得的利益－必要的成本。③

---

① 参见最高人民法院民事审判第二庭、研究室编著：《最高人民法院民法典合同编通则司法解释理解与适用》，人民法院出版社 2023 年版，第 713 页。

② 参见全奕颖等：《建设工程施工合同领域的可得利益损失》，载《人民司法》2023 年第 16 期。

③ 参见黄薇主编：《中华人民共和国民法典合同编释义》，法律出版社 2020 年版，第 285 页。

**【注意事项】**

我国民法上的损害赔偿以填平为原则，如果承包人在主张可得利益损失的同时还主张违约金或其他损失的，需注意各赔偿之间有无交叉，避免重复赔偿。例如，本章第二节争点 3 "某装备制造集团有限公司与某投资管理有限公司建设工程施工合同纠纷案"中，法院在认定违约金时提道：根据鉴定意见书确定，制造公司已施工部分利润 115 742 元，虽然不是其实际投入，但从违约损害赔偿角度看，该利润属于某制造公司在合同正常履行情形下的可得利益，故在违约金部分予以一并考虑。

**【规范指引】**

《民法典》第 584 条；《合同编通则解释》第 60 条、第 61 条、第 62 条、第 63 条。

## 问题 3：发包人以承包人不配合竣工验收、备案为由主张违约责任的处理

**【案例】** 安徽某发展置业有限公司与中建某局第一建设工程有限公司建设工程施工合同纠纷案[①]

2017 年 9 月至 11 月，安徽某发展置业有限公司（以下简称某置业公司）与中建某局第一建设工程有限公司（以下简称某建设公司）签订《建设工程施工合同》《补充协议书（一）》等，约定由某建设公司承建某置业公司发包的案涉项目工程。2019 年 4 月 20 日，某置业公司与某建设公司就施工进度问题签订《备忘录》，约定某建设公司确保在 2019 年 10 月 30 日前具备节能、白蚁、防雷、电梯、环保、人防、消防、规划、档案等专项验收条件并配合某置业公司在 7 天内提交验收材料并完成验收和备案工作。某置业公司就涉案工程依法进行了预销售，并与众多购房业主签订了《商品房买卖合同》，约定于 2019 年 12 月 31 日前向买受人交付房屋。为了能按期交付，某置业公司在 2019 年 12 月 31 日前，屡次催促某建设公司办理涉案工程的竣工验收和备案，但某建设公司拒绝办理。某置业公司于 2020 年 4 月 3 日向一审法院提出诉讼

---

① 参见安徽省淮南市田家庵区人民法院（2020）皖 0403 民初 1130 号民事判决书、安徽省淮南市中级人民法院（2021）皖 04 民终 334 号民事判决书。

请求：判令某建设公司提交某项目全部施工资料，并完成相应的竣工验收和工程资料备案手续。2020 年 4 月 9 日，某置业公司向一审法院提出先予执行申请，法院于 2020 年 4 月 17 日作出（2020）皖 0403 民初 1130 号民事裁定书，裁定某建设公司立即协助某置业公司办理案涉项目竣工验收及竣工验收备案的相关手续。某建设公司辩称，某置业公司诉讼请求不明确，请求驳回。经审理，一审法院判决：某建设公司向某置业公司提交案涉项目全部施工资料。后某建设公司提起上诉，二审维持原判。

一审法院认为，某建设公司与某置业公司签订的《备忘录》约定，某建设公司应确保案涉工程在 2019 年 10 月 30 日前具备验收条件并配合某置业公司在 7 天内提交验收材料并完成验收和备案工作。因案涉工程各专项验收已通过，已具备竣工验收条件，某建设公司负有提供施工资料并协助办理竣工验收及备案手续的法律、合同义务。案件审理中，法院已于 2020 年 4 月 17 日作出先予执行裁定，裁定某建设公司立即协助办理涉案项目竣工验收及竣工验收备案的相关手续，因该公司不履行裁定，相关政府职能部门经法院出具协助执行通知书，已于 2020 年 5 月 3 日协助办理完毕涉案工程的竣工验收及备案手续，可见涉案项目工程已具备竣工验收及备案的法定条件。现某置业公司诉请某建设公司提交涉案项目的施工资料并完成相应竣工验收和竣工验收备案手续，有事实和法律依据，应予支持。因相关工程竣工验收和竣工验收备案手续，已经由相关政府职能部门协助执行完毕，本案不再予以处理。二审法院认为，某建设公司作为总承包单位负有提供施工资料的义务。根据一审法院先予执行的情况，涉案项目在某置业公司提起诉讼时已具备验收条件，故某建设公司应向某置业公司交付完整的施工资料。

【分析】

在建设工程施工合同施工完毕后，承包人因为未收到工程款等原因，不移交相关施工资料导致工程无法办理竣工备案手续。此时，发包人以承包人拒不配合竣工验收与备案提起诉讼，承包人以发包人未支付工程款为由进行的抗辩能否成立，实践中存在两种观点：第一种观点认为，发包人向承包人支付工程款是其最主要的义务，如果发包人未按约定支付工程价款，承包人有权拒绝配合提交竣工、备案材料。[①]第二种观点认为，承包人向发包人移交施工资料是

---

① 参见杜和浩、陈浩：《最高人民法院建设工程施工合同案例裁判规则》，法律出版社 2022 年版，第 255 页。

从义务，不能与发包人支付工程款的义务形成对价关系。① 我们倾向认为，第二种观点具有合理性。理由如下：第一，《2017 版施工合同范本》第二部分通用合同条款第 3.1 款约定：承包人应按照法律规定和合同约定编制竣工资料，完成竣工资料立卷及归档，并按专用合同条款约定的竣工资料的套数、内容、时间等要求移交发包人。故协助并配合建设单位进行竣工验收及备案是施工单位的合同义务，施工单位应积极配合提交相应材料。第二，《民法典》第 807 条规定："发包人未按照约定支付价款的，承包人可以催告发包人在合理期限内支付价款。发包人逾期不支付的，除根据建设工程的性质不宜折价、拍卖外，承包人可以与发包人协议将该工程折价，也可以请求人民法院将该工程依法拍卖……"因此，承包人完全可以通过行使建设工程价款优先受偿权等合法途径实现工程价款债权，没有必要通过留置竣工资料的方式行使权利。第三，部分建设工程尤其商品房建设项目的交付使用，与社会公众利益相关，承包人不配合竣工验收备案导致逾期交房，对房产开发企业甚至对广大业主的合法权益会造成严重损害，影响社会和谐稳定，因此对于承包人以发包人未支付工程款为由进行的抗辩理应进行严格审查。如果审查后认为承包人的抗辩理由不能成立的，则可以认定承包人存在违约行为，应当承担相应的违约责任。

关于违约责任应如何承担，《建筑法》第 61 条第 1 款，《建设工程质量管理条例》第 16 条、《房屋建筑和市政基础设施工程竣工验收备案管理办法》等虽规定了施工单位在竣工验收及备案中应配合提供的材料，但未约定拒不配合的法律后果，认定违约责任的承担方式还应从民事法律规范或相应司法解释角度分析。如前所述，协助并配合建设单位进行竣工验收及备案是施工单位的合同义务，根据《民法典》第 509 条"当事人应当按照约定全面履行自己的义务。当事人应当遵循诚信原则，根据合同的性质、目的和交易习惯履行通知、协助、保密等义务"以及《八民纪要》第 34 条"承包人不履行配合工程档案备案、开具发票等协作义务的，人民法院视违约情节，可以依据合同法第六十条、第一百零七条规定，判令承包人限期履行、赔偿损失等"的规定，施工单位不配合竣工验收及备案，发包人有权要求其限期履行并赔偿损失。

实践中，由于建设工程竣工验收是办理不动产权证书以及工程投入使用的法定前提，如承包人拒不协助配合，发包人单方难以完成竣工验收，势必严重影响工程的后续利用进而影响发包人权利的实现。因此，该类纠纷中，

---

① 参见谢勇：《建设工程施工合同案件裁判规则解析》，中国法制出版社 2020 年版，第 291 页。

发包人最重要的诉讼目的往往并非损害赔偿，而是解决竣工验收无法进行的难题。在此情形下，考虑通过诉讼支持承包人的主张可能时间过长，尤其是涉及房地产开发项目，可能造成逾期交房引发群体性纠纷，法院可以积极组织当事人进行调解，并向承包人释明为避免损失扩大，其应履行协助办理竣工验收或备案手续的义务。经调解不成，承包人拒绝履行，在承发包方权利义务关系明确、承包人有履行能力，符合《民事诉讼法》第109条第3项"情况紧急需要先予执行的"情况下，人民法院可以综合案件的情况依法支持发包人先予执行的申请，必要时可召开听证会，邀请建筑领域专业人员、人大代表或政协委员等参与听证。

【裁判规则】

1. 承包人负有配合发包人竣工验收及备案的从合同义务，其违反该义务的，发包人有权要求承包人限期履行、赔偿损失。

2. 发包人未按合同约定支付工程价款，承包人可以通过行使建设工程价款优先受偿权等方式主张工程价款，但不得留置施工材料。

3. 承包人未按合同约定或者法律规定提交施工资料，在其可以提供，且情况紧急的，法院可以根据发包人的申请裁定先予执行。

【注意事项】

1. 实践中，双方当事人在建设工程施工合同中明确约定了承包人移交建设工程施工资料和发包人支付工程款的先后顺序的，应当遵照当事人的意思自治。如果约定发包人未及时支付工程款，承包人有权拒绝提供相应施工资料的，承包人未提交施工资料不构成违约，发包人无权以承包人不配合办理竣工验收及备案手续为由要求承包人承担违约责任。

2. 因竣工验收和备案涉及各方主体，需要的验收材料较多，且关系后期执行问题。法院在审理发包人要求承包人配合办理竣工验收手续类似主张时，应当重点审查发包人诉请承包人移交的材料是否明确具体、验收材料是否由施工单位持有等问题，否则发包人的主张可能难以得到支持。

【规范指引】

《民法典》第509条第2款、第807条；《建筑法》第61条第1款；《民事诉讼法》第109条；《建设工程质量管理条例》第16条第2款；《房屋建筑和市政基础设施工程竣工验收备案管理办法》第5条。

# 第十二章　建设工程施工合同案件司法鉴定问题常见争点与法律适用

建设工程施工合同案件不仅法律关系复杂、诉讼标的额大、当事人矛盾尖锐，而且争议焦点多，其中工程价款、质量、工期等涉及很多专业性问题。本章将在分析此类案件启动鉴定程序比例高及其原因的基础上，围绕各种鉴定的基本概念、鉴定原则、常见争点以及疑难问题等展开论述，总结和提炼实务中遇到的各种常见问题及处理方法。

## 第一节　建设工程施工合同案件司法鉴定概述

### 一、建设工程施工合同案件鉴定比例高的原因

建设工程施工合同案件的鉴定比例较其他民商事案件明显要高。其原因主要有以下方面。

（一）案件专业性和技术性要求高

与普通的民商事案件不同，建设工程施工合同案件不仅涉及复杂的法律关系，而且还涉及工程领域许多专业性问题，如工程价款计价标准、工程质量验收规范、工期索赔等专业性问题。同时，施工工艺变更和建筑材料检测等还涉及许多技术性问题，也需要借助专业人员和机构对其进行检测和判断。因此，在该类案件的审理中，法官往往需要借助鉴定机构对此类专业问题和技术问题的判断，才能对案件事实作出准确的认定。故从客观的角度分析，

建设工程施工合同案件的鉴定比例较其他民商事案件明显要高。

(二) 提高审判效率和增强文书说理需要

对于一些简单的专业性问题，法官是可以通过查询相关资料和学习，结合对证据的审查判断，不通过鉴定就能对相关案件事实作出认定。但是，由于目前大多数法院都存在着案多人少的矛盾，为提高审判效率，法官更愿意将此类专业问题交由鉴定机构去处理，从而为自己节省更多的时间和精力来处理其他积压案件。同时，对于一些专业性问题，法官采信的第三方鉴定机构出具的中立意见，可减少来自当事人就法官对专业问题判断的质疑，亦可增强裁判文书说理。因此，从主观的角度分析，建设工程施工合同案件的鉴定比例较其他民商事案件也明显要高。

## 二、建设工程施工合同案件主要鉴定类型

(一) 造价鉴定

造价鉴定，是指鉴定人运用工程造价方面的科学技术和专业知识，对工程造价争议中涉及的专门性问题进行鉴别、判断，并提供鉴定意见的活动。[①]其是依当事人因对工程造价存在争议而向人民法院提出对涉案工程造价进行司法鉴定的申请而启动，或者由人民法院根据案件审理的需要依职权启动，由人民法院委托有资质的机构对工程造价进行鉴定。造价鉴定是工程案件审理中最常见的一种鉴定类型，实务中主要有已完工程的鉴定和未完工程的鉴定、工程签证的鉴定、工期索赔的鉴定等。

(二) 质量鉴定

工程质量鉴定，是指在诉讼活动中鉴定机构接受人民法院的委托，指派鉴定人员运用建设工程相关理论和技术标准对有质量争议的工程进行调查、勘验、检测、分析、复核、验算、判断，并由鉴定机构和鉴定人出具鉴定意见的活动。对建设工程质量进行司法鉴定，不应作出合格或不合格的鉴定意见，而应当作出工程质量是否符合合同约定、施工图设计文件、技术标准等的鉴定意

---

[①] 参见《2017 版造价鉴定规范》第 2.0.1 条。

见。① 质量鉴定是工程案件审理中常见的另一类鉴定类型，实务中主要有经竣工验收合格和未经竣工验收合格的质量鉴定、施工阶段和使用阶段的质量鉴定、可靠性鉴定和安全性鉴定、防水渗漏等专项鉴定等。

（三）工期鉴定

工期鉴定，是指鉴定机构接受人民法院委托，在诉讼案件中，运用工程进度管理方面的科学技术和专业知识，对工程工期争议中涉及的专门性问题进行鉴别、判断并提供鉴定意见的活动。具体而言，专门性问题，如工期延误的原因、延误的天数等均属于工期鉴定的委托范围。② 实务中，法院多数根据双方当事人主张的工期延误天数和所举证据，大致判断出工期延误的责任和天数，从而对案件作出判决。但是，随着审判工作的精细化要求不断提高，工期延误需要借助专门机构依据工程管理专业知识对此作出判断，供法院审理案件时参考。在这一问题上，仲裁机构如北京仲裁委员会、北京国际仲裁中心的经验值得法院借鉴。③

（四）修复方案鉴定

修复方案鉴定，是指针对工程质量中存在的缺陷，经当事人申请或者人民法院指定，鉴定人运用工程建设方面的科学技术和专业知识，对工程修复方案争议中涉及的专门性问题进行鉴别、判断并提供鉴定意见的活动。工程质量出现问题后，采用不同的修复方案将会产生不同的修复费用，如何经济合理地修复工程质量缺陷是当事人工程质量争议中的一个主要问题。实务中，修复方案的鉴定机构一般选择原设计单位，在原设计单位不愿意出具修复方案时，也可以委托具有相应等级的设计单位进行。

（五）修复费用鉴定

修复费用鉴定，是指鉴定人运用工程造价方面的科学技术和专业知识，

---

① 参见常设中国建设工程法律论坛第八工作组：《中国建设工程施工合同法律全书：词条释义与实务指引》，法律出版社2021年版，第852页。
② 参见袁华之、邱闯主编：《建设工程工期争议解决指引》，法律出版社2021年版，第428页。
③ 北京仲裁委员会、北京国际仲裁中心于2017年编制《工期索赔（鉴定）及争议仲裁指南》，其中对证据资料证明内容、鉴定程序启动条件以及工期延误分析准则等事项的要求，为工程仲裁中工期争议鉴定与仲裁提供了较为清晰的框架。

对工程修复方案造价争议中涉及的专门性问题进行鉴别、判断，并提供鉴定意见的活动。修复方案确定后，就要涉及修复费用的确定。但是，由于修复方案一般只是原则性的，因此，对于实际修复过程中产生的工程量及相应的价格，往往容易产生争议。实务中，修复范围不同、修复材料选择不同，所产生的修复费用也不一样，因此，修复费用鉴定和修复方案鉴定一样，主要涉及经济性和合理性问题。

### 三、司法鉴定的基本原则

（一）必要性原则

依据《全国人民代表大会常务委员会关于司法鉴定管理问题的决定》第1条的规定，司法鉴定是指在诉讼活动中鉴定人运用科学技术或者专门知识对诉讼涉及的专门性问题进行鉴别和判断并提供鉴定意见的活动。因此，要严格审查拟鉴定事项是否属于查明案件事实所需明确的专门性问题，对于通过生活常识、经验法则可以推定的事实，应当由当事人举证的非专门性问题，通过法庭调查、勘验等方法可以查明的事实，人民法院不予鉴定。如《施工合同解释（一）》第28条、第29条、第30条分别针对工程造价中涉及固定价合同、双方诉前已达成结算协议、双方明确表示受诉前双方已共同委托咨询意见的约束的情形，对当事人的鉴定申请不予准许进行了规定。另外，依据该司法解释第31条的规定，就当事人对部分案件事实有争议的，仅对有争议的事实进行鉴定，当事人申请对全部案件事实鉴定的，不予支持，除非争议事实范围不能确定或者双方当事人请求对全部事实鉴定。

（二）可行性原则

鉴定工作的有序开展离不开鉴定资料的收集整理和提供，在鉴定程序启动前有必要对鉴定资料能否有效获取进行审查。由于建设工程施工合同案件的时间跨度长、资料多、涉及内容广，对于不能提供鉴定所需合同资料和施工资料等，或者提供资料不充分，现场已不存在的案件，鉴定机构无法提供准确的鉴定意见。《司法鉴定程序通则》第15条规定：发现鉴定材料不真实、不完整、不充分或者取得方式不合法的，司法鉴定机构不得受理。法院对于当事人无法提供符合要求的鉴定材料的，亦应当不予委托鉴定。虽然《2017版造价鉴定规范》和《建设工程质量检测管理办法》对鉴定方法和鉴定标准作出了相关规定，多数情况下能够满足鉴定要求。但是，基于个案的复杂性，当事人有可能对鉴定技术和方法产生较大的争议。《最高人民法院关于人民法院民事诉讼中委托鉴定审查工作若干问题的规定》（法〔2020〕202号）第2条规定："拟鉴定事项所涉鉴定技术和方法争议较大的，应当先对其鉴定技术和方法的科学可靠性进行审查。所涉鉴定技术和方法没有科学可靠性的，不予委托鉴定。"

【规范指引】

《最高人民法院关于人民法院民事诉讼中委托鉴定审查工作若干问题的规定》第2条；《司法鉴定程序通则》第15条；《2017版造价鉴定规范》第5.1.2条；《建设工程质量检测管理办法》第16条。

（三）关联性原则

司法鉴定是人民法院在案件审理过程中，对于事实认定中涉及的专门性问题交由鉴定机构运用其专门知识和技术，对相关争议事实进行判断并提供鉴定意见。因此，鉴定的事项应当与案件待证事实具有关联性，能够达到证明案件事实的目的，否则，没有必要启动鉴定程序。在当事人申请司法鉴定时，法官的第一要务必须是仔细分析鉴定事项与待证事实的关联性问题，如果鉴定事项与待证事实系一一对应关系，则启动鉴定的价值较大，如果鉴定意见仅能为待证事实提供一种可能性论证且无法排除其他可能的，则必须结合案件已经查明的事实和现有证据，仔细考虑启动鉴定的意义后，再行决定是否准许。[①]

## 第二节　建设工程施工合同案件司法鉴定常见争点

司法鉴定主要包括鉴定程序启动、鉴定实施、鉴定意见审查和采信三个阶段，本节主要围绕这三个阶段的一些常见争点展开讨论，如在鉴定启动阶

---

① 参见最高人民法院民事审判第一庭编著：《最高人民法院新民事诉讼证据规定理解与适用》，人民法院出版社2020年版，第315页。

段,不予鉴定的几种情形;不合理工期鉴定申请如何处理;一审中不申请鉴定,在二审和申请再审中申请鉴定的处理。在鉴定实施阶段主要包括造价、质量、修复方案的资质如何审查;如何确定鉴定范围;如何确定鉴定依据;多份无效合同鉴定依据;鉴定资料的提交时限和次数是否应当有限制;鉴定资料为对方当事人持有时,其拒不提供如何处理。鉴定意见审查和采信阶段包括鉴定意见异议是否应当有次数限制;鉴定意见的审查要点;不予采信的条件;补充鉴定和重新鉴定的选择。

## 一、鉴定启动阶段常见争点的处理

### 争点1:不予鉴定的情形

【案例】某建设集团有限公司与陕西某投资(集团)有限公司建设工程施工合同纠纷案[①]

2012年1月12日,陕西某投资(集团)有限公司(以下简称某投资公司)与某建设集团有限公司(以下简称某建设公司)签订《建设工程施工合同》,约定:工程名称某纺织城客运站有限公司综合服务楼,地下二层,地下××,地上××(局部××)约定10万平方米。合同价款按二类工程取费据实结算,具体见专用条款,暂定价款约1亿元(以实际结算为准)。合同工期365天,自某投资公司发出开工通知之日起算,合同协议书亦对承包范围进行了约定。2012年12月12日案涉工程开工,2013年10月19日纺织城客运站投入使用。

某建设公司一审本诉请求:(1)某投资公司支付工程款36 461 795.9元及利息;(2)某投资公司退还工程质量保修金5 902 342.1元及利息;(3)某投资公司支付停窝工损失3 110 198.4元;(4)某建设公司对案涉工程在上述工程款范围内享有优先受偿权;(5)本案诉讼费由某投资公司承担。某投资公司一审反诉请求:(1)某建设公司赔偿损失2000万元,并将1000万元履约保证金从上述款项中扣除;(2)某建设公司提交全套竣工图纸,移交全部工

---

① 参见陕西省高级人民法院(2018)陕民初70号民事判决书、最高人民法院(2022)最高法民终359号民事判决书。

程资料,配合办理竣工验收等所有手续;(3)本案诉讼费由某建设公司承担。

诉讼中,双方均申请对案涉工程造价进行鉴定,某建设公司还申请对停窝工损失进行鉴定。最终鉴定造价为 89 377 200.59 元,停窝工损失因资料不完善无法鉴定,鉴定造价未计。某投资公司 2018 年 9 月 19 日提交申请对案涉工程租金损失进行鉴定,2022 年 1 月 28 日提交质量鉴定申请。

经审理,陕西省高级人民法院作出一审判决:一、某投资公司支付某建设公司工程款 17 343 856.03 元及利息;二、某建设公司向某投资公司交付工程资料;三、驳回某建设公司的其余诉讼请求;四、驳回某投资公司的其余反诉请求。判决生效后,某投资公司与某建设公司均不服,上诉至最高人民法院,二审维持原判。

关于租金损失鉴定申请,法院认为,某投资公司实质主张的是可得利益损失,而合同无效情形下可以主张的损失赔偿范围不应包含可得利益损失,故对其鉴定申请,法院不予准许。关于质量鉴定申请,法院认为,某投资公司申请工程质量鉴定,与其所主张赔偿逾期交房损失的反诉请求并无必然联系,不予准许。

【分析】

对于不予鉴定的审查,应当具体注意以下几个方面。

1. 对申请事项不属于专门性问题的,不予鉴定。《最高人民法院关于人民法院民事诉讼中委托鉴定审查工作若干问题的规定》第 1 条规定:"严格审查拟鉴定事项是否属于查明案件事实的专门性问题,有下列情形之一的,人民法院不予委托鉴定:(1)通过生活常识、经验法则可以推定的事实;(2)与待证事实无关联的问题;(3)对证明待证事实无意义的问题;(4)应当由当事人举证的非专门性问题;(5)通过法庭调查、勘验等方法可以查明的事实;(6)对当事人责任划分的认定;(7)法律适用问题;(8)测谎;(9)其他不适宜委托鉴定的情形。"

2. 对申请事项属于司法解释明确规定的不予启动鉴定情形的,不予鉴定。《施工合同解释(一)》第 28 条规定:"当事人约定按照固定价结算工程价款,一方当事人请求对建设工程造价进行鉴定的,人民法院不予支持。"第 29 条规定:"当事人在诉讼前已经对建设工程价款结算达成协议,诉讼中一方当事人申请对工程造价进行鉴定的,人民法院不予准许。"第 30 条规定:"当事人在诉讼前共同委托有关机构、人员对建设工程造价出具咨询意见,诉讼中一方当事人不认可该咨询意见申请鉴定的,人民法院应予准许,但双方当事人明确表示受该咨询意见约束的除外。"

3. 对申请事项已有证据证明待证事实的，不予鉴定。如《施工合同解释（一）》第 21 条规定："当事人约定，发包人收到竣工结算文件后，在约定期限内不予答复，视为认可竣工结算文件的，按照约定处理。承包人请求按照竣工结算文件结算工程价款的，人民法院应予支持。"此时，发包人要求推翻该结算文件，并要求对案涉工程进行造价鉴定，不予准许。第 14 条规定："建设工程未经竣工验收，发包人擅自使用后，又以使用部分质量不符合约定为由主张权利的，人民法院不予支持；但是承包人应当在建设工程的合理使用寿命内对地基基础工程和主体结构质量承担民事责任。"此种情形下，发包人要求质量鉴定，不予准许。又如，当事人约定工程价款的结算以行政审计为依据，行政审计已经作出，当事人申请对案涉工程进行造价鉴定，不予准许，除非是行政审计过于迟延，或行政审计违反法律规定。

【规范指引】

《最高人民法院关于人民法院民事诉讼中委托鉴定审查工作若干问题的规定》第 1 条；《施工合同解释（一）》第 14 条、第 21 条、第 28 条、第 29 条、第 30 条。

## 争点 2：不合理工期鉴定申请如何处理

【案例】江苏某置业有限公司与镇江某建筑工程有限公司、陈某建设工程施工合同纠纷案[①]

2009 年 11 月 28 日，江苏某置业有限公司（以下简称某置业公司）与镇江某建筑工程有限公司（以下简称某建筑公司）签订《工程建设施工合同》，约定某置业公司将其开发的某项目一期工程发包给某建筑公司承建，承包范围为施工图中土建、水电安装等（除桩基）全部内容。合同约定工期如下：首期开工工程为 2#、3#、4#、8#、9#、15#、16#、21#、22#、会所、南大门西侧商铺，开工日期为 2009 年 12 月 1 日，工期 170 日历天（以竣工验收合格时间为准，其中 4# 主体封顶，21# 主体施工六层以上）；10#、11#、12#、

---

① 参见江苏省宿迁市中级人民法院（2014）宿中民初字第 0065 号民事判决书、江苏省高级人民法院（2017）苏民终 2204 号民事判决书。

17#、18#、23#、24#及地下车库的开工时间由发包人另行确定。合同价款为47 488 099.25元。合同签订后，某建筑公司入场施工，至2011年11月28日，案涉工程陆续竣工验收合格。

2014年4月29日，某置业公司向一审法院提起本案诉讼，请求判令某建筑公司给付逾期竣工损失5 000 000元。某建筑公司辩称，其不存在逾期竣工和逾期交付的情形，不应当承担逾期竣工损失。一审审理中，某建筑公司申请对涉案工程的合理工期及合理顺延工期进行鉴定。鉴定意见为本项目合理工期为不少于656日历天，涉案工程存在逾期竣工70天情形。

经审理，江苏省宿迁市中级人民法院作出一审判决：一、某建筑公司于判决生效后十日内支付某置业公司逾期竣工损失500 000元；二、驳回某置业公司的其他诉讼请求。某置业公司不服，上诉至江苏省高级人民法院，二审维持原判。

针对不合理工期鉴定。某置业公司认为，双方施工合同已经确定工期为170日历天，并非如鉴定机构所述的工期无法确定，鉴定机构没有完整理解施工合同，施工合同应包括招投标文件，而某建筑公司投标文件明确了工期为170日历天，本案不应进行工期鉴定。法院认为，合同中仅约定首期开工的11栋楼的开工时间和工期（170日历天），另外7栋楼及地下车库的工期没有约定。从上述合同内容看，双方对项目的总工期实际约定不明。在工期约定不明的情况下，鉴定机构依据定额及涉案工程情况，计算合理工期，并无不妥。鉴定意见依法可以作为法院审理本案的参考依据。一审法院结合鉴定机构出具的鉴定意见及本案双方履行情况，认定涉案工程存在逾期竣工70天情形，酌定某建筑公司向某置业公司赔偿损失500 000元。

【分析】

对于施工合同中工期有明确约定的，承包人认为发包人存在不合理压缩工期申请鉴定的，原则上不予支持。《建设工程质量管理条例》第10条第1款规定："建设工程发包单位，不得迫使承包方以低于成本的价格竞标，不得任意压缩合理工期。"定额工期是建设主管部门以通常施工条件、合理的劳动组织，以及施工企业技术和管理的社会平均水平为基础制定的，但是不同的施工企业在实际施工条件、技术和管理水平以及施工经验方面存在差异，因此，定额工期并不能准确反映不同施工企业在不同工程项目的合理工期。承包人作为有经验的承包商，基于对自身技术水平、管理能力和市场风险的考量，与发包人在平等自愿的基础上进行协商，从而对工期作出约定。按照约定优先和市场诚信的原则,承包人应当遵守该约定,不应当在工期延误的情况下对约定工期申请鉴定。

因合同没有约定,或者约定不明,申请工期鉴定,可以准许。绝大部分情形下,施工合同对于工期都会有明确的约定,但是,实务中偶尔会碰到合同中对工期没有约定或约定不明的情形,特别是增加工程项目,往往会出现没有约定或约定不明的情况。在此情形下,如果当事人就增加项目工程的工期不能协商一致,承包人申请对工期进行鉴定的,应予支持。

对于实际施工中,不可抗力、发包人设计变更导致工程量增加、发包人迟延付款等原因引起的工期顺延的鉴定申请,可予以支持。工期延误可以分为发包人原因、承包人原因、第三人原因、不可抗力原因、其他客观原因。[①] 对不可抗力、发包人原因引起的工期顺延达不成一致意见,承包人申请工期鉴定的,应予准许。

【规范指引】
《建设工程质量管理条例》第 10 条。

## 争点 3:经释明拒不申请鉴定,或者申请后未缴纳鉴定费、鉴定资料不能提供的处理

实务中,造成客观上无法启动鉴定程序或者鉴定不能的情形有以下三种:第一种情形是无正当理由未在人民法院指定期间提出申请的;第二种情形是当事人未预交鉴定费用;第三种情形是当事人拒不提供相关材料。[②] 对此,应当注意以下三个方面问题:(1)法官对鉴定申请的释明。对于需要通过鉴定对案件专门性问题进行认定的,法官首先要审查当事人有无申请鉴定。如果没有申请鉴定,应当对当事人进行释明,由当事人申请鉴定。对当事人应当申请鉴定的释明,既是法官的权利,亦是法官的义务。当事人申请鉴定,在确定鉴定机构后,应当预交鉴定费用,并按照鉴定机构的要求提供鉴定所需的资料。(2)经释明拒不申请鉴定,或者申请后未交纳鉴定费、鉴定资料不能提供的后果。《施工合同解释(一)》第 32 条第 1 款规定:"当事人对工程

---

① 参见袁华之、邱闯主编:《建设工程工期争议解决指引》,法律出版社 2021 年版,第 124 页。
② 参见最高人民法院民事审判第一庭编著:《最高人民法院新民事诉讼证据规定理解与适用》,人民法院出版社 2020 年版,第 325 页。

造价、质量、修复费用等专门性问题有争议,人民法院认为需要鉴定的,应当向负有举证责任的当事人释明。当事人经释明未申请鉴定,虽申请鉴定但未支付鉴定费用或者拒不提供相关材料的,应当承担举证不能的法律后果。"《民事诉讼证据规定》第 31 条第 2 款规定:"对需要鉴定的待证事实负有举证责任的当事人,在人民法院指定期间内无正当理由不提出鉴定申请或者不预交鉴定费用,或者拒不提供相关材料,致使待证事实无法查明的,应当承担举证不能的法律后果。"(3)几种特殊情况的处理。对于鉴定费用的预交确实有困难的,法院在尊重当事人意思自治的基础上,努力促成当事人以协商的方式解决鉴定费的预交问题。① 当事人应当在法院指定的期限内提交鉴定资料,对于补充资料不应当超过两次为宜,如超过两次,则需分析是鉴定机构的原因、法官原因还是当事人原因,明确相应的法律后果。②

【注意事项】

法官对鉴定问题的释明既是一种权利,也是一种义务。法官在案件审理过程中遇到专门性问题时,有权利也有义务向负有举证责任的当事人释明,由其申请鉴定,如经释明后当事人拒绝申请鉴定,则告知其将承担举证不能的法律后果,即有可能承担败诉的法律后果。

【规范指引】

《施工合同解释(一)》第 32 条;《民事诉讼证据规定》第 31 条、第 95 条。

## 争点 4:一审中不申请鉴定,在二审和申请再审中申请鉴定的处理

1. 对于超过指定期限申请鉴定的处理。当事人申请鉴定,原则上应当在一审中提出。但实务中,由于各种各样的原因,当事人在一审中未在法院指定的期限内申请鉴定,在案件审理中发现不申请鉴定就有可能承担败诉风险时才申请鉴定,此时申请鉴定已经超过法院指定期限。对此,法院对其申请可以准许,但可以依据《民事诉讼法解释》第 102 条的规定处理,即当事人

---

① 参见最高人民法院民事审判第一庭编著:《最高人民法院新民事诉讼证据规定理解与适用》,人民法院出版社 2020 年版,第 324 页。

② 参见李玉生主编:《建设工程施工合同案件审理指南》,人民法院出版社 2019 年版,第 346 页。

因故意或者重大过失逾期提供的证据，人民法院不予采纳。但该证据与案件基本事实有关的，人民法院应当采纳，并依照《民事诉讼法》第 68 条、第 118 条第 1 款的规定予以训诫、罚款。

2. 一审经释明不申请鉴定，二审申请鉴定的处理。当事人在一审中经人民法院释明后未提出鉴定申请，在二审中对同一事项申请鉴定，鉴定意见对案件处理有实质性影响的，二审法院对其申请可以准许。多数情况下，二审法院会将案件发回原审法院重审。为防止当事人在鉴定问题上的反复，即发回重审后，当事人又不申请鉴定，二审法院一般应当要求当事人按鉴定费标准交纳保证金，案件发回后当事人在重审中又不申请鉴定的，人民法院可以根据案件审理的需要依职权委托鉴定，鉴定费从保证金中扣除。

3. 申请再审期间申请鉴定的处理。《民事诉讼法解释》第 397 条规定："审查再审申请期间，再审申请人申请人民法院委托鉴定、勘验的，人民法院不予准许。"当事人在一审、二审期间均未申请鉴定，未完成举证，在再审审查期间又提出鉴定申请的，人民法院应不予准许。

【规范指引】

《民事诉讼法解释》第 102 条、第 397 条。

## 二、鉴定实施阶段常见争点的处理

（一）鉴定机构和鉴定人员的选择

## 争点 5：工程鉴定不属于"四类鉴定"，鉴定人及鉴定机构无须经司法行政部门登记从事司法鉴定业务

【案例】苏州某供应链有限公司与江苏某建设工程集团有限公司建设工程合同纠纷案①

2009 年 10 月 28 日，苏州某供应链有限公司（以下简称某供应链公司）与江苏某建设工程集团有限公司（以下简称某建设工程公司）签订《建设工程

---

① 参见江苏省苏州市苏州工业园区人民法院（2018）苏 0591 民初 11180 号民事判决书、江苏省苏州市中级人民法院（2020）苏 05 民终 2777 号民事判决书、江苏省高级人民法院（2020）苏民申 10723 号民事裁定书。

施工合同》一份。合同第一部分主要约定以下内容：工程名称，某供应链公司A、B、C三栋综合楼。工程内容，A、B、C三栋综合楼施工图纸所标明的一切内容，以研究院出具的设计图为准。合同工期，开工日期为2009年11月15日（具体以实际开工报告为准），竣工日期为2010年7月30日，合同工期总日历天数240天（包括国家法定节假日）。合同价款40 360 000元。2010年，某供应链公司、某建设工程公司、监理单位、设计单位均在某供应链公司A、B、C综合楼《单位工程竣工验收证明书》中签字盖章。诉讼中，某供应链公司就案涉工程C幢三、四、五层顶板工程开裂是否属于质量问题申请进行鉴定和补充鉴定，鉴定意见：C幢三、四、五层顶板开裂属于质量问题，对裂缝所在构件的使用性及耐久性存在一定的影响。诉讼中，某供应链公司申请对修复方案和修复造价进行鉴定，经鉴定，修复的造价为1 795 079.92元。

经审理，江苏省苏州市苏州工业园区人民法院判决如下：一、某建设工程公司支付某供应链公司维修费用1 795 079.92元、修复期间损失250 000元，合计2 045 079.92元；二、驳回某供应链公司其他诉讼请求。某建设工程公司不服，上诉至江苏省苏州市中级人民法院，二审法院维持原判。某建设工程公司仍不服，向江苏省高级人民法院申请再审。

就鉴定问题，某建设工程公司认为，鉴定机构从事的鉴定业务类别涉嫌属于司法行政机关登记管理的业务范围。经核查，该机构及其鉴定人员袁某某、夏某某均未经司法行政机关登记，涉嫌违法违规，鉴定意见不应当采信。江苏省高级人民法院认为，鉴定机构取得江苏省住房和城乡建设厅颁发的《江苏省建设工程质量检测机构备案证书》等在诉讼活动中开展建设工程质量类鉴定所需的证书，经过审核列入江苏省人民法院委托鉴定机构电子信息平台，从事案涉工程质量检测的相关人员均取得了开展建设工程质量检测相应的证书。鉴定机构具有开展工程质量检测的相应执业资格，鉴定程序合法，鉴定意见可以采信。

【分析】

《全国人民代表大会常务委员会关于司法鉴定管理问题的决定》第2条规定："国家对从事下列司法鉴定业务的鉴定人和鉴定机构实行登记管理制度：（一）法医类鉴定；（二）物证类鉴定；（三）声像资料鉴定；（四）根据诉讼需要由国务院司法行政部门商最高人民法院、最高人民检察院确定的其他应当对鉴定人和鉴定机构实行登记管理的鉴定事项。法律对前款规定事项的鉴定人和鉴定机构的管理另有规定的，从其规定。"2015年12月，最高人民法院、最高人民检察院、司法部联合下发了《关于将环境损害司法鉴定纳入统一登记管理范围的通知》，明确将环境损害司法鉴定纳入统一登记管理范围。2017年年底，司法部出台了《关于严格准入严格监管提高司法鉴定质量和公信力的意见》（司发〔2017〕11号），其中明确将司法鉴定机构的登记范围限定为"法医类、物证类、声像资料、环境损害"四大类，对没有法律、法规依据的"四类外"鉴定，一律不予准入登记。鉴于建设工程中造价、质量、工期、修复方案、修复费用鉴定不属于前述法律和司法解释的登记管理范围，所以开展工程鉴定的鉴定人和鉴定机构无须经司法行政部门登记。

【规范指引】

《全国人民代表大会常务委员会关于司法鉴定管理问题的决定》第2条；《最高人民法院、最高人民检察院、司法部关于将环境损害司法鉴定纳入统一登记管理范围的通知》；《司法部关于严格准入严格监管提高司法鉴定质量和公信力的意见》。

## 争点6：造价鉴定机构的资质要求

1. 《工程造价咨询企业管理办法》第4条规定："工程造价咨询企业应当依法取得工程造价咨询企业资质，并在其资质等级许可的范围内从事工程造价咨询活动。"第19条规定："甲级工程造价咨询企业可以从事各类建设项目的工程造价咨询业务。乙级工程造价咨询企业可以从事工程造价2亿元人民币以下各类建设项目的工程造价咨询业务。"根据《2017版造价鉴定规范》第2.0.6条和第3.1.4条规定，鉴定人必须是注册造价工程师。

2. 2021年6月28日，住建部发布《住房和城乡建设部办公厅关于取消工程造价咨询企业资质审批加强事中事后监管的通知》（建办标〔2021〕26号），自2021年7月1日起取消工程造价咨询企业资质审批。依据《注册造价工程师管理办法》第15条规定，建设工程诉讼中的造价鉴定，属于一级造价工程师的执业范围。

3. 《人民法院对外委托司法鉴定管理规定》第3条规定："人民法院司法鉴定机构建立社会鉴定机构和鉴定人（以下简称鉴定人）名册，根据鉴定对象对专业技术的要求，随机选择和委托鉴定人进行司法鉴定。"因此，造价咨询企业要入选法院鉴定人名册从事司法鉴定，法院一般还会审查其是否取得建设主管部门颁发的资质证书，鉴定人员是否取得一级造价工程师的资质。

**【规范指引】**

《人民法院对外委托司法鉴定管理规定》第 3 条；《工程造价咨询企业管理办法》第 4 条、第 19 条；《2017 版造价鉴定规范》第 2.0.6 条、第 3.1.4 条；《住房和城乡建设部办公厅关于取消工程造价咨询企业资质审批加强事中事后监管的通知》。

## 争点 7：质量鉴定机构的资质要求

2023 年 3 月 1 日施行的《建设工程质量检测管理办法》（住房和城乡建设部令第 57 号）对综合类、专项类检测的资质要求进行了规定。该办法第 3 条规定："检测机构应当按照本办法取得建设工程质量检测机构资质（以下简称检测机构资质），并在资质许可的范围内从事建设工程质量检测活动。未取得相应资质证书的，不得承担本办法规定的建设工程质量检测业务。"第 4 条规定："国务院住房和城乡建设主管部门负责全国建设工程质量检测活动的监督管理。县级以上地方人民政府住房和城乡建设主管部门负责本行政区域内建设工程质量检测活动的监督管理，可以委托所属的建设工程质量监督机构具体实施。"第 7 条规定："省、自治区、直辖市人民政府住房和城乡建设主管部门负责本行政区域内检测机构的资质许可。"根据前述规定，从事质量鉴定的鉴定机构必须取得建设主管部门颁发的资质证书，无须取得司法行政部门的资质证书。同样，一般要入选法院鉴定人名册。

**【规范指引】**

《建设工程质量检测管理办法》第 3 条、第 4 条、第 7 条。

## 争点 8：修复方案鉴定是否只能由原设计单位出具

《建设工程质量管理条例》第 24 条规定："设计单位应当参与建设工程质量事故分析……"工程是由设计单位设计的，验收时设计单位也参与其中，因此，设计单位对于工程最为熟悉。当工程质量出现问题时，由设计单位按照当初的设计标准对工程进行修复，从而确定修复方案最为理想。实务中，有的设计单位为了避免矛盾，不愿意参与其中，拒绝接受委托出具修复方案。《建设工程勘察设计管理条例》第 7 条规定："国家对从事建设工程勘察、设计活动的单位，实行资质管理制度。具体办法由国务院建设行政主管部门商国务院有关部门制定。"第 8 条第 1 款规定："建设工程勘察、设计单位应当在其资质等级许可的范围内承揽建设工程勘察、设计业务。"在此情形下，法院可以按照《建设工程勘察设计管理条例》第 8 条的规定，委托具有相应资质的其他设计单位出具修复方案。同样，一般要入选法院鉴定人名册。

【规范指引】

《建设工程质量管理条例》第 24 条；《建设工程勘察设计管理条例》第 7 条、第 8 条。

（二）鉴定事项、范围、依据的确定

## 争点 9：鉴定事项、范围、依据属于审判权范畴

《施工合同解释（一）》第 33 条规定："人民法院准许当事人的鉴定申请后，应当根据当事人申请及查明案件事实的需要，确定委托鉴定的事项、范围、鉴定期限等，并组织当事人对争议的鉴定材料进行质证。"鉴定事项、范围、依据是司法鉴定启动后首先要解决的问题，对于当事人的实体权利影响较大，也是当事人极易发生争议的问题。法院在鉴定开始前应当组织当事人和鉴定机构召开鉴定准备会，要求鉴定机构提交鉴定实施方案，组织鉴定人和当事人对鉴定事项、范围、依据进行沟通和讨论，在充分听取鉴定人和当事人意见的基础上确定，必要时可向专家咨询员咨询。当事人之间就鉴定事项、范围、依据发生争议时，处理这些争议的权限属于法院审判权的行使范畴，不属于鉴定权的行使范畴，鉴定机构应当以法院确定的内容为准，而不能自行确定。

【规范指引】

《施工合同解释（一）》第 33 条。

## 争点 10：如何确定鉴定范围

1. 当事人协商确定。根据意思自治原则，当事人可以就争议事项协商一致确定鉴定范围。必要时，法官可以对当事人申请的鉴定范围进行引导，从而促使当事人就鉴定范围达成一致意见。如在造价鉴定中，当事人可以协商一致对设计变更引起的工程增减部分申请造价鉴定。在质量鉴定中，当事人可以协商一致对屋面渗水申请原因鉴定等。当事人对于争议的专业问题所涉及的事实最清楚、最了解，由当事人协商一致确定鉴定范围，可以最大限度地体现当事人争议事项。

2. 协商不成的，由人民法院确定。当事人对于工程造价、质量、工期等申请鉴定，法官应当根据当事人的申请，结合争议事实确定鉴定事项和范围。对于当事人申请鉴定事项和范围明显不属于专门性问题的、司法解释明确不予启动鉴定的、超出当事人争议事项范围的，不予准许。对于能够进行部分鉴定的，不进行全部鉴定。

3. 当鉴定人发现当事人申请的鉴定范围和鉴定目的存在冲突时，可以与法官和当事人进一步沟通，从而使鉴定范围和鉴定目的相一致，当事人拒绝修改时，以法院确定的鉴定范围为准。

【规范指引】

《施工合同解释（一）》第 33 条。

## 争点 11：如何确定鉴定依据

1. 鉴定材料的选择。用作鉴定依据的证据材料，如招投标文件、施工合同、补充协议、施工资料、验收资料等必须经法庭质证。《民事诉讼证据规定》第 34 条规定："人民法院应当组织当事人对鉴定材料进行质证。未经质证的材料，不得作为鉴定的根据。经人民法院准许，鉴定人可以调取证据、勘验物证和现场、询问当事人或者证人。"

2. 鉴定标准选择。鉴定人应自行准备用于鉴定项目的标准规范，若合同约定的不是国家标准或行业标准，应当由当事人提供。有国家强制标准的，应当采用国家强制标准；没有国家强制标准的，采用国家推荐标准、行业标准和技术规范；没有国家标准、行业标准和技术规范的，采用团体标准或者该专业领域通行的技术方法。

3. 鉴定材料的补充和证据矛盾无法判断的处理。鉴定人可以根据鉴定的需要提请法院通知当事人补充材料，当事人自己也可以申请补充材料，经质证后作为鉴定依据。对于当事人就真实性提出异议，或证据相互矛盾，法院无法及时判断的，鉴定人可以在征求法院意见后，就争议证据分别鉴定并作出鉴定意见，供法院选择。①

【规范指引】
《民事诉讼证据规定》第 34 条；《2017 版造价鉴定规范》第 4.7.3 条。

## 争点 12：存在多份无效合同时鉴定依据的确定

施工合同是司法鉴定中最重要的鉴定依据之一。实务中，由于各种各样的原因，有的当事人签订了不止一份无效的施工合同，约定了不同的价款、质量、工期，有的合同仅仅是为了备案。当发生争议提交鉴定时，依据不同的合同鉴定，会得出不同的鉴定意见。为了自己的利益最大化，当事人各自主张履行的是不同的合同。审查时应当注意以下问题：（1）参照实际履行的合同作为鉴定依据。依据《施工合同解释（一）》第 24 条第 1 款规定："当事人就同一建设工程订立的数份建设工程施工合同均无效，但建设工程质量合格，一方当事人请求参照实际履行的合同关于工程价款的约定折价补偿承包人的，人民法院应予支持。"法官可以根据合同的签订顺序、价款、质量、工期、补充协议、会议纪要、往来函件、进度款支付、施工资料、结算资料、验收备案材料等，综合判断当事人实际履行的合同。（2）参照最后签订的合同作为鉴定依据。该条第 2 款规定："实际履行的合同难以确定，当事人请求参照最后签订的合同关于工程价款的约定折价补偿承包人的，人民法院应予支持。"以当事人最后签订的合同作为当事人签订合同的最新意思表示，并以此推定其实际履行的合同应是符合其最新意思表示的合同。这样处理虽然存在因当事人可能倒签合同签订时间而导致所谓最后签订的合同并非当事人最新的意思表示的问题，但其好处在于符合日常生活经验、相对比较客观，更

---

① 参见《2017 版造价鉴定规范》第 4.7.3 条。

便于统一司法裁量尺度。①

【注意事项】

实务中有时存在倒签合同的情形，最后签订的合同不一定是当事人实际履行的合同，因此，法官要尽力查清实际履行的合同，避免简单以无法查清实际履行的合同为由径直参照最后签订的合同。

【规范指引】

《施工合同解释（一）》第 24 条。

（三）鉴定材料的移交

## 争点 13：鉴定资料的提交时限和次数是否应当有限制

1.当事人提交鉴定资料的时限和次数限制。鉴定程序启动后，当事人超过指定期限提供鉴定资料，或者频繁地向法院提交鉴定资料，两者都严重影响了鉴定程序的有序进行。《民事诉讼法解释》第 99 条规定："人民法院应当在审理前的准备阶段确定当事人的举证期限。举证期限可以由当事人协商，并经人民法院准许。人民法院确定举证期限，第一审普通程序案件不得少于十五日，当事人提供新的证据的第二审案件不得少于十日。举证期限届满后，当事人对已经提供的证据，申请提供反驳证据或者对证据来源、形式等方面的瑕疵进行补正的，人民法院可以酌情再次确定举证期限，该期限不受前款规定的限制。"鉴定材料的提交属于当事人举证的内容，应当遵守前述时限和次数的限制，即在举证期限内，原则上不超过 2 次。为提高当事人举证的效率，法院可以要求鉴定机构提供鉴定材料清单，由当事人按照鉴定清单的要求举证。

2.逾期提交资料的处理。前述司法解释第 102 条规定："当事人因故意或者重大过失逾期提供的证据，人民法院不予采纳。但该证据与案件基本事实有关的，人民法院应当采纳，并依照民事诉讼法第六十八条、第一百一十八条第一款的规定予以训诫、罚款。当事人非因故意或者重大过失逾期提供的

---

① 参见最高人民法院民事审判第一庭编著：《最高人民法院新建设工程施工合同司法解释（一）理解与适用》，人民法院出版社 2021 年版，第 252 页。

证据，人民法院应当采纳，并对当事人予以训诫。当事人一方要求另一方赔偿因逾期提供证据致使其增加的交通、住宿、就餐、误工、证人出庭作证等必要费用的，人民法院可予支持。"

3.鉴定人要求补充资料的例外。由于工程鉴定的复杂性，鉴定机构和鉴定人员在鉴定过程中发现当事人提供的资料还需要补充，可以向法院列出需要补充材料的清单，由当事人向法院提交，质证后转交鉴定人。对于这一例外情形，不适用前述的时限和次数要求。

【规范指引】

《民事诉讼法解释》第99条、第102条。

### 争点14：鉴定资料为对方当事人持有时，其拒不提供如何处理

在工程案件的鉴定中，有时会出现一方当事人申请鉴定，但鉴定资料却在另一方当事人手中且拒不向法院提供的情形。如发包人申请质量鉴定，但有些施工资料却在承包人手中，承包人拒绝向法院提供。《民事诉讼证据规定》第95条规定："一方当事人控制证据无正当理由拒不提交，对待证事实负有举证责任的当事人主张该证据的内容不利于控制人的，人民法院可以认定该主张成立。"对于对方当事人持有鉴定资料拒不提交的，可以责令该当事人提交，拒不提交的，可以认定对方当事人的主张成立。

【规范指引】

《民事诉讼证据规定》第95条。

### 三、鉴定意见审查和采信阶段常见争点的处理

### 争点15：鉴定意见异议是否应当有次数限制

《民事诉讼证据规定》第37条规定："人民法院收到鉴定书后，应当及时将副本送交当事人。当事人对鉴定书的内容有异议的，应当在人民法院指定期间内以书面方式提出。对于当事人的异议，人民法院应当要求鉴定人作出解释、说明或者补充。人民法院认为有必要的，可以要求鉴定人对当事人

未提出异议的内容进行解释、说明或者补充。"第38条规定："当事人在收到鉴定人的书面答复后仍有异议的，人民法院应当根据《诉讼费用交纳办法》第十一条的规定，通知有异议的当事人预交鉴定人出庭费用，并通知鉴定人出庭。有异议的当事人不预交鉴定人出庭费用的，视为放弃异议。双方当事人对鉴定意见均有异议的，分摊预交鉴定人出庭费用。"工程案件的争点多，鉴定意见涉及的内容广，对鉴定意见的异议，应当采用书面形式提出。鉴定意见涉及当事人的实体权利，对于鉴定意见的异议，不应有过多的限制。从前述规定来看，对于当事人就鉴定意见的异议，虽然没有严格的次数限制，但也不能无原则地迁就一方当事人，造成诉讼过分拖延。原则上对鉴定意见的异议应当以书面形式提出，对鉴定人的答复仍然有异议的，鉴定人需要出庭接受质询。

【规范指引】

《民事诉讼证据规定》第37条、第38条；《诉讼费用交纳办法》第11条。

## 争点16：鉴定意见的审查要点

《民事诉讼证据规定》第36条规定："人民法院对鉴定人出具的鉴定书，应当审查是否具有下列内容：（一）委托法院的名称；（二）委托鉴定的内容、要求；（三）鉴定材料；（四）鉴定所依据的原理、方法；（五）对鉴定过程的说明；（六）鉴定意见；（七）承诺书。鉴定书应当由鉴定人签名或者盖章，并附鉴定人的相应资格证明。委托机构鉴定的，鉴定书应当由鉴定机构盖章，并由从事鉴定的人员签名。"对于鉴定意见的审查，首先，审查形式要件，如鉴定机构和鉴定人员的资质、委托事项、鉴定过程、签名和盖章。其次，重点审查鉴定所依据的方法和原理，特别注意鉴定机构的说明，必要时可以咨询专业技术人员。如对未完工程的造价鉴定，采用不同的方法可以出具不同的鉴定意见。对于修复费用的鉴定，采用不同的方案，也可以得出不同的意见。

【规范指引】

《民事诉讼证据规定》第36条。

## 争点 17：不予采信鉴定意见的具体条件

鉴定意见不能采信的条件和重新鉴定的条件重合，需要重新鉴定的情形，即不能采信的情形。《民事诉讼证据规定》第 40 条规定："当事人申请重新鉴定，存在下列情形之一的，人民法院应当准许：（一）鉴定人不具备相应资格的；（二）鉴定程序严重违法的；（三）鉴定意见明显依据不足的；（四）鉴定意见不能作为证据使用的其他情形。"此外，对于下列情形的鉴定意见也不应采信：鉴定事项超出其鉴定范围的；鉴定材料不全面、检材来源不明导致鉴定意见存疑，且不能通过补充鉴定方式解决的；鉴定意见内容不明确、不完整，且不能通过补充鉴定方式解决的；鉴定机构或鉴定人员应回避而未回避的；鉴定机构或者鉴定人员在鉴定中弄虚作假，与当事人串通，或者有其他违法行为可能影响鉴定意见准确性的。

【规范指引】
《民事诉讼证据规定》第 40 条。

## 争点 18：鉴定意见瑕疵的处理

【案例】李某与徐州某房地产开发有限公司、铜山县某建筑安装工程公司建设工程施工合同纠纷案[①]

2010 年 1 月 30 日，徐州某房地产开发有限公司（以下简称某房开公司）与铜山县某建筑安装工程公司（以下简称某建安公司）签订施工合同一份，约定：某房开公司将某住宅小区二期 K、L、M 号楼发包给某建安公司。合同工期为 390 天。价格为综合单价包干合同，包干总价为 2422.5 万元。同日，李某与某建安公司又签订了工程承包协议，约定承包人接受并执行承包方与某房开公司于 2010 年 1 月 30 日签订的施工合同约定的所有条款。2011 年 12 月 2 日、13 日，涉案 K、L、M 三栋楼相继进行了竣工验收。

李某向一审法院提出诉讼请求：（1）确认某房开公司和某建安公司于

---

① 参见江苏省徐州市铜山区人民法院（2020）苏 0312 民初 4924 号民事判决书、江苏省徐州市中级人民法院（2021）苏 03 民终 2793 号民事判决书、江苏省高级人民法院（2021）苏民申 8989 号民事裁定书。

2014 年 8 月 5 日签订的工程结算协议部分无效；（2）判令某房开公司和某建安公司给付工程款 4 828 165.21 元及利息；（3）诉讼费用及鉴定费用由某房开公司和某建安公司承担。诉讼中，李某申请对案涉工程价款进行鉴定。鉴定机构意见如下：（1）按综合单价包干合同标准的工程造价为 25 447 431.21 元；（2）按包干总价加变更增减标准的工程造价为 22 853 522.82 元。

经审理，江苏省徐州市铜山区人民法院一审判决驳回李某的诉讼请求。李某不服，上诉至江苏省徐州市中级人民法院。二审法院改判，确认某房开公司和某建安公司工程结算协议结算部分无效；某房开公司向李某支付 4 828 165.21 元以及利息。某房开公司不服，向江苏省高级人民法院申请再审。

就鉴定人签名问题，某房开公司认为，鉴定机构鉴定程序严重违反《2017 版造价鉴定规范》和《司法鉴定程序通则》的规定，鉴定意见签名中张某某、神某某不具有鉴定人资格。江苏省高级人民法院认为，鉴定机构提供的《情况说明》、江苏省建设工程造价管理总站《关于全面执行〈江苏省建设工程造价咨询业务指导规程〉的通知》、某房开公司提供的《工程造价鉴定征求意见书》中的署名，能够相互印证，案涉工程鉴定是由具有资质的袁某某、祝某某、鲍某某及辅助人员张某某、神某某组成的鉴定小组进行，鉴定意见书中张某某、神某某的签名属于署名不规范，不影响鉴定意见的使用。

【分析】

《司法鉴定程序通则》第 41 条规定："司法鉴定意见书出具后，发现有下列情形之一的，司法鉴定机构可以进行补正：（一）图像、谱图、表格不清晰的；（二）签名、盖章或者编号不符合制作要求的；（三）文字表达有瑕疵或者错别字，但不影响司法鉴定意见的。补正应当在原司法鉴定意见书上进行，由至少一名司法鉴定人在补正处签名。必要时，可以出具补正书。对司法鉴定意见书进行补正，不得改变司法鉴定意见的原意。"实务中，鉴定意见的瑕疵主要表现为签名和用章的不规范，如鉴定意见中有资质的鉴定人没有签名，没有资质的辅助人员却在鉴定意见中签名；鉴定意见签名的鉴定人实际没有参与鉴定工作，实际参与鉴定工作的鉴定人没有在鉴定意见中签名等。此种情形下，如果鉴定意见本身经审查没有不予采信的情形，可以要求鉴定机构和鉴定人员进行补正。

【规范指引】

《司法鉴定程序通则》第 41 条。

## 争点 19：补充鉴定和重新鉴定的选择

当事人对鉴定意见提出异议的理由成立，或者人民法院对鉴定意见进行审查，发现鉴定意见不能采信，则需要考虑对鉴定意见进行补充鉴定或重新鉴定。据此，法官需要审查补充鉴定和重新鉴定的不同要求。（1）对于不能采信的鉴定意见，首先考虑补充鉴定。《民事诉讼证据规定》第40条第3款规定："对鉴定意见的瑕疵，可以通过补正、补充鉴定或者补充质证、重新质证等方法解决的，人民法院不予准许重新鉴定的申请。"对于鉴定瑕疵，如鉴定意见形式要件不完备的；鉴定材料不全面、检材来源不明，导致鉴定意见存疑的；鉴定意见内容不明确、不完整的；在鉴定意见的基础上补充新的鉴定材料的等情形，法院应当要求鉴定机构补充鉴定或对鉴定意见进行补正，而无须重新启动鉴定程序。（2）对于不能通过补充鉴定解决的，启动重新鉴定。《民事诉讼证据规定》第40条第1款规定："当事人申请重新鉴定，存在下列情形之一的，人民法院应当准许：（一）鉴定人不具备相应资格的；（二）鉴定程序严重违法的；（三）鉴定意见明显依据不足的；（四）鉴定意见不能作为证据使用的其他情形。"需要注意的是，鉴定材料不全面、检材来源不明导致鉴定意见存疑，且不能通过补充鉴定方式解决的；鉴定意见内容不明确、不完整，且不能通过补充鉴定方式解决的；鉴定机构或鉴定人员应回避而未回避的；鉴定机构或者鉴定人员在鉴定中弄虚作假，与当事人串通，或者有其他违法行为可能影响鉴定意见准确性的，应当重新启动鉴定程序。（3）补充鉴定或重新鉴定只针对异议部分。《八民纪要》第35条规定："当事人对鉴定人作出的鉴定意见的一部分提出异议并申请重新鉴定的，应当着重审查异议是否成立；如异议成立，原则上仅针对异议部分重新鉴定或者补充鉴定，并尽量缩减鉴定的范围和次数。"

【规范指引】

《民事诉讼证据规定》第40条；《八民纪要》第35条。

## 第三节　建设工程施工合同案件司法鉴定疑难问题

### 问题1：当事人就专门性问题自行委托相关机构或人员出具咨询意见的效力问题

【案例】兰州某电力工程有限公司与甘肃某电力集团有限公司建设工程施工合同纠纷案[①]

兰州某电力工程有限公司（以下简称某工程公司）中标兰州某电力有限责任公司（该公司后被甘肃某电力集团有限公司吸收，以下简称某电力公司）甘肃甘南虎家崖—沙湾110千伏送电线路工程二标段劳务分包工程，中标通知书中载明的价款为474.4812万元；双方另签订三份《输变电工程施工劳务分包合同》并约定暂定价；签订《输变电工程施工专业分包合同》，签约合同价为180万元。2020年8月3日，某工程公司委托甘肃某房地产估价有限公司作出的案涉工程造价鉴定意见书认为，案涉工程总价款1400.54万元，案涉工程合同内部分650.71万元。在确认本案合同内工程款时，一审法院认为：本案当事人签订的劳务分包合同与中标通知书载明的工程价款不一致，原告请求将中标通知书作为结算工程价款的依据，应予支持；本案劳务分包中标通知书价款与专业分包合同价款共计654.4812万元。依据某工程公司委托甘肃某房地产估价有限公司作出的案涉工程造价鉴定意见，认为案涉工程合同内部分650.71万元，未超出中标通知书和专用合同约定工程价款，予以确认。二审对该部分认定予以维持。某电力公司提出再审申请，最高人民法院予以驳回。

最高人民法院审查认为，关于涉案工程价款的确认问题，某工程公司对涉案工程进行施工后，某电力公司未及时与其进行结算，某工程公司自行委托鉴定机构就涉案工程造价进行鉴定。鉴定机构依据某工程公司提供的案涉工程图纸、劳务分包合同、现场签证审批单、工程审计现场查勘底稿和工程

---

[①] 参见甘肃省陇南市中级人民法院（2020）甘民初字30号民事判决书、甘肃省高级人民法院（2021）甘民终21号民事判决书、最高人民法院（2021）最高法民申4491号民事裁定书。

联系单等材料作出了鉴定意见。某工程公司将提供给鉴定机构的材料（除施工图纸外）已全部向一审法院提交，一审法院组织双方当事人进行了质证。二审法院传唤鉴定人到庭接受双方当事人质询，并就有关鉴定事项进行了说明。经法院释明，某电力公司不同意重新鉴定，亦无相反证据推翻鉴定意见，鉴定机构据实鉴定，鉴定意见能够客观反映工程造价，故原审法院按照鉴定意见认定本案工程各部分造价，符合法律规定。

【分析】

《民事诉讼证据规定》第41条规定："对于一方当事人就专门性问题自行委托有关机构或者人员出具的意见，另一方当事人有证据或者理由足以反驳并申请鉴定的，人民法院应予准许。"《施工合同解释（一）》第30条规定："当事人在诉讼前共同委托有关机构、人员对建设工程造价出具咨询意见，诉讼中一方当事人不认可该咨询意见申请鉴定的，人民法院应予准许，但双方当事人明确表示受该咨询意见约束的除外。"鉴定意见与咨询意见的不同之处在于，前者委托人是人民法院或仲裁机构，鉴定机构的鉴定行为发生在诉讼过程中，所形成的鉴定意见本身就是《民事诉讼法》规定的八种证据形式之一；而咨询意见委托人是当事人等民事主体，咨询机构的咨询行为发生在诉讼程序之外，所形成的咨询意见本身并非鉴定意见，属于民事委托合同中受托人完成的工作成果。

关于当事人单方自行委托相关机构或人员出具的咨询意见的效力，实务中存在两种不同的观点：一种观点认为，依据《民事诉讼证据规定》第41条的规定，对于一方当事人自行委托出具的咨询意见，对方当事人要有证据或者理由足以反驳该咨询意见，然后申请法院重新鉴定才会获得准许。如果对方当事人未提出异议，或者提出的异议明显不能成立的，则法院对咨询意见予以采信。另一种观点认为，单方委托出具的咨询意见如未获对方认可，则不具备证据效力。[1]

我们倾向认为，一方当事人自行委托相关机构出具的咨询意见，人民法院可以参照鉴定意见的审查规则，并准用私文书证的质证规则，结合具体案情，对其证明力进行从严审查：（1）如能满足出具机构具备相应的资质、意见所依据的资料经法庭补充质证、意见形成的过程符合行业规范、鉴定措施

---

[1] 参见最高人民法院民事审判第一庭编著：《最高人民法院新民事诉讼证据规定理解与适用》，人民法院出版社2020年版，第406页。

及流程安排合理、所得意见符合逻辑和科学、能够与其他证据形成证据链，且对方当事人未能提供证据或理由反驳该咨询意见，该咨询意见可以作为认定相关事实的证据。（2）如当事人自行委托鉴定的鉴定机构不具有相应资质、鉴定资料系单方提供且经法庭补充质证真实性无法确认、鉴定程序严重违法、鉴定依据明显不足、与其他证据存在冲突矛盾，此等情形下，该咨询意见不应当采信。对方当事人申请重新鉴定，应当准许。

对于双方当事人在诉讼前共同委托有关机构、人员对建设工程造价出具咨询意见，只要诉讼中一方当事人不认可该咨询意见，原则上就可以申请鉴定。但如双方当事人已通过委托合同或其他方式明确表示接受咨询意见约束，则意味着该咨询意见及其证明的事实已经得到双方当事人的认可。例如，当事人签订的合同中约定"以审计机构出具的审计结果作为结算依据"，即表明双方当事人明确受该咨询意见的约束，当事人申请鉴定，则不应准许。

【注意事项】

防止出现两种现象：一种现象是对当事人自行委托作出的咨询意见一律不予采信，对方当事人申请司法鉴定无条件准许；另一种现象是对当事人提供的自行委托作出的咨询意见审查不严，导致咨询意见采信错误。对于当事人自行委托作出的咨询意见要结合个案事实具体分析认定，决定是否采用和允许对方当事人鉴定申请。

【规范指引】

《民事诉讼证据规定》第41条；《施工合同解释（一）》第30条。

## 问题2：未完工程鉴定方法选择问题

《施工合同解释（一）》第28条规定："当事人约定按照固定价结算工程价款，一方当事人请求对建设工程造价进行鉴定的，人民法院不予支持。"但是，对于未完工程，当事人对其施工部分工程款结算达不成一致意见，可申请对已经施工部分造价进行鉴定，如何确定该部分价款，存在三种不同的计算方法。第一种方法，由鉴定机构在同一取费标准下分别计算出已完工程部分的价款和整个合同约定工程的总价款，两者对比计算出相应系数，再用合同约定的固定价乘以该系数确定发包人应付的工程款。第二种方法，确定所完工程的工程量占全部工程量的比例，按所完工程量的比例乘以合同约定的固定价款得出工程价款。第三种方法，根据实际完成的工程量，以建设行政管理部门颁发的定额取费，核定工程价款，并参照合同约定最终确定工程价款。对于合同中约定固定单价结算的，只要核算出已完工程的实际工程量，据实结算工程价款即可。①

我们认为，对于以上三种计算方式，不能简单地决定采用哪一种方式，而是要根据具体案情需要，综合分析判断，并注重当事人的利益平衡。如合同的解除是发包人的原因造成，因不平衡报价导致按照合同约定的固定价结算将导致发包人与承包人利益严重失衡，且明显不公的，可以参照定额标准和市场报价情况据实结算。

【规范指引】

《施工合同解释（一）》第 28 条。

## 问题 3：竣工验收合格后质量鉴定申请的处理

【案例】苏州某供应链有限公司与江苏某建设工程集团有限公司建设工程合同纠纷案②

诉讼中，某建设工程公司辩称涉案工程经设计、施工、监理等各方验收合格，且被相关部门评为结构优良工程，不存在质量问题，本案只是某供应链公司为抵赖工程款虚构质量问题提起诉讼，本案不应当进行质量鉴定。

就工程经验收合格后申请鉴定的问题，法院认为，涉案工程竣工验收合格并获得奖项与施工方应承担保修义务（注：对主体结构在合理使用寿命内承担责任）并不矛盾，案涉 C 幢三、四、五层顶板开裂，鉴定机构出具意见认定属于质量问题，对裂缝所在构件的使用性及耐久性存在一定影响，某建设工程公司虽质疑鉴定意见但并未提交证据加以证实，且鉴定机构具备鉴定资质，鉴定程序合法，并已经对某建设工程公司相关异议进行书面解答，对该鉴定意见书及补充鉴定意见书予以采信。

---

① 参见常设中国建设工程法律论坛第八工作组：《中国建设工程施工合同法律全书：词条释义与实务指引》，法律出版社 2021 年版，第 393~394 页。

② 参见江苏省苏州市苏州工业园区人民法院（2018）苏 0591 民初 11180 号民事判决书、江苏省苏州市中级人民法院（2020）苏 05 民终 2777 号民事判决书、江苏省高级人民法院（2020）苏民申 10723 号民事裁定书。本案基本案情可参见本章争点 5【案例】部分。

**【分析】**

对于经竣工验收合格的工程或者是未经验收合格擅自使用的工程，发包人申请质量鉴定的，实务中存在不同的观点：一种观点认为，工程竣工验收合格就表明该工程符合合同约定，或者未经验收合格擅自使用，就视为工程质量合格，除地基基础和主体结构外，发包人申请鉴定的不予支持。另一种观点认为，发包人擅自使用应承担的质量责任应限于与其使用有关的质量问题，与其使用无关的、能够证明即使发包人不擅自使用也会出现的质量问题，应由承包人承担责任。因此，工程虽然竣工验收合格，或发包人未经验收合格擅自使用，发包人就质量问题有初步证据证明的，其申请鉴定法院可以准许。[①]

我们倾向认为，对此，应当作具体分析：（1）竣工验收合格后，除地基基础和主体结构外，申请质量鉴定不予支持。《民法典》第799条第1款规定："建设工程竣工后，发包人应当根据施工图纸及说明书、国家颁发的施工验收规范和质量检验标准及时进行验收。验收合格的，发包人应当按照约定支付价款，并接收该建设工程。"（2）未经验收擅自使用后，就使用部分申请质量鉴定不予支持，但地基基础和主体结构除外。《施工合同解释（一）》第14条规定："建设工程未经竣工验收，发包人擅自使用后，又以使用部分质量不符合约定为由主张权利的，人民法院不予支持；但是承包人应当在建设工程的合理使用寿命内对地基基础工程和主体结构质量承担民事责任。"建设工程竣工经验收合格后，方可交付使用；未经验收或者验收不合格的，不得交付使用。（3）建设工程经竣工验收合格，发包人起诉或反诉主张工程质量不合格向人民法院申请鉴定，并就质量问题有初步证据证明的，法院可以准许。

**【注意事项】**

对于竣工验收合格和擅自使用的建设工程，除了地基基础工程和主体结构问题，以及有初步证据证明质量问题是承包人偷工减料或不按规范施工等原因导致外，其他如对属于一般保修内容提出质量异议并申请鉴定的，不予准许，以防止发包人通过质量鉴定达到拖延甚至拒付工程款的目的。

**【规范指引】**

《民法典》第799条；《施工合同解释（一）》第14条。

---

① 参见最高人民法院民事审判第一庭编著：《最高人民法院新建设工程施工合同司法解释（一）理解与适用》，人民法院出版社2021年版，第152页。

## 问题 4：修复方案和修复费用的合理性判断

《民法典》第 801 条规定："因施工人的原因致使建设工程质量不符合约定的，发包人有权请求施工人在合理期限内无偿修理或者返工、改建……"对于已经存在的工程质量缺陷，采用不同的修复方案，发生的修复费用将有所不同。面对鉴定机构给出的修复方案和根据修复方案鉴定出的修复费用，承包人可能会主张修复方案不合理，修复费用过高，属于过度修复，发包人可能会主张修复方案不满足设计标准，达不到修复效果。如何判断修复方案和修复费用的合理性，是当事人争议较多的一个问题，也是实务当中的一个难点。

我们认为，对于工程存在质量缺陷，经有资质的鉴定机构确定修复方案后，鉴定机构可以根据鉴定时施工当地建设行政主管部门制定的工程计价依据计算修复加固费用。对于鉴定意见中所给出的修复方案和修复费用的合理性审查，可以从以下几个方面进行：（1）修复范围。修复范围应当是针对工程质量缺陷部位，不应当扩大至其他部位。如房屋屋面局部渗水，原则上应当是就渗水部位进行修复，必要时才选择整个屋面修复。（2）修复技术规范和标准。修复方案要基于原施工图纸、施工技术标准及工程现有质量缺陷，经过与原设计图纸和施工技术比对，能够满足原施工图纸和施工技术标准，存在技术上的可行性和经济上的合理性。[①]（3）修复材料的选择。修复材料应当按照原来的设计标准选择，无可供选择的，应当选择相近标准的材料。（4）对于虽然不符合设计要求，但是不影响安全使用，发包人愿意接收工程并使用的，可以通过减少价款的方式予以处理。（5）对于发包人超过修复方案，擅自扩大修复范围、采用高于原设计的标准和材料，导致增加的修复费用，应当由发包人自行承担。

【规范指引】

《民法典》第 801 条。

---

[①] 参见常设中国建设工程法律论坛第八工作组：《中国建设工程施工合同法律全书：词条释义与实务指引》，法律出版社 2021 年版，第 877 页。

## 问题5：工期鉴定是否可以由造价鉴定机构和人员进行

【案例】江苏某置业有限公司与镇江某建筑工程有限公司、陈某建设工程施工合同纠纷案[①]

针对工期鉴定人资格。某置业公司认为，鉴定机构无鉴定工期的资质，且参与的鉴定人员是造价师，而非专业的工期鉴定人员，鉴定意见不应采纳。法院认为，涉案鉴定人员及鉴定机构均具有建设工程项目造价咨询的资质，工期相关事宜属工程造价的一部分。而且，涉案鉴定机构系双方当事人在一审法院组织下依法摇号选定，某置业公司并未对鉴定机构及鉴定人员的资质问题提出异议。故某置业公司上诉所提的涉案鉴定人员及鉴定机构无鉴定资质的问题，缺乏事实和法律依据，法院不予支持。

【分析】

对于工期鉴定的资质要求，目前法律和司法解释没有明确的规定。实务中，很多工期鉴定由造价咨询机构完成，而当事人却质疑造价咨询机构进行工期鉴定的资质，认为该机构不具有工期鉴定的资质，鉴定意见不应当采纳。理论界对于工期鉴定应由造价咨询机构还是监理机构进行尚存争议。实践中，存在两种不同的观点：一种观点认为，工期鉴定主要是鉴定可顺延天数以及工期延误引起的停窝工损失等费用鉴定，与造价鉴定关联性较大，而且，《2017版造价鉴定规范》亦将工期鉴定纳入其中，因此，工期鉴定可以委托造价咨询机构进行。另一种观点认为，依据《2013版建设工程监理规范》第5.4条的规定，项目监理机构应审查施工单位报审的施工总进度计划和阶段性施工计划，提出审查意见，并应由总监理工程师审核后报建设单位。施工进度计划应符合施工合同中的工期约定。由于施工进度计划控制和进度管理属于监理单位的职责范围，因此，工期鉴定应当由工程监理机构进行。[②]

我们倾向认为，依据《2017版造价鉴定规范》第5.7条的规定，当事人对鉴定项目工期有争议的，包括对暂停施工、工期顺延、因设计变更顺延工期、工期延误索赔等有争议的，可以委托造价咨询机构进行鉴定，而且，造

---

[①] 参见江苏省宿迁市中级人民法院（2014）宿中民初字第0065号民事判决书、江苏省高级人民法院（2017）苏民终2204号民事判决书。本案基本案情可参见本章争点2【案例】部分。

[②] 参见周利明：《解构与重塑：建设工程施工合同纠纷审判思维与方法》，法律出版社2021年版，第648~649页。

价鉴定机构进行工期鉴定也积累了一定的经验。在国家对工期鉴定资质没有新规范出台的前提下，工期鉴定可以由造价鉴定机构进行。而且，目前各级法院的鉴定名册中也没有专门的有资质的工期鉴定机构名册供当事人选择，故选择有工期鉴定资质的单位从事鉴定工作事实上也无法操作。

【注意事项】

目前，我国并没有对工期鉴定设置专门的司法鉴定资格认定，造价鉴定中鉴定内容、鉴定方法、现场勘验、证据提交等重要环节，均未针对工期作出规定。因此，工期鉴定可以从社会上具备工期鉴定能力的中介机构中进行选择，而不一定非要在法院鉴定人名册中的造价咨询机构中选择。

【规范指引】

《2017版造价鉴定规范》第5.7条；《2013版建设工程监理规范》第5.4条。

## 问题6：鉴定人在一审中已经出庭，二审和申请再审中是否还需要出庭

由于目前法律和司法解释只是对鉴定人出庭作出原则性的规定，对于鉴定人在一审中已经出庭，二审和申请再审中还有无必要再出庭没有作出具体的规定，实务中，鉴定人又往往以单位出差等各种理由予以拒绝，使得这一问题变得更加复杂。理论界存在两种观点：一种观点认为，依据《民事诉讼法》规定，当事人只要对鉴定意见有异议，人民法院认为有必要的，鉴定人就需要出庭，即使一审中已经出庭，二审、申请再审仍需要出庭；另一种观点认为，针对当事人对鉴定意见的异议，一审中鉴定人已经出庭的，二审、申请再审应当根据案件具体情况，决定鉴定人是否需要出庭。

我们倾向认为，第一，从对鉴定意见异议的形式要求来看，《民事诉讼证据规定》第37条第1款、第2款规定："人民法院收到鉴定书后，应当及时将副本送交当事人。当事人对鉴定书的内容有异议的，应当在人民法院指定期间内以书面方式提出。"对于当事人的异议，人民法院应当要求鉴定人作出解释、说明或者补充。当事人的异议和鉴定人答复采用书面形式，有以下两个显著的优点：一方面，可以消化相当一部分原本就不需要鉴定人出庭的简单争议，从而提高诉讼效率；另一方面，为鉴定异议的明确和进一步提炼鉴定争议的焦点奠定良好的基础，使得鉴定人为出庭做好充分准备，节约庭

审时间，提升庭审效果。① 第二，从对鉴定人一审出庭的要求来看，《民事诉讼法》第 81 条规定，当事人对鉴定意见有异议或者人民法院认为鉴定人有必要出庭的，鉴定人应当出庭作证。经人民法院通知，鉴定人拒不出庭作证的，鉴定意见不得作为认定事实的根据；支付鉴定费用的当事人可以要求返还鉴定费用。对于经过书面答复后，当事人仍然对鉴定意见持有异议的，法院应当通知鉴定人在一审中出庭。为提高异议的质量和庭审效果，就鉴定意见争议事项建议当事人聘请专家辅助人。第三，从二审、申请再审中申请鉴定人出庭的处理来看，鉴定意见经过之前的书面异议和答复，鉴定人在一审中的出庭质证，当事人对鉴定意见的疑问基本能够解决。但是，实务中，部分案件当事人在二审甚至申请再审期间，仍然对鉴定意见提出异议，并申请鉴定人出庭。对此，应当分别做如下处理：如果当事人在二审、申请再审中对鉴定意见所提异议与一审中所提异议相同，或者只是针对鉴定意见瑕疵等提出的异议，鉴定人在答复和一审庭审中已经给予了详细的回复，原则上可以不再要求鉴定人出庭。如果当事人在二审、申请再审中对鉴定意见提出新的异议，尤其是实体上的异议，法院应当通知鉴定人再次出庭，并说明其拒不出庭的后果。

【规范指引】

《民事诉讼法》第 81 条；《民事诉讼证据规定》第 37 条。

## 问题 7：以鉴代审及其防范

由于专业所限，建设工程案件审理中需要将很多专业问题交由鉴定机构和鉴定人员进行判断，但是，对于鉴定事项、鉴定范围、鉴定方法、证据审查、责任认定等非专业性问题，应当由法院作出决定。实务中，由于各种各样的原因，存在个别以鉴代审的现象。如何认定以鉴代审、如何防范以鉴代审是当前实务中争议较大的一个问题。以鉴代审主要有以下几种表现形式：（1）鉴定事项并不属于可鉴定的范围，或者鉴定事项超越原有的授权。（2）同一鉴定事项存在多种鉴定方法可供选择，鉴定人未经委托人确认，迳

---

① 参见最高人民法院民事审判第一庭编著：《最高人民法院新民事诉讼证据规定理解与适用》，人民法院出版社 2020 年版，第 369 页。

自选择鉴定方法。(3)鉴定人自行决定证据采信,特别是证据存在冲突时,未经质证及认证即按照自身的理解作出认定,并据以作出鉴定意见。(4)鉴定人自行决定合同效力,认定合同结算的依据。(5)鉴定人在鉴定报告中直接或者间接确认当事人责任或者直接分配当事人之间的责任。[1]

我们认为,《施工合同解释(一)》第33规定:"人民法院准许当事人的鉴定申请后,应当根据当事人申请及查明案件事实的需要,确定委托鉴定的事项、范围、鉴定期限等,并组织当事人对争议的鉴定材料进行质证。"《民事诉讼法》第71条规定:"证据应当在法庭上出示,并由当事人互相质证。对涉及国家秘密、商业秘密和个人隐私的证据应当保密,需要在法庭出示的,不得在公开开庭时出示。"为防止以鉴代审的现象发生,鉴定机构和法院应当注意以下问题:第一,鉴定机构接受委托后,如果对委托鉴定的范围、事项和鉴定要求有不同意见时,或者当事人对此有疑问和分歧时,鉴定人应当向法院说明,并按照法院的决定进行鉴定,而不能由鉴定人自行决定。第二,当证据本身存在矛盾时,鉴定人应当及时提请法院认定并按照法院认定的证据作出鉴定意见。如果法院没有及时认定,或法院认为需要,鉴定人可以将有争议的证据分别鉴定,并将鉴定意见单列,供法院判断适用,而不能由鉴定人对证据直接作出认定。第三,当事人分别提出不同的合同文本时,鉴定人应提请法院决定适用的合同文本,而不能由鉴定人直接决定适用的合同文本。第四,鉴定意见书不得载有对案件性质和当事人责任进行认定的内容。

【注意事项】

人民法院和鉴定机构在鉴定过程中应加强配合,人民法院对于司法鉴定不能委托出去以后就不再过问,而是要加强与鉴定机构的沟通,对于鉴定人提出的疑问和配合要求,给予积极的回应,对于属于司法权决定范围的事项,及时作出决定并通知鉴定人。鉴定人在鉴定过程中,应谨慎处理当事人争议事项,对于需要司法权决定的事项要积极报请人民法院决定,并按照人民法院决定执行。

【规范指引】

《民事诉讼法》第71条;《施工合同解释(一)》第33条。

---

[1] 参见常设中国建设工程法律论坛第八工作组:《中国建设工程施工合同法律全书:词条释义与实务指引》,法律出版社2021年版,第405~407页。

附 1

# 建设工程施工合同纠纷请求权基础备考表

| 诉讼请求 | | 请求权基础 |
|---|---|---|
| 合同效力相关诉讼请求 | 确认合同无效 | 《民法典》第 144~146 条、第 153 条、第 154 条、第 791 条；<br>《施工合同解释（一）》第 1~3 条、第 22 条、第 23 条；<br>《建筑法》第 12 条、第 13 条、第 26 条、第 54 条；<br>《招标投标法》第 3 条、第 32 条、第 33 条、第 41 条、第 52~55 条、第 57 条、第 58 条；<br>《建设工程质量管理条例》第 10 条、第 25 条；<br>《违法发承包认定查处办法》第 5~12 条 |
| | 合同无效后果 | 《民法典》第 157 条、第 793 条；<br>《施工合同解释（一）》第 6 条 |
| | 撤销合同 | 《民法典》第 147~151 条、第 538 条、第 539 条 |
| | 合同撤销后果 | 《民法典》第 157 条、第 542 条 |
| 合同解除相关诉讼请求 | 解除合同 | 《民法典》第 533 条、第 562 条、第 563 条、第 565 条、第 806 条；<br>《合同编通则解释》第 52 条 |
| | 合同解除后果 | 《民法典》第 566 条、第 806 条 |
| 工程质量相关诉讼请求 | 对工程进行修理、返工、重建 | 《民法典》第 577 条、第 582 条、第 801 条；<br>《施工合同解释（一）》第 14 条；<br>《建筑法》第 60 条、第 62 条；<br>《建设工程质量管理条例》第 40 条、第 41 条 |
| | 工程质量违约责任赔偿（含支付修复费用、支付合同约定违约金及赔偿损失等） | 《民法典》第 577 条、第 581~583 条、第 585 条、第 801 条；<br>《施工合同解释（一）》第 16 条、第 18 条 |
| | 工程质量侵权责任（含赔偿工程质量问题造成的人身、财产损失） | 《民法典》第 802 条；<br>《施工合同解释（一）》第 7 条、第 18 条 |
| | 返还（扣除）工程质量保证金 | 《施工合同解释（一）》第 17 条；<br>《质量保证金管理办法》第 2 条 |

续表

| 诉讼请求 | | 请求权基础 |
|---|---|---|
| 工期相关诉讼请求 | 赔偿逾期竣工违约金或损失 | 《民法典》第577条；《施工合同解释（一）》第6条 |
| | 赔偿停窝工损失 | 《民法典》第803条、第804条 |
| 工程价款相关诉讼请求 | 给付工程价款 | 《民法典》第579条、第788条、第807条 |
| | 承担逾期付款违约责任 | 《民法典》第585条；《施工合同解释（一）》第26条、第27条 |
| | 给付工程折价补偿款 | 《民法典》第793条、第807条；《施工合同解释（一）》第43条 |
| | 承担工程折价补偿款逾期付款损失 | 《施工合同解释（一）》第6条 |
| | 返还垫资款及利息 | 《施工合同解释（一）》第25条 |
| | 返还超付工程款 | 《民法典》第985条 |
| | 开具发票 | 《合同编通则解释》第26条 |
| | 行使建设工程价款优先受偿权 | 《民法典》第807条；《施工合同解释（一）》第35~42条 |
| | 合同无效情形下其他损失赔偿 | 《民法典》第793条；《施工合同解释（一）》第6条 |
| | 实际施工人行使代位权 | 《民法典》第535条；《施工合同解释（一）》第44条 |
| 工程竣工相关诉讼请求 | 移交工程 | 《民法典》第788条、第799条 |
| | 交付竣工验收资料 | 《民法典》第509条；《合同编通则解释》第26条 |
| | 配合竣工验收 | 《民法典》第799条 |

附2

# 建设工程施工合同纠纷常见抗辩类型及规范依据备考表

| 抗辩类型 | | | 举例 | 规范依据 |
|---|---|---|---|---|
| 程序上的抗辩 | 纠纷不属于人民法院主管 | | 当事人间约定了有效的仲裁协议或仲裁条款 | 《民事诉讼法》第3条，第127条第2项、第3项 |
| | 纠纷不属于受诉法院管辖 | | 受诉法院并非工程所在地法院或违反级别管辖的规定 | 《民事诉讼法》第18~20条、第34条第1项、第122条第4项 |
| | 诉讼主体不适格 | | 原告系建设单位或者施工单位非依法设立的分支机构或未领取营业执照的分支机构 | 《民事诉讼法》第51条，第122条第1项、第2项；《民事诉讼法解释》第52条 |
| | 诉讼请求不明确 | | 发包人未明确要求承包人应承担维修责任的具体范围、承包人未明确主张发包人欠付工程款的金额、发包人要求交付竣工验收资料范围不明确 | 《民事诉讼法》第122条第3项 |
| | 重复起诉 | | 原告就同一笔工程款债权重复提起诉讼 | 《民事诉讼法解释》第247条 |
| | 纠纷不属于民事诉讼受案范围 | | 工程项目涉及集资诈骗、合同诈骗、项目经理职务犯罪等，就违法犯罪的同一事实提起民事诉讼 | 《民事诉讼法》第122条第4项、第127条第1项；《最高人民法院关于在审理经济纠纷案件中涉及经济犯罪嫌疑若干问题的规定》第11条、第12条 |
| 实体上的抗辩 | 权利妨碍抗辩 | 合同成立抗辩 | 抗辩人与原告的建设工程施工合同未成立，或不存在建设工程施工合同关系 | 《民法典》第134条、第135条、第469条；《合同编通则解释》第3条、第4条 |

续表

| 抗辩类型 | | | 举例 | 规范依据 |
|---|---|---|---|---|
| 实体上的抗辩 | 权利妨碍抗辩 | 合同效力抗辩 | 建设工程施工合同未生效、无效或已撤销；当事人主张管理费的约定违反法律规定无效，其不应支付管理费 | 《民法典》第 144~146 条、第 153 条、第 154 条、第 791 条；《施工合同解释（一）》第 1~3 条、第 22 条、第 23 条；《建筑法》第 12 条、第 13 条、第 26 条、第 54 条；《招标投标法》第 3 条、第 32 条、第 33 条、第 41 条、第 52~55 条、第 57 条、第 58 条；《建设工程质量管理条例》第 10 条、第 25 条；《违法发承包认定查处办法》第 5~12 条 |
| | | 代理行为效力抗辩 | 实际施工人、项目经理、项目部等主体实施的行为系无权代理且未获得被代理人的追认 | 《民法典》第 171 条、第 172 条、第 503 条、第 504 条 |
| | | 期限未届至 | 未至约定或法定的工程款付款期限 | 《民法典》第 160 条 |
| | | 条件未成就 | 转包人与施工人约定了有效的"背靠背"付款条件且付款条件未成就 | 《民法典》第 158 条 |
| | 权利消灭抗辩 | 债务清偿 | 发包人已支付或超付工程款 | 《民法典》第 524 条、第 557 条第 1 款第 1 项 |
| | | 债务免除 | 承包人已作出放弃工程价款优先受偿权的有效承诺 | 《民法典》第 557 条第 1 款第 4 项、第 575 条 |
| | | 债务混同 | 通过工程款债权的转让导致给付工程款的债权债务同归一人 | 《民法典》第 557 条第 1 款第 5 项、第 576 条 |
| | | 除斥期间或其他权利行使期间 | 未在知道撤销建设工程施工合同事由的一年内起诉；未在工程价款应付之日起 18 个月内主张工程价款优先受偿权；在工程质量缺陷责任期外主张承担质量缺陷责任 | 《民法典》第 199 条、第 564 条、第 801 条；《施工合同解释（一）》第 41 条等 |

续表

| 抗辩类型 | | | 举例 | 规范依据 |
|---|---|---|---|---|
| 实体上的抗辩 | 权利消灭抗辩 | 提存抗辩 | 承包人拖延结算，发包人单方结算后已将对应工程款进行提存并书面通知承包人 | 《民法典》第 557 条第 1 款第 3 项、第 570 条 |
| | | 抵销抗辩 | 发包人应付工程款抵销其对承包人的到期债权，并已通知对方 | 《民法典》第 557 条第 1 款第 2 项、第 568 条、第 569 条 |
| | 抗辩权 | 先诉抗辩权 | 保证人主张其系一般保证人，且工程价款主债务未经审判或仲裁，并就债务人财产依法强制执行后仍不能履行 | 《民法典》第 687 条 |
| | | 先履行抗辩权 | 合同明确约定"先票后款"，发包人以承包人尚未开具发票为由拒绝支付工程款；合同约定工程进度款支付时点，发包人抗辩承包人未达到合同约定的施工进度；工程未验收合格，发包人拒付工程款 | 《民法典》第 526 条 |
| | | 同时履行抗辩权 | 承包人主张因发包人未按约定的时间和要求提供原材料、设备、场地、资金、技术资料等造成工程顺延 | 《民法典》第 525 条 |
| | | 不安抗辩权 | 因发包人经济状况恶化，垫资施工的承包人采取停工行为，辩称不应承担违约责任 | 《民法典》第 527 条、第 528 条 |
| | | 合同履行违约责任抗辩 | 发包人以工程质量不符合法律规定或约定为由请求拒付或减付工程款 | 《民法典》第 801 条、第 803~805 条、第 806 条第 3 款；《施工合同解释（一）》第 12~14 条等；《合同编通则解释》第 26 条 |

续表

| 抗辩类型 | | | 举例 | 规范依据 |
|---|---|---|---|---|
| 实体上的抗辩 | 抗辩权 | 关于缔约过失和侵权责任请求权的抗辩 | 一方主张因建设工程施工合同无效或因工程质量问题造成损害，请求赔偿损失，另一方举证证明发包方未受到损失、自身不存在过错或损失与过错之间并不存在因果关系 | 《民法典》第500条、第793条第3款、第802条；《施工合同解释（一）》第6条、第7条、第18条 |
| | | 关于不当得利请求权的抗辩 | 因建设工程合同无效主张折价补偿款，发包人主张工程未经竣工验收合格、存在质量问题或修复后的建设工程经验收不合格 | 《民法典》第793条第2款 |
| | | 诉讼时效 | 原告关于支付工程价款的诉讼请求已超过诉讼时效 | 《民法典》第192条 |
| | | 情势变更 | 固定价合同的履行过程中发生建筑材料价格或者人工费用的异常大幅变动，应调整合同价格或解除合同 | 《民法典》第533条第1款 |
| | | 不可抗力 | 对工程建设过程中因自然灾害、政府行为、社会性突发事件等不可抗力造成的工程损害、工期延误、停工损失、费用增加等部分或者全部免除责任 | 《民法典》第180条第1款、第590条 |
| | | 其他减轻责任的抗辩 | 建设工程施工合同约定的违约金过高；非违约方未及时采取措施防止损失的扩大、原告主张的可得利益损失超过订立合同时可预见的范围或因违约行为取得他项利益 | 《民法典》第584条后半句、第585条第2款、第591条第1款、第592条第1款等 |

附 3

# 建设工程领域相关规范索引

## 一、综合规定

《中华人民共和国建筑法》（2019 年 4 月 23 日修正）

《保障农民工工资支付条例》（2019 年 12 月 30 日）

《保障中小企业款项支付条例》（2025 年 3 月 17 日修订）

《国家重点建设项目管理办法》（2011 年 1 月 8 日修订）

《国务院办公厅关于促进建筑业持续健康发展的意见》（2017 年 2 月 21 日）

《国务院办公厅关于清理规范工程建设领域保证金的通知》（2016 年 6 月 23 日）

《国务院办公厅关于开展工程建设项目审批制度改革试点的通知》（2018 年 5 月 14 日）

《住房和城乡建设部关于进一步加强建筑市场监管工作的意见》（2019 年 3 月 18 日修正）

《住房和城乡建设部关于做好建筑企业跨省承揽业务监督管理工作的通知》（2013 年 3 月 15 日）

《住房和城乡建设部关于推进建筑业发展和改革的若干意见》（2014 年 7 月 1 日）

《最高人民法院关于商品房消费者权利保护问题的批复》（2023 年 4 月 20 日）

## 二、工程建设主流程管理

### （一）工程招投标

1. 一般规定

《中华人民共和国招标投标法》（2017 年 12 月 27 日修正）

《中华人民共和国招标投标法实施条例》（2019 年 3 月 2 日修订）

《工程建设项目申报材料增加招标内容和核准招标事项暂行规定》（2013

年 3 月 11 日修正）

《评标委员会和评标方法暂行规定》（2013 年 3 月 11 日修正）

《电子招标投标办法》（2013 年 2 月 4 日）

《招标公告和公示信息发布管理办法》（2017 年 11 月 23 日）

《必须招标的工程项目规定》（2018 年 3 月 27 日）

2. 各项招投标

《房屋建筑和市政基础设施工程施工招标投标管理办法》（2019 年 3 月 13 日修正）

《工程建设项目施工招标投标办法》（2013 年 3 月 11 日修正）

《工程建设项目勘察设计招标投标办法》（2013 年 3 月 11 日修正）

《工程建设项目货物招标投标办法》（2013 年 3 月 11 日修正）

《建筑工程方案设计招标投标管理办法》（2019 年 3 月 18 日修正）

《建筑工程设计招标投标管理办法》（2017 年 1 月 24 日）

3. 自行招标与代理招标

《工程建设项目自行招标试行办法》（2013 年 3 月 11 日修正）

4. 监督与投诉

《工程建设项目招标投标活动投诉处理办法》（2013 年 3 月 11 日修正）

《招标投标违法行为记录公告暂行办法》（2008 年 6 月 18 日）

《建设部关于加强房屋建筑和市政基础设施工程项目施工招标投标行政监督工作的若干意见》（2005 年 10 月 10 日）

《住房和城乡建设部关于进一步加强房屋建筑和市政工程项目招标投标监督管理工作的指导意见》（2012 年 4 月 18 日）

（二）工程发承包

《房屋建筑和市政基础设施项目工程总承包管理办法》（2019 年 12 月 23 日）

《房屋建筑和市政基础设施工程施工分包管理办法》（2019 年 3 月 13 日修正）

《建筑工程施工发包与承包违法行为认定查处管理办法》（2019 年 1 月 3 日）

《建设部关于培育发展工程总承包和工程项目管理企业的指导意见》（2003 年 2 月 13 日）

《建设部、国家工商行政管理局关于禁止在工程建设中垄断市场和肢解发包工程的通知》(1996年4月22日)

《建设部、国家发展和改革委员会、财政部、中国人民银行关于严禁政府投资项目使用带资承包方式进行建设的通知》(2006年1月4日)

《住房和城乡建设部关于进一步推进工程总承包发展的若干意见》(2016年5月20日)

《对外承包工程管理条例》(2017年3月1日修订)

《对外承包工程保函风险专项资金管理暂行办法》(2003年4月15日修正)

《关于对外承包工程质量安全问题处理的有关规定》(2002年10月15日)

（三）工程勘察设计

《建设工程勘察设计管理条例》(2017年10月7日修订)

《建设部办公厅关于对〈建设工程勘察设计管理条例〉第二十八条理解适用问题的批复》(2003年10月8日)

《建设工程勘察质量管理办法》(2021年4月1日修正)

《房屋建筑和市政基础设施工程施工图设计文件审查管理办法》(2018年12月29日修正)

《住房和城乡建设部关于进一步促进工程勘察设计行业改革与发展的若干意见》(2013年2月6日)

（四）工程施工

《建设工程施工现场综合考评试行办法》(1995年7月14日)

《工程建设工法管理办法》(2014年7月16日修订)

《建筑工程施工许可管理办法》(2021年3月30日修正)

（五）工程监理

《建设工程监理范围和规模标准规定》(2001年1月17日)

《房屋建筑工程施工旁站监理管理办法（试行）》(2002年7月17日)

《建设部办公厅关于监理单位审核工程预算资格和建设工程项目承包发包有关问题的复函》(2003年1月9日)

《建设部关于落实建设工程安全生产监理责任的若干意见》(2006年10月16日)

《住房和城乡建设部关于大型工程监理单位创建工程项目管理企业的指导意见》（2008年11月12日）

《住房和城乡建设部关于促进工程监理行业转型升级创新发展的意见》（2017年7月7日）

### （六）工程竣工验收

《房屋建筑和市政基础设施工程竣工验收规定》（2013年12月2日）

《房屋建筑和市政基础设施工程竣工验收备案管理办法》（2009年10月19日修正）

《城市建设档案管理规定》（2019年3月13日修正）

《城市地下管线工程档案管理办法》（2019年3月13日修正）

《住房和城乡建设部关于做好住宅工程质量分户验收工作的通知》（2009年12月22日）

《全国人民代表大会常务委员会法制工作委员会法规备案审查室关于对地方性法规中以审计结果作为政府投资建设项目竣工结算依据有关规定提出的审查建议的复函》（2017年6月5日）

## 三、工程重要事务管理

### （一）工程合同管理

《中华人民共和国民法典》（2020年5月28日）

《最高人民法院关于审理建设工程施工合同纠纷案件适用法律问题的解释（一）》（2020年12月29日）

《最高人民法院关于适用〈中华人民共和国民法典〉合同编通则若干问题的解释》（2023年12月4日）

### （二）工程担保

《中华人民共和国民法典》（2020年5月28日）

《建设部关于在房地产开发项目中推行工程建设合同担保的若干规定（试行）》（2004年8月6日）

《建设部关于在建设工程项目中进一步推行工程担保制度的意见》（2006年12月7日）

《住房和城乡建设部等部门关于加快推进房屋建筑和市政基础设施工程实行工程担保制度的指导意见》(2019年6月20日)

《最高人民法院关于适用〈中华人民共和国民法典〉有关担保制度的解释》(2020年12月31日)

(三)工程施工安全管理

1. 一般规定

《中华人民共和国安全生产法》(2021年6月10日修正)

《建设工程安全生产管理条例》(2003年11月24日)

《危险性较大的分部分项工程安全管理规定》(2019年3月13日修正)

《安全生产严重失信主体名单管理办法》(2023年8月8日)

《住房城乡建设部办公厅关于实施〈危险性较大的分部分项工程安全管理规定〉有关问题的通知》(2018年5月17日)

《建筑施工安全生产标准化考评暂行办法》(2014年7月31日)

《房屋建筑和市政基础设施工程施工安全监督规定》(2019年3月18日修正)

《房屋建筑和市政基础设施工程施工安全监督工作规程》(2019年3月18日修正)

《最高人民法院、最高人民检察院关于办理危害生产安全刑事案件适用法律若干问题的解释》(2015年12月14日)

《最高人民法院、最高人民检察院关于办理危害生产安全刑事案件适用法律若干问题的解释(二)》(2022年12月15日)

2. 负责人责任

《建筑施工企业安全生产管理机构设置及专职安全生产管理人员配备办法》(2008年5月13日)

《建筑施工企业负责人及项目负责人施工现场带班暂行办法》(2011年7月22日)

《建筑施工企业主要负责人、项目负责人和专职安全生产管理人员安全生产管理规定》(2014年6月25日)

《建筑施工企业主要负责人、项目负责人和专职安全生产管理人员安全生产管理规定实施意见》(2015年12月10日)

3. 事故预防

《建筑工程预防高处坠落事故若干规定》(2003年4月17日)

《建筑工程预防坍塌事故若干规定》（2003年4月17日）

《建筑工程安全防护、文明施工措施费用及使用管理规定》（2005年6月7日）

《房屋市政工程生产安全重大隐患排查治理挂牌督办暂行办法》（2011年10月8日）

《建设项目安全设施"三同时"监督管理办法》（2015年4月2日修正）

4. 事故报告查处

《房屋市政工程生产安全和质量事故查处督办暂行办法》（2011年5月11日）

《房屋市政工程生产安全事故报告和查处工作规程》（2013年1月14日）

5. 安全生产许可证

《安全生产许可证条例》（2014年7月29日修订）

《建筑施工企业安全生产许可证管理规定》（2015年1月22日修正）

《建筑施工企业安全生产许可证管理规定实施意见》（2004年8月27日）

《建筑施工企业安全生产许可证动态监管暂行办法》（2008年6月30日）

6. 安全培训与劳动保护

《施工现场安全防护用具及机械设备使用监督管理规定》（1998年9月4日）

《建筑施工人员个人劳动保护用品使用管理暂行规定》（2007年11月5日）

《市场监管总局办公厅、住房和城乡建设部办公厅、应急管理部办公厅关于进一步加强安全帽等特种劳动防护用品监督管理工作的通知》（2019年7月4日）

7. 建筑机械安全监督

《建筑起重机械安全管理座谈会会议纪要》（2007年10月15日）

《建筑起重机械安全监督管理规定》（2008年1月28日）

《建筑起重机械备案登记办法》（2008年4月18日）

（四）工程质量监管

1. 工程质量管理

《建设工程质量管理条例》（2019年4月23日修订）

《建设部关于运用〈建设工程质量管理条例〉第六十七条、第三十一条的

复函》（2002年4月24日）

《建设部关于适用〈建设工程质量管理条例〉第58条有关问题的复函》（2006年1月20日）

《建设领域推广应用新技术管理规定》（2001年11月29日）

《建设工程质量投诉处理暂行规定》（1997年4月2日）

《房屋建筑工程和市政基础设施工程实行见证取样和送检的规定》（2000年9月26日）

《房屋建筑工程质量保修办法》（2000年6月30日）

《建设工程质量检测管理办法》（2022年12月29日修正）

《房屋建筑和市政基础设施工程质量监督管理规定》（2010年8月1日）

《建筑工程五方责任主体项目负责人质量终身责任追究暂行办法》（2014年8月25日）

《建筑施工项目经理质量安全责任十项规定（试行）》（2014年8月25日）

《建设单位项目负责人质量安全责任八项规定（试行）》（2015年3月6日）

《建筑工程勘察单位项目负责人质量安全责任七项规定（试行）》（2015年3月6日）

《建筑工程设计单位项目负责人质量安全责任七项规定（试行）》（2015年3月6日）

《建筑工程项目总监理工程师质量安全责任六项规定（试行）》（2015年3月6日）

《建设工程质量保证金管理办法》（2017年6月20日）

《建设部关于加强住宅工程质量管理的若干意见》（2004年1月30日）

《住房和城乡建设部关于进一步强化住宅工程质量管理和责任的通知》（2010年5月4日）

《住房和城乡建设部关于做好房屋建筑和市政基础设施工程质量事故报告和调查处理工作的通知》（2010年7月20日）

2. 工程建设标准化管理

《工程建设国家标准管理办法》（1992年12月30日）

《工程建设行业标准管理办法》（1992年12月30日）

《工程建设标准局部修订管理办法》（1994年3月31日）

《实施工程建设强制性标准监督规定》（2021年3月30日修正）

《工程建设标准涉及专利管理办法》（2017年1月12日）

## （五）工程价款结算

《建筑工程施工发包与承包计价管理办法》（2013年12月11日）
《建设工程价款结算暂行办法》（2004年10月20日）
《建设工程定额管理办法》（2015年12月25日）
《保障农民工工资支付条例》（2019年12月30日）
《保障中小企业款项支付条例》（2025年3月17日修订）
《建设领域农民工工资支付管理暂行办法》（2004年9月6日）
《财政部、住房城乡建设部关于完善建设工程价款结算有关办法的通知》（2022年6月14日）
《最高人民法院关于建设工程承包合同案件中双方当事人已确认的工程决算价款与审计部门审计的工程决算价款不一致时如何适用法律问题的电话答复意见》（2001年4月2日）
《最高人民法院关于装修装饰工程款是否享有合同法第二百八十六条规定的优先受偿权的函复》（2004年12月8日）
《最高人民法院关于如何理解和适用〈最高人民法院关于审理建设工程施工合同纠纷案件适用法律问题的解释〉第二十条的复函》（2006年4月25日）
《最高人民法院关于人民法院在审理建设工程施工合同纠纷案件中如何认定财政评审中心出具的审核结论问题的答复》（2008年5月16日）
《最高人民法院关于大型企业与中小企业约定以第三方支付款项为付款前提条款效力问题的批复》（2024年8月27日）

## 四、工程相关要求

### （一）抗震

《中华人民共和国防震减灾法》（2008年12月27日修订）
《建设工程抗震管理条例》（2021年7月19日）
《建设工程抗震设防要求管理规定》（2002年1月28日）
《住房和城乡建设部关于房屋建筑工程推广应用减隔震技术的若干意见（暂行）》（2014年2月21日）
《房屋建筑工程抗震设防管理规定》（2015年1月22日修正）

## （二）消防

《中华人民共和国消防法》（2021年4月29日修正）
《建设工程消防设计审查验收管理暂行规定》（2023年8月21日修正）
《建设工程消防设计审查验收工作细则》（2020年6月16日）
《住房和城乡建设部关于进一步加强建筑施工消防安全工作的通知》（2010年11月18日）

## （三）环境保护

《中华人民共和国环境保护法》（2014年4月24日修订）
《中华人民共和国环境影响评价法》（2018年12月29日修正）
《建设项目环境保护管理条例》（2017年7月16日修订）
《城市建筑垃圾管理规定》（2005年3月23日）
《城镇污水排入排水管网许可管理办法》（2022年12月1日修正）
《生产建设项目水土保持方案管理办法》（2023年1月17日）

## （四）规划

《中华人民共和国城乡规划法》（2019年4月23日修正）
《城市设计管理办法》（2017年3月14日）
《建设用地容积率管理办法》（2012年2月17日）
《建设项目选址规划管理办法》（1991年8月23日）
《建设部关于〈建设项目选址规划管理办法〉有关问题的复函》（1992年8月17日）

## （五）节能

《中华人民共和国节约能源法》（2018年10月26日修正）
《中华人民共和国循环经济促进法》（2018年10月26日修正）
《公共机构节能条例》（2017年3月1日修订）
《民用建筑节能条例》（2008年8月1日）
《民用建筑节能管理规定》（2005年11月10日）
《民用建筑工程节能质量监督管理办法》（2006年7月31日）
《绿色建材评价标识管理办法》（2014年5月21日）

《固定资产投资项目节能审查办法》(2023年3月28日)

《住房城乡建设部、工业和信息化部关于印发〈绿色建材评价标识管理办法实施细则〉和〈绿色建材评价技术导则（试行）〉的通知》(2015年10月14日)

（六）无障碍设施

《中华人民共和国无障碍环境建设法》(2023年6月28日)

## 五、从业管理

（一）企业资质

1. 勘察设计资质

《建设工程勘察设计资质管理规定》(2018年12月22日修正)

《建设工程勘察设计资质管理规定实施意见》(2016年6月16日修正)

《工程设计资质标准》(2017年3月10日修正)

《工程勘察资质标准》(2016年6月16日修正)

《工程勘察资质标准实施办法》(2013年6月7日)

《工程勘察、工程设计资质分级标准补充规定》(2001年8月22日)

2. 施工资质

《施工总承包企业特级资质标准》(2007年3月13日)

《建筑业企业资质管理规定》(2018年12月22日修正)

《建筑业企业资质标准》(2016年10月14日修正)

《建筑业企业资质管理规定和资质标准实施意见》(2020年1月16日修正)

《房地产开发企业资质管理规定》(2022年3月2日修正)

3. 监理资质

《工程监理企业资质管理规定》(2018年12月22日修正)

《工程监理企业资质管理规定实施意见》(2016年6月16日修正)

4. 项目管理资质

《建设工程项目管理试行办法》(2004年11月16日)

《建设部关于培育发展工程总承包和工程项目管理企业的指导意见》(2003年2月13日)

《住房和城乡建设部关于大型工程监理单位创建工程项目管理企业的指导

意见》（2008 年 11 月 12 日）

5. 其他

《国务院关于优化建设工程防雷许可的决定》（2016 年 6 月 24 日）

《工程咨询行业管理办法》（2023 年 3 月 23 日修订）

《工程造价改革工作方案》（2020 年 7 月 24 日）

《工程造价咨询企业管理办法》（2020 年 2 月 19 日修正）

《建设工程企业资质申报弄虚作假行为处理办法》（2011 年 12 月 8 日）

《建设部办公厅关于工程勘察、设计、施工、监理企业及招标代理机构资质申请及年检有关问题的通知》（2005 年 8 月 9 日）

《住房和城乡建设部关于建设工程企业资质资格延续审查有关问题的通知》（2013 年 7 月 10 日）

《住房和城乡建设部关于建筑业企业资质管理有关问题的通知》（2015 年 10 月 9 日）

《建设工程质量检测机构资质标准》（2023 年 3 月 31 日）

（二）专业技术人员

1. 注册建筑师、建造师

《中华人民共和国注册建筑师条例》（2019 年 4 月 23 日修订）

《中华人民共和国注册建筑师条例实施细则》（2008 年 1 月 29 日）

《注册建筑师执业及管理工作有关问题的暂行规定》（1996 年 12 月 13 日）

《注册建造师管理规定》（2016 年 9 月 13 日修正）

《注册建造师执业管理办法（试行）》（2008 年 2 月 26 日）

《住房和城乡建设部建筑市场监管司关于〈注册建造师执业管理办法〉有关条款解释的复函》（2017 年 8 月 25 日）

2. 注册工程师

《勘察设计注册工程师管理规定》（2016 年 9 月 13 日修正）

《注册造价工程师管理办法》（2020 年 2 月 19 日修正）

《注册监理工程师管理规定》（2016 年 9 月 13 日修正）

《注册结构工程师执业资格制度暂行规定》（1997 年 9 月 1 日）

《注册结构工程师执业及管理工作有关问题的暂行规定》（1998 年 11 月 23 日）

3. 其他

《建筑施工特种作业人员管理规定》（2008 年 4 月 18 日）

《住房和城乡建设部关于加强建筑市场资质资格动态监管完善企业和人员准入清出制度的指导意见》（2010 年 8 月 13 日）

《住房和城乡建设部办公厅关于做好取得建造师临时执业证书人员有关管理工作的通知》（2013 年 2 月 22 日）

《最高人民法院关于如何认定工程造价从业人员是否同时在两个单位执业问题的答复》（2006 年 6 月 26 日）

《住房和城乡建设部关于改进住房和城乡建设领域施工现场专业人员职业培训工作的指导意见》（2019 年 1 月 19 日）

《建筑工人实名制管理办法（试行）》（2022 年 8 月 2 日修正）

（三）外商投资建筑企业

《建设部关于外国企业在中华人民共和国境内从事建设工程设计活动的管理暂行规定》（2004 年 5 月 10 日）

## 六、行政监管

《中华人民共和国行政处罚法》（2021 年 1 月 22 日修订）

《住房城乡建设行政复议办法》（2015 年 9 月 7 日）

《住房和城乡建设行政处罚程序规定》（2022 年 3 月 10 日）

《建设领域违法违规行为稽查工作管理办法》（2010 年 1 月 7 日）

《建设部信访工作管理办法》（2005 年 11 月 10 日）

《建筑市场诚信行为信息管理办法》（2007 年 1 月 12 日）

《违反规定插手干预工程建设领域行为处分规定》（2010 年 7 月 8 日）

《政府投资项目审计规定》（2010 年 12 月 31 日）

《住房城乡建设领域违法违规行为举报管理办法》（2014 年 11 月 19 日）

《规范住房和城乡建设部工程建设行政处罚裁量权实施办法》（2019 年 9 月 23 日）